Y. 5511. Réserve.

LE
THEATRE
DE
P. CORNEILLE.

Reveu & corrigé par l'Autheur.

I. PARTIE.

A PARIS,

Chez GUILLAUME DE LUYNE,
Libraire Juré, au Palais, en la Galerie des
Merciers, sous la montée de la Cour des
Aydes, à la Justice.

M. DC. LXXXII.
AVEC PRIVILEGE DV ROY.

POEMES

Contenus en cette prémiére Partie.

MELITE,	Comédie.
CLITANDRE,	Tragédie.
LA VEFVE,	Comédie
LA GALLERIE DU PALAIS,	Comédie.
LA SUIVANTE,	Comédie.
LA PLACE ROYALLE,	Comédie.
MEDE'E,	Tragédie.
L'ILLUSION,	Comédie.

AU LECTEUR.

CES quatre Volumes contiennent trente deux Pieces de Théatre. Ils sont réglez à huit chacun. Vous pourrez trouver quelque chose d'étrange aux innovations en l'orthographe que j'ay hazardées icy, & je veux bien vous en rendre raison. L'usage de nostre Langue est à present si épandu par toute l'Europe, principalement vers le Nord, qu'on y voit peu d'Estats où elle ne soit connuë; c'est ce qui m'a fait croire qu'il ne seroit pas mal à propos d'en faciliter la prononciation aux Estrangers, qui s'y trouvent souvent embarrassez par les divers sons qu'elle donne quelquefois aux mesmes lettres. Les Hollandois m'ont frayé le chemin, & donné ouverture à y mettre distinction par de différents Caractéres, que jusqu'icy nos Imprimeurs ont employé indifféremment. Ils ont separé les *i* & les *u* consones d'avec les *i* & les *u* voyelles en se servant tousjours de l'*j* & de l'*v*, pour les premiéres, & laiſſant l'*i* & l'*u* pour les autres, qui juſqu'à ces derniers temps avoient eſté confondus. Ainſi la prononciation de ces deux lettres ne peut eſtre douteuſe, dans les impreſſions où l'on garde le meſme ordre, comme en celle-cy. Leur exemple m'a enhardy à paſſer plus avant. J'ay veu quatre prononciations differentes dans nos ſ, & trois dans nos *e*, & j'ay cherché les moyens d'en oſter toutes ambiguitez, ou par des caracteres differens, ou par des régles generales, avec quelques exceptions. Je ne ſçay ſi j'y auray reüſſi, mais ſi cette ébauche ne déplaiſt pas, elle pourra donner jour à faire un travail plus achevé ſur cette matiere, & peut-eſtre que ce ne ſera pas rendre un petit ſervice à noſtre Langue & au Public.

Nous prononçons l'ſ de quatre diverſes manieres: tantoſt nous l'aſpirons, comme en ces mots, *peſte*, *chaſte*; tantoſt elle allonge la ſyllabe, comme en ceux-cy, *paſte*, *teſte*; tantoſt elle ne fait aucun ſon, comme à *esblouïr*, *esbranler*, *il eſtoit*; & tantoſt elle ſe prononce comme un *z*; comme à *preſider*, *preſumer*. Nous n'avons que deux differens caracteres, ſ, & *s*, pour ces quatre differentes prononciations; il faut donc eſtablir quelques maximes générales

AU LECTEUR.

pour faire les diſtinctions entieres. Cette lettre ſe rencontre au commencement des mots, ou au milieu, ou à la fin. Au commencement elle aſpire toûjours; *ſoy, ſien, ſauver, ſuborner*: à la fin, elle n'a preſque point de ſon, & ne fait qu'allonger tant ſoit peu la ſyllabe, quand le mot qui ſuit ſe commence par une conſone, & quand il commence par une voyelle, elle ſe détache de celuy qu'elle finit pour ſe joindre avec elle, & ſe prononce toûjours comme un z, ſoit qu'elle ſoit precedée par une conſone, ou par une voyelle.

Dans le milieu du mot, elle eſt, ou entre deux voyelles, ou aprés une conſone, ou avant une conſone. Entre deux voyelles elle paſſe touſiours pour z, & aprés une conſone elle aſpire touſiours; & cette difference ſe remarque entre les verbes compoſez qui viennent de la meſme racine. On prononce *prezumer, rezister*; mais on ne prononce pas *conzumer*, ny *perzister*. Ces régles n'ont aucune exception, & j'ay abandonné en ces rencontres le choix des caracteres à l'Imprimeur, pour ſe ſervir du grand ou du petit, ſelon qu'ils ſe ſont le mieux accommodez avec les lettres qui les joignent. Mais je n'en ay pas fait de meſme, quand l'ſ eſt avant une conſone dans le milieu du mot, & je n'ay pû souffrir que ces trois mots, reſte, tempeſte, vous eſtes, fuſſent eſcrits l'un comme l'autre, ayant des prononciations ſi differentes. J'ay reſervé la petite ſ pour celle où la ſyllabe eſt aſpirée, la grande pour celle où elle eſt ſimplement allongée, & l'ay ſupprimée entierement au troiſiéme mot où elle ne fait point de ſon, la marquant ſeulement par un accent ſur la lettre qui la précede. J'ay donc fait ortographer ainſi les mots ſuivants & leurs ſemblables, *peſte, funeſte, chaſte, reſiſte, eſpoir, tempeſte, haſte, teſte : vous étes, il étoit, éblouïr, écouter, épargner, arréter*. Ce dernier verbe ne laiſſe pas d'avoir quelques temps dans ſa conjugaiſon, où il faut luy rendre l'ſ, parce qu'elle allonge la ſyllabe ; comme à l'imperatif *arreſte, qui rime bien avec teſte :* mais à l'infinitif & en quelques autres où elle ne fait pas cet effet, il eſt bon de la ſupprimer & eſcrire, *j'arrétois, j'ay arrété, j'arréteray, nous arrétons*, &c.

Quant à l'*e* nous en avons de trois ſortes. L'*e* feminin qui ſe rencontre touſiours, ou ſeul, ou en diphtongue dans toutes les dernieres ſyllabes de nos mots qui ont la terminaiſon féminine, & qui fait ſi peu de ſon, que cette ſyllabe n'eſt jamais contée à rien à la fin de nos vers féminins, qui en ont toufiours une plus que les autres. L'*e* masculin qui se prononce comme dans la langue Latine, & un troisiéme *e* qui ne va jamais sans l'*s*, qui luy donne un son eslevé qui se prononce à bouche ouverte, en ces mots *succes, acces, expres:* Or comme ce seroit une grande confusion, que ces trois *e* en ces trois mots, *aspres, verite, & apres,* qui ont une prononciation si differente, eussent un caractére pareil, il est aisé d'y remédier, par ces trois sortes d'*e* que nous donne l'Imprimerie, *e*, *é*, *è*, qu'on peut nommer l'*e* simple, l'*e* aigu, & l'*e* grave. Le premier servira pour nos terminaisons feminines, le second pour les Latines, & le troisiéme pour les eslevées, & nous escrirons ainsi ces trois mots & leurs pareils, *aspres, verité, après,* ce que nous estendrons à *succès, excès, procès,* qu'on avoit jusqu'icy escrits avec l'*e* aigu, comme les terminaisons Latines, quoy que le son en soit fort different. Il est vray que les Imprimeurs y avoient mis quelque différence, en ce que cette terminaison n'estant jamais sans *s*, quand il s'en rencontroit une après un *é* Latin, ils la changeoient en *z*, & ne la faisoient preceder que par un *e* simple. Ils impriment *veritez, Deïtez, dignitez,* & non pas, *verités, Deïtés, dignités*; & j'ay conservé cette Ortographe: mais pour éviter toute sorte de confusion entre le son des mots qui ont l'*e* Latin sans *s*, comme *verité*, & ceux qui ont la prononciation élevée, comme *succès*, j'ay cru à propos de nous servir de différents caractéres, puisque nous en avons, & donner l'*è* grave à ceux de cette derniere espece. Nos deux articles pluriels, *les* & *des*, ont le mesme son, quoy qu'écrits avec l'*e* simple: il est si malaisé de les prononcer autrement, que je n'ay pas crû qu'il fust besoin d'y rien changer. Je dy la mesme chose de l'*e* devant deux *ll*, qui prend le son aussi eslevé en ces mots, *belle, fidelle, rebelle, &c.* qu'en ceux-cy *succès, excès*; mais comme cela arrive toûjours quand il se rencontre avant ces deux *ll*, il suffit d'en faire cette remarque sans changement de caractére. Le mesme arrive devant la simple *l*, à la fin du mot, *mortel, appel, criminel*, & non pas au milieu, comme en ces mots, *celer, chanceler*, où l'*e* avant cette *l*, garde le son de l'*e* feminin.

Il est bon aussi de remarquer qu'on ne se sert d'ordinaire de l'*é* aigu, qu'à la fin du mot, ou quand on supprime l'*s* qui le suit; comme à *établir, étonner*: cependant il se rencontre souvent au milieu des mots avec le mesme son, bien qu'on ne l'écrive qu'avec un *e* simple, comme en ce mot *severité*, qu'il faudroit escrire *févérité*, pour le faire prononcer exactement, & je l'ay fait observer dans cette impression, bien que je n'aye pas gardé le mesme ordre dans celle qui s'est faite in folio.

La double *ll* dont je viens de parler à l'occasion de l'*e*, a aussi deux prononciations en nostre Langue, l'une seche & simple, qui suit l'Ortographe, l'autre molle qui semble y joindre une *h*. Nous n'avons point de différents caractéres à les distinguer ; mais on en peut donner cette régle infaillible. Toutes les fois qu'il n'y a point d'*i* avant les deux *ll*, la prononciation ne prend point cette mollesse : En voicy des exemples dans les quatre autres voyelles, *baller, rebeller, coller, annuller*. Toutes les fois qu'il y a un *i* avant les deux *ll*, soit seul, soit en diphtongue, la prononciation y adjouste une *h*. On escrit *bailler, éveiller, briller, chatoüiller, cueillir*, & on prononce *baillher, éveillher, brillher, chatouillher, cueillhir*. Il faut excepter de cette Régle tous les mots qui viennent du Latin, & qui ont deux *ll*, dans cette Langue ; comme, *ville, mille, tranquille, imbecille, distille*,

AU LECTEUR,

illuſtre, *illegitime*, *illicite*, &c. Je dis qui ont deux *ll* en Latin, parce que les mots de *fille* & *famille* en viennent, & ſe prononcent avec cette molleſſe des autres, qui ont l'*i* devant les deux *ll*, & n'en viennent pas ; mais ce qui fait cette différence, c'eſt qu'ils ne tiennent pas les deux *ll* des mots Latins, *filia* & *familia*, qui n'en ont qu'une, mais purement de noſtre Langue. Cette régle & cette exception ſont générales & aſſeurées. Quelques Modernes pour oſter toute l'ambiguité de cette prononciation, ont eſcrit les mots qui ſe prononcent ſans la molleſſe de l'*h*, avec une *l* ſimple, en cette maniere *tranquile*, *imbecile*, *diſtile*, & cette Ortographe pourroit s'accommoder dans les trois voyelles *a*, *o*, *u*, pour eſcrire ſimplement *baler*, *affoler*, *annuler*, mais elle ne s'accommoderoit point du tout avec l'*e*, & on auroit de la peine à prononcer *fidelle* & *belle*, ſi on eſcrivoit *fidele* & *bele* ; l'*i* meſme ſur lequel ils ont pris ce droit, ne le pourroit pas ſouffrir touſiours, & particulierement en ces mots *ville*, *mille*, dont le premier ſi on le reduiſoit à une *l* ſimple, ſe confondroit avec *vile*, qui a une ſignification toute autre.

Il y auroit encor quantité de remarques

à faire fur les différentes manieres que nous avons de prononcer quelques lettres en noſtre Langue: mais je n'entreprens pas de faire un Traité entier de l'Ortographe & de la prononciaton, & me contente de vous avoir donné ce mot d'avis touchant ce que j'ay innové icy ; comme les Imprimeurs ont eu de la peine à s'y accouſtumer, ils n'auront pas ſuivy ce nouvel ordre ſi ponctüellement, qu'il ne s'y ſoit coulé bien des fautes, vous me ferez la grace d'y ſuppléer.

DISCOURS
DE L'UTILITÉ, ET DES PARTIES
DU
POEME DRAMATIQUE.

BIEN que selon Aristote le seul but de la Poësie Dramatique, soit de plaire aux Spectateurs, & que la pluspart de ces Poëmes leur ayent plû, je veux bien avoüer toutefois que beaucoup d'entr'eux n'ont pas atteint le but de l'Art. Il ne faut pas prétendre, *dit ce Philosophe*, que ce genre de Poësie nous donne toute sorte de plaisir, mais seulement celuy qui luy est propre; & pour trouver ce plaisir qui luy est propre, & le donner aux Spectateurs, il faut suivre les Préceptes de l'Art, & leur plaire selon ses Régles. Il est constant qu'il y a des Préceptes, puisqu'il y a un

Art, mais il n'est pas constant quels ils sont. On convient du nom sans convenir de la chose, & on s'accorde sur les paroles, pour contester sur leur signification. Il faut observer l'unité d'action, de lieu, & de jour, personne n'en doute ; mais ce n'est pas une petite difficulté de sçavoir ce que c'est que cette unité d'action, & jusques où peut s'étendre cette unité de jour, & de lieu. Il faut que le Poëte traite son Sujet selon le vray semblable & le nécessaire ; Aristote le dit, & tous ses interprétes répétent les mesmes mots, qui leur semblent si clairs & si intelligibles, qu'aucun d'eux n'a daigné nous dire, non plus que luy, ce que c'est que ce vray-semblable & ce nécessaire. Beaucoup mesme ont si peu consideré ce dernier, qui accompagne toûjours l'autre chez ce Philosophe, hormis une seule fois, où il parle de la Comédie, qu'on en est venu jusqu'à établir une Maxime tres-fausse, qu'il faut que le Sujet d'une Tragédie soit vray-semblable, appliquant aussi aux conditions du Sujet la moitié de ce qu'il a dit de la maniére de le traiter. Ce n'est pas qu'on ne puisse faire une Tragédie d'un Sujet purement vray-semblable, il en donne pour exemple la Fleur d'Agaton, où les noms & les choses étoient de pure invention, aussi bien qu'en la Comédie : mais les grands Sujets qui

DU POEME DRAMATIQUE.

remuënt fortement les passions, & en opposent l'impétuosité aux loix du devoir, ou aux tendresses du sang, doivent toûjours aller au delà du vray-semblable, & ne trouveroient aucune croyance parmy les Auditeurs, s'ils n'étoient soûtenus, ou par l'authorité de l'Histoire qui persuade avec empire, ou par la préoccupation de l'opinion commune qui nous donne ces mesmes Auditeurs déja tous persuadez. Il n'est pas vray-semblable que Médée tuë ses enfans, que Clytemnestre assassine son mary, qu'Oreste poignarde sa mére : mais l'Histoire le dit, & la representation de ces grands crimes ne trouve point d'incrédules. Il n'est ny vray, ny vray-semblable, qu'Androméde exposée à un Monstre marin aye été garantie de ce péril par un Cavalier volant, qui avoit des aisles aux pieds; mais c'est une fiction que l'Antiquité a receuë, & comme elle la transmise jusqu'à nous, personne ne s'en offense, quand on la voit sur le Théatre. Il ne seroit pas permis toutefois d'inventer sur ces exemples. Ce que la vérité ou l'opinion fait accepter seroit rejetté, s'il n'avoit point d'autre fondement qu'une ressemblance à cette vérité, ou à cette opinion. C'est pourquoy nostre Docteur dit que les Sujets viennent de la Fortune, qui fait arriver les choses, & non de l'Art qui les imagine. Elle est maistresse des Evénemens, &

le choix qu'elle nous donne de ceux qu'elle nous presente envelope une secrette défense d'entreprendre sur elle, & d'en produire sur la Scéne qui ne soient pas de sa façon. Aussi les anciennes Tragédies se sont arrétées autour de peu de familles, parce qu'il étoit arrivé à peu de familles des choses dignes de la Tragedie. Les Siécles suivans nous en ont assez fourny, pour franchir ces bornes, & ne marcher plus sur les pas des Grecs ; mais je ne pense pas qu'ils nous ayent donné la liberté de nous écarter de leurs Régles. Il faut, s'il se peut, nous accommoder avec elles, & les amener jusqu'à nous. Le retranchement que nous avons fait des Chœurs nous oblige à remplir nos Poëmes de plus d'Episodes qu'ils ne faisoient, c'est quelque chose de plus, mais qui ne doit pas aller au delà de leurs Maximes, bien qu'il aille au delà de leur pratique.

Il faut donc sçavoir quelles sont ces Régles, mais nostre malheur est, qu'Aristote, & Horace aprés luy, en ont écrit assez obscurément pour avoir besoin d'interprétes, & que ceux qui leur en ont voulu servir jusques icy ne les ont souvent expliquez qu'en Grammairiens, ou en Philosophes. Comme ils avoient plus d'étude & de spéculation, que d'expérience du Theatre, leur lecture nous peut rendre plus doctes, mais non-pas nous donner

DU POEME DRAMATIQUE. xvij

beaucoup de lumiéres fort seures pour y réüssir.

Je hazarderay quelque chose sur cinquante ans de travail pour la Scéne, & en diray mes pensées tout simplement, sans esprit de contestation qui m'engage à les soûtenir, & sans prétendre que personne renonce en ma faveur à celles qu'il en aura conceuës.

Ainsi ce que j'ay avancé dès l'entrée de ce Discours, que la Poësie Dramatique a pour but le seul plaisir des Spectateurs, n'est pas pour l'emporter opiniastrement sur ceux qui pensent ennoblir l'Art, en luy donnant pour objet, de profiter aussi bien que de plaire. Cette dispute mesme seroit tres-inutile, puisqu'il est impossible de plaire selon les Régles qu'il ne s'y rencontre beaucoup d'utilité. Il est vray qu'Aristote dans tout son Traité de la Poëtique n'a jamais employé ce mot une seule fois; qu'il attribuë l'origine de la Poësie au plaisir que nous prenons à voir imiter les actiõs des hommes; qu'il préfére la partie du Poëme qui regarde le sujet à celle qui regarde les Mœurs, parce que cette premiére contient ce qui agrée le plus, comme les Agnitions & les Péripéties; qu'il fait entrer dans la définition de la Tragédie l'agrément du discours dont elle est composée, & qu'il l'estime enfin plus que le Poëme Epique, en ce qu'elle a de plus la décoration extérieure & la Musique, qui delectent puissamment, & qu'étant plus courte & moins diffuse, le plaisir qu'on y prend est plus parfait: mais il n'est pas moins vray qu'Horace nous apprend que nous ne sçaurions plaire à tout le monde, si nous n'y meslons l'utile, & que les gens graves & serieux, les vieillards, les amateurs de la vertu, s'y ennuyeront, s'ils n'y trouvent rien à profiter.

Centuriæ seniorũ agitant expertia frugis. Ainsi, quoy que l'utile n'y entre que sous la forme du délectable, il ne laisse pas d'y estre nécessaire, & il vaut mieux examiner de quelle façon il y peut trouver sa place, que d'agiter, comme je l'ay déja dit, une question inutile touchant l'utilité de cette sorte de Poëmes. J'estime donc qu'il s'y en peut rencontrer de quatre sortes.

La prémiére consiste aux Sentences & instructions Morales qu'on y peut semer presque par tout: mais il en faut user sobrement, les mettre rarement en discours généraux, ou ne les pousser guére loin, sur tout quand on fait parler un homme passionné, ou qu'on luy fait répondre par un autre; car il ne doit avoir non plus de patience pour les entendre, que de quiétude d'esprit pour les concevoir & les dire. Dans les déliberations d'Etat, où un homme d'importance consulté par un Roy s'explique de sens rassis, ces sortes de discours trouvent lieu de plus d'étenduë ; mais enfin il est toûjours bon de les réduire souvent de la Thése à l'Hypothése, & j'aime mieux faire dire à un Acteur, l'Amour vous donne beaucoup d'inquiétudes, que l'Amour donne beaucoup d'inquiétudes aux esprits qu'il posséde.

Ce n'est pas que je voulusse entièrement bannir cette derniére façon de s'énoncer sur les Maximes de la Morale & de la Politique. Tous mes Poëmes demeureroient bien estropiez, si on en retranchoit ce que j'y en ay meslé ; mais encor un coup, il ne les faut pas pousser loin sans les appliquer au particulier, autrement c'est un lieu commun, qui ne manque jamais d'ennuyer l'Auditeur, parce qu'il fait languir l'action, & quelque heureusement que reüssisse cet étagale de Moralitez, il faut toûjours craindre que ce ne soit un de ces ornements ambitieux, qu'Horace nous ordonne de retrancher.

J'avoûray toutefois que les discours généraux ont souvent grace, quand celuy qui les prononce & celuy qui les écoute ont tous deux l'esprit assez tranquille, pour se donner raisonnablement cette patience. Dans le quatriéme Acte de Mélite, la joye qu'elle a d'étre aimée de Tircis luy fait souffrir sans chagrin la remontrance de sa Nourrice, qui de son costé satisfait à cette démangeaison qu'Horace attribuë aux vieilles gens, de faire des leçons aux jeunes; mais si elle sçavoit que Tircis la crûst infidelle, & qu'il en fust au desespoir, comme elle l'apprend en suite, elle n'en souffriroit pas quatre vers. Quelquefois mesme ces discours sont nécessaires, pour appuyer des sentimens, dont le raisonnement ne se peut fonder sur aucune des actions particuliéres de ceux dont on parle. Rodogune au premier Acte ne sçauroit justifier la deffiance qu'elle a de Cléopatre, que par le peu de sincérité qu'il y a d'ordinaire dans la réconciliation des Grands après une offense signalée, parce que depuis le Traité de Paix cette Reine n'a rien fait qui la doive rendre suspecte de cette haine, qu'elle luy conserve dans le cœur. L'asseurance que prend Melisse au quatriéme de la Suite du Menteur sur les prémiéres protestations d'amour que luy fait Dorante, qu'elle n'a veu qu'une seule fois, ne se peut authoriser que sur la facilité & la promptitude que deux Amants nez l'un pour l'autre ont à donner croyance à ce qu'ils s'entredisent; & les douze vers qui expriment cette Moralité en termes généraux ont tellement plû, que beaucoup de gens d'esprit n'ont pas dédaigné d'en charger leur mémoire. Vous en trouverez icy quelques autres de cette nature. La seule régle qu'on y peut établir, c'est qu'il les faut placer judicieusement, & sur tout les mettre en la bouche de gens qui ayent l'esprit sans embarras, & qui ne soient point emportez par la chaleur de l'action.

La seconde utilité du Poëme Dramatique se rencontre en la naïve peinture des vices & des vertus, qui ne manque jamais à faire son effet, quand elle est bien achevée, & que les traits en sont si reconnoissables, qu'on ne les peut confondre l'un dans l'autre, ny prendre le vice pour vertu. Celle-cy se fait alors toûjours aimer, quoy que malheureuse, & celuy-là se fait toûjours haïr, bien que triomphant. Les Anciens se sont fort souvent contentez de cette peinture, sans se mettre en peine de faire recompenser les bonnes actions, & punir les mauvaises. Clytemnestres & son adultére tuënt Agamemnon impunément; Médée en fait autant de ses enfans, & Atrée de ceux de son frére Thyeste, qui luy fait manger. Il est vray qu'à bien considérer ces actions qu'ils choisissoient pour la Catastrophe de leurs Tragédies, c'étoient des criminels qu'ils faisoient punir, mais par des crimes plus grands que les leurs. Thyeste avoit abusé de la femme de son frére; mais la vengeance qu'il en prend a quelque chose de plus affreux que ce premier crime. Jason étoit un perfide d'abandonner Médée, à qui il devoit tout ; mais massacrer ses enfans à ses yeux est quelque chose de plus. Clytemnestre se plaignoit des concubines qu'Agamemnon ramenoit de Troye ; mais il n'avoit point attenté sur sa vie, comme elle fait sur la sienne : & ces Maistres de l'Art ont trouvé le crime de son fils Oreste, qui la tuë pour venger son pére, encor plus grand que le sien, puisqu'ils luy ont donné des Furies vengeresse pour le tourmenter, & n'en ont point donné à sa mére, qu'ils font joüir paisiblement avec son Aegiste du Royaume d'un mary qu'elle avoit assassiné.

Nostre Théatre souffre difficilement de pareils Sujets : le Thyeste de Sénéque n'y a pas été fort heureux : sa Médée y a trouvé plus de faveur, mais aussi, à le bien prendre, la perfidie de Jason & la violence du Roy de Corinthe la font paroistre si injustement opprimée, que l'Auditeur entre aisément dans ses intérests, & regarde sa vengeance comme une justice qu'elle se fait elle-mesme de ceux qui l'oppriment.

C'est cet intérest qu'on aime à prendre pour les vertüeux qui a obligé d'en venir à cette autre manière de finir le Poëme Dramatique par la punition des mauvaises actions & la

DU POEME DRAMATIQUE.

récompense des bonnes, qui n'est pas un précepte de l'Art, mais un usage que nous avons embrassé, dont chacun peut se départir à ses périls. Il étoit dès le temps d'Aristote, & peut-estre qu'il ne plaisoit pas trop à ce Philosophe, puisqu'il dit, qu'il n'a eu vogue que par l'imbecillité du jugement des Spectateurs, & que ceux qui le pratiquent s'accommodent au goust du Peuple, & écrivent selon les souhaits de leur Auditoire. En effet, il est certain que nous ne sçaurions voir un honneste homme sur nostre Théatre, sans luy souhaiter de la prosperité, & nous fascher de ses infortunes. Cela fait que quand il en demeure accablé, nous sortons avec chagrin, & remportons une espéce d'indignation contre l'Auteur & les Acteurs : mais quand l'événement remplit nos souhaits & que la vertu y est couronnée, nous sortons avec pleine joye, & remportons une entiére satisfaction, & de l'Ouvrage, & de ceux qui l'ont représenté. Le succès heureux de la vertu, en dépit des traverses & des périls, nous excite à l'embrasser, & le succès funeste du crime ou de l'injustice est capable de nous en augmenter l'horreur naturelle, par l'apprehension d'un pareil malheur.

C'est en cela que consiste la troisiéme utilité du Théatre, comme la quatriéme en la purgation des passions par le moyen de la pitié, & de la crainte. Mais comme cette utilité est particuliére à la Tragédie, je m'expliqueray sur cet Article au second Volume, où je traiteray de la Tragédie en particulier, & passe à l'examen des parties qu'Aristote attribuë au Poëme Dramatique. Je dis au Poëme Dramatique en général, bien qu'en traitant cette matiére il ne parle que de la Tragédie; parce que tout ce qu'il en dit convient aussi à la Comédie. & que la différence de ces deux espéces de Poëmes ne consiste qu'en la dignité des Personnages, & des actions qu'ils imitent, & non pas en la façon de les imiter, ny aux choses qui servent à cette imitation.

Le Poëme est composé de deux sortes de parties. Les unes sont appellées parties de quantité, ou d'extension, & Aristote en nomme quatre, le Prologue, l'Episode, l'Exode, & le Chœur. Les autres se peuvent nommer des parties intégrantes, qui se rencontrent dans chacune de ces prémiéres pour former tout le corps avec elles. Ce Philosophe y en trouve six, le Sujet, les Mœurs, les Sentimens, la Diction, la Musique, & la Décoration du Théatre. De ces six, il n'y a que le Sujet dont la bonne constitution dépende proprement de l'Art Poëtique, les autres ont besoin d'autres Arts subsidiaires. Les Mœurs, de la Morale; les Sentimens,

DU POEME DRAMATIQUE. xxv

ments, de la Rhétorique ; la Diction, de la Grammaire ; & les deux autres parties ont chacune leur Art, dont il n'est pas besoin que le Poëte soit instruit, parce qu'il y peut faire suppléer par d'autres que luy, ce qui fait qu'Aristote ne les traite pas. Mais comme il faut qu'il éxécute luy mesme ce qui concerne les quatre prémiéres, la connoissance des Arts dont elles dépendent luy est absolument nécessaire, à moins qu'il aye receu de la Nature un sens commun assez fort & assez profond, pour suppléer à ce defaut.

Les conditions du Sujet sont diverses pour la Tragédie, & pour la Comédie. Je ne toucheray à present qu'à ce qui regarde cette dernière, qu'Aristote définit simplement, une imitation de personnes basses, & fourbes. Je ne puis m'empescher de dire que cette définition ne me satisfait point, & puisque beaucoup de Sçavants tiennent que son Traité de la Poëtique n'est pas venu tout entier jusques à nous, je veux croire que dans ce que le temps nous en a dérobé, il s'en rencontroit une plus achevée.

La Poësie Dramatique selon luy est une imitation des actions, & il s'arréte icy à la condition des personnes, sans dire qu'elles doivent estre ces actions. Quoy qu'il en soit, cette définition avoit du rapport à l'usage de son temps,

DISCOURS

où l'on ne faisoit parler dans la Comédie que des personnes d'une condition tres-médiocre; mais elle n'a pas une entiére justesse pour le nostre, où les Rois mesme y peuvent entrer, quand leurs actions ne sont point au dessus d'elle. Lors qu'on met sur la Scéne un simple intrique d'amour entre des Rois, & qu'ils ne courent aucun péril, ny de leur vie, ny de leur Etat, je ne croy pas que bien que les personnes soient illustres, l'action le soit assez pour l'élever jusqu'à la Tragédie. Sa dignité demande quelque grand interest d'Etat, ou quelque passion plus noble & plus masle que l'amour, telles que sont l'ambition ou la vengeance; & veut donner à craindre des malheurs plus grands, que la perte d'une Maîtresse. Il est à propos d'y mesler l'amour, parce qu'il a toûjours beaucoup d'agrément, & peut servir de fondement à ces interests, & à ces autres passions dont je parle; mais il faut qu'il se contente du second rang dans le Poëme, & leur laisse le premier.

Cette Maxime semblera nouvelle d'abord: elle est toutefois de la pratique des Anciens, chez qui nous ne voyons aucune Tragedie, où il n'y aye qu'un interest d'amour à démesler. Au contraire, ils l'en bannissoient souvent, & ceux qui voudront considérer les miennes, reconnoistront qu'à leur exemple je ne luy ay jamais laissé y prendre le pas devant, & que dans le Cid mesme, qui est sans contredit la Piéce la plus remplie d'amour que j'aye faite, le devoir de la naissance & le soin de l'honneur l'emportent sur toutes les tendresses qu'il inspire aux Amants que j'y fais parler.

Je diray plus. Bien qu'il y aye de grands interests d'Etat dans un Poëme, & que le soin qu'une personne Royale doit avoir de sa gloire fasse taire sa passion, comme en D. Sanche; s'il ne s'y rencontre point de péril de vie, de pertes d'Etats, ou de bannissement, je ne pense pas qu'il aye droit de prendre un nom plus revelé que celuy de Comédie; mais pour répondre aucunement à la dignité des personnes dont celuy-là represente les actions, je me suis hazardé d'y ajouster l'Epithéte d'Héroïque pour le distinguer d'avec les Comédies ordinaires. Cela est sans éxemple parmy les Anciens; mais aussi il est sans éxemple parmy eux de mettre des Rois sur le Théatre, sans quelqu'un de ces grands périls. Nous ne devons pas nous attacher si servilement à leur imitation, que nous n'osions essayer quelque chose de nous mesmes, quand cela ne renverse point les Régles de l'Art: ne fust-ce que pour mériter cette loüange que donnoit Horace aux Poëtes de son temps.

Nec minimum meruere decus, vestigia Græca
Ausi deserere,

é ij

& n'avoir point de part en ce honteux Eloge,
O imitatores, servum pecus.

Ce qui nous sert maintenant d'exemple, dit *Tacite*, a été autrefois sans exemple, & ce que nous faisons sans exemple en pourra servir un jour.

La Comédie diffère donc en cela de la Tragédie, que celle-cy veut pour son Sujet une action illustre, extraordinaire, serieuse ; celle-là s'arrête à une action commune & enjoüée : celle-cy demande de grands perils pour ses Héros, celle-là se contente de l'inquietude & des déplaisirs de ceux à qui elle donne le premier rang parmy ses Acteurs. Toutes les deux ont cela de commun, que cette action doit estre complete & achevée ; c'est à dire, que dans l'évenement qui la termine, le Spectateur doit estre si bien instruit des sentimens de tous ceux qui y ont eu quelque part, qu'il sorte l'esprit en repos, & ne soit plus en doute de rien. *Cinna* conspire contre *Auguste*, sa conspiration est découverte, *Auguste* le fait arrêter. Si le Poëme en demeuroit-là, l'action ne seroit pas complete, parce que l'Auditeur sortiroit dans l'incertitude de ce que cét Empereur auroit ordonné de cét ingrat favory. *Ptolomée* craint que *César* qui vient en Egypte ne favorise sa Sœur dont il est amoureux, & ne le force à luy rendre sa part du Royaume, que son Pére luy a laissée par Testament : pour en attirer la faveur de son costé par un grand service, il luy immole Pompée ; ce n'est pas assez, il faut voir comment César recevra ce grand sacrifice. Il arrive, il s'en fasche, il menace Ptolomée, il le veut obliger d'immoler les Conseillers de cet attentat à cet illustre mort, ce Roy surpris de cette réception si peu attenduë se résout à prévenir César, & conspire contre luy pour éviter par sa perte le malheur dont il se voit menacé; ce n'est pas encore assez, il faut sçavoir ce qui réüssira de cette conspiration. César en a l'avis, & Ptolomée périssant dans un combat avec ses Ministres, laisse Cléopatre en paisible possession du Royaume dont elle demandoit la moitié, & César hors de péril ; l'Auditeur n'a plus rien à demander & fort satisfait, parce que l'action est compléte.

Je connois des gens d'esprit, & des plus sçavants en l'Art Poëtique, qui m'imputent d'avoir négligé d'achever le Cid, & quelques autres des mes Poëmes, parce que je n'y conclus pas précisément le Mariage de premiers Acteurs, & que je ne les envoye point marier au sortir du Théatre. A quoy il est aisé de répondre, que le Mariage n'est point un achévement nécessaire pour la Tragédie heureuse, ny mesme pour la Comédie. Quant à la premiére, c'est le péril d'un Héros qui la constituë, & lors qu'il en est sorty, l'action est terminée. Bien qu'il aye de l'amour, il n'est point besoin qu'il parle d'épouser sa Maîtresse quand la bienséance ne le permet pas, & il suffit d'en donner l'idée après en avoir levé tous les empeschemens, sans luy en faire déterminer le jour. Ce seroit une chose insupportable que Chiméne en convinst avec Rodrigue dès le lendemain qu'il a tué son pére, & Rodrigue seroit ridicule, s'il faisoit la moindre demonstration de le desirer. Je dis la mesme chose d'Antiochus. Il ne pourroit dire de douceurs à Rodogune qui ne fussent de mauvaise grace, dans l'instant que sa mére se vient d'empoisonner à leurs yeux, & meurt dans la rage de n'avoir pû les faire périr avec elle. Pour la Comédie, Aristote ne luy impose point d'autre devoir pour conclusion, que de rendre amis ceux qui étoient ennemis. Ce qu'il faut entendre un peu plus généralement que les termes ne semblent porter, & l'étendre à la réconciliation de toute sorte de mauvaise intelligence; comme quand un fils rentre aux bonnes graces d'un pére, qu'on a veu en colére contre luy pour ses débauches, ce qui est une fin assez ordinaire aux anciennes Comédies; ou que deux Amants séparez par quelque fourbe qu'on leur a faite, ou par quelque pouvoir dominant, se réünissent par l'éclaircissement de cette fourbe, ou par le consentement de ceux qui y mettoient obstacle ; ce qui arrive presque toûjours dans les nostres, qui n'ont que tres-rarement une autre fin que des mariages. Nous devons toutefois prendre garde que ce consentement ne vienne pas par un simple changement de volonté, mais par un événement qui en fournisse l'occasion. Autrement il n'y auroit pas grand artifice au dénoüement d'une Piéce, si après l'avoir soûtenuë durant quatre Actes sur l'authorité d'un pére qui n'approuve point les inclinations amoureuses de son fils, ou de sa fille, il y consentoit tout d'un coup au cinquième par cette seule raison que c'est le cinquième, & que l'Autheur n'oseroit en faire six. Il faut un effet considerable qui l'y oblige, comme si l'Amant de sa fille luy sauvoit la vie en quelque rencontre, où il fust prest d'estre assassiné par ses ennemis, ou que par quelque accident inespéré il fust reconnu pour estre de plus grande condition, & mieux dans la fortune, qu'il ne paroissoit.

Comme il est nécessaire que l'action soit compléte, il faut aussi n'ajoûter rien au delà, parce que quand l'effet est arrivé, l'Auditeur ne souhaite plus rien & s'ennuye de tout le reste. Ainsi les sentimens de joye qu'ont deux Amans qui se voyent réünis après de longues traverses, doivent estre bien courts, & je ne sçay pas quelle grace a eu chez les Athéniens la contestation de Ménelas & de Teucer, pour la sépulture d'Ajax, que Sophocle fait mourir au quatrième Acte ; mais je sçay bien que de nostre temps la dispute du mesme Ajax & d'Ulisse pour les armes d'Achille après sa mort, lassa fort les oreilles, bien qu'elle partist d'une bonne main. Je ne puis déguiser mesme que j'ay peine encore à comprendre comment on a pû souffrir le cinquième de Mélite & de la Vefve. On n'y voit les prémiers Acteurs que réünis ensemble, & ils n'y ont plus d'intérest qu'à sçavoir les Autheurs de la fausseté ou de la violence qui les a séparez. Cependant ils en pouvoient estre déja instruits, si je l'eusse voulu, & semblent n'estre plus sur le Théatre que pour servir de témoins au Mariage de ceux du second ordre, ce qui fait languir toute cette fin, où ils n'ont point de part. Je n'ose attribüer le bonheur qu'eurent ces deux Comédies à l'ignorance des Préceptes, qui étoit assez générale en ce temps là, dautant que ces mesmes Préceptes bien, ou mal observez, doivent faire leur effet, bon, ou mauvais, sur ceux mesme qui faute de les sçavoir s'abandonnent au courant des sentimens naturels : mais je ne puis que je n'avoüe du moins, que la vieille habitude qu'on avoit alors à ne voir rien de mieux ordonné a été cause qu'on ne s'est pas indigné contre ces defauts, & que la nouveauté d'un genre de Comédie tres-agréable, & qui jusque là n'avoit point paru fur la Scéne, a fait qu'on a voulu trouver belles toutes les parties d'un corps qui plaifoit à la veuë, bien qu'il n'eut pas toutes fes proportions dans leur juftefse.

La Comédie & la Tragédie fe reffemblent encor en ce que l'action qu'elles choififfent pour imiter doit avoir une jufte grandeur, c'eft à dire, qu'elle ne doit eftre, ny fi petite, qu'elle échape à la veuë comme un atome, ny fi vafte, qu'elle confonde la mémoire de l'Auditeur, & égare fon imagination. C'eft ainfi qu'Aristote explique cette condition du Poëme, & ajoufte que pour eftre d'une jufte grandeur, elle doit avoir un commencement, un milieu, & une fin. Ces termes font fi généraux, qu'ils femblent ne fignifier rien ; mais à les bien entendre, ils excluënt les actions momentanées, qui n'ont point ces trois parties. Telle eft peut eftre la mort de la fœur d'Horace qui ce fait tout d'un coup fans aucune préparation dans les trois Actes qui la précedent, & je m'affeure que fi Cinna attendoit au cinquième à conspirer contre Auguste, & qu'il confumaft les quatre autres en proteftations d'amour à Æmilie, ou en jaloufies contre Maxime, cette confpiration surprenante feroit bien des révoltes dans les esprits, à qui ces quatre prémiers auroient fait attendre toute autre chose.

Il faut donc qu'une action pour estre d'une juste grandeur aye un commencement, un milieu, & une fin. Cinna conspire contre Auguste, & rend conte de sa conspiration à Æmilie, voilà le commencement; Maxime en fait avertir Auguste, voilà le milieu; Auguste luy pardonne, voilà la fin. Ainsi dans les Comédies de ce premier Volume, j'ay presque toûjours étably deux Amans en bonne intelligence, je les ay brouillez ensemble par quelque fourbe, & les ay réünis par l'éclaircissement de cette mesme fourbe qui les separoit.

A ce que je viens de dire de la juste grandeur de l'action j'ajouste un mot touchant celle de sa representation, que nous bornons d'ordinaire à un peu moins de deux heures. Quelques uns réduisent le nombre des Vers qu'on y récite à quinze cens, & veulent que les Piéces de Théatre ne puissent aller jusqu'à dix huit, sans laisser un chagrin capable de faire oublier les plus belles choses. J'ay été plus heureux que leur Régle ne me le permet, en ayant pour l'ordinaire donné deux mille aux Comédies, & un peu plus de dix-huit cens aux Tragédies, sans avoir sujet de me plaindre que mon Auditoire ait montré trop de chagrin pour cette longueur.

DU POEME DRAMATIQUE.

C'est assez parlé du Sujet de la Comédie, & des conditions qui luy sont nécessaires. La vray-semblance en est une dont je parleray en un autre lieu; il y a de plus, que les évenemens en doivent toûjours estre heureux, ce qui n'est pas une obligation de la Tragédie, où nous avons le choix de faire un changement de bonheur en malheur, ou de malheur en bonheur. Cela n'a pas besoin de Commentaire, je viens à la seconde Partie du Poëme, qui sont les Mœurs.

Aristote leur prescrit quatre conditions, qu'elles soient bonnes, convenables, semblables, & égales. Ce sont des termes qu'il a si peu expliquez, qu'il nous laisse grand lieu de douter de ce qu'il veut dire.

Je ne puis comprendre comment on a voulu entendre par ce mot de bonnes, qu'il faut qu'elles soient vertüeuses. La pluspart des Poëmes tant anciens que modernes demeureroient en un pitoyable état si l'on en retranchoit tout ce qui s'y rencontre de personnages méchans, ou vicieux, ou tachez de quelque foiblesse, qui s'accorde mal avec la vertu. Horace a pris soin de décrire en général les mœurs de chaque âge, & leur attribuë plus de defaut que de perfections, & quand il nous prescrit de peindre Médée fiére & indomptable, Ixion perfide, Achille emporté de colére, jusqu'à maintenir que les loix ne sont pas faites pour luy, & ne vouloir prendre droit que par les armes, il ne nous donne pas de grandes vertus à exprimer. Il faut donc trouver une bonté compatible avec ces sortes de mœurs, & il m'est permis de dire mes conjectures sur ce qu'Aristote nous demande par là, je croy que c'est le caractére brillant & élevé d'une habitude vertüeuse, ou criminelle, selon qu'elle est propre & convenable à la personne qu'on introduit. Cléopatre dans Rodogune est tres-méchante, il n'y a point de parricide qui luy fasse horreur, pourveu qu'il la puisse conserver sur un trosne qu'elle préfere à toutes choses, tant son attachement à la domination est violent; mais tous ces crimes sont accompagnez d'une grandeur d'ame, qui a quelque chose de si haut, qu'en mesme temps qu'on déteste ses actions, on admire la source dont elles partent. J'ose dire la mesme chose du Menteur. Il est hors de doute que c'est une habitude vicieuse que de mentir, mais il debite ses menteries avec une telle presence d'esprit, & tant de vivacité, que cette imperfection a bonne grace en sa personne, & fait confesser aux Spectateurs que le talent de mentir ainsi est un vice dont les sots ne sont point capables. Pour troisième exemple, ceux qui voudront examiner la maniére dont Horace décrit la colére d'Achille, ne s'éloigneront pas de ma pensée. Elle a pour fondement un passage d'Aristote qui suit d'assez près ce-luy que je tasche d'expliquer. *La Poësie, dit-il, est une imitation de gens meilleurs qu'ils n'ont été, & comme les Peintres font souvent des portraits flattez, qui sont plus beaux que l'Original, & conservent toutefois la ressemblance, ainsi les Poëtes representant des hommes coléres, ou fai-néants, doivent tirer une haute idée de ces qualitez qu'ils leurs attribuënt, en sorte qu'il s'y trouve un bel exemplaire d'équi-té, ou de dureté, & c'est ainsi qu'Homére a fait Achille bon.* Ce dernier mot est à remarquer, pour faire voir qu'Homére a donné aux emportemens de la colére d'Achille, cette bonté nécessaire aux Mœurs, que je fais consister en cette éévation de leur caractère, & dont Robortel parle ainsi. Unumquodque genus per se supremos quosdam habet decoris gradus, & absolutissimam recipit formam, non tamen degenerans à sua natura & effigie pristina.

Ce texte d'Aristote que je viens de citer peut faire de la peine, en ce qu'il porte que les Mœurs des hommes coléres, ou fai-néants, doivent estre peintes dans un tel degré d'excellence, qu'il s'y rencontre un haut exemplaire d'équité, ou de dureté. Il y a du rapport de la dureté à la colére, &

c'est ce qu'attribuë Horace à celle d'Achille, en ce vers.

Iracundus, inexorabilis, acer.

Mais il n'y en a point de l'équité à la fainéantise, & je ne puis voir quelle part elle peut avoir en son caractére. C'est ce qui me fait douter si le mot Grec ῥᾴθυμος, a été rendu dans le sens d'Aristote par les interprétes Latins que j'ay suivis. Pacius le tourne desides, Victorius, inertes, Heinsius, segne, & le mot de fainéants dont je me suis servy pour le mettre en nostre Langue répond assez à ces trois versions : mais Castelvétro le rend en la sienne par celuy de mansueti, débonnaires, ou pleins de mansuétude ; & non seulement ce mot a une opposition plus juste à celuy de coléres, mais aussi il s'accorderoit mieux avec cette habitude, qu'Aristote appelle, ἐπιείκειαν dont il nous demande un bel exemplaire. Ces trois Interprétes traduisent ce mot Grec par celuy d'équité ou de probité, qui répondroit mieux au mansueti de l'Italien, qu'à leurs segnes, desides, inertes, pourveu qu'on n'entendist par là qu'une bonté naturelle, qui ne se fasche que mal aisément ; mais j'aimerois mieux encor celuy de piacevolezza, dont l'autre se sert pour l'exprimer en sa Langue, & je croy que pour luy laisser sa force en la nostre, on le pourroit tourner par celuy de condescendance ; ou

DU POEME DRAMATIQUE. xxxix

facilité équitable d'approuver, excuser, & supporter tout ce qui arrive. Ce n'est pas que je me veüille faire juge entre de si grands hommes; mais je ne puis dissimuler que la version Italienne de ce passage me semble avoir quelque chose de plus juste que ces trois Latines. Dans cette diversité d'interpretations, chacun est en liberté de choisir, puisque mesme on a droit de les rejetter toutes, quand il s'en presente une nouvelle qui plaist davantage, & que les opinions des plus sçavans ne sont pas des loix pour nous.

Il me vient encor une autre conjecture touchant ce qu'entend Aristote par cette bonté de Mœurs, qu'il leur impose pour prémière condition. C'est qu'elles doivent estre vertueuses, tant qu'il se peut, en sorte que nous n'exposions point de vicieux, ou de criminels sur le Théatre, si le Sujet que nous traitons n'en a besoin. Il donne lieu luy mesme à cette pensée, lors que voulant marquer une exemple d'une faute contre cette Régle il se sert de celuy de Ménélas dans l'Oreste d'Euripide, dont le defaut ne consiste pas en ce qu'il est injuste, mais en ce qu'il l'est sans nécessité.

Je trouve dans Castelvétro une troisième explication qui pourroit ne déplaire pas, qui est, que cette bonté de Mœurs ne regarde que le prémier personnage qui doit toûjours se faire aimer, & par consequent estre vertüeux, & non pas ceux qui le persécutent, ou le font périr : mais comme c'est retraindre à un seul ce qu'Aristote dit en général, j'aimerois mieux m'arrêter, pour l'intelligence de cette prémière condition, à cette élévation, ou perfection de caractére dont j'ay parlé, qui peut convenir à tous ceux qui paroissent sur la Scéne, & je ne pourrois suivre cette derniére interprétation, sans condamner le Menteur dont l'habitude est vicieuse, bien qu'il tienne le prémier rang dans la Comédie qui porte ce titre.

En second lieu, les Mœurs doivent estre convenables. Cette condition est plus aisée à entendre que la prémiere. Le Poëte doit considérer l'âge, la dignité, la naissance, l'employ, & le païs de ceux qu'il introduit : il faut qu'il sçache ce qu'on doit à sa Patrie, à ses parens, à ses amis, à son Roy ; quel est l'office d'un Magistrat, ou d'un Général d'Armée, afin qu'il puisse y conformer ceux qu'il veut faire aimer aux Spectateurs, & en éloigner ceux qu'il leur veut faire haïr : car c'est une Maxime infaillible, que pour bien réüssir, il faut intéresser l'Auditoire pour les prémiers Acteurs. Il est bon de remarquer encore que ce qu'Horace dit des Mœurs de chaque âge n'est pas une Régle, dont on ne se puisse dispenser sans scrupule.

DU POEME DRAMATIQUE. xlj

Il fait les jeunes gens prodigues, & les vieillards avares; le contraire arrive tous les jours sans merveille, mais il ne faut pas que l'un agisse à la maniére de l'autre, bien qu'il aye quelquefois des habitudes & des passions qui conviendroient mieux à l'autre. C'est le propre d'un jeune homme d'estre amoureux, & non pas d'un vieillard, cela n'empesche pas qu'un vieillard ne le devienne; les exemples en sont assez souvent devant nos yeux; mais il passeroit pour fou, s'il vouloit faire l'amour en jeune homme, & s'il prétendoit se faire aimer par les bonnes qualitez de sa personne. Il peut espérer qu'on l'écoutera, mais cette espérance doit estre fondée sur son bien, ou sur sa qualité, & non pas sur ses mérites; & ses prétensions ne peuvent estre raisonnables, s'il ne croit avoir affaire à une ame assez intéressée, pour déférer tout à l'éclat des richesses, ou à l'ambition du rang.

La qualité de semblables, qu'Aristote demande aux Mœurs, regarde particulierement les personnes que l'Histoire ou la Fable nous fait connoistre, & qu'il faut toûjours peindre telles que nous les y trouvons. C'est ce que veut dire Horace par ce vers.

Sit Medea ferox invictaque.

Qui peindroit Ulisse en grand guerrier, ou Achille en grand discoureur, ou Médée en femme fort soûmise, s'exposeroit à la risée publique. Ainsi ces deux qualitez, dont quelques Interprétes ont beaucoup de peine à trouver la différence qu'Aristote veut qui soit entre elles sans la désigner, s'accorderont aisément, pourveu qu'on les sépare, & qu'on donne celle de convenables aux personnes imaginées qui n'ont jamais eu d'estre que dans l'esprit du Poëte, en reservant l'autre pour celles qui sont connuës par l'Histoire, ou par la Fable, comme je le viens de dire.

Il reste à parler de l'égalité, qui nous oblige à conserver jusqu'à la fin à nos Personnages les Mœurs que nous leurs avons données au commencement.   servetur ad imum

Qualis ab incepto processerit, & sibi
   constet.

L'inégalité y peut toutefois entrer sans defaut, non seulement quand nous introduisons des personnes d'un esprit leger & inégal, mais encor lors qu'en conservant l'égalité au dedans, nous donnons l'inégalité au dehors selon l'occasion. Telle est celle de Chimène du costé de l'amour, elle aime toûjours fortement Rodrigue dans son cœur, mais cet amour agit autrement en la présence du Roy, autrement en celle de l'Infante, & autrement en celle de Rodrigue, & c'est ce qu'Aristote appelle des Mœurs inégalement égales.

Il se présente une difficulté à éclaircir sur cette matiere, touchant ce qu'entend Aristote, lors qu'il dit, que la Tragédie se peut faire sans Mœurs, & que la pluspart de celles des Modernes de son temps n'en ont point. *Le sens de ce Passage est assez malaisé à concevoir, veu que selon luy-mesme c'est par les Mœurs qu'un homme est méchant, ou homme de bien, spirituel ou stupide, timide ou hardy, constant ou irrésolu, bon ou mauvais Politique, & qu'il est impossible qu'on en mette aucun sur le Théatre qui ne soit bon, ou méchant, & qu'il n'aye quelqu'une de ces autres qualitez. Pour accorder ces deux sentimens qui semblent opposez l'un à l'autre, j'ay remarqué que ce Philosophe dit en suite, que si un Poëte a fait de belles Narrations Morales, & des discours bien sententieux, il n'a fait encor rien par là qui concerne la Tragédie. Cela m'a fait considérer que les Mœurs ne sont pas seulement le principe des actions, mais aussi du raisonnement. Un homme de bien agit & raisonne en homme de bien, un méchant agit & raisonne en méchant, & l'un & l'autre étale de diverses Maximes de Morale suivant cette diverse habitude. C'est donc de ces Maximes, que cette habitude produit, que la Tragédie peut se passer, & non pas de l'habitude* mesme, puisque elle est le principe des actions, & que les actions sont l'ame de la Tragédie, où l'on ne doit parler qu'en agissant, & pour agir. Ainsi pour expliquer ce passage d'Aristote par l'autre, nous pouvons dire, que quand il parle d'une Tragédie sans Mœurs, il entend une Tragédie ou les Acteurs énoncent simplement leurs sentimens, ou ne les appuyent que sur des raisonnemens tirez du fait, comme Cléopatre dans le second Acte de Rodogune, & non pas sur des Maximes de Morale ou de Politique, comme Rodogune dans son prémier Acte. Car, je le répéte encor, faire un Poëme de Théatre, où aucun des Acteurs ne soit bon ny méchant, prudent ny imprudent, cela est absolument impossible.

Après les Mœurs viennent les Sentimens, par où l'Acteur fait connoistre ce qu'il veut ou ne veut pas, en quoy il peut se contenter d'un simple témoignage de ce qu'il se propose de faire, sans le fortifier de raisonnemens moraux, comme je le viens de dire. Cette partie a besoin de la Rhétorique pour peindre les passions & les troubles de l'esprit, pour en consulter, délibérer, éxagérer, ou exténüer, mais il y a cette différence pour ce regard entre le Poëte Dramatique, & l'Orateur, que celuy-cy peut étaler son Art, & le rendre remarquable avec pleine liberté, & que l'autre doit le cacher avec soin parce que ce n'est jamais luy qui parle, & que ceux qu'il fait parler ne sont pas des Orateurs.

La Diction dépend de la Grammaire. Aristote luy attribuë les Figures, que nous ne laissons pas d'appeller communément Figures de Rhétorique. Je n'ay rien à dire là dessus, sinon que le langage doit estre net, les Figures placées à propos & diversifiées, & la versification aisée & élevée au dessus de la Prose, mais non pas jusqu'à l'enflure du Poëme Epique, puisque ceux que le Poëte fait parler ne sont pas des Poëtes.

Le retranchement que nous avons fait des Chœurs, a retranché la Musique de nos Poëmes. Une chanson y a quelquefois bonne grace, & dans les Piéces de Machines cet ornement est redevenu nécessaire pour remplir les oreilles de l'Auditeur, cependant que les Machines descendent.

La décoration du Théatre a besoin de trois Arts pour la rendre belle, de la Peinture, de l'Architecture, & de la Perspective. Aristote prétend que cette partie non plus que la précédente ne regarde pas le Poëte, & comme il ne la traite point, je me dispenseray d'en dire plus qu'il ne m'en a appris.

Pour achever ce discours, je n'ay plus qu'à parler des parties de quantité, qui sont le Prologue, l'Episode, l'Exode, & le Chœur. Le Prologue est ce qui se récite avant le prémier chant du Chœur. L'Episode, ce qui se récite entre les chants du Chœur. Et l'Exode, ce qui se récite après le dernier chant du Chœur. *Voilà tout ce que nous en dit Aristote, qui nous marque plûtost la situation de ces parties, & l'ordre qu'elles ont entre elles dans la représentation, que la part de l'action qu'elles doivent contenir. Ainsi pour les appliquer à nostre usage, le Prologue est nostre prémier Acte, l'Episode fait les trois suivants, l'Exode le dernier.*

*Je dis que le Prologue est ce qui se récite devant le premier chant du Chœur, bien que la version ordinaire porte, devant la prémiére entrée du Chœur, ce qui nous embarasseroit fort, veu que dans beaucoup de Tragédies Grecques le Chœur parle le prémier, & ainsi elles manqueroient de cette partie, ce qu'*Aristote *n'eut pas manqué de remarquer. Pour m'enhardir à changer ce terme, afin de lever la difficulté, j'ay consideré qu'encore que le mot Grec* πάροδος *dont se sert icy ce Philosophe signifie communément l'entrée en un chemin ou Place publique, qui étoit le lieu ordinaire où nos Anciens faisoient parler leurs Acteurs: en cet endroit toutefois il ne peut signifier que le prémier chant du Chœur. C'est ce qu'il m'ap-*

DU POEME DRAMATIQUE. xlvij

prend luy-mesme un peu après, en disant que le πάροδος du Chœur est la prémiére chose que dit tout le Chœur ensemble. Or quand le Chœur entier disoit quelque chose, il chantoit, & quand il parloit sans chanter, il n'y avoit qu'un de ceux dont il étoit composé qui parlast au nom de tous. La raison en est que le Chœur alors tenoit le lieu d'Acteur, & ce qu'il disoit servoit à l'action, & devoit par conséquent estre entendu, ce qui n'eust pas été possible, si tous ceux qui le composoient, & qui étoient quelquefois jusqu'au nombre de cinquante, eussent parlé, ou chanté tous à la fois. Il faut donc rejetter ce prémier πάροδος du Chœur, qui est la borne du Prologue, à la prémiére fois qu'il demeuroit seul sur le Théatre, & chantoit : jusque là il n'y étoit introduit que parlant avec un Acteur par une seule bouche, ou s'il y demeuroit seul sans chanter, il se séparoit en deux demy Chœurs, qui ne parloient non plus chacun de leur costé que par un seul organe, afin que l'Auditeur pûst entendre ce qu'ils disoient, & s'instruire de ce qu'il falloit qu'il apprist pour l'intelligence de l'action.

Je réduis ce Prologue à nostre prémier Acte, suivant l'intention d'Aristote, & pour suppléer en quelque façon à ce qu'il ne nous a pas dit, ou que les années nous ont dérobé de son livre, je diray qu'il doit contenir les sémences de tout ce qui doit arriver, tant pour l'action principale, que pour les Episodiques, en sorte qu'il n'entre aucun Acteur dans les Actes suivans, qui ne soit connu par ce prémier, ou du moins appellé par quelqu'un qui y aura été introduit. Cette Maxime est nouvelle & assez sévére, & je ne l'ay pas toûjours gardée; mais j'estime qu'elle sert beaucoup à fonder une véritable unité d'action, par la liaison de toutes celles qui concurrent dans le Poëme. Les Anciens s'en sont fort écartez, particuliérement dans les Agnitions, pour lesquelles ils se sont presque toûjours servis de gens qui survenoient par hazard au cinquiéme Acte, & ne seroient arrivez qu'au dixiéme, si la Piéce en eust eu dix. Tel est ce Vieillard de Corinthe dans l'Oedipe de Sophocle & de Sénéque, où il semble tomber des Nuës par miracle, en un temps où les Acteurs ne sçauroient plus par où en prendre, ny quelle posture tenir, s'il arrivoit une heure plus tard. Je ne l'ay introduit qu'au cinquiéme Acte non plus qu'eux; mais j'ay préparé sa venuë dés le prémier, en faisant dire à Oedipe qu'il attend dans le jour la Nouvelle de la mort de son pére. Ainsi dans la Vefve, bien que Célidan ne paroisse qu'au troisième, il y est amené par Alcidon qui est du prémier. Il n'en est pas de mesme

des

DU POEME DRAMATIQUE.   xlix

des Maures dans le Cid, pour lesquels il n'y a aucune préparation au prémier Acte. Le Plaideur de Poitiers dans le Menteur avoit le mesme defaut, mais j'ay trouvé le moyen d'y remédier en cette Edition, où le Dénoüement se trouve préparé par Philiste, & non plus par luy.

Je voudrois donc que le prémier Acte continst le fondement de toutes les actions, & fermast la porte à tout ce qu'on voudroit introduire d'ailleurs dans le reste du Poëme. Encor que souvent il ne donne pas toutes les lumiéres nécessaires pour l'entiére intelligence du Sujet, & que tous les Acteurs n'y paroissent pas, il suffit qu'on y parle d'eux, ou que ceux qu'on y fait paroistre ayent besoin de les aller chercher, pour venir à bout de leurs intentions. Ce que je dis ne se doit entendre que des Personnages qui agissent dans la Piéce par quelque propre intérest considérable, ou qui apportent une Nouvelle importante qui produit un notable effet. Un Domestique qui n'agit que par l'ordre de son maistre, un Confident qui reçoit le secret de son amy, & le plaint dans son malheur, un pére qui ne se montre que pour consentir ou contredire le Mariage de ses enfans, une femme qui console & conseille son mary, en un mot, tous ces gens sans action n'ont point besoin d'estre insinüez au prémier Acte; &

quand je n'y aurois point parlé de Livie dans Cinna, j'aurois pû la faire entrer au quatriéme, sans pécher contre cette Régle. Mais je souhaiterois qu'on l'observast inviolablement, quand on fait concurrer deux actions différentes, bien qu'ensuite elles se meslent ensemble. La conspiration de Cinna, & la consultation d'Auguste avec luy & Maxime n'ont aucune liaison entre elles, & ne font que concurrer d'abord, bien que le résultat de l'une produise de beaux effets pour l'autre, & soit cause que Maxime en fait découvrir le secret à cet Empereur. Il a été besoin d'en donner l'idée dès le prémier Acte, où Auguste mande Cinna & Maxime. On n'en sçait pas la cause, mais enfin il les mande, & cela suffit pour faire une surprise tres-agréable, de le voir deliberer s'il quittera l'Empire, ou non, avec deux hommes qui ont conspiré contre luy. Cette surprise auroit perdu la moitié de ses graces, s'il ne les eust point mandez dès le prémier Acte, ou si on n'y eust point connu Maxime pour un des Chefs de ce grand dessein. Dans Don Sanche le choix que la Reine de Castille doit faire d'un mary, & le rappel de celle d'Arragon dans ses Etats, sont deux choses tout à fait différentes, aussi sont elles proposées toutes deux au prémier Acte, & quand on introduit deux sortes d'Amours, il ne faut jamais y manquer.

DU POEME DRAMATIQUE.

Ce prémier Acte s'appelloit Prologue du temps d'Aristote, & communément on y faisoit l'ouverture du Sujet, pour instruire le Spectateur de tout ce qui s'étoit passé avant le commencement de l'action qu'on alloit representer, & de tout ce qu'il falloit qu'il sçeust pour comprendre ce qu'il alloit voir. La maniére de donner cette intelligence a changé suivant les temps. Euripide en a usé assez grossiérement, en introduisant, tantost un Dieu dans une Machine, par qui les Spectateurs recevoient cet éclaircissement, & tantost un de ses principaux Personnages qui les en instruisoit luy mesme, comme dans son Iphigenie, & dans son Héléne, où ces deux Héroïnes racontent d'abord toute leur histoire, & l'apprennent à l'Auditeur, sans avoir aucun Acteur avec elles à qui adresser leur discours.

Ce n'est pas que je vueille dire, que quand un Acteur parle seul, il ne puisse instruire l'Auditeur de beaucoup de choses; mais il faut que ce soit par les sentimens d'une passion qui l'agite, & non pas par une simple Narration. Le Monologue d'Æmilie, qui ouvre le Théatre dans Cinna, fait assez connoistre qu'Auguste a fait mourir son pére, & que pour venger sa mort elle engage son Amant à conspirer contre luy; mais c'est par le trouble & la crainte que le péril où elle expose Cinna jette dans son ame, que nous en avons la connoissance. Surtout le Poëte se doit souvenir, que quand un Acteur est seul sur le Théatre, il est présumé ne faire que s'entretenir en luymesme, & ne parle qu'afin que le Spectateur sçache dequoy il s'entretient, & à quoy il pense. Ainsi ce seroit une faute insupportable, si un autre Acteur apprenoit par là ses secrets. On excuse cela dans une passion si violente, qu'elle force d'éclater, bien qu'on n'aye personne à qui la faire entendre, & je ne le voudrois pas condamner en un autre, mais j'aurois de la peine à me le souffrir.

Plaute a crû remédier à ce desordre d'Euripide, en introduisant un Prologue détaché, qui se récitoit par un Personnage, qui n'avoit quelquefois autre nom que celuy de Prologue, & n'étoit point du tout du corps de la Piéce. Aussi ne parloit-il qu'aux Spectateurs, pour les instruire de ce qui avoit précédé, & amener le Sujet jusques au prémier Acte, où commençoit l'action.

Térence, qui est venu depuis luy, a gardé ces Prologues, & en a changé la matiére. Il les a employez à faire son Apologie contre ses envieux, & pour ouvrir son Sujet, il a introduit une nouvelle sorte de Personnages, qu'on a appellez Protatiques, parce qu'ils ne paroissent que dans la Protase, où se doit faire la proposition & l'ouverture du Sujet. Ils en écoutoient l'histoire, qui leur étoit racontée par un autre Acteur, & par ce récit qu'on leur en faisoit, l'Auditeur demeuroit instruit de ce qu'il devoit sçavoir, touchant les intérests des prémiers Acteurs, avant qu'ils parussent sur le Théatre. Tels sont Sosie dans son Andrienne, & Davus dans son Phormion, qu'on ne revoit plus après la narration, & qui ne servent qu'à l'écouter. Cette Méthode est fort artificieuse, mais je voudrois pour sa perfection que ces mesmes Personnages servissent encor à quelque autre chose dans la Piéce, & qu'ils y fussent introduits par quelque autre occasion que celle d'écouter ce récit. Pollux dans Médée est de cette nature. Il passe par Corinthe en allant au mariage de sa sœur, & s'étonne d'y rencontrer Jason qu'il croyoit en Thessalie ; il apprend de luy sa fortune, & son divorce avec Médée, pour épouser Créüse, qu'il aide en suite à sauver des mains d'Ægée qui l'avoit fait enlever, & raisonne avec le Roy sur la défiance qu'il doit avoir des présens de Médée. Toutes les Piéces n'ont pas besoin de ces éclaircissemens, & par conséquent on se peut passer souvent de ces Personnages, dont Térence ne s'est servy que ces deux fois dans les six Comédies que nous avons de luy.

Nostre Siécle a inventé une autre espéce de

Prologue pour les Piéces de Machines, qui ne touche point au Sujet, & n'est qu'une loüange adroite du Prince devant qui ces Poëmes doivent estre representez. Dans l'Androméde, Melpomène emprunte au Soleil ses rayons pour éclairer son Théatre en faveur du Roy, pour qui elle a préparé un spectacle magnifique. Le Prologue de la Toison d'Or sur le mariage de sa Majesté, & la Paix avec l'Espagne, a quelque chose encor de plus éclatant. Ces Prologues doivent avoir beaucoup d'invention, & je ne pense pas qu'on y puisse raisonnablement introduire que des Dieux imaginaires de l'Antiquité, qui ne laissent pas toutefois de parler des choses de nostre temps, par une fiction Poëtique, qui fait un grand accommodement de Théatre.

L'Episode selon Aristote en cet endroit, sont nos trois Actes du milieu, mais comme il applique ce nom ailleurs aux actions qui sont hors de la principale, & qui luy servent d'un ornement dont elle se pourroit passer, je diray que bien que ces trois Actes s'appellent Episode, ce n'est pas à dire qu'ils ne soient composez que d'Episodes. La consultation d'Auguste au second de Cinna, les remords de cet ingrat, ce qu'il en découvre à Æmilie, & l'effort que fait Maxime pour persuader à cet objet de son amour caché de s'enfuïr avec luy, ne sont que des Episodes ; mais l'avis que fait donner Ma-

DU POEME DRAMATIQUE.

xime par Euphorbe à l'Empereur, les irrésolutions de ce Prince, & les conseils de Livie, sont de l'action principale ; & dans Héraclius, ces trois Actes ont plus d'action principale, que d'Episodes. Ces Episodes sont de deux sortes, & peuvent estre composez des actions particuliéres des principaux Acteurs, dont toutefois l'action principale pourroit se passer, ou des intérests des seconds Amants qu'on introduit, & qu'on appelle communément des Personnages Episodiques. Les uns & les autres doivent avoir leur fondement dans le prémier Acte, & estre attachez à l'action principale, c'est à dire, y servir de quelque chose, & particuliérement ces Personnages Episodiques doivent s'embarasser si bien avec les prémiers, qu'un seul intrique brouille les uns & les autres. Aristote blasme fort les Episodes détachez, & dit que les mauvais Poëtes en font par ignorance, & les bons en faveur des Comédiens, pour leur donner de l'employ. L'Infante du Cid est de ce nombre, & on le pourra condamner, ou luy faire grace par ce texte d'Aristote, suivant le rang qu'on voudra me donner parmy nos Modernes.

Je ne diray rien de l'Exode, qui n'est autre chose que nostre cinquième Acte. Je pense en avoir expliqué le principal employ, quand j'ay dit que l'action du Poëme Dramatique doit estre compléte. Je n'y ajousteray que ce mot; qu'il faut, s'il se peut, luy réserver toute la Catastrophe, & mesme la reculer vers la fin autant qu'il est possible. Plus on la différe, plus les esprits demeurent suspendus, & l'impatience qu'ils ont de sçavoir de quel costé elle tournera, est cause qu'ils la reçoivent avec plus de plaisir: ce qui n'arrive pas quand elle commence avec cet Acte. L'Auditeur qui la sçait trop tost n'a plus de curiosité, & son attention languit durant tout le reste, qui ne luy apprendrien de nouveau. Le contraire s'est veu dans la Mariane, dont la mort, bien qu'arrivée dans l'intervalle qui sépare le quatrième Acte du cinquième, n'a pas empesché que les déplaisirs d'Hérode, qui occupent tout ce dernier, n'ayent plû extraordinairement. Mais je ne conseillerois à personne de s'asseurer sur cet éxemple. Il ne se fait pas des miracles tous les jours, & quoy que son Autheur eust bien mérité ce beau succès par le grand effort d'esprit qu'il avoit fait à peindre les desespoirs de ce Monarque, peut-estre que l'excellence de l'Acteur, qui en soûtenoit le Personnage, y contribuoit beaucoup.

Voilà ce qui m'est venu en pensée touchant le but, les utilitez, & les parties du Poëme Dramatique. Quelques Personnes de condition, qui peuvent tout sur moy, ont voulu

DU POEME DRAMATIQUE.

que je donnasse mes sentimens au Public, sur les Régles d'un Art qu'il y a si long-temps que je pratique assez heureusement. Comme ce Recueil est séparé en trois Volumes, j'ay séparé les principales matiéres en trois Discours, pour leur servir de Préfaces. Je parle au second des conditions particuliéres de la Tragédie, des qualitez des Personnes & des évenemens qui luy peuvent fournir de Sujet, & de la maniére de le traiter selon le vray semblable ou le nécessaire. Je m'explique dans le troisiéme sur les trois unitez, d'action, de jour, & de lieu. Cette entreprise méritoit une longue & tres éxacte étude de tous les Poëmes qui nous restent de l'Antiquité, & de tous ceux qui ont commenté les Traitez, qu'Aristote & Horace ont fait de l'Art Poëtique, ou qui en ont écrit en particulier : mais je n'ay pû me résoudre à en prendre le loisir; & je m'asseure que beaucoup de mes Lecteurs me pardonneront aisément cette paresse, & ne seront pas faschez, que je donne à des productions nouvelles le temps qu'il m'eust fallu consumer à des remarques sur celles des autres Siécles. J'y fais quelques courses, & y prens des éxemples quand ma mémoire m'en peut fournir. Je n'en cherche de Modernes que chez moy, tant parce que je connois mieux mes ouvrages que ceux des autres, & en suis plus le maistre, que parce que je ne veux pas m'exposer au péril de déplaire à ceux que je reprendrois en quelque chose, ou que je ne loüerois pas assez en ce qu'ils ont fait d'excellent. J'écris sans ambition, & sans esprit de contestation, je l'ay déja dit. Je tasche de suivre toûjours le sentiment d'Aristote dans les matiéres qu'il a traitées, & comme peut-estre je l'entens à ma mode, je ne suis point jaloux qu'un autre l'entende à la sienne. Le Commentaire dont je m'y sers le plus, est l'experience du Théatre, & les refléxions sur ce que j'ay veu y plaire ou déplaire. J'ay pris pour m'expliquer un stile simple, & me contente d'une expression nuë de mes opinions, bonnes ou mauvaises, sans y rechercher aucun enrichissement d'Eloquence. Il me suffit de me faire entendre, je ne prétens pas qu'on admire icy ma façon d'écrire, & ne fais point de scrupule de m'y servir souvent des mesmes termes, ne fust-ce que pour épargner le temps d'en chercher d'autres, dont peut estre la variété ne diroit pas si justement ce que je veux dire. J'ajouste à ces trois Discours généraux l'éxamen de chacun de mes Poëmes en particulier, afin de voir en quoy ils s'écartent, ou se conforment aux Régles que j'établis. Je n'en dissimuleray point les defauts, & en revanche je me donneray la liberté de remarquer ce que

DU POEME DRAMATIQUE.

j'y trouveray de moins imparfait. Balzac accorde ce Privilege à une certaine espéce de gens, & soûtient qu'ils peuvent dire d'eux-mesmes par franchise, ce que d'autres diroient par vanité. Je ne sçay si j'en suis, mais je veux avoir assez bonne opinion de moy pour n'en desespérer pas.

EXAMEN
Des Poëmes contenus en cette
Prémiére Partie.

MELITE.

CETTE Piéce fut mon coup d'essay, & elle n'a garde d'estre dans les Régles ; puisque je ne sçavois pas alors qu'il y en eust. Je n'avois pour guide qu'un peu de sens commun, avec les exemples de feu Hardy, dont la veine étoit plus féconde que polie, & de quelques Modernes, qui commençoient à se produire, & qui n'étoient pas plus Réguliers que luy. Le succès en fut surprenant. Il établit une nouvelle troupe de Comédiens à Paris, malgré le mérite de celle qui étoit en possession de s'y voir l'unique ; il égala tout ce qui s'étoit fait de plus beau jusqu'alors, & me fit connoistre à la Cour. Ce sens commun, qui étoit toute ma Régle, m'avoit fait trouver l'unité d'action pour brouiller quatre Amans par un seul intrique, & m'avoit donné assez d'aversion de cet horrible déréglement qui mettoit Paris, Rome, & Constantinople sur le mesme Théatre, pour réduire le mien dans une seule ville.

La nouveauté de ce genre de Comédie, dont il n'y a point d'éxemple en aucune Langue, & le stile naïf, qui faisoit une peinture de la conversation des honnestes gens, furent sans doute cause de ce bonheur surprenant, qui fit alors tant de bruit. On n'avoit jamais veu jusque-là que la Comédie fist rire sans Personnages ridicules, tels que les Valets boufons, les Parasites, les Capitans, les Docteurs, &c. Celle cy faisoit son effet par l'humeur enjouée de gens d'une condition au dessus de ceux qu'on voit dans les Comédies de Plaute & de Térence, qui n'étoient que des Marchands. Avec tout cela, j'avouë que l'Auditeur fut bien facile à donner son approbation à une Piéce, dont le nœud n'avoit aucune justesse. Eraste y fait contrefaire des lettres de Mélite, & les porter à Philandre. Ce Philandre est bien crédule de se persuader d'estre aimé d'une personne qu'il n'a jamais entretenuë, dont il ne connoit point l'écriture, & qui luy défend de l'aller voir; cependant qu'elle reçoit les visites d'un autre, avec qui il doit avoir une amitié assez étroite, puisqu'il est accordé de sa sœur. Il fait plus, sur la legéreté d'une croyance si peu raisonnable, il renonce à une affection dont il étoit asseuré, & qui étoit preste d'avoir son effet. Eraste n'est pas moins ridicule que luy, de s'imaginer que sa fourbe causera cette rupture, qui seroit toutefois inutile à son dessein, s'il ne sçavoit de certitude que Philandre, malgré le secret qu'il luy fait demander par Mélite dans ces fausses lettres, ne manquera pas à les montrer à Tircis; que cet Amant favorisé, croira plûtost un caractére qu'il n'a jamais veu, que les asseurances d'amour qu'il reçoit tous les jours de sa Maîtresse; & qu'il rompra avec elle sans luy parler, de peur de s'en éclaircir. Cette prétension d'Eraste ne pouvoit estre supportable à moins d'une révélation, & Tircis qui est l'honneste homme de la Piéce, n'a pas l'esprit moins leger que les deux autres, de s'abandonner au desespoir par une mesme facilité de croyance, à la veuë de ce caractére inconnu. Les sentimens de douleur qu'il en peut legitimement concevoir, devroient du moins l'emporter à faire quelques reproches à celle dont il se croit trahy, & luy donner par là l'occasion de le desabuser. La folie d'Eraste, n'est pas de meilleur trempe. Je la condamnois deslors en mon ame; mais comme c'étoit un ornement de Théâtre qui ne manquoit jamais de plaire, & se faisoit souvent admirer, j'affectay volontiers ces grands égaremens, & en tiray un effet que je tiendrois encore admirable en ce temps. C'est la maniere dont Eraste fait connoistre à Philandre, en le prenant pour Minos, la fourbe qu'il luy a faite, & l'erreur où il l'a jetté. Dans tout ce que j'ay fait depuis, je ne pense pas qu'il se rencontre rien de plus adroit pour un dénoüement.

Tout le cinquième Acte peut passer pour inutile. Tircis & Mélite se sont raccommodez avant qu'il commence, & par consequent l'action est terminée. Il n'est plus question que de sçavoir qui a fait la supposition des lettres, & ils pouvoient l'avoir sçeu de Cloris, à qui Philandre l'avoit dit pour se justifier. Il est vray que cet Acte retire Eraste de folie, qu'il le réconcilie avec les deux Amants, & fait son mariage avec Cloris ; mais tout cela ne regarde plus qu'une action Episodique, qui ne doit pas amuser le Théatre, quand la principale est finie ; & sur tout ce mariage a si peu d'apparence, qu'il est aisé de voir qu'on ne le propose, que pour satisfaire à la coûtume de ce temps là, qui étoit de marier tout ce qu'on introduisoit sur la Scéne. Il semble mesme que le Personnage de Philandre, qui part avec un ressentiment ridicule, dont on ne craint pas l'effet, ne soit point achevé,

& qu'il luy falloit quelque cousine de Mélite, ou quelque sœur d'Eraste pour le reünir avec les autres. Mais deslors je ne m'assujettissois pas tout à fait à cette mode, & je me contentay de faire voir l'assiette de son esprit, sans prendre soin de le pourvoir d'une autre femme.

Quant à la durée de l'action, il est assez visible qu'elle passe l'unité de jour, mais ce n'en est pas le seul defaut; il y a de plus une inégalité d'intervalle entre les Actes qu'il faut éviter. Il doit s'estre passé huit ou quinze jours entre le prémier & le second, & autant entre le second & le troisième; mais du troisième au quatrième, il n'est pas besoin de plus d'une heure, & il en faut encor moins entre les deux derniers, de peur de donner le temps de se rallentir à cette chaleur, qui jette Eraste dans l'égarement d'esprit. Je ne sçay mesme si les Personnages qui paroissent deux fois dans un mesme Acte (posé que cela soit permis, ce que j'examineray ailleurs) je ne sçay, dis je, s'ils ont le loisir d'aller d'un quartier de la Ville à l'autre, puisque ces quartiers doivent estre si éloignez l'un de l'autre, que les Acteurs ayent lieu de ne pas s'entreconnoistre. Au prémier Acte, Tircis après avoir quitté Mélite chez elle, n'a que le temps d'environ soixante vers pour aller chez luy, où il rencontre Philandre avec sa sœur, & n'en a guére da-

DE MELITE. lxv

vantage au second à refaire le mesme chemin. Je sçay bien que la representation racourcit la durée de l'action, & qu'elle fait voir en deux heures, sans sortir de la Régle, ce qui souvent a besoin d'un jour entier pour s'effectuer: mais je voudrois que, pour mettre les choses dans leur justesse, ce racourcissement se ménageast dans les intervalles des Actes, & que le temps qu'il faut perdre s'y perdist, en sorte que chaque Acte n'en eust pour la partie de l'action qu'il represente, que ce qu'il en faut pour sa representation.

Ce coup d'essay a sans doute encor d'autres irrégularitez, mais je ne m'attache pas à les éxaminer si ponctuellement, que je m'obstiné à n'en vouloir oublier aucune : je pense avoir marqué les plus notables, & pour peu que le Lecteur aye d'indulgence pour moy, j'espére qu'il ne s'offensera pas d'un peu de négligence pour le reste.

CLITANDRE.

UN voyage que je fis à Paris pour voir le succès de Mélite, m'apprit qu'elle n'étoit pas dans les vingt & quatre heures. C'étoit l'unique Régle que l'on connûst en ce temps-là. J'entendis que ceux du métier la blasmoient de peu d'effets, & de ce que le ſtile en étoit trop familier. Pour la juſtifier contre cette cenſure par une eſpèce de bravade, & montrer que ce genre de Piéces avoit les vrayes beautez de Théatre, j'entrepris d'en faire une réguliére (c'eſt à dire dans ces vingt & quatre heures) pleine d'incidents, & d'un ſtile plus élevé : mais qui ne vaudroit rien du tout ; en quoy je réüſſis parfaitement. Le ſtile en eſt véritablement plus fort que celuy de l'autre, mais c'eſt tout ce qu'on y peut trouver de ſupportable. Il eſt meſlé de pointes, comme dans cette premiére, mais ce n'étoit pas alors un ſi grand vice dans le choix des penſées, que la Scéne en dûſt eſtre entiérement purgée. Pour la conſtitution, elle eſt ſi deſordonnée, que vous avez de la peine à deviner qui ſont les prémiers Acteurs. Roſidor & Caliſte ſont ceux qui le paroiſſent le plus par l'avantage de leur caractére, & de leur amour mutüel; mais leur action finit dès le prémier Acte avec leur péril, & ce qu'ils diſent au troiſième & au cinquième ne fait que montrer leurs viſages, attendant que les autres achévent. Pymante & Doriſe y ont le plus grand employ, mais ce ne ſont que deux criminels, qui cherchent à éviter la punition de leurs crimes, & dont meſme le prémier en attente de plus grands, pour mettre à couvert les

DE CLITANDRE.

autres. Clitandre, autour de qui semble tourner le nœud de la Piéce, puisque les prémieres actions vont à le faire coupable, & les derniéres à le justifier, n'en peut estre qu'un Héros bien ennuyeux, qui n'est introduit que pour déclamer en prison, & ne parle pas mesme à cette Maîtresse, dont les dédains servent de couleur à le faire passer pour criminel. Tout le cinquième Acte languit comme celuy de Mélite après la conclusion des Episodes, & n'a rien de surprenant, puisque dès le quatrième on devine tout ce qui doit arriver, horsmis le mariage de Clitandre avec Dorise, qui est encore plus étrange que celuy d'Eraste; & dont on n'a garde de se défier.

Le Roy & le Prince son fils y paroissent dans un employ fort au dessous de leur Dignité. L'un n'y est que comme juge, & l'autre comme confident de son favory. Ce defaut n'a pas accoûtumé de passer pour defaut, aussi n'est-ce qu'un sentiment particulier dont je me suis fait une Régle, qui peut-estre ne semblera pas déraisonnable, bien que nouvelle.

Pour m'expliquer, je dis qu'un Roy, un héritier de la Couronne, un Gouverneur de Province, & généralement un homme d'authorité, peut paroistre sur le Théatre en trois façons : comme Roy, comme homme, & comme Juge ; quelquefois avec deux de ces qualitez, quelquefois avec toutes les trois ensemble. Il paroit comme Roy seulement, quand il n'a intérest qu'à la conservation de son Trosne, ou de sa vie qu'on attaque pour changer l'Etat, sans avoir l'esprit agité d'aucune passion particuliére ; & c'est ainsi qu'Auguste agit dans Cinna, & Phocas dans Héraclius. Il paroit comme homme seulement, quand il n'a que l'intérest d'une passion à suivre, ou à vaincre, sans aucun péril pour son Etat ; & tel est Grimoald dans les trois prémiers Actes de Pertharite, & les deux Reines dans Don Sanche. Il ne paroit enfin que comme Juge, quand il est introduit sans aucun intérest pour son Etat, ny pour sa personne, ny pour ses affections, mais seulement pour régler celuy des autres; comme dans ce Poëme & dans le Cid, & on ne peut desavoüer qu'en cette derniére posture il remplit assez mal la Dignité d'un si grand Titre, n'ayant aucune part en l'action que celle qu'il y veut prendre pour d'autres & demeurant bien éloigné de l'éclat des deux autres maniéres. Aussi on ne le donne jamais à representer aux meilleurs Acteurs, mais il faut qu'il se contente de passer par la bouche de ceux du second, ou du troisième ordre. Il peut paroistre comme Roy & comme homme

DE CLITANDRE.

tout à la fois, quand il a un grand intereſt d'état, & une forte paſſion tout enſemble à ſoûtenir, comme Antiochus dans Rodogune, & Nicoméde dans la Tragédie qui porte ſon nom; & c'eſt à mon avis la plus digne maniére, & la plus avantageuſe de mettre ſur la Scéne des gens de cette condition; parce qu'ils attirent alors toute l'action à eux, & ne manquent jamais d'eſtre repreſentez par les prémiers Acteurs. Il ne me vient point d'éxemple en la mémoire où un Roy paroiſſe comme homme & comme Juge, avec un intéreſt de paſſion pour luy, & un ſoin de régler ceux des autres, ſans aucun péril pour ſon Etat: mais pour voir les trois maniéres enſemble, on les peut aucunement remarquer dans les deux Gouverneurs d'Arménie, & de Syrie, que j'ay introduits, l'un dans Polyeucte, & l'autre dans Théodore. Je dis aucunement, parce que la tendreſſe que l'un a pour ſon gendre, & l'autre pour ſon fils, qui eſt ce qui les fait paroiſtre comme hommes, agit ſi foiblement, qu'elle ſemble étouffée ſous le ſoin qu'a l'un & l'autre de conſerver ſa Dignité, dont ils font tous deux leur capital, & qu'ainſi on peut dire en rigueur, qu'ils ne paroiſſent que comme Gouverneurs qui craignent de ſe perdre, & comme juges qui par cette crainte dominante, condamnent ou plutoſt s'immolent ce qu'ils voudroient conſerver.

Les Monologues sont trop longs & trop fréquents en cette Piéce: c'étoit une beauté en ce temps là, les Comédiens les souhaitoient, & croyoient y paroistre avec plus d'avantage. La Mode a si bien changé, que la pluspart de mes derniers Ouvrages n'en ont aucun, & vous n'en trouverez point dans Pompée, la Suite du Menteur, Théodore, & Pertharite, ny dans Héraclius, Androméde, Oedipe, & la Toison d'Or, à la réserve des Stances.

Pour le lieu, il a encor plus d'étenduë, ou si vous voulez souffrir ce mot, plus de libertinage icy, que dans Mélite: il comprend un Chasteau d'un Roy avec une forest voisine comme pourroit estre celuy de Saint Germain, & est bien éloigné de l'éxactitude que les séveres Critiques y demandent.

LA VEUFVE.

Ette Comédie n'est pas plus réguliére que Mélite en ce qui regarde l'unité de lieu, & a le mesme defaut au cinquiéme Acte, qui se passe en complimens pour venir à la conclusion d'un amour Episodique, avec cette différence toutefois, que le mariage de Célidan avec Doris a plus de justesse dans celle-

DE LA VEUFVE.

cy, que celuy d'Eraste avec Cloris dans l'autre. Elle a quelque chose de mieux ordonné pour le temps en général, qui n'est pas si vague que dans Mélite, & a ses intervalles mieux proportionnez par cinq jours consécutifs. C'étoit un tempérament que je croyois lors fort raisonnable entre la rigueur des vingt & quatre heures, & cette étenduë libertine qui n'avoit aucunes bornes. Mais elle a ce mesme defaut dans le particulier de la durée de chaque Acte, que souvent celle de l'action y excéde de beaucoup celle de la representation. Dans le commencement du prémier, Philiste quitte Alcidon pour aller faire des visites avec Clarice, & paroit en la derniére Scéne avec elle au sortir de ces visites qui doivent avoir consumé toute l'après-disnée, ou du moins la meilleure partie. La mesme chose se trouve au cinquième. Alcidon y fait partie avec Célidan d'aller voir Clarice sur le soir dans son Chasteau, où il la croit encor prisonniére, & se résout de faire part de sa joye à la Nourrice, qu'il n'oseroit voir de jour, de peur de faire soupçonner l'intelligence secrette & criminelle qu'ils ont ensemble; & environ cent vers après il vient chercher cette confidente chez Clarice, dont il ignore le retour. Il ne pouvoit estre qu'environ Midy quand il en a formé le dessein;

puisque Célidan venoit de ramener Clarice, (ce que vray-semblablement il a fait le plûtoſt qu'il a pû, ayant un intereſt d'amour qui le preſſoit de luy rendre ce ſervice en faveur de ſon Amant) & quand il vient pour éxécuter cette réſolution, la nuit doit avoir déja aſſez d'obſcurité pour cacher cette viſite qu'il luy va rendre. L'excuſe qu'on pourroit y donner auſſi-bien qu'à ce que j'ay remarqué de Tircis dans Mélite, c'eſt qu'il n'y a point de liaiſon de Scénes, & par conſequent point de continuité d'action. Ainſi on pourroit dire que ces Scénes détachées qui ſont placées l'une après l'autre, ne s'entreſuivent pas immediatement, & qu'il ſe conſume un temps notable entre la fin de l'une & le commencement de l'autre; ce qui n'arrive point quand elles ſont liées enſemble, cette liaiſon étant cauſe que l'une commence néceſſairement au meſme inſtant que l'autre finit.

Cette Comédie peut faire connoiſtre l'averſion naturelle que j'ay toûjours euë pour les A parte. Elle m'en donnoit de belles occaſions, m'étant propoſé d'y peindre un amour réciproque, qui paruſt dans les entretiens de deux perſonnes qui ne parlent point d'amour enſemble, & de mettre des complimens d'amour ſuivis entre deux gens qui n'en ont point du tout l'un pour l'autre, & qui ſont toutefois
obligez

obligez par des considérations particuliéres de s'en rendre des témoignages mutüels. C'étoit un beau jeu pour ces discours à part si fréquens chez les Anciens & chez les Modernes de toutes les Langues : cependant j'ay si bien fait par le moyen des confidences qui ont précédé ces Scénes artificieuses, & des réfléxions qui les ont suivies, que sans emprunter ce secours, l'amour a parû entre ceux qui n'en parlent point, & le mépris a été visible entre ceux qui se font des protestations d'amour. La sixié-me Scéne du quatrième Acte, semble commencer par ces A parte, & n'en a toutefois aucun. Célidan & la Nourrice y parlent véritablement chacun à part, mais en sorte que chacun des deux veut bien que l'autre entende ce qu'il dit. La Nourrice cherche à donner à Célidan des marques d'une douleur tres-vive qu'elle n'a point, & en affecte d'autant plus les dehors pour l'éblouïr ; & Célidan de son costé veut qu'elle aye lieu de croire qu'il la cherche pour la tirer du péril où il feint qu'elle est, & qu'ainsi il la rencontre fort à propos. Le reste de cette Scéne est fort adroit par la maniére dont il dupe cette vieille, & luy arrache l'aveu d'une fourbe où on le vouloit prendre luy-mesme pour dupe. Il l'enferme de peur qu'elle ne fasse encor quelque piéce qui trouble son dessein, & quelques-uns ont trouvé à dire qu'on ne parle point d'elle au cinquième. Mais ces sortes de Personnages, qui n'agissent que pour l'intérest des autres, ne sont pas assez d'importance pour faire naistre une curiosité légitime de sçavoir leurs sentimens sur l'événement de la Comédie, où ils n'ont plus que faire, quand on n'y a plus affaire d'eux; & d'ailleurs Clarice y a trop de satisfaction de se voir hors du pouvoir de ses ravisseurs, & renduë à son Amant, pour penser en sa présence à cette Nourrice, & prendre garde si elle est en sa maison, ou si elle n'y est pas.

Le stile n'est pas plus élevé icy que dans Mélite, mais il est plus net, & plus dégagé des pointes dont l'autre est semée, qui ne sont, à en bien parler, que de fausses lumières, dont le brillant marque bien quelque vivacité d'esprit, mais sans aucune solidité de raisonnement. L'intrique y est aussi beaucoup plus raisonnable que dans l'autre, & Alcidon a lieu d'espérer un bien plus heureux succès de sa fourbe, qu'Eraste de la sienne.

LA GALLERIE DU PALAIS.

CE titre seroit tout à fait irrégulier, puisqu'il n'est fondé que sur le Spectacle du prémier Acte, où commence l'amour de

Dorimant pour Hyppolite, s'il n'étoit authorisé par l'éxemple des Anciens, qui étoient sans doute encor bien plus licentieux, quand ils ne donnoient à leurs Tragédies que le nom des Chœurs, qui n'étoient que témoins de l'action, comme les Trachiniennes, & les Phœniciennes. L'Ajax mesme de Sophocle ne porte pas pour titre, La mort d'Ajax, qui est sa principale action, mais Ajax portefoüet, qui n'est que l'action du prémier Acte. Je ne parle point des Nuës, des Guespes, & des Grenouïlles d'Aristophane; cecy doit suffire pour montrer que les Grecs nos prémiers maistres ne s'attachoient point à la principale action, pour en faire porter le nom à leurs Ouvrages, & qu'ils ne gardoient aucune Régle sur cet Article. J'ay donc pris ce titre de la Gallerie du Palais, parce que la promesse de ce Spectacle extraordinaire, & agréable pour sa naïveté, devoit exciter vray-semblablement la curiosité des Auditeurs, & ç'a été pour leur plaire plus d'une fois, que j'ay fait paroistre ce mesme Spectacle à la fin du quatrième Acte, où il est entiérement inutile, & n'est renoüé avec celuy du prémier que par des valets, qui viennent prendre dans les boutiques ce que leurs Maistres y avoient acheté, ou voir si les Marchands ont receu les nippes qu'ils attendoient. Cette espéce de renoüement luy étoit nécessaire, afin qu'il eust quelque liaison qui luy fist trouver sa place, & qu'il ne fust pas tout à fait hors d'œuvre. La rencontre que j'y fais faire d'Aronte & de Florice est ce qui le fixe particuliérement en ce lieu là, & sans cet incident il eust été aussi propre à la fin du second, & du troisième, qu'en la place qu'il occupe. Sans cet agrément la Piéce auroit été tres réguliére pour l'unité du lieu, & la liaison des Scénes, qui n'est interrompuë que par là. Célidée & Hyppolite sont deux voisines, dont les demeures ne sont séparées que par le travers d'une ruë, & ne sont pas d'une condition trop élevée pour souffrir que leurs Amants les entretiennent à leur porte. Il est vray que ce qu'elles y disent seroit mieux dit dans une chambre, ou dans une Salle, & mesme ce n'est que pour se faire voir aux Spectateurs qu'elles quittent cette porte où elle devroient estre retranchées, & viennent parler au milieu de la Scéne; mais c'est un accommodement de Théatre qu'il faut souffrir, pour trouver cette rigoureuse unité de lieu qu'éxigent les grands Réguliers. Il sort un peu de l'éxacte vray-semblance, & de la bien-séance mesme; mais il est presque impossible d'en user autrement, & les Spectateurs y sont si accoûtumez, qu'ils n'y trouvent rien qui les blesse. Les Anciens, sur les exemples desquels on a formé les Régles, se donnoient cette liberté. Ils choisissoient pour le lieu de leurs Comédies, & mesme de leurs Tragédies, une Place publique : mais je m'asseure qu'à les bien éxaminer, il y a plus de la moitié de ce qu'ils font dire qui seroit mieux dit dans la maison, qu'en cette Place. Je n'en produiray qu'un éxemple sur qui le Lecteur en pourra trouver d'autres.

L'Andrienne de Térence commence par le vieillard Simon, qui revient du Marché avec des valets chargez de ce qu'il vient d'acheter pour les nopces de son fils ; il leur commande d'entrer dans sa maison avec leur charge, & retient avec luy Sosie, pour luy apprendre que ces nopces ne sont que des nopces feintes, à dessein de voir ce qu'en dira son fils, qu'il croit engagé dans une autre affection dont il luy conte l'histoire. Je ne pense pas qu'aucun me dénie qu'il seroit mieux dans sa Salle à luy faire confidence de ce secret, que dans une ruë. Dans la seconde Scéne, il menace Davus de le maltraiter s'il fait aucune fourbe pour troubler ces nopces ; il le menaceroit plus à propos dans sa maison, qu'en Public, & la seule raison qui le fait parler devant son logis, c'est afin que ce Davus demeuré seul puisse voir Mysis sortir de chez Glycére, & qu'il se fasse une liaison d'œil *entre ces deux Scénes : ce qui ne regarde pas l'action presente de cette prémiére, qui se passeroit mieux dans la maison, mais une action future qu'ils ne prévoyent point, & qui est plûtost du dessein du Poëte qui force un peu la vray-semblance, pour observer les Régles de son Art, que du choix des Acteurs qui ont à parler, & qui ne seroient pas où les met le Poëte, s'il n'étoit question que de dire ce qu'il leur fait dire. Je laisse aux curieux à éxaminer le reste de cette Comédie de Térence, & je veux croire qu'à moins que d'avoir l'esprit fort préoccupé d'un sentiment contraire, ils demeureront d'accord de ce que je dis.*

Quant à la durée de cette Piéce, elle est dans le mesme ordre que la précédente, c'est à dire dans cinq jours consécutifs. Le Stile en est plus fort, & plus dégagé des pointes dont j'ay parlé, qui s'y trouveront assez rares. Le Personnage de Nourrice qui est de la vieille Comédie, & que le manque d'Actrices sur nos Théatres y avoit conservé jusqu'alors, afin qu'un homme le pût representer sous le masque, se trouve icy métamorphosé en celuy de Suivante, qu'une femme represente sur son visage. Le caractére des deux Amantes a quelque chose de choquant en ce qu'elles sont toutes deux amoureuses d'hommes qui ne le font point d'elles, & Célidée particuliérement s'emporte jusqu'à s'offrir elle-mesme. On la pourroit excuser sur le violent dépit qu'elle a de s'estre veuë méprisée par son Amant, qui en sa presence mesme a conté des fleurettes à une autre, & j'aurois de plus à dire, que nous ne mettons pas sur la Scéne des Personnages si parfaits, qu'ils ne soient sujets à des defauts, & aux foiblesses qu'impriment les passions: mais je veux bien avoüer que cela va trop avant, & passe trop la bien-séance, & la modestie du sexe, bien qu'absolument il ne soit pas condamnable. En récompense le cinquième Acte est moins traisnant que celuy des précédentes, & conclud deux mariages sans laisser aucun mécontent, ce qui n'arrive pas dans celles-là.

LA SUIVANTE.

JE ne diray pas grand mal de celle-cy, que je tiens assez réguliére, bien qu'elle ne soit pas sans taches. Le Stile en est plus foible que celuy des autres. L'amour de Géraste pour Florise n'est point marqué dans le prémier Acte, & ainsi la Protase comprend la prémiére Scéne du second, où il se presente avec sa confidente Célie, sans qu'on les connoisse ny l'un, ny l'autre. Cela ne seroit pas vicieux, s'il ne s'y présentoit que comme pére de Daphnis, & qu'il ne s'expliquast que sur les interests de sa fille : mais il en a de si notables pour luy, qu'ils font le nœud & le dénoüement. Ainsi c'est un defaut selon moy, qu'on ne le connoisse pas dès ce prémier Acte. Il pourroit estre encor souffert comme Célidan dans la Veufve, si Florame l'alloit voir pour le faire consentir à son mariage avec sa fille, & que par occasion il luy proposast celuy de sa sœur pour luy-mesme ; car alors ce seroit Florame qui l'introduiroit dans la Piéce, & il y seroit appellé par un Acteur agissant dès le commencement. Clarimond qui ne paroit qu'au troisième, est insinüé dès le prémier, où Daphnis parle de l'amour qu'il a pour elle, & avouë qu'elle ne le dédaigneroit pas, s'il ressembloit à Florame. Ce mesme Clarimond fait venir son oncle Polemon au cinquième, & ces deux Acteurs ainsi sont éxempts du defaut que je remarque en Géraste. L'entretien de Daphnis au troisième avec cet Amant dédaigné a une affectation assez dangereuse, de ne dire que chacun un vers à la fois. Cela sort tout-à-fait du vraysemblable, puisque naturellement on ne peut estre si mesuré en ce qu'on s'entredit. Les éxemples d'Euripide & de Sénéque pourroient autoriser cette affectation qu'ils pratiquent si souvent, & mesme par discours généraux, qu'il semble que leurs Acteurs ne viennent quelquefois sur la Scéne, que pour s'y battre à coups de Sentences; mais c'est une beauté qu'il ne leur faut pas envier. Elle est trop fardée pour donner un amour raisonnable à ceux qui ont de bons yeux, & ne prend pas assez de soin de cacher l'artifice de ses parures, comme l'ordonne Aristote.

Géraste n'agit pas mal en vieillard amoureux, puisqu'il ne traite l'amour que par tierce personne, qu'il ne prétend estre considérable par son bien, & qu'il ne se produit point aux yeux de sa Maîtresse, de peur de luy donner du dégoust par sa présence. On peut douter s'il ne sort point du caractére des Vieillards, en ce qu'étans naturellement avares, ils considérent le bien plus que toute autre chose dans les mariages de leurs enfans, & que celuy-cy donne assez libéralement sa fille à Florame malgré son peu de fortune, pourveu qu'il en obtienne sa sœur. En cela j'ay suivy la peinture que fait Quintilian d'un vieux mary qui a épousé une jeune femme, & n'ay point fait de scrupule de l'appliquer à un Vieillard qui se veut marier. Les termes en sont si beaux, que je n'ose les gaster par ma traduction. Genus infirmissimæ servitutis est senex maritus, & flagrantius uxoriæ charitatis ardorem frigidis concipimus affectibus. C'est sur ces deux lignes que je me suis crû bien fondé à faire dire de ce bon-homme.

  Que s'il pouvoit donner trois Daphnis
    pour Florise,
  Il la tiendroit encor heureusement acquise.

Il peut naistre encor une autre difficulté sur ce que Théante & Amarante forment chacun un dessein, pour traverser les amours de Florame & Daphnis, & qu'ainsi ce sont deux intriques qui rompent l'unité d'action. A quoy je répons prémiérement, que ces deux desseins formez en mesme temps, & continüez tous deux jusqu'au bout, font une concurrence qui n'empesche pas cette unité, ce qui ne seroit pas, si après celuy de Théante avorté, Amarante en formoit un nouveau de sa part : En second lieu, que ces deux desseins ont une espéce d'unité entr'eux, en ce que tous deux sont fondez sur l'amour que Clarimond a pour Daphnis, qui sert de prétexte à l'un & à l'autre, & enfin, que de ces deux desseins il n'y en a qu'un qui fasse effet, l'autre se détruisant de soy-mesme, & qu'ainsi la fourbe d'Amarante est le seul véritable nœud de cette Comédie, où le dessein de Théante ne sert qu'à un agréable Episode de deux honnestes gens qui joüent tour à tour un poltron, & le tournent en ridicule.

Il y avoit icy un aussi beau jeu pour les A-patte qu'en la Vefve, mais j'y en fais voir la mesme aversion, avec cet avantage, qu'une seule Scéne qui ouvre le Théatre donne icy l'intelligence du sens caché de ce que disent mes Acteurs, & qu'en l'autre j'en employe quatre ou cinq pour l'éclaircir.

L'unité de lieu est assez éxactement gardée en cette Comédie, avec ce passedroit toutefois dont j'ay déja parlé, que tout ce que dit Daphnis à sa porte, ou en la ruë, seroit mieux dit dans sa chambre, où les Scénes qui se font sans elle & sans Amarante, ne peuvent se placer. C'est ce qui m'oblige à la faire sortir au dehors, afin qu'il y puisse avoir, & unité de lieu entiére, & liaison de Scéne perpetüelle dans la Piéce: ce qui ne pourroit estre, si elle parloit dans sa chambre, & les autres dans la ruë.

J'ay déja dit que je tiens impossible de choisir une Place publique pour le lieu de la Scéne que cet inconvenient n'arrive; j'en parleray encor plus au long quand je m'expliqueray sur l'unité de lieu. J'ay dit que la liaison de Scénes est icy perpetuelle, & j'y en ay mis de deux sortes, de presence, & de veuë. Quelquesuns ne veulent pas que quand un Acteur sort du Théatre pour n'estre point veu de celuy qui y vient, cela fasse une liaison: mais je ne puis estre de leur avis sur ce point; & tiens que

õ vj

c'en est une suffisante, quand l'Acteur qui entre sur le Théâtre voit celuy qui en sort, ou que celuy qui sort voit celuy qui entre; soit qu'il le cherche, soit qu'il le fuye, soit qu'il le voye simplement sans avoir interest à le chercher, ny à le fuïr. Aussi j'appelle en général une liaison de veuë, ce qu'ils nomment une liaison de recherche. J'avouë que cette liaison est beaucoup plus imparfaite que celle de présence & de discours, qui se fait lors qu'un Acteur ne sort point du Théatre sans y laisser un autre à qui il aye parlé, & dans mes derniers Ouvrages je me suis arrêté à celle-cy sans me servir de l'autre: mais enfin je croy qu'on s'en peut contenter, & je la préférerois de beaucoup à celle qu'on appelle liaison de bruit, qui ne me semble pas supportable, s'il n'y a de tres justes & de tres-importantes occasions qui obligent un Acteur à sortir du Théatre, quand il en entend. Car d'y venir simplement par curiosité, pour sçavoir ce que veut dire ce bruit, c'est une si foible liaison, que je ne conseillerois jamais personne de s'en servir.

La durée de l'action ne passeroit point en cette Comédie celle de la représentation, si l'heure du disner n'y séparoit point les deux prémiers Actes. Le reste n'emporte que ce temps-là, & je n'aurois pû luy en donner davantage :

que mes Acteurs n'eussent de loisir de s'éclaircir; ce qui les brouille n'étant qu'un mal-entendu, qui ne peut subsister, qu'autant que Géraste, Florame & Daphnis ne se trouvent point tous trois ensemble. Je n'ose dire que je m'y suis asservy à faire les Actes si égaux, qu'aucun n'a pas un Vers plus que l'autre, c'est une affectation qui ne fait aucune beauté. Il faut à la vérité les rendre les plus égaux qu'il se peut, mais il n'est pas besoin de cette exactitude. Il suffit qu'il n'y aye point d'inégalité notable, qui fatigue l'attention de l'Auditeur en quelques uns, & ne la remplisse pas dans les autres.

LA PLACE ROYALE.

JE ne puis dire tant de bien de celle cy que de la précédente. Les Vers en sont plus forts, mais il y a manifestement une duplicité d'action. Alidor dont l'esprit extravagant se trouve incommodé d'un amour qui l'attache trop, veut faire en sorte qu'Angélique sa Maîtresse se donne à son amy Cléandre, & c'est pour cela qu'il luy fait rendre une fausse lettre qui le convainc de legereté, & qu'il joint à cette supposition des mépris assez piquans pour l'obliger dans sa colére à accepter les affections d'un autre. Ce dessein avorte, & la donne à Doraste contre son intention, & cela l'oblige à en faire un nouveau pour la porter à un enlévement. Ces deux desseins formez ainsi l'un après l'autre font deux actions, & donnent deux ames au Poëme, qui d'ailleurs finit assez mal par un mariage de deux personnes Episodiques qui ne tiennent que le second rang dans la Piéce. Les prémiers Acteurs y achévent bizarrement, & tout ce qui les regarde fait languir le cinquième Acte, où ils ne paroissent plus à le bien prendre que comme seconds Acteurs. L'Epilogue d'Alidor n'a pas la grace de celuy de la Suivante, qui ayant été tres-intéressée dans l'action principale, & demeurant enfin sans Amant, n'ose expliquer ses sentimens en la présence de sa Maîtresse & de son pére, qui ont tous deux leur conte, & les laisse rentrer, pour pester en liberté contre eux & contre sa mauvaise fortune, dont elle se plaint en elle-mesme, & fait par là connoistre au Spectateur l'assiette de son esprit après un effet si contraire à ses souhaits.

Alidor est sans doute trop bon amy pour estre si mauvais Amant. Puisque sa passion l'importune tellement, qu'il veut bien outrager sa Maîtresse pour s'en défaire; il devroit

DE LA PLACE ROYALE. lxxxvij

se contenter de ce prémier effort qui la fait obtenir à Doraste, sans s'embarasser de nouveau pour l'interest d'un amy, & hazarder en sa considération un repos qui luy est si précieux. Cét amour de son repos n'empesche point qu'au cinquième Acte il ne se montre encor passionné pour cette Maîtresse, malgré la résolution qu'il avoit prise de s'en défaire, & les trahisons qu'il luy a faites ; de sorte qu'il semble ne commencer à l'aimer véritablement que quand il luy a donné sujet de la haïr. Cela fait une inégalité de Mœurs qui est vicieuse.

Le caractére d'Angélique sort de la bienséance en ce qu'elle est trop amoureuse, & se résout trop tost à se faire enlever par un homme, qui luy doit estre suspect. Cet enlévement luy reüssit mal, & il a été bon de luy donner un mauvais succès, bien qu'il ne soit pas besoin que les grands crimes soient punis dans la Tragédie, parce que leur peinture imprime assez d'horreur, pour en détourner les Spectateurs. Il n'en est pas de mesme des fautes de cette nature, & elles pourroient engager un esprit jeune & amoureux à les imiter, si l'on voyoit que ceux qui les commettent vinssent à bout par ce mauvais moyen de ce qu'ils desirent.

Malgré cet abus introduit par la nécessité,

& légitimé par l'usage de faire dire dans la ruë à nos Amantes de Comédies ce que vray-semblablement elles diroient dans leur chambre, je n'ay osé y placer Angélique durant la réflexion douloureuse qu'elle fait sur la promptitude & l'imprudence de ses ressentimens, qui la font consentir à épouser l'objet de sa haine. J'ay mieux aimé rompre la liaison des Scénes, & l'unité de lieu qui se trouve assez éxacte en ce Poëme, à cela prés, afin de la faire soûpirer dans son cabinet avec plus de bien-séance pour elle, & plus de seureté pour l'entretien d'Alidor. Philis qui le voit sortir de chez elle, en auroit trop veu si elle les avoit aperceus tous deux sur le Théatre; & au lieu du soupçon de quelque intelligence renoüée entre eux, qui la porte à l'observer durant le bal, elle auroit eu sujet d'en prendre une entiére certitude, & d'y donner un ordre, qui eust rompu tout le nouveau dessein d'Alidor, & l'intrique de la Piéce. En voila assez sur celle-cy, je passe aux deux qui restent dans ce Volume.

DE MEDE'E.

Cette Tragédie a été traitée en Grec par Euripide, & en Latin par Sénéque, & c'est sur leur éxemple que je me suis authorisé à en mettre le lieu dans une Place publique : quelque peu de vray-semblance qu'il y aye à y faire parler des Rois, & à y voir Médée prendre les desseins de sa vengeance. Elle en fait confidence chez Euripide à tout le Chœur composé de Corinthiénnes Sujettes de Créon, & qui devoient estre du moins au nombre de quinze, à qui elle dit hautement qu'elle fera périr leur Roy, leur Princesse, & son mary, sans qu'aucune d'elles ait la moindre pensée d'en donner avis à ce Prince.

Pour Sénéque, il y a quelque apparence qu'il ne luy fait pas prendre ces résolutions violentes en presence du Chœur, qui n'est pas toûjours sur le Théatre, & n'y parle jamais aux autres Acteurs : mais je ne puis comprendre comme dans son quatrième Acte il luy fait achever ces enchantemens en Place publique, & j'ay mieux aimé rompre l'unité éxacte du lieu pour faire voir Médée dans le mesme cabinet où elle a fait ses charmes, que de l'imiter en ce point.

Tous les deux m'ont semblé donner trop peu de défiance à Créon des presens de cette Magicienne, offensée au dernier point, qu'il témoigne craindre chez l'un & chez l'autre, & dont il a d'autant plus de lieu de se défier, qu'elle luy demande instamment un jour de délay pour se préparer à partir, & qu'il croit qu'elle ne le demande, que pour machiner quelque chose contre luy, & troubler les nopces de sa fille.

J'ay creu mettre la chose dans un peu plus de justesse par quelques précautions que j'y ay apportées. La prémiére, en ce que Créüse souhaite avec passion cette robe que Médée empoisonne, & qu'elle oblige Jason à la tirer d'elle par adresse. Ainsi bien que les presens des ennemis doivent estre suspects, celuy cy ne le doit pas estre, parce que ce n'est pas tant un don qu'elle fait, qu'un payement qu'on luy arrache de la grace que ses enfans reçoivent. La seconde, en ce que ce n'est pas Médée qui demande ce jour de delay, qu'elle employe à sa vengeance, mais Créon qui le luy donne de son mouvement, comme pour diminuër quelque chose de l'injuste violence qu'il luy fait, dont il semble avoir honte en luy-mesme ; & la troisième enfin, en ce qu'après les défiances que Pollux luy en fait prendre presque par force, il en fait faire l'épreuve sur une autre, avant que de permettre à sa fille de s'en parer.

L'Episode d'Ægée n'est pas tout à fait de mon invention. Euripide l'introduit en son troisième Acte, mais seulement comme un passant à qui Médée fait ses plaintes, & qui l'asseure d'une retraite chez luy à Athénes, en considération d'un service qu'elle promet de luy rendre. En quoy je trouve deux choses à dire. L'une, qu'Ægée estant dans la Cour de Créon ne parle point du tout de le voir : l'autre, que bien qu'il promette à Médée de la recevoir & protéger à Athénes après qu'elle se sera vengée, ce qu'elle fait dès ce jour-là mesme, il luy témoigne toutefois qu'au sortir de Corinthe il va trouver Pitheus à Troezéne, pour consulter avec luy sur le sens de l'Oracle qu'on venoit de luy rendre à Delphes, & qu'ainsi Médée seroit demeurée en assez mauvaise posture dans Athénes en l'attendant, puisqu'il tarda manifestement quelque temps chez Pitheus, où il fit l'amour à sa fille Æthra, qu'il laissa grosse de Thésée, & n'en partit point que sa grossesse ne fust constante. Pour donner un peu plus d'interest à ce Monarque dans l'action de cette Tragédie, je le fais amoureux de Créuse, qui luy préfére Jason ; & je porte ses ressentimens à l'enlever, afin qu'en cette entreprise demeurant prisonnier de ceux qui la sauvent de ses mains, il aye obligation à Médée de sa delivrance, & que la reconnoissance qu'il luy en doit l'engage plus fortement à sa protection, & mesme à l'épouser comme l'Histoire le marque

Pollux est de ces Personnages Protatiques, qui ne sont introduits que pour écouter la narration du Sujet. Je pense l'avoir déja dit, & j'ajouste que ces Personnages sont d'ordinaire assez difficiles à imaginer dans la Tragédie, parce que les événemens publics & éclatans dont elle est composée sont connus de tout le monde, & que s'il est aisé de trouver des gens qui les sçachent pour les raconter, il n'est pas aisé d'en trouver qui les ignorent pour les entendre. C'est ce qui m'a fait avoir recours à cette fiction, que Pollux depuis son retour de Colchos avoit toûjours été en Asie, où il n'avoit rien appris de ce qui s'étoit passé dans la Grece que la Mer en sépare Le contraire arrive en la Comédie. Comme elle n'est que d'intriques particuliers, il n'est rien si facile que de trouver des gens qui les ignorent, mais souvent il n'y a qu'une seule personne qui les puisse expliquer. Ainsi l'on n'y manque jamais de confidents, quand il y a matiére de confidence.

Dans la Narration que fait Nérine au quatrième Acte on peut considérer, que quand ceux qui écoutent ont quelque chose d'important dans l'esprit, ils n'ont pas assez de patience pour écouter le détail de ce qu'on leur vient raconter, & que c'est assez pour eux d'en apprendre l'événement en un mot. C'est ce que fait voir icy Médée, qui ayant sçeu que Jason a arraché Créüse à ses ravisseurs, & pris Ægée prisonnier, ne veut point qu'on luy explique comment cela s'est fait. Lors qu'on a affaire à un esprit tranquille, comme Achorée à Cléopatre dans la mort de Pompée, pour qui elle ne s'interesse que par un sentiment d'honneur, on prend le loisir d'exprimer toutes les particularitez ; mais avant que d'y descendre, j'estime qu'il est bon, mesme alors, d'en dire tout l'effet en deux mots dès l'abord.

Sur tout dans les Narrations ornées & Pathetiques il faut tres soigneusement prendre garde en quelle assiette est l'ame de celuy qui parle, & de celuy qui écoute, & se passer de cet ornement qui ne va guére sans quelque étalage ambitieux, s'il y a la moindre apparence que l'un des deux soit trop en péril, ou dans une passion trop violente, pour avoir toute la patience nécessaire au récit qu'on se propose.

J'oubliois à remarquer que la prison où je mets Ægée est un spectacle desagréable, que je conseillerois d'éviter. Ces grilles qui éloignent l'Acteur du Spectateur, & luy cachent toûjours plus de la moitié de sa personne, ne manquent jamais à rendre son action fort languissante. Il arrive quelquefois des occasions indispensables de faire arréter prisonnier sur nos Théatres quelques-uns de nos principaux Acteurs: mais alors il vaut mieux se contenter de leur donner des Gardes qui les suivent, & n'affoiblissent ny le spectacle, ny l'action, comme dans Polyeucte, & dans Héraclius. J'ay voulu rēdre visible icy l'obligation qu'Ægée avoit à Médée, mais cela se fût mieux fait par un récit.

Je seray bien aise encor qu'on remarque la civilité de Jason envers Pollux à son départ. Il l'accompagne jusques hors de la ville, & c'est une adresse de Théatre assez heureusement pratiquée, pour l'éloigner de Créon & Créüse mourants, & n'en avoir que deux à la fois à faire parler. Un Autheur est bien embarassé quand il en a trois, & qu'ils ont tous trois une assez forte passion dans l'ame, pour leur donner une juste impatience de la pousser au dehors. C'est ce qui m'a obligé à faire mourir ce Roy malheureux avant l'arrivée de Jason, afin qu'il n'eust à parler qu'à Créüse, & à faire mourir cette Princesse avant que Médée se montre sur le balcon, afin que cet Amant en colére n'aye plus à qui s'adresser qu'à elle: mais on auroit eu lieu de trouver à dire qu'il ne fust pas auprés de sa Maîtresse dans un si grand malheur, si je n'eusse rendu raison de son éloignemene.

J'ay feint que les feux que produit la robbe de Médée, & qui font périr Créon & Créüse, étoient invisibles, parce que j'ay mis leurs personnes sur la Scéne dans la Catastrophe. Ce Spectacle de mourants m'étoit nécessaire pour remplir mon cinquième Acte, qui sans cela n'eust pû atteindre à la longueur ordinaire des nostres : mais à dire le vray, il n'a pas l'effet que demande la Tragédie, & ces deux mourans importunent plus par leurs cris & par leurs gémissemens, qu'ils ne font pitié par leur malheur. La raison en est, qu'ils semblent l'avoir mérité par l'injustice qu'ils ont faite à Médée, qui attire si bien de son costé toute la faveur de l'Auditoire, qu'on excuse sa vengeance, après l'indigne traitement qu'elle a receu de Créon & de son mary, & qu'on a plus de compassion du desespoir où ils l'ont réduite, que de tout ce qu'elle leur fait souffrir.

Quant au stile, il est fort inégal en ce Poëme, & ce que j'y ay meslé du mien approche si peu de ce que j'ay traduit de Sénéque, qu'il n'est point besoin d'en mettre le texte en marge, pour faire discerner au Lecteur ce qui est de luy ou de moy. Le temps m'a donné le moyen d'amasser assez de forces, pour ne laisser pas cette différence si visible dans le Pompée, où j'ay beaucoup pris de Lucain, & ne crois *pas estre demeuré fort au dessous de luy, quand il a fallu me passer de son secours.*

L'ILLUSION.

JE diray peu de chose de cette Piéce. C'est une galanterie extravagante qui a tant d'irregularitez, qu'elle ne vaut pas la peine de la considérer, bien que la nouveauté de ce caprice en aye rendu le succès assez favorable, pour ne me repentir pas d'y avoir perdu quelque temps. Le prémier Acte ne semble qu'un Prologue. Les trois suivans forment une Piéce que je ne sçay comment nommer. Le succès en est Tragique, Adraste y est tué, & Clindor en péril de mort : mais le stile & les Personnages sont entiérement de la Comédie. Il y en a mesme un qui n'a d'estre que dans l'imagination, inventé exprès pour faire rire, & dont il ne se trouve point d'original parmy les hommes. C'est un Capitan qui soûtient assez son caractere de fanfaron pour me permetre de croire qu'on en trouvera peu, dans quelque Langue que ce soit, qui s'en acquittent mieux. L'action n'y est pas compléte, puisqu'on ne sçait à la fin du quatrième Acte qui la termine, ce que deviennent les principaux Acteurs, & qu'ils se desrobent plûtost au peril, qu'ils n'en triomphent.

phent. Le lieu y est assez régulier, mais l'unité de jour n'y est pas observée. Le cinquième est une Tragédie assez courte pour n'avoir pas la juste grandeur que demande Aristote, & que j'ay tasché d'expliquer. Clindor & Isabelle étans devenus Comédiens, sans qu'on le sçache, y representent une histoire, qui a du rapport avec la leur, & semble en estre la suite. Quelques-uns ont attribué cette conformité à un manque d'invention : mais c'est un trait d'Art pour mieux abuser par une fausse mort le pére de Clindor qui les regarde, & rendre son retour de la douleur à la joye plus surprenant & plus agreable.

Tout cela cousu ensemble fait une Comédie, dont l'action n'a pour durée que celle de sa representation, mais surquoy il ne seroit pas seur de prendre exemple. Les especes de cette nature ne se hazardent qu'une fois, & quand l'original auroit passé pour merveilleux, la copie n'en peut jamais rien valoir. Le stile semble assez proportionné aux matiéres, si ce n'est que Lyse en la sixième Scéne du troisième Acte, semble s'élever un peu trop au dessus du caractére de Servante. Ces deux vers d'Horace luy serviront d'excuse, aussibien qu'au pére du Menteur, quand il se met en colére contre son fils au cinquième.

I. Partie. ū

xcviij EXAMEN DE L'ILLUSION.
    *Interdum tamen & vocem Comedia
        tollit,
    Iratusque Chremes tumido delitigat
        ore.*

Je ne m'étendray pas davantage sur ce Poëme. Tout irrégulier qu'il est, il faut qu'il aye quelque mérite, puisqu'il a surmonté l'injure des temps, & qu'il paroist encor sur nos Théatres, bien qu'il y aye plus de trente années qu'il est au Monde, & qu'une si longue révolution en aye enséveli beaucoup sous la poussiére, qui sembloient avoir plus de droit que luy de prétendre à une si heureuse durée.

MELITE.
COMEDIE.

ACTEURS.

ERASTE, Amoureux de Mélite.

TIRCIS, Amy d'Eraste & son Rival.

PHILANDRE, Amant de Cloris.

MELITE, Maîtresse d'Eraste & de Tircis.

CLORIS, Sœur de Tircis.

LISIS, Amy de Tircis.

CLITON, Voisin de Mélite.

LA NOURRICE de Mélite.

La Scene est à Paris.

MELITE,
COMEDIE.

ACTE I.

SCENE PREMIERE.

ERASTE, TIRCIS.

ERASTE.

E te l'avouë, amy, mon mal est incurable,
Je n'y sçay qu'un reméde, & j'en suis incapable :
Le change seroit juste après tant de rigueur,
Mais malgré ses dédains Mélite a tout mon cœur.
Elle a sur tous mes sens une entiére puissance,
Si j'ose en murmurer, ce n'est qu'en son absence,
Et je ménage en vain dans un éloignement
Un peu de liberté pour mon ressentiment,

I. Partie.   A

D'un seul de ses regards l'adorable contrainte
Me rend tous mes liens, en resserre l'étrainte,
Et par un si doux charme aveugle ma raison,
Que je cherche mon mal, & fuy ma guerison.
Son œil agit sur moy d'une vertu si forte,
Qu'il ranime soudain mon espérance morte,
Combat les déplaisirs de mon cœur irrité,
Et soûtient mon amour contre sa crüauté :
Mais ce flateur espoir qu'il rejette en mon ame,
N'est qu'un doux imposteur qu'authorise ma fla-
me,
Et qui sans m'asseurer ce qu'il semble m'offrir,
Me fait plaire en ma peine & m'obstine à souffrir.

TIRCIS.

Que je te trouve, amy, d'une humeur admirable !
Pour paroistre éloquent tu te feins misérable,
Est-ce à dessein de voir avec quelles couleurs
Je sçaurois adoucir les traits de tes malheurs ?
Ne t'imagine pas qu'ainsi sur ta parole
D'une fausse douleur un amy te console :
Ce que chacun en dit ne m'a que trop appris
Que Mélite pour toy n'eut jamais de mepris.

ERASTE.

Son gracieux accueil & ma persévérance
Font naistre ce faux bruit d'une vaine apparence :
Ses mépris sont cachez, & s'en font mieux sentir,
Et n'étant point connus on n'y peut compâtir.

TIRCIS.

En étant bien receu, du reste que t'importe ?
C'est tout ce que tu veux des filles de sa sorte.

ERASTE.

Cét accés favorable, ouvert, & libre à tous,
Ne me fait pas trouver mon martyre plus doux.
Elle souffre aisément mes soins, & mon service,
Mais loin de se résoudre à leur rendre justice,
Parler de l'Hymenée à ce cœur de rocher,
C'est l'unique moyen de n'en plus approcher.

COMEDIE,
TIRCIS.

Ne diffimulons point, tu régles mieux ta flame,
Et tu n'és pas fi foû que d'en faire ta femme.
ERASTE.
Quoy, tu fembles douter de mes intentions ?
TIRCIS.
Je croy malaifément que tes affections
Sur l'éclat d'un beau teint qu'on voit fi périffable
Réglent d'une moitié le choix invariable,
Tu ferois incivil de la voir chaque jour,
Et ne lui pas tenir quelques propos d'amour ;
Mais d'un vain compliment ta paffion bornée
Laiffe aller tes deffeins ailleurs pour l'Hyménée.
Tu fçais qu'on te fouhaite aux plus riches maifons,
Que les meilleurs partis...
ERASTE.
            Tréve de ces raifons,
Mon amour s'en offenfe, & tiendroit pour fupplice,
De recevoir des loix d'une fale avarice ;
Il me rend infenfible aux faux attraits de l'or,
Et trouve en fa perfonne un affez grand trefor.
TIRCIS.
Si c'eft-là le chemin qu'en aimant tu veux fuivre,
Tu ne fçais guére encore ce que c'eft que de vivre.
Ces vifages d'éclat font bons à cajoler,
C'eft-là qu'un apprentif doit s'inftruire à parler :
J'aime à remplir de feux ma bouche en leur prefence,
La mode nous oblige à cette complaifance,
Tous ces difcours de Livre alors font de faifon,
Il faut feindre des maux, demander guérifon,
Donner fur le Phœbus, promettre des miracles,
Jurer qu'on brifera toute forte d'obftacles,
Mais du vent & cela doivent eftre tout un.
ERASTE.
Paffe pour des beautez qui font dans le commun :
C'eft ainfi qu'autrefois j'amufay Crifolite,
Mais c'eft d'autre façon qu'on doit fervir Mélite.

A ij

MELITE.

Malgré tes sentimens il me faut accorder
Que le souverain bien n'est qu'à la posséder.
Le jour qu'elle nasquit, Vénus, bien qu'immortelle,
Pensa mourir de honte en la voyant si belle,
Les Graces à l'envy descendirent des Cieux
Pour se donner l'honneur d'accompagner ses yeux,
Et l'Amour qui ne pût entrer dans son courage,
Voulut obstinément loger sur son visage.

TIRCIS.

Tu le prens d'un haut ton, & je croy qu'au besoin
Ce discours emphatique iroit encor bien loin.
Pauvre amant, je te plains, qui ne sçais pas encore
Que bien qu'une beauté mérite qu'on l'adore,
Pour en perdre le goust on n'a qu'à l'épouser.
Un bien qui nous est dû se fait si peu priser,
Qu'une femme fust-elle entre toutes choisie,
On en voit en six mois passer la fantaisie.
Tel au bout de ce temps n'en voit plus la beauté
Qu'avec un esprit sombre, inquiet, agité ;
Au premier qui luy parle, ou jette l'œil sur elle,
Mille sottes frayeurs luy brouillent la cervelle,
Ce n'est plus lors qu'une aide à faire un favory,
Un charme pour tout autre, & non pour un mary.

ERASTE.

Ces caprices honteux & ces chiméres vaines
Ne sçauroient ébranler des cervelles bien saines,
Et quiconque a sçeu prendre une fille d'honneur
N'a point à redouter l'appas d'un suborneur.

TIRCIS.

Peut-estre dis-tu vray, mais ce choix difficile
Assez & trop souvent trompe le plus habile,
Et l'Hymen de soy-mesme est un si lourd fardeau,
Qu'il faut l'appréhender à l'égal du tombeau.
S'attacher pour jamais aux costez d'une femme !
Perdre pour des enfans le repos de son ame !
Voir leur nombre importun remplir une maison !
Ah! qu'on aime ce joug avec peu de raison!

COMEDIE.

ERASTE.
Mais il y faut venir, c'est en vain qu'on recule,
C'est en vain qu'on refuit, tost ou tard on s'y brûle,
Pour libertin qu'on soit, on s'y trouve attrapé :
Toy-mesme qui fais tant le cheval échapé,
Nous te verrons un jour songer au mariage.

TIRCIS.
Alors ne pense pas que j'épouse un visage.
Je regle mes desirs suivant mon intérest ?
Si Doris me vouloit, toute laide qu'elle est,
Je l'estimerois plus qu'Aminte & qu'Hyppolite,
Son revenu chez moy tiendroit lieu de mérite :
C'est comme il faut aimer. L'abondance des biens
Pour l'amour conjugal a de puissans liens,
La beauté, les attraits, l'esprit, la bonne mine,
Echauffent bien le cœur, mais non pas la cuisine,
Et l'Hymen qui succéde à ces folles amours,
Aprés quelques douceurs a bien de mauvais jours.
Une amitié si longue est fort mal asseurée
Dessus des fondemens de si peu de durée,
L'argent dans le ménage a certaine splendeur
Qui donne un teint d'éclat à la mesme laideur,
Et tu ne peux trouver de si douces caresses,
Dont le goust dure autant que celuy des richesses.

ERASTE.
Auprés de ce bel œil qui tient mes sens ravis,
A peine pourois-tu conserver ton avis.

TIRCIS.
La raison en tous lieux est également forte.

ERASTE.
L'essay n'en coûte rien, Mélite est à sa porte ;
Allons, & tu verras dans ses aimables traits
Tant de charmans appas, tant de brillans attraits,
Que tu seras forcé toy-mesme à reconnoistre
Que si je suis un fou jay bien raison de l'estre.

A iij

MELITE,
TIRCIS.
Allons, & tu verras que toute sa beauté
Ne sçaura me tourner contre la vérité.

SCENE II.
ERASTE, MELITE, TIRCIS.

ERASTE.

De deux amis, Madame, appaisez la querelle,
Un esclave d'Amour le défend d'un rebelle,
Si toutefois un cœur qui n'a jamais aimé,
Fier & vain qu'il en est, peut estre ainsi nommé.
Comme dès le moment que je vous ay servie
J'ay creu qu'il estoit seul la véritable vie,
Il n'est pas merveilleux que ce peu de rapport
Entre nos deux esprits séme quelque discord.
Je me suis donc piqué contre sa médisance,
Avec tant de malheur, ou tant d'insuffisance,
Que des droits si sacrez & si pleins d'équité
N'ont pû se garantir de sa subtilité,
Et je l'améne icy n'ayant plus que répondre,
Asseuré que vos yeux le sçauront mieux confondre.

MELITE.

Vous deviez l'asseurer plûtost qu'il trouveroit
En ce mépris d'amour qui le seconderoit.

TIRCIS.

Si le cœur ne dédie ce que la bouche exprime,
Et ne fait de l'amour une plus haute estime,
Je plains les malheureux à qui vous en donnez,
Comme à d'étranges maux par leur sort destinez.

MELITE.

Ce reproche sans cause avec raison m'étonne,
Je ne reçoy d'amour & n'en donne à personne,

COMEDIE.

Les moyens de donner ce que je n'eus jamais ?
ERASTE.
Ils vous sont trop aisez, & par vous desormais
La Nature pour moy montre son injustice,
A pervertir son cours pour me faire un supplice.
MELITE.
Supplice imaginaire, & qui sent son moqueur.
ERASTE.
Supplice qui déchire & mon ame & mon cœur.
MELITE.
Il est rare qu'on porte avec si bon visage
L'ame & le cœur ensemble en si triste équipage.
ERASTE.
Vostre charmant aspect suspendent mes douleurs,
Mon visage du vostre emprunte les couleurs.
MELITE.
Faites mieux, pour finir vos maux & vostre flame
Empruntez tout d'un temps les froideurs de mon
   ame.
ERASTE
Vous voyant, les froideurs perdent tout leur pouvoir,
Et vous n'en conservez que faute de vous voir.
MELITE.
Et quoy ! tous les miroirs ont-ils de fausses glaces !
ERASTE.
Penseriez-vous y voir la moindre de vos graces ?
De si fresles sujets ne sçauroient exprimer
Ce que l'Amour aux cœurs peut luy seul imprimer,
Et quand vous en voudrez croire leurs impuissances,
Cette legére idée & foible connoissance
Que vous aurez par eux de tant de raretez
Vous mettra hors du pair de toutes les beautez.
MELITE.
Voila trop vous tenir dans une complaisance,
Que vous deussiez quitter, du moins en ma presence,
Et ne démentir pas le rapport de vos yeux,
Afin d'avoir sujet de m'entreprendre mieux.

A iiij

ERASTE.
Le rapport de mes yeux aux dépens de mes larmes
Ne m'a que trop appris le pouvoir de vos charmes.
TIRCIS.
Sur peine d'estre ingrate, il faut de vostre part
Reconnoistre les dons que le Ciel vous départ.
ERASTE.
Voyez que d'un second mon droit se fortifie.
MELITE.
Voyez que son secours montre qu'il s'en défie.
TIRCIS.
Je me range toûjours d'avec la verité.
MELITE.
Si vous la voulez suivre, elle est de mon costé.
TIRCIS.
Ouy sur vostre visage, & non en vos paroles.
Mais cessez de chercher ces refuites frivoles,
Et prenant desormais des sentimens plus doux,
Ne soyez plus de glace à qui brusle pour vous.
MELITE.
Un ennemy d'amour me tenir ce langage!
Accordez vostre bouche avec vostre courage,
Pratiquez vos conseils, ou ne m'en donnez pas.
TIRCIS.
J'ay connu mon erreur auprés de vos appas,
Il vous l'avoit bien dit.
ERASTE.
              Ainsi donc par l'issuë
Mon ame sur ce point n'a point été deceuë?
TIRCIS.
Si tes feux en son cœur produisoit mesme effet,
Croy-moy, que ton bon-heur seroit bien-tost parfait.
MELITE.
Pour voir si peu de chose aussi-tost vous dédire,
Me donne à vos dépens de beaux sujets de rire,
Mais je pourrois bien-tost, à m'entendre flater,
Concevoir quelque orgueil qu'il vaut mieux éviter.

COMEDIE.

Excusez ma retraite.
ERASTE.
    Adieu, belle inhumaine,
De qui seule dépend, & ma joye, & ma peine.
MELITE.
Plus sage à l'avenir, quittez ces vains propos,
Et laissez vostre esprit & le mien en repos.

SCENE III.
ERASTE, TIRCIS.

ERASTE.
Maintenant suis-je un foû? méritay-je du blasme?
Que dis-tu de l'objet, que dis-tu de ma flame?
TIRCIS.
Que veux-tu que j'en die? elle a je ne sçay quoy
Qui ne peut consentir que l'on demeure à soy;
Mon cœur jusqu'à present à l'amour invincible,
Ne se maintient qu'à force aux termes d'insensible,
Tout autre que Tircis mourroit pour la servir.
ERASTE.
Confesse franchement qu'elle a sçeu te ravir,
Et que tu ne veux pas prendre pour cette belle
Avec le nom d'amant le titre d'infidelle.
Rien que nostre amitié ne t'en peut détourner?
Mais ta Muse du moins facile à suborner
Avec plaisir déja prepare quelques veilles
A de puissants efforts pour de telles merveilles.
TIRCIS.
En effet ayant veu tant & de tels appas,
Que je ne rime point, je ne le promets pas.
ERASTE.
Tes feux n'iront-ils point plus avant que la rime?
TIRCIS.
Si je brusle jamais, je veux brusler sans crime.

A v

MELITE,

ERASTE.
Mais si sans y penser tu te trouvois surpris ?

TIRCIS.
Quitte pour décharger mon cœur dans mes écrits.
J'aime bien ces discours de plaintes & d'alarmes
De soûpirs, de sanglots, de tourmens, & de larmes,
C'est dequoy fort souvent je bastis ma chanson,
Mais j'en connoy, sans plus, la cadence & le son.
Souffre qu'en un Sonnet je m'efforce à dépeindre
Cét agréable feu que tu ne peux éteindre,
Tu le pourras donner comme venant de toy.

ERASTE.
Ainsi ce cœur d'acier qui me tient sous sa loy
Verra ma passion pour le moins en peinture :
Je doute neantmoins qu'en cette portraiture
Tu ne suives plûtost tes propres sentimens.

TIRCIS.
Me prépare le Ciel de nouveaux châtimens,
Si jamais un tel crime entre dans mon courage.

ERASTE.
Adieu, je suis content, j'ay ta parole en gage,
Et sçay trop que l'honneur t'en fera souvenir.

TIRCIS *seul*.
En matiére d'amour rien n'oblige à tenir,
Et les meilleurs amis lors que son feu les presse
Font bien-tost vanité d'oublier leur promesse.

SCENE IV.

PHILANDRE, CLORIS.

PHILANDRE.

Je meure, mon soucy, tu dois bien me haïr,
Tous mes soins depuis peu ne vont qu'à te trahir.

COMEDIE.
CLORIS.
Ne m'épouvante point, à ta mine je pense
Que le pardon suivra de fort prés cette offense,
Si-tost que j'auray sçeu quel est ce mauvais tour.
PHILANDRE.
Sçache donc qu'il ne vient sinon de trop d'amour.
CLORIS.
J'eusse osé le gager, qu'ainsi par quelque ruse
Ton crime officieux porteroit son excuse.
PHILANDRE
Ton adorable objet, mon unique vainqueur
Fait naistre chaque jour tant de feux en mon cœur,
Que leur excés m'accable, & que pour m'en défaire
J'y cherche des defauts qui puissent me déplaire:
J'éxamine ton teint dont l'éclat me surprit,
Les traits de ton visage, & ceux de ton esprit,
Mais je n'en puis trouver un seul qui ne me charme.
CLORIS.
Et moy je suis ravie, aprés ce peu d'alarme,
Qu'ainsi tes sens trompez te puissent obliger
A chérir ta Cloris & jamais ne changer.
PHILANDRE.
Ta beauté te répond de ma persévérance,
Et ma foy qui t'en donne une entière asseurance.
CLORIS.
Voila fort doucement dire que sans ta foy
Ma beauté ne pourroit te conserver à moy.
PHILANDRE.
Je traiterois trop mal une telle Maîtresse,
De l'aimer seulement pour tenir ma promesse,
Ma passion en est la cause, & non l'effet ;
Outre que tu n'as rien qui ne soit si parfait,
Qu'on ne peut te servir, sans voir sur ton visage
Dequoy rendre constant l'esprit le plus volage.
CLORIS.
Ne m'en conte point tant de ma perfection,
Tu dois estre asseuré de mon affection ;

A vj

Et tu pers tout l'effort de ta galanterie
Si tu crois l'augmenter par une flaterie.
Une fausse loüange est un blasme secret,
Je suis belle à tes yeux, il suffit sois discret,
C'est mon plus grand bonheur, & le seul où j'aspire.
PHILANDRE.
Tu sçais adroitement adoucir mon martyre:
Mais parmy les plaisirs qu'avec toy je ressens,
A peine mon esprit ose croire mes sens,
Toûjours entre la crainte, & l'espoir en balance;
Car s'il faut que l'amour naisse de ressemblance,
Mes imperfections nous éloignant si fort,
Qu'oserois-je prétendre en ce peu de rapport?
CLORIS.
Du moins ne prétens pas qu'à present je te loüe,
Et qu'un mépris rusé que ton cœur desavouë
Me mette sur la langue un babil afété
Pour te rendre à mon tour ce que tu m'as prêté:
Au contraire, je veux que tout le monde sçache
Que je connois en toy des defauts que je cache.
Quiconque avec raison peut estre negligé,
A qui le veut aimer est bien plus obligé.
PHILANDRE.
Quant à toy, tu te crois de beaucoup plus aimable.
CLORIS.
Sans doute, & qu'aurois-tu qui me fust comparable?
PHILANDRE.
Regarde dans mes yeux, & reconnoy qu'en moy
On peut voir quelque chose aussi parfait que toy.
CLORIS
C'est sans difficulté, m'y voyant exprimée.
PHILANDRE.
Quitte ce vain orgueil dont ta veuë est charmée.
Tu n'y vois que mon cœur, qui n'a plus un seul trait,
Que ceux qu'il a receus de ton charmant portrait,
Et qui tout aussi-tost que tu t'és fait paroistre,
Afin de té mieux voir, s'est mis à la fenestre.

COMEDIE.
CLORIS.
Le trait n'est pas mauvais, mais puisqu'il te plaist tant,
Regarde dans mes yeux, ils t'en montrent autant,
Et nos feux tous pareils ont mesmes étincelles.
PHILANDRE.
Ainsi, chére Cloris, nos ardeurs mutuelles
Dedans cette union prenant un mesme cours,
Nous préparent un heur qui durera toûjours,
Cependant en faveur de ma longue souffrance.
CLORIS.
Tay-toy, mon frére vient.

SCENE V.
TIRCIS, PHILANDRE, CLORIS.
TIRCIS.
SI j'en croy l'apparence,
Mon arrivée icy fait quelque contre-temps.
PHILANDRE.
Que t'en semble, Tircis?
TIRCIS.
Ie vous voy si contens,
Qu'à ne vous rien celer touchant ce qu'il me semble
Du divertissement que vous preniés ensemble,
De moins sorciers que moy pourroient bien deviner
Qu'un troisiéme ne fait que vous importuner.
CLORIS.
Dy ce que tu voudras, nos feux n'ont point de crimes,
Et pour t'appréhender ils sont trop légitimes,
Puis qu'un Hymen sac é promis ces jours passez
Sous ton consentement les authorise assez.

MELITE,

TIRCIS.
Ou je te connoy mal, ou son heure tardive
Te desoblige fort de ce qu'elle n'arrive.

CLORIS,
Ta belle humeur te tient, mon frere.

TIRCIS.
Asseurément.

CLORIS.
Le sujet ?

TIRCIS.
J'en ay trop dans ton contentement.

CLORIS.
Le cœur t'en dit d'ailleurs.

TIRCIS.
Il est vray, je te jure,
J'ay veu je ne sçay quoy...

CLORIS.
Dy tout, je t'en conjure.

TIRCIS.
Ma foy, si ton Philandre avoit veu de mes yeux,
Tes affaires, ma sœur, n'en iroient guére mieux.

CLORIS.
J'ay trop de vanité pour croire que Philandre
Trouve encore aprés moy qui puisse le surprendre.

TIRCIS.
Tes vanitez à part, repose-t'en sur moy,
Que celle que j'ay veüe est bien autre que toy.

PHILANDRE.
Parle mieux de l'objet dont mon ame est ravie,
Ce blasphéme à tout autre auroit coûté la vie.

TIRCIS.
Nous tomberons d'accord, sans nous mettre en pourpoint.

CLORIS.
Encor cette beauté, ne la nomme-t'on point ?

TIRCIS.
Non pas si-tost. Adieu, ma présence importune

COMEDIE.

Te laisse à la mercy d'Amour, & de la Brune,
Continuez les jeux que vous avez quittez.

CLORIS.

Ne croy pas éviter mes importunitez;
Ou tu diras le nom de cette incomparable,
Ou je vay de tes pas me rendre inséparable.

TIRCIS.

Il n'est pas fort aisé d'arracher ce secret,
Adieu, ne perds point temps.

CLORIS.

      O l'amoureux discret!
Et bien, nous allons voir si tu sçauras te taire.

PHILANDRE, *Il retient Cloris qui suit son frére*.
C'est donc ainsi qu'on quitte un amant pour un frére!

CLORIS.

Philandre, avoir un peu de curiosité,
Ce n'est pas envers toy grande infidélité :
Souffre que je desrobe un moment à ma flame,
Pour lire malgré luy jusqu'au fond de son ame,
Nous en rirons aprés ensemble, si tu veux.

PHILANDRE.

Quoy, c'est là tout l'état que tu fais de mes feux!

CLORIS.

Je ne t'aime pas moins pour estre curieuse,
Et ta flame à mon cœur n'est pas moins précieuse,
Conserve-moy le tien, & sois seur de ma foy.

PHILANDRE.

Ah folle, qu'en t'aimant il faut souffrir de toy!

Fin du prémier Acte.

ACTE II.

SCENE PREMIERE.

ERASTE.

Ie l'avois bien préveu que ce cœur infi-
   delle   [crüelle,
Ne se défendroit point des yeux de ma
Qui traite mille amants avec mille mé-
   pris,
Et n'a point de faveurs que pour le dernier pris.
Si-tost qu'il l'aborda, je leus sur son visage
De sa déloyauté l'infaillible présage;
Un inconnu frisson dans mon corps épandu,
Me donna les avis de ce que j'ay perdu.
Depuis, cette volage évite ma rencontre,
Ou si malgré ses soins le hazard me la montre,
Si je puis l'aborder, son discours se confond,
Son esprit en desordre à peine me répond,
Une réflexion vers le traistre qu'elle aime
Presque à tous momens le raméne en luy mesme,
Et tout resveur qu'il est, il n'a point de soucis
Qu'un soûpir ne trahisse au seul nom de Tircis.
Lors par le prompt effet d'un changement étrange
Son silence rompu se déborde en loüange;
Elle remarque en luy tant de perfections,
Que les moins éclairez verroient ses passions;
Sa bouche ne se plaist qu'en cette flaterie,
Et tout autre propos luy rend sa resverie.

COMEDIE.

Cependant chaque jour au discours attachez,
Ils ne retiennent plus leurs sentimens cachez,
Ils ont des rendez-vous où l'amour les assemble,
Encor hier sur le soir je les surpris ensemble,
Encor tout de nouveau je la voy qui l'attend.
Que cét œil asseuré marque un esprit content !
Perds tout respect, Eraste, & tout soin de luy plaire,
Rien, sans plus différer, ta vengeance éxemplaire;
Mais il vaut mieux t'en rire, & pour dernier effort
Luy montrer en raillant combien elle a de tort.

SCENE II.
ERASTE, MELITE.

ERASTE.

Quoy, seule & sans Tircis ! vraiment c'est un [prodige,
Et ce nouvel amant déja trop vous neglige,
Laissant ainsi couler la belle occasion
De vous conter l'excès de son affection.

MELITE.
Vous sçavez que son ame en est fort dépourvuë.

ERASTE.
Toutesfois, ce dit-on, depuis qu'il vous a veuë,
Il en porte dans l'ame un si doux souvenir,
Qu'il n'a plus de plaisirs qu'à vous entretenir.

MELITE.
Il a lieu de s'y plaire avec quelque justice,
L'Amour ainsi qu'à luy me paroit un supplice,
Et sa froideur qu'augmente un si lourd entretien
Le résout d'autant mieux à n'aimer jamais rien.

ERASTE.
Dites à n'aimer rien que la belle Mélite.

MELITE.
Pour tant de vanité j'ay trop peu de mérite.

ERASTE.
En faut-il tant avoir pour ce nouveau venu ?
MELITE.
Un peu plus que pour vous.
ERASTE.
De vrai, j'ay reconnu,
Vous ayant pû servir deux ans & davantage,
Qu'il faut si peu que rien à toucher mon courage.
MELITE.
Encor si peu que c'est vous étant refusé,
Présumez comme ailleurs vous serez méprisé.
ERASTE.
Vos mépris ne sont pas de grande conséquence,
Et ne vaudront jamais la peine que j'y pense ;
Sçachant qu'il vous voyoit, je m'étois bien douté
Que je ne serois plus que fort mal écouté.
MELITE.
Sans que mes actions de plus prés j'examine,
A la meilleure humeur je fais meilleure mine,
Et s'il m'osoit tenir de semblables discours,
Nous romprions ensemble avant qu'il fut deux jours.
ERASTE.
Si chaque objet nouveau de mesme vous engage,
Il changera bien-tost d'humeur & de langage :
Caressé maintenant aussi-tost qu'aperceu,
Qu'auroit-til à se plaindre, étant si bien receu ?
MELITE.
Eraste, voyez-vous, tréve de jalousie,
Purgez vostre cerveau de cette frénésie,
Laissez en liberté mes inclinations,
Qui vous a fait censeur de mes affections ?
Est-ce à vostre chagrin que j'en doy rendre conte ?
ERASTE.
Non, mais j'ay malgré moy pour vous un peu de honte ;
De ce qu'on dit par tout du trop de privauté
Que déja vous souffrez à sa témérité.

COMEDIE.
MELITE.
Ne soyez en soucy que de ce qui vous touche.
ERASTE.
Le moyen sans regret de vous voir si farouche
Aux légitimes vœux de tant de gens d'honneur,
Et d'ailleurs si facile à ceux d'un suborneur ?
MELITE.
Ce n'est pas contre luy qu'il faut en ma présence
Lascher les traits jaloux de vostre médisance :
Adieu, souvenez-vous que ces mots insensez
L'avanceront chez moy plus que vous ne pensez.

SCENE III.
ERASTE.

C'Est-là donc ce qu'enfin me gardoit ton caprice ?
C'est ce que j'ay gagné par deux ans de service ?
C'est ainsi que mon feu s'étant trop abaissé,
D'un outrageux mépris se voit récompensé ?
Tu m'oses préférer un traistre qui te flatte ;
Mais dans ta laschetê ne croy pas que j'éclate,
Et que par la grandeur de mes ressentimens
Je laisse aller au jour celles de mes tourmens.
Un aveu si public qu'en feroit ma colére
Enfleroit trop l'orgueil de ton ame legére,
Et me convaincroit trop de ce desir abjet
Qui m'a fait soûpirer pour un indigne objet.
Je sçauray me venger, mais avec l'apparence
De n'avoir pour tous deux que de l'indifference:
Il fut toûjours permis de tirer sa raison
D'une infidélité par une trahison.
Tien, déloyal amy, tien ton ame asseurée
Que ton heur surprenant aura peu de durée,
Et que par une adresse égale à tes forfaits
Je mettray le desordre où tu crois voir la paix.

MELITE,
L'esprit fourbe & vénal d'un voisin de Mélite
Donnera prompte issuë à ce que je médite,
A servir qui l'achéte il est toûjours tout prest,
Et ne voit rien d'injuste où brille l'interest.
Allons sans perdre temps luy payer ma vangeance,
Et la pistole en main presser sa diligence.

SCENE IV.

TIRCIS, CLORIS.

TIRCIS.

MA sœur, un mot d'avis sur un méchant Sonnet,
Que je viens de brouiller dedans mon cabinet.
CLORIS.
C'est à quelque beauté que ta Muse l'adresse ?
TIRCIS.
En faveur d'un amy je flate sa Maîtresse,
Voy si tu le connois, & si parlant pour luy
J'ay sceu m'accommoder aux passions d'autruy.

SONNET.

APrés l'œil de Mélite il n'est rien d'*admirable.*
CLORIS.
Ah, frére, il n'en faut plus
TIRCIS.
                Tu n'és pas supportable
De me rompre si-tost.
CLORIS.
            C'étoit sans y penser.
Achéve.
TIRCIS.
Tay-toy donc, je vay recommencer.

COMEDIE.

SONNET.

Aprés l'œil de Mélite il n'est rien d'admirable,
Il n'est rien de solide après ma loyauté,
Mon feu comme son teint se rend incomparable,
Et je suis en amour ce qu'elle est en beauté.

Quoy que puisse à mes sens offrir la nouveauté,
Mon cœur à ses traits demeure invulnérable,
Et bien qu'elle ait au sien la mesme crüauté,
Ma foy pour ses rigeurs n'en est pas moins durable.

C'est donc avec raison que mon extrème ardeur
Trouve chez cette belle une extreme froideur,
Et que sans estre aimé je brusle pour Mélite.

Car de ce que les Dieux nous envoyant au jour
Donnérent pour nous deux d'amour & de mérite,
Elle a tout le mérite, & moy j'ay tout l'amour.

CLORIS.
Tu l'as fait pour Eraste ?
TIRCIS.
                Ouy, j'ay dépeint sa flame.
CLORIS.
Comme tu la ressens peut-estre dans ton ame ?
TIRCIS.
Tu sçais mieux qui je suis, & que ma libre humeur
N'a de part en mes vers que celle de rimeur.
CLORIS.
Pauvre frére, vois-tu, ton silence t'abuse,
De la langue ou des yeux, n'importe qui t'accuse :
Les tiens m'avoient bien dit malgré toy que ton cœur
Soûpiroit sous les loix de quelque objet vainqueur,
Mais j'ignorois encor qui tenoit ta franchise,
Et le nom de Mélite a causé ma surprise

Si-tost qu'au prémier vers ton Sonnet m'a fait voir
Ce que de puis huit jours je bruslois de sçavoir.
TIRCIS.
Tu crois donc que j'en tiens ?
CLORIS.
Fort avant.
TIRCIS.
Pour Mélite ?
CLORIS.
Pour Mélite, & de plus que ta flame n'excite
Au cœur de cette belle aucun embrasement.
TIRCIS.
Qui t'en a tant appris ? mon Sonnet ?
CLORIS.
Justement.
TIRCIS.
Et c'est ce qui te trompe avec tes conjectures,
Et par où ta finesse a mal pris ses mesures.
Un visage jamais ne m'auroit arrêté
S'il falloit que l'amour fust tout de mon costé.
Ma rime seulement est un portrait fidelle
De ce qu'Eraste souffre en servant cette belle ;
Mais quand je l'entretiens de mon affection,
J'en ay toûjours assez de satisfaction.
CLORIS.
Montre, si tu dis vray, quelque peu plus de joye,
Et ren-toy moins resveur afin que je te croye.
TIRCIS.
Je resve, & mon esprit ne s'en peut exempter ;
Car si-tost que je viens à me representer
Qu'une vieille amitié de mon amour s'irrite,
Qu'Eraste s'en offense, & s'oppose à Mélite,
Tantost je suis amy, tantost je suis rival,
Et toûjours balancé d'un contrepoids égal,
J'ay honte de me voir insensible, ou perfide.
Si l'amour m'enhardit, l'amitié m'intimide,
Entre ces mouvemens mon esprit partagé

COMEDIE.

Ne sçait duquel des deux il doit prendre congé.
CLORIS.
Voila bien des détours pour dire au bout du conte
Que c'est contre ton gré que l'amour te surmonte ;
Tu présumes par là me le persuader,
Mais ce n'est pas ainsi qu'on m'en donne à garder.
A la mode du temps, quand nous servons quelqu'autre,
C'est seulement alors qu'il n'y va rien du nostre,
Chacun en son affaire est son meilleur amy,
Et tout autre intérest ne touche qu'à demy.
TIRCIS.
Que du foudre à tes yeux j'éprouve la furie,
Si rien que ce rival cause ma resverie.
CLORIS.
C'est donc asseurément son bien qui t'est suspect,
Son bien te fait resver, & non pas son respect
Et toute amitié bas, tu crains que sa richesse
En dépit de tes feux n'obtienne ta Maîtresse.
TIRCIS.
Tu devines, ma sœur, cela me fait mourir.
CLORIS.
Ce sont vaines frayeurs dont je veux te guérir.
Depuis quand ton Eraste en tient-il pour Mélite ?
TIRCIS.
Il rend depuis deux ans hommage à son mérite.
CLORIS.
Mais dit-il les grands mots ? parle-til d'épouser ?
TIRCIS.
Presque à chaque moment.
CLORIS.
              Laisse-le donc jaser.
Ce malheureux amant ne vaut pas qu'on le craigne,
Quelque riche, qu'il soit, Mélite le dédaigne :
Puisqu'on voit sans effet deux ans d'affection,
Tu ne dois plus douter de son aversion.
Le temps ne la rendra que plus grande & plus forte,
On prend soudain au mot les hommes de sa sorte,

MELITE,

Et sans rien hazarder à la moindre longueur
On leur donne la main dès qu'ils offrent le cœur.

TIRSIS.
Sa mére peut agir de puissance absoluë.

CLORIS.
Croy que déja l'affaire en seroit resoluë,
Et qu'il auroit déja dequoy se contenter
Si sa mére étoit femme à la violenter.

TIRCIS.
Ma crainte diminuë, & ma douleur s'appaise,
Mais si je t'abandonne, excuse mon trop d'aise,
Avec cette lumiére & ma dextérité
J'en veux aller sçavoir toute la vérité.
Adieu.

CLORIS.
    Moy, je m'en vay paisiblement attendre
Le retour desiré du paresseux Philandre.
Un moment de froideur luy fera souvenir
Qu'il faut une autre fois tarder moins à venir.

SCENE V.

ERASTE, CLITON

ERASTE *luy donnant une Lettre.*
VA-t'en chercher Philandre, & dy-luy que Mélite
A dedans ce billet sa passion décrite,
Dy-luy que sa pudeur ne sçauroit plus cacher
Un feu qui la consume, & qu'elle tient si cher,
Mais prend garde sur tout à bien joüer ton rôle,
Remarque sa couleur, son maintien, sa parole,
Voy si dans la lecture un peu d'émotion
Ne te montrera rien de son intention.

CLITON.
Cela vaut fait, Monsieur.

ERASTE

COMEDIE.

ERASTE.

Mais aprés ce meſſage
Sçache avec tant d'adreſſe ébranſler ſon courage,
Que tu viennes à bout de ſa fidélité.

CLITON.

Monſieur, repoſez-vous ſur ma ſubtilité,
Il faudra malgré-luy qu'il donne dans le piége,
Ma teſte ſur ce point vous ſervira de plége,
Mais auſſi, vous ſçavez...

ERASTE.

Ouy, va, ſois diligent,
Ces ames du commun n'ont pour but que l'argent,
Et je n'ay que trop veu par mon expérience...
Mais tu reviens bien-toſt ?

CLITON.

Donnez-vous patience,
Monſieur, il ne nous faut qu'un moment de loiſir,
Et vous pourrez vous meſme en avoir le plaiſir.

ERASTE.

Comment ?

CLITON.

De ce carfour j'ay vû venir Philandre,
Cachez-vous en ce coin, & de là ſçachez prendre
L'occaſion commode à ſeconder mes coups.
Par là nous le tenons. Le voicy, ſauvez-vous.

SCENE VI.

PHILANDRE, ERASTE, CLITON.

PHILANDRE. *Eraste est caché & les écoute.*

Quelle réception me fera ma Maîtreſſe ?
Le moyen d'excuſer une telle pareſſe ?

I. Partie   B

CLITON.
Monsieur, tout à propos je vous rencontre icy
Expressément chargé de vous rendre cecy.
PHILANDRE.
Qu'est-ce?
CLITON.
Vous allez voir en lisant cette lettre
Ce qu'un homme jamais n'oseroit se promettre,
Ouvrez-la seulement.
PHILANDRE.
Va, tu n'ès qu'un conteur.
CLITON.
Je veux mourir au cas qu'on me trouve menteur.

LETTRE SUPPOSE'E DE MELITE à Philandre.

Malgré le devoir & la bien-seance du sexe, celle-cy m'échape en faveur de vos merites, pour vous aprendre que c'est Mélite qui vous écrit, & qui vous aime. Si elle est assez heureuse pour recevoir de vous une reciproque affection, contentez-vous de cét entretien par lettres, jusques à ce qu'elle ait osté de l'esprit de sa mére quelques personnes, qui n'y sont que trop bien pour son contentement.

ERASTE feignant d'avoir leu la lettre par dessus son épaule.

C'est donc la vérité que la belle Mélite
Fait du brave Philandre une loüable élite,
Et qu'il obtient ainsi de sa seule vertu
Ce qu'Eraste & Tircis ont en vain debatu !
Vraiment dans un tel choix mon regret diminuë,
Outre qu'une froideur depuis peu survenuë,
De tant de vœux perdus ayant sçeu me lasser,
N'attendoit qu'un prétexte à m'en débarasser.

COMEDIE.

PHILANDRE.
Me dis-tu que Tircis brusle pour cette belle ?
ERASTE.
Il en meurt.
PHILANDRE.
Ce courage à l'amour si rebelle ?
ERASTE.
Luy-mesme.
PHILANDRE.
Si ton cœur ne tient plus qu'à demy,
Tu peux le retirer en faveur d'un amy ;
Sinon, pour mon regard ne cesse de prétendre,
Etant pris une fois, je ne suis plus à prendre.
Tout ce que je puis faire à ce beau feu naissant,
C'est de m'en revancher par un zéle impuissant,
Et ma Cloris la prie, afin de s'en distraire,
De tourner, s'il se peut, sa flame vers son frére.
ERASTE.
Auprès de sa beauté qu'est-ce que ta Cloris ?
PHILANDRE.
Un peu plus de respect pour ce que je chéris.
ERASTE.
Je veux qu'elle ait en soy quelque chose d'aimable,
Mais enfin à Mélite est-elle comparable ?
PHILANDRE.
Qu'elle le soit, ou non, je n'éxamine pas
Si des deux l'une ou l'autre a plus ou moins d'appas,
J'aime l'une, & mon cœur pour toute autre insensible.
ERASTE.
Avise toutesfois, le prétexte est plausible.
PHILANDRE.
J'en serois mal voulu des hommes & des Dieux.
ERASTE.
On pardonne aisément à qui trouve son mieux ?
PHILANDRE.
Mais en quoy gist ce mieux ?
ERASTE.
En esprit, en richesse.

B ij

PHILANDRE.
O le honteux motif à changer de Maitresse !
ERASTE.
En amour.
PHILANDRE.
Cloris m'aime, & si je m'y connoy,
Rien ne peut égaler celuy qu'elle a pour moy.
ERASTE.
Tu te détromperas si tu veux prendre garde
A ce qu'à ton sujet l'une & l'autre hazarde.
L'une en t'aimant s'expose au peril d'un mépris,
L'autre ne t'aime point que tu n'en sois épris :
L'une t'aime engagé vers une autre moins belle,
L'autre se rend sensible à qui n'aime rien qu'elle :
L'une au desceu des siens te montre son ardeur,
Et l'autre après leur choix quitte un peu sa froideur :
L'une...
PHILANDRE.
Adieu, des raisons de si peu d'importance
Ne pourroient en un siécle ébranler ma constance.
Il dit ce vers à Cliton tout bas.
Dans deux heures d'icy tu viendras me revoir.
CLITON.
Disposez librement de mon petit pouvoir.
ERASTE. *seul.*
Il a beau déguiser, il a gousté l'amorce ;
Cloris déja sur luy n'a presque plus de force,
Ainsi je suis deux fois vengé du ravisseur,
Ruïnant tout ensemble, & le frére, & la sœur.

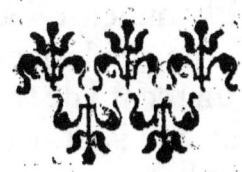

COMEDIE.

SCENE VII.
TIRCIS, ERASTE, MELITE.

TIRCIS.

ERaste, arreté un peu.
ERASTE.
Que me veux-tu ?
TIRCIS.
Te rendre
Ce Sonnet que pour toy j'ay promis d'entreprendre.
MELITE. *au travers d'une jalousie cependant qu'Eraste lit le Sonnet.*
Que font-ils là tous deux ? qu'ont-ils à démesler ?
Ce jaloux à la fin le pourra quereller,
Du moins les complimens dõt peut-estre ils se joüent
Sont des civilitez qu'en l'ame ils desavoüent.
TIRCIS.
J'y donne une raison de ton sort inhumain,
Allons, je le veux voir presenter de ta main
A ce charmant objet dont ton ame est blessée.
ERASTE *luy rendant son sonnet.*
Une autre fois, Tircis, quelque affaire pressée
Fait que je ne sçaurois pour l'heure m'en charger,
Tu trouveras un meilleur messager.
TIRCIS. *seul.*
La belle humeur de l'homme! ô Dieux, quel persõnage!
Quel amy j'avois fait de ce plaisant visage !
Une mine froncée, un regard de travers.
C'est le remerciment que j'auray de mes Vers.
Je manque à son avis d'assurance, ou d'adresse
Pour les donner moy-mesme à sa jeune Maitresse,

MELITE,

Et prendre ainsi le temps de dire à sa beauté
L'empire que ses yeux ont sur ma liberté.
Je pense l'entrevoir par cette jalousie :
Ouy, mon ame de joye en est toute saisie.
Helas ! & le moyen de pouvoir luy parler,
Si mon premier aspect l'oblige à s'en aller ?
Que cette joye est courte, & qu'elle est cher venduë,
Toutesfois tout va bien, la voila descenduë,
Ses regards pleins de feu s'entendent avec moy,
Que dy-je ! en s'avançant elle m'appelle à soy.

SCENE VIII.

TIRCIS, MELITE.

MELITE.

HE' bien qu'avez-vous fait de vostre compagnie ?

TIRCIS.

Je ne puis rien juger de ce qui l'a bannie :
A peine ay-je eu loisir de luy dire deux mots,
Qu'aussi-tost le fantasque en me tournant le dos
S'est échapé de moy.

MELITE.

Sans doute il m'aura veuë,
Et c'est de là que vient cette fuite impréveuë.

TIRCIS.

Vous aimant comme il fait, qui l'eust jamais pensé ?

MELITE.

Vous ne sçavez donc rien de ce qui s'est passé ?

TIRCIS.

J'aimerois beaucoup mieux sçavoir ce qui se passe,
Et la part qu'a Tircis en vostre bonne grace.

MELITE.

Meilleure aucunement qu'Eraste ne voudroit.
Je n'ay jamais connu d'amant si mal-adroit,

COMEDIE.

Il ne sçauroit souffrir qu'autre que luy m'approche.
Dieux ! qu'à vostre sujet il m'a fait de reproche !
Vous ne sçauriez me voir sans le desobliger.

TIRCIS.

Et de tous mes soucis c'est là le plus leger,
Toute une légion de rivaux de sa sorte
Ne divertiroit pas l'amour que je vous porte,
Qui ne craindra jamais les humeurs d'un jaloux.

MELITE.

Aussi le croit-il bien, ou je me trompe.

TIRCIS.

                        Et vous ?

MELITE.

Bien que cette croyance à quelque erreur m'expose,
Pour luy faire dépit, j'en croiray quelque chose.

TIRCIS.

Mais afin qu'il receust un entier déplaisir,
Il faudroit que nos cœurs n'eussent plus qu'un desir,
Et quitter ces discours de volontez sujettes,
Qui ne sont point de mise en l'état où vous êtes.
Vous mesme consultez un moment vos appas,
Songez à leurs effets, & ne présumez pas
Avoir sur tous les cœurs un pouvoir si suprème,
Sans qu'il vous soit permis d'en user sur vous mesme,
Un si digne sujet ne reçoit point de loy,
De régle, ny d'avis d'un autre que de soy.

MELITE.

Ton mérite plus fort que ta raison flateuse
Me rend, je le confesse, un peu moins scrupuleuse.
Je doy tout à ma mére, & pour tout autre amant
Je voudrois tout remettre à son commandement :
Mais attendre pour toy l'effet de sa puissance,
Sans te rien témoigner que par obéissance,
Tircis, ce seroit trop, tes rares qualitez
Dispensent mon devoir de ces formalitez.

TIRCIS.

Que d'amour & de joye un tel aveu me donne !

MELITE.

MELITE.
C'est peut-estre en trop dire, & me montrer trop bon-
Mais par là tu peux voir mon affection (ne,
Prend confiance entiére en ta discrétion.

TIRCIS.
Vous la verrez toujours dans un respect sincére
Attacher mon bon-heur à celuy de vous plaire,
N'avoir point d'autre soin, n'avoir point d'autre esprit,
Et si vous en voulez un serment par écrit,
Ce Sonnet que pour vous vient de tracer ma flame
Vous fera voir à nû jusqu'au fond de mon ame.

MELITE.
Garde bien ton Sonnet, & pense qu'aujourd'huy
Mélite veut te croire autant & plus que luy.
Je le prens toutesfois comme un précieux gage
Du pouvoir que mes yeux ont pris sur ton courage.
Adieu, sois moy fidelle en dépit du jaloux.

TIRCIS.
O Ciel! jamais amant eut-il un sort plus doux!

Fin du second Acte.

COMEDIE.

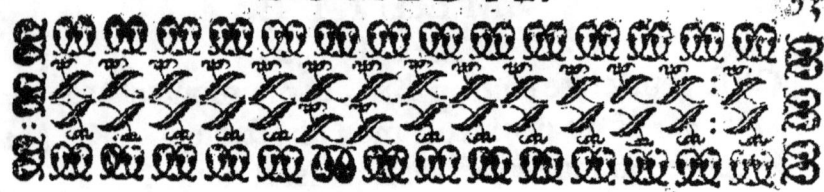

ACTE III.

SCENE PREMIERE.
PHILANDRE.

U l'as gagné, Mélite, il ne m'est pas possible
D'estre à tant de faveurs plus long-temps
    insensible :
Tes lettres où sans fard tu dépeins ton
    esprit,
Tes lettres où ton cœur est si bien par écrit
Ont charmé tous mes sens par leurs douces promesses,
Leur attente vaut mieux, Cloris, que tes caresses,
Ah, Mélite, pardon, je t'offense à nommer
Celle qui m'empescha si long-temps de t'aimer.
  Souvenirs importuns d'une amante laissée,
Qui venez malgré moy remettre en ma pensée
Un portrait que j'en veux tellement effacer,
Que le sommeil ait peine à me le retracer,
Hastez-vous de sortir sans plus troubler ma joye,
Et retournant troubler celle qui vous envoye,
Dites-luy de ma part pour la derniére fois
Qu'elle est en liberté de faire un autre choix,
Que ma fidélité n'entretient plus ma flame,
Ou que s'il m'en demeure encor un peu dans l'ame,
Je souhaite en faveur de ce reste de foy
Qu'elle puisse gagner au change autant que moy.
Dites-luy que Mélite ainsi qu'une Déesse
Est de tous nos desirs souveraine maistresse,

B

MELITE,
Dispose de nos cœurs, force nos volontez,
Et que par son pouvoir nos Destins surmontez
Se tiennent trop heureux de prendre l'ordre d'elle,
Enfin que tous mes vœux....

SCENE II.

TIRCIS, PHILANDRE.

TIRCIS.

Philandre.

PHILANDRE.

Qui m'appelle ?

TIRCIS.

Tircis, dont le bonheur au plus haut point monté
Ne peut estre parfait sans te l'avoir conté.

PHILANDRE.

Tu me fais trop d'honneur par cette confidence.

TIRCIS.

J'userois envers toy d'une sotte prudence,
Si je faisois dessein de te dissimuler
Ce qu'aussi-bien mes yeux ne sçauroient te celer.

PHILANDRE.

En effet si l'on peut te juger au visage,
Si l'on peut par tes yeux lire dans ton courage,
Ce qu'ils montrent de joye à tel point me surprend,
Que je n'en puis trouver de sujet assez grand.
Rien n'atteint, ce me semble, aux signes qu'ils en don-
    nent.

TIRCIS.

Que sera le sujet, si les signes t'étonnent ?
Mon bonheur est plus grand qu'on ne peut soupçonner,
C'est quand tu l'auras sçeu qu'il faudra t'étonner.

COMEDIE.
PHILANDRE.
Je ne le sçauray pas sans marque plus expresse.
TIRCIS.
Possesseur, autant vaut...
PHILANDR.
Dequoy ?
TIRCIS.
D'une Maitresse,
Belle, honneste, jolie, & dont l'esprit charmant
De son seul entretien peut ravir un amant,
En un mot, de Mélite.
PHILANDRE.
Il est vray qu'elle est belle,
Tu n'as pas mal choisi, mais...
TIRCIS.
Quoy, mais ?
PHILANDRE.
T'aime-t'elle ?
TIRCIS.
Cela n'est plus en doute.
PHILANDRE.
Et de cœur ?
TIRCIS.   Et de cœur.
Je t'en reponds.
PHILANDRE.
Souvent un visage moqueur
N'a que le beau semblant d'une mine hypocrite.
TIRCIS.
Je ne crains rien de tel du costé de Mélite.
PHILANDRE.
Ecoute, j'en ay veu de toutes les façons.
J'en ay veu qui sembloient n'estre que des glaçons,
Dont le feu retenu par une adroite feinte
S'allumoit d'autant plus qu'il souffroit de contrainte ;
J'en ay veu, mais beaucoup, qui sous le faux appas
Des preuves d'un amour qui ne les touchoit pas,
Prenoient du passe-temps d'une folle jeunesse,

B vj

Qui se laisse affiner à ces traits de souplesse,
Et pratiquoient sous-main d'autres affections :
Mais j'en ay veu fort peu de qui les passions
Fussent d'intelligence avec tout le visage.

TIRCIS.

Et de ce petit nombre est celle qui m'engage.
De sa passion je me tiens aussi seur
Que tu te peux tenir de celle de ma sœur.

PHILANDRE.

Donc, si ton espérance à la fin n'est deceuë,
Ces deux amours auront une pareille issuë ?

TIRCIS.

Si cela n'arrivoit, je me tromperois fort.

PHILANDRE.

Pour te faire plaisir j'en veux estre d'accord.
Cependant, appren moy comment elle te traite,
Et qui te fait juger son ardeur si parfaite.

TIRCIS.

Une parfaite ardeur a trop de truchemens
Par qui se faire entendre aux esprits des amans,
Un coup d'œil, un soûpir...

PHILANDRE.

          Ces faveurs ridicules
Ne servent qu'à duper des ames trop crédules.
N'as-tu rien que cela ?

TIRCIS.

          Sa parole, & sa foy.

PHILANDRE.

Encor c'est quelque chose, achéve & conte moy
Les petites douceurs, les aimables tendresses,
Qu'elle se plaist à joindre à de telles promesses.
Quelques lettres du moins te daignent confirmer
Ce vœu qu'entre tes mains elle a fait de t'aimer ?

TIRCIS.

Recherche qui voudra ces menus badinages,
Qui n'en sont pas toûjours de fort seurs témoignages,
Je n'ay que sa parole, & ne veux que sa foy.

COMÉDIE.
PHILANDRE.
Je connoy donc quelqu'un plus avancé que toy.
TIRCIS.
J'entens qui tu veux dire, & pour ne te rien feindre,
Ce rival est bien moins à redouter qu'à plaindre.
Eraste qu'ont banny ses dédains rigoureux...
PHILANDRE.
Je parle de quelque autre un peu moins malheureux.
TIRCIS.
Je ne connoy que luy qui soûpire pour elle.
PHILANDRE.
Je ne te tiendray point plus long-temps en cervelle;
Pendant qu'elle t'amuse avec ses beaux discours,
Un rival inconnu posséde ses amours,
Et la dissimulée, au mépris de ta flame,
Par lettres chaque jour luy fait don de son ame,
TIRCIS.
De telles trahisons luy sont trop en horreur.
PHILANDRE.
Je te veux par pitié tirer de cette erreur.
Tantost, sans y penser, j'ay trouvé cette lettre,
Tien, voy ce que tu peux desormais t'en promettre,

LETTRE SUPPOSÉE DE Mélite à Philandre.

JE commence à m'estimer quelque chose puis que je vous plais, & mon miroir m'offense tous les jours, ne me representant pas assez belle, comme je m'imagine qu'il faut estre pour meriter vostre affection. Aussi je veux bien que vous sçachiez que Mélite ne croit la posséder que par faveur, ou comme une récompense extraordinaire d'un excès d'amour, dont elle tasche de suppléer au défaut des graces que le Ciel luy a refusées.

PHILANDRE.
Maintenant qu'en dis-tu? n'est-ce pas t'affronter?

TIRCIS.
Cette lettre en tes mains ne peut m'épouvanter.
PHILANDRE.
La raison?
TIRCIS.
Le porteur a sceu combien je t'aime,
Et par galanterie il t'a pris pour moy-mesme,
Comme aussi ce n'est qu'un de deux parfaits amis.
PHILANDRE.
Voila bien te flater plus qu'il ne t'est permis,
Et pour ton intérest aimer à te méprendre.
TIRCIS.
On t'en aura donné quelqu'autre pour me rendre,
Afin qu'encore un coup je sois ainsi deçeu.
PHILANDRE.
Ouy, j'ay quelque billet que tantost j'ay receu,
Et puisqu'il est pour toy...
TIRCIS.
Que ta longueur me tuë!
Dépesche.
PHILANDRE.
Le voilà que je te restituë.

AUTRE LETTRE SUPPOSE'E
de Mélite à Philandre.

Vous n'avez plus affaire qu'à *Tircis*, je le souffre encore, afin que par sa hantise je remarque plus éxactement ses defauts, & les fasse mieux gouster à ma mére. Après cela *Philandre* & *Mélite* auront tout loisir de rire ensemble des belles imaginations dont le frére & la sœur ont repu leurs espérances.

PHILANDRE.
Te voila tout resveur, cher amy, par ta foy
Crois-tu que ce billet s'adresse encore à toy?

COMEDIE.
TIRCIS.
Traiſtre, c'eſt donc ainſi que ma ſœur mépriſée
Sert à ton changement d'un ſujet de riſée,
C'eſt ainſi qu'à ſa foy Mélite oſant manquer,
D'un parjure ſi noir ne fait que ſe moquer ?
C'eſt ainſi que ſans honte à mes yeux tu ſubornes
Un amour qui pour moy devoit eſtre ſans bornes?
Suy-moy tout de ce pas, que l'épée à la main
Un ſi cruel affront ſe répare ſoudain;
Il faut que pour tous deux ta teſte me réponde.
PHILANDRE.
Si pour te voir trompé tu te déplais au Monde,
Cherche en ce deſeſpoir qui t'en veuille arracher :
Quant à moy, ton trépas me coûteroit trop cher.
TIRCIS.
Quoy, tu crains le duël !
PHILANDRE.
         Non, mais j'en crains la ſuite,
Où la mort du vaincu met le vainqueur en fuite,
Et du plus beau ſuccès le dangereux éclat
Nous fait perdre l'objet & le prix du combat.
TIRCIS.
Tant de raiſonnement & ſi peu de courage
Sont de tes laſchetez le digne témoignage:
Viens, ou dy que ton ſang n'oſeroit s'expoſer.
PHILANDRE.
Mon ſang n'eſt plus à moy, je n'en puis diſpoſer.
Mais puiſque ta douleur de mes raiſons s'irrite,
J'en prendray dés ce ſoir le congé de Mélite.
Adieu.

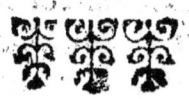

SCENE III.

TIRCIS.

Tu fuis, perfide, & ta legereté
T'ayant fait criminel, te met en seureté !
Revien, revien défendre une place usurpée
Celle qui te chérit vaut bien un coup d'épée.
Fay voir que l'infidelle en se donnant à toy
A fait choix d'un amant qui valoit mieux que moy,
Soûtien son jugement, & sauve ainsi de blâme
Celle qui pour la tienne a négligé ma flame.
Crois-tu qu'on la mérite à force de courir ?
Peux-tu m'abandonner ses faveurs sans mourir ?
O lettres, ô faveurs indignement placées,
A ma discretion honteusement laissées,
O gages qu'il neglige ainsi que superflus,
Je ne sçay qui de nous vous diffamez le plus,
Je ne sçay qui des trois doit rougir davantage,
Car vous nous apprenez qu'elle est une volage,
Son amant un parjure, & moy sans jugement
De n'avoir rien préveu de leur déguisement.
Mais il le falloit bien, que cette ame infidelle
Changeant d'affection prist un traistre comme elle,
Et que le digne amant qu'elle a sçeu rechercher
A sa déloyauté n'eust rien à reprocher.
Cependant j'en croyois cette fausse apparence,
Dont elle repaissoit ma frivole espérance,
J'en croyois ses regards, qui tous remplis d'amour
Etoient de la partie en un si lasche tour.
O Ciel, vit-on jamais tant de supercherie
Que tout l'extérieur ne fust que tromperie ?
Non, non, il n'en est rien, une telle beauté
Ne fut jamais sujette à la déloyauté.

COMEDIE.

Foibles & seuls témoins du malheur qui me touche,
Vous êtes trop hardis de démentir sa bouche,
Mélite me chérit, elle me l'a juré,
Son oracle receu je m'en tiens asseuré,
Que dites-vous là-contre? êtes vous plus croyables?
Caractéres trompeurs, vous me contez des fables,
Vous voulez me trahir, mais vos efforts sont vains,
Sa parole a laissé son cœur entre mes mains.
A ce doux souvenir ma flame se r'allume,
Je ne sçay plus qui croire, ou d'elle, ou de sa plume,
L'un & l'autre en effet n'ont rien que de leger,
Mais du plus, ou du moins je n'en puis que juger.
Loin, loin, doutes flateurs que mon feu me suggére,
Je voy trop clairement qu'elle est la plus legére,
La foy que j'en receus s'en est allée en l'air,
Et ces traits de sa plume osent encor parler,
Et laissent en mes mains une honteuse image,
Où son cœur peint au vif remplit le mien de rage.
Ouy, j'enrage, je meurs, & tous mes sens troublez
D'un excès de douleur se trouvent accablez,
Un si crüel tourment me gesne, & me déchire,
Que je ne puis plus vivre avec un tel martyre,
Mais cachons-en la honte, & nous donnons du moins
Ce faux soulagement en mourant sans témoins
Que mon trépas secret empesche l'infidelle
D'avoir la vanité que je sois mort pour elle.

SCENE IV.

TIRCIS, CLORIS.

CLORIS.

Mon frére en ma faveur retourne sur tes pas,
Dy-moy la vérité, tu ne me cherchois pas.

Et quoy, tu fais semblant de ne me pas connoistre?
O Dieux! en quel état te voy-je icy paroistre!
Tu pallis tout à coup, & tes louches regards
S'élancent incertains presque de toutes parts!
Tu manques à la fois de couleur, & d'haleine!
Ton pied mal affermy ne te soûtient qu'à peine!
Quel accident nouveau te trouble ainsi les sens!

TIRCIS.

Puisque tu veux sçavoir le mal que je ressens,
Avant que d'assouvir l'inéxorable envie
De mon sort rigoureux qui demande ma vie,
Je vay t'assassiner d'un fatal entretien,
Et te dire en deux mots mon mal-heur & le tien:
En nos chastes amours de tous deux on se moque,
Philandre...Ah! la douleur m'étouffe & me suffoque,
Adieu, ma sœur, Adieu, je ne puis plus parler,
Lis, & si tu le peux, tasche à te consoler.

CLORIS.

Ne m'échape donc pas.

TIRCIS.

Ma sœur, je te supplie...

CLORIS.

Quoy? que je t'abandonne à ta mélancolie?
Voyons auparavant ce qui te fait mourir,
Et nous aviserons à te laisser courir.

TIRCIS.

Helas! quelle injustice!

CLORIS *aprés avoir leu les lettres qu'il lui a données.*

Est-ce là tout, fantasque?
Quoy? si la déloyale enfin léve le masque,
Oses-tu te fascher d'estre desabusé?
Appren qu'il te faut estre en amour plus rusé,
Appren que les discours des filles bien sensées
Découvrent rarement le fond de leurs pensées,
Et que les yeux aidant à ce déguisement;
Nostre séxe a le don de tromper finement.

COMEDIE.

Appren auſſi de moy que ta raiſon s'égare,
Que Mélite n'eſt pas une piéce ſi rare,
Qu'elle ſoit ſeule icy qui vaille la ſervir :
Aſſez d'autres objets, y ſçauront te ravir.
Ne t'inquiéte point pour une écervelée,
Qui n'a d'ambition que d'eſtre cajolée,
Et rend à plaindre ceux qui flatant ſes beautez
Ont aſſez de malheur pour en eſtre écoutez.
Damon luy plût jadis, Ariſtandre, & Géronte,
Eraſte après deux ans n'y voit pas mieux ſon conte,
Elle t'a trouvé bon ſeulement pour huit jours,
Philandre eſt aujourd'huy l'objet de ſes amours,
Et peut-eſtre déja (tant elle aime le change)
Quelque autre nouveauté le ſupplante & nous vange.
Ce n'eſt qu'une coquette avec tous ſes attraits,
Sa langue avec ſon cœur ne s'accorde jamais,
Les infidélitez font ſes jeux ordinaires,
Et ſes plus doux appas ſont tellement vulgaires,
Qu'en elle homme d'eſprit n'admira jamais rien,
Que le ſujet pourquoy tu luy voulois du bien.

TIRCIS.

Penſes-tu m'arrêter par ce torrent d'injures ?
Que ce ſoient véritez, que ce ſoient impoſtures,
Tu redoubles mes maux au lieu de les guérir :
Adieu, rien que la mort ne peut me ſecourir.

SCENE V.

CLORIS.

MOn frére. Il s'eſt ſauvé, ſon deſeſpoir l'emporte,
Me préſerve le Ciel d'en uſer de la ſorte,
Un volage me quitte, & je le quitte auſſi,
Je l'obligerois trop de m'en mettre en ſoucy.

MELITE.

Pour perdre des amans celles qui s'en affligent
Donnent trop d'avantage à ceux qui les négligent,
Il n'est lors que la joye, elle nous venge mieux,
Et la fist-on à faux éclater par les yeux,
Qu'elle est pour nous toucher de trop peu d'importance.
Que Philandre à son gré rende ses vœux contens,
S'il attend que j'en pleure, il attendra long-temps,
Son cœur est un tresor dont j'aime qu'il dispose,
Le larcin qu'il m'en fait me vole peu de chose,
Et l'amour qui pour luy m'éprit si follement
M'avoit fait bonne part de son aveuglement.
On enchérit pourtant sur ma faute passée,
Dans la mesme folie une autre embarassée
Le rend encor parjure, & sans ame, & sans foy,
Pour se donner l'honneur de faillir après moy.
Je meure, s'il n'est vray, que la moitié du monde
Sur l'exemple d'autruy se conduit, & se fonde,
A cause qu'il parut quelque temps m'enflamer,
La pauvre fille a crû qu'il valoit bien l'aimer,
Et sur cette croyance elle en a pris envie;
Luy pûst-elle durer jusqu'au bout de sa vie;
Si Mélite a failly me l'ayant débauché,
Dieux, par là seulement punissez son peché.
Elle verra bien tost que sa digne conqueste
N'est pas une avanture à me rompre la teste,
Un si plaisant malheur m'en console à l'instant.
Ah, si mon foû de frére en pouvoit faire autant,
Que j'en aurois de joye, & que j'en ferois gloire!
Si je puis le rejoindre, & qu'il me veuille croire,
Nous leur ferons bien voir que leur change indiscret
Ne vaut pas un soûpir, ne vaut pas un regret.
Je me veux toutefois en venger par malice;
Me divertir une heure à m'en faire justice;
Ces lettres fourniront assez d'occasion
D'un peu de défiance, & de division.
Si je prens bien mon temps, j'auray pleine matiére

COMÉDIE,

A les joüer tous deux d'une belle maniere.
En voicy déja l'un qui craint de m'aborder.

SCENE VI.

PHILANDRE, CLORIS.

CLORIS.

Quoy, tu passes, Philandre, & sans me regarder?
PHILANDRE.
Pardonne-moy, de grace, une affaire importune
M'empesche de joüir de ma bonne fortune,
Et son empressement qui porte ailleurs mes pas
Me remplissoit l'esprit jusqu'à ne te voir pas.
CLORIS.
J'ay donc souvent le don d'aimer plus qu'on ne m'ai- (me,
Je ne pense qu'à toy, j'en parlois en moy-mesme.
PHILANDRE.
Me veux-tu quelque chose?
CLORIS.
   Il t'ennuye avec moy,
Mais comme de tes feux j'ay pour garand ta foy,
Je ne m'alarme point. N'étoit ce qui te presse,
Ta flame un peu plus loin eust porté la tendresse,
Et je t'aurois fait voir quelques vers de Tircis
Pour le charmant objet de ses nouveaux soucis.
Je viens de les surprendre, & j'y pourrois encore,
Joindre quelques billets de l'objet qu'il adore,
Mais tu n'as pas le temps. Toutefois, si tu veux
Perdre un demy-quart-d'heure à les lire nous deux...
PHILANDRE.
Voyons donc ce que c'est, sans plus longue demeure;
Ma curiosité pour ce demy-quart-d'heure;
S'osera dispenser.

CLORIS.

Aussi tu me promets,
Quand tu les auras leus, de n'en parler jamais;
Autrement, ne croy pas...

PHILANDRE *reconnoissant les lettres.*

Cela s'en va sans dire,
Donne, donne-les moy, tu ne les sçaurois lire,
Et nous aurions ainsi besoin de trop de temps

CLORIS *les resserrant.*

Philandre, tu n'ès pas encor où tu pretends;
Quelques hautes faveurs que ton merite obtienne,
Elles sont aussi bien en ma main qu'en la tienne,
Je les garderay mieux, tu peux en asseurer
La belle qui pour toy daigne se parjurer.

PHILANDRE.

Un homme doit souffrir d'une fille en colére,
Mais je sçay comme il faut les r'avoir de ton frère,
Tout exprès je le cherche, & son sang, ou le mien.

CLORIS.

Quoy, Philandre est vaillant, & je n'en sçavois rien!
Tes coups sont dangereux quand tu ne veux pas feindre,
Mais ils ont le bonheur de se faire peu craindre,
Et mon frére qui sçait comme il s'en faut guérir,
Quand tu l'aurois tué, pourroit n'en pas mourir.

PHILANDRE.

L'effet en fera foy, s'il en a le courage.
Adieu, j'en perds le temps à parler davantage,
Tremble.

CLORIS.

J'en ay grand lieu connoissant ta vertu,
Pourveu qu'il y consente, il sera bien batu.

Fin du troisiéme Acte.

COMEDIE.

ACTE IV.

SCENE PREMIERE.

MELITE, LA NOURRICE.

LA NOURRICE.

Ette obstination à faire la secrette
M'accuse injustement d'estre trop peu
discrette.
MELITE.
Ton importunité n'est pas à supporter,
Ce que je ne sçay point, te le puis-je conter ?
LA NOURRICE.
Les visites d'Eraste un peu moins assiduës,
Témoignent quelque ennuy de ses peines perduës,
Et ce qu'on voit par là de refroidissement
Ne fait que trop juger son mécontentement:
Tu m'en veux cependant cacher tout le mystére,
Mais je pourrois enfin en croire ma colére,
Et pour punition te priver des avis
Qu'a jusqu'icy ton cœur si doucement suivis.
MELITE.
C'est à moy de trembler après cette menace,
Et toute autre du moins trembleroit en ma place.
LA NOURRICE.
Ne raillons point, le fruit qui t'en est demeuré,
(Je parle sans reproche & tout consideré)
Vaut bien... Mais reuenons à nostre humeur chagrine,

MELITE,
Appren-moy ce que c'est.
MELITE,
Veux-tu que je devine ?
Dégousté d'un esprit si grossier que le mien
Il cherche ailleurs peut-estre un meilleur entretien.
LA NOURRICE.
Ce n'est pas bien ainsi qu'un amant perd l'envie
D'une chose deux ans ardemment poursuivie ;
D'asseurance un mépris l'oblige à se piquer,
Mais ce n'est pas un trait qu'il faille pratiquer,
Une fille qui voit, & que voit la jeunesse,
Ne s'y doit gouverner qu'avec beaucoup d'adresse,
Le dédain luy messied, ou quand elle s'en sert,
Que ce soit pour reprendre un amant qu'elle perd;
Une heure de froideur à propos ménagée
Peut rembraser une ame à demy dégagée,
Qu'un traitement trop doux dispense à des mépris
D'un bien dont cèt orgueil fait mieux sçavoir le prix.
Hors ce cas il luy faut complaire à tout le monde,
Faire qu'aux vœux de tous l'apparence réponde,
Et sans embarasser son cœur de leurs amours,
Leur faire bonne mine, & souffrir leurs discours.
Qu'à part ils pensent tous avoir la préférence :
Et paroissent ensemble entrer en concurrence;
Que tout l'extérieur de son visage égal
Ne rende aucun jaloux du bon-heur d'un rival ;
Que ses yeux partagez leur donnent dequoy craindre
Sans donner à pas-un aucun lieu de se plaindre;
Qu'ils vivent tous d'espoir jusqu'au choix d'un mary,
Mais qu'aucun cependant ne soit le plus chery,
Et qu'elle céde enfin, puis qu'il faut qu'elle céde,
A qui paira le mieux le bien qu'elle posséde,
Si tu n'eusses jamais quitté cette leçon,
Ton Eraste avec toy vivroit d'autre façon.
MELITE.
Ce n'est pas son humeur de souffrir ce partage,
Il croit que mes regards soient son propre héritage,
Et

COMEDIE.
Et prend ceux que je donne à tout autre qu'à luy
Pour autant de larcins faits sur le bien d'autruy.
LA NOURRICE.
J'entends à demy mot, achéve, & m'expédie
Promptement le motif de cette maladie.
MELITE.
Si tu m'avois, Nourrice, entenduë à demy,
Tu sçaurois que Tircis...
LA NOURRICE.
Quoy son meilleur amy!
N'a-ce pas été luy qui te l'a fait connoistre?
MELITE.
Il voudroit que le jour en fust encor à naistre,
Et si d'auprès de moy je l'avois écarté,
Tu verrois tout à l'heure Eraste à mon costé.
LA NOURRICE
J'ay regret que tu sois leur pomme de discorde;
Mais puisque leur humeur ensemble ne s'accorde,
Eraste n'est pas homme à laisser échaper,
Un semblable pigeon ne se peut ratraper,
Il a deux fois le bien de l'autre, & davantage.
MELITE.
Le bien ne touche point un généreux courage.
LA NOURRICE.
Tout le monde l'adore, & tasche d'en joüir.
MELITE.
Il suit un faux éclat qui ne peut m'ébloüir.
LA NOVRRICE.
Auprès de sa splendeur toute autre est fort petite.
MELITE.
Tu le places au rang qui n'est dû qu'au mérite.
LA NOURRICE
On a trop de mérite étant riche à ce point.
MELITE.
Les biens en donnent-ils à ceux qui n'en ont point?
LA NOURRICE.
Oüy, ce n'est que par là qu'on est considérable.

I. *Partie.* C

MELITE,
MELITE.
Mais ce n'est que par là qu'on devient méprisable,
Un homme dont les biens font toutes les vertus,
Ne peut estre estimé que des cœurs abatus,
LA NOURRICE.
Est-il quelques defauts que les biens ne réparent ?
MELITE.
Mais plûtost en est-il où les biens ne préparent?
Etant riche on méprise assez communément
Des belles qualitez le solide ornement,
Et d'un luxe honteux la richesse suivie
Souvent par l'abondance aux vices nous convie.
LA NOURRICE.
Enfin je reconnoy...
MELITE.
          Qu'avec tout ce grand bien
Un jaloux sur mon cœur n'obtiendra jamais rien.
LA NOURRICE
Et que d'un cajoleur la nouvelle conqueste
T'imprime à mon regret ces erreurs dans la teste.
Si ta mére le sçait...
MELITE.
          Laisse-moy ces soucis
Et rentre, que je parle à la sœur de Titcis.
LA NOURRICE.
Peut-estre elle t'en veut dire quelque Nouvelle.
MELITE.
Ta curiosité te met trop en cervelle,
Rentre sans t'infomer de ce qu'elle prétend,
Un meilleur entretien avec elle m'attend.

COMEDIE.

SCENE II.
CLORIS, MELITE.

CLORIS.

JE chéris tellement celles de vostre sorte,
Et prens tant d'intérest en ce qui leur importe,
Qu'aux piéces qu'on leur fait je ne puis consentir,
Ny mesme en rien sçavoir, sans les avertir.
Ainsi donc au hazard d'estre la mal-venuë,
Encor que je vous sois, peu s'en faut, inconnuë,
Je viens vous faire voir que vostre affection,
N'a pas été fort juste en son élection.

MELITE.
Vous pourriez sous couleur de rendre un bon office,
Mettre quelqu'autre en peine avec cét artifice,
Mais pour m'en repentir j'ay fait un trop bon choix,
Je renonce à choisir une seconde fois,
Et mon affection ne s'est point arrétée
Que chez un Cavalier qui l'a trop méritée.

CLORIS.
Vous me pardonnerez, j'en ay de bons témoins,
C'est l'homme qui de tous la mérite le moins.

MELITE.
Si je n'avois de luy qu'une foible asseurance,
Vous me feriez entrer en quelque deffiance:
Mais je m'étonne fort que vous l'osiez blamer,
Ayant quelque intérest vous-mesme à l'estimer.

CLORIS.
Je l'estimay jadis, & je l'aime, & l'estime
Plus que je ne faisois auparavant son crime,
Ce n'est qu'en ma faveur qu'il ose vous trahir.
Et vous pouvez juger si je le puis haïr,
Lors que sa trahison m'est un clair témoignage
Du pouvoir absolu que j'ay sur son courage.

C ij

MELITE,

MELITE.
Le pousser à me faire une infidélité,
C'est assez mal user de cette authorité.
CLORIS.
Me le faut-il pousser où son devoir l'oblige,
C'est son devoir qu'il suit alors qu'il vous négligé.
MELITE.
Quoy, le devoir chez vous oblige aux trahisons.
CLORIS.
Quand il n'en auroit point de plus justes raisons.
La parole donnée, il faut que l'on la tienne.
MELITE.
Cela fait contre vous, il m'a donné la sienne.
CLORIS.
Ouy, mais ayant déja receu mon amitié
Sur un vœu solennel d'estre un jour sa moitié,
Peut-il s'en départir pour accepter la vostre ?
MELITE.
De grace excusez-moy, je vous prens pour une autre,
Et c'étoit à Cloris que je croyois parler.
CLORIS.
Vous ne vous trompez pas.
MELITE.
                Donc pour mieux me railler
La sœur de mon amant contrefait ma rivale ?
CLORIS.
Donc pour mieux m'ébloüir une ame déloyale
Contrefait la fidelle ? ah, Mélite, sçachez
Que je ne sçay que trop ce que vous me cachez.
Philandre m'a tout dit, vous pensez qu'il vous aime,
Mais sortant d'avec vous il me conte luy-mesme
Jusqu'aux moindres discours dont vostre passion
Tasche de suborner son inclination.
MELITE.
Moy, suborner Philandre ! Ah, que m'osez-vous dire!
CLORIS.
La pure vérité.

COMEDIE.
MELITE.
Vrayment, en voulant rire
Vous passez trop avant, brisons-là, s'il vous plaist,
Je ne voy point Philandre, & ne sçay quel il est.
CLORIS.
Vous en croirez du moins vostre propre écritute.
Tenez, voyez, lisez.
MELITE
Ah, Dieux, quelle imposture!
Jamais un de ces traits ne partit de ma main.
CLORIS.
Nous pourrions demeurer icy jusqu'à demain
Que vous persisteriez dans la méconnoissance,
Je les vous laisse, Adieu.
MELITE.
Tout beau, mon innocence
Veut apprendre de vous le nom de l'imposteur,
Pour faire retomber l'affront sur son autheur.
CLORIS.
Vous pensez me duper, & perdez vostre peine.
Que sert le desaveu quand la preuve est certaine,
A quoy bon démentir, à quoy bon dénier...
MELITE.
Ne vous obstinez point à me calomnier,
Je veux que si jamais j'ay dit mot à Philandre...
CLORIS.
Remettons ce discours, quelqu'un vient nous sur-
  prendre,
C'est le brave Lisis, qui semble sur le front
Porter empraints les traits d'un déplaisir profond.

SCENE III.
LISIS, MELITE, CLORIS.
LISIS *à Cloris.*

Préparez vos soûpirs à la triste Nouvelle
Du malheur où nous plonge un esprit infidelle,
Quittez son entretien, & venez avec moy
Plaindre un frère au cercueil par son manque de foy.

MELITE.
Quoy ! son frère au cercueil !

LISIS.
         Ouy, Tircis plein de rage
De voir que vostre change indignement l'outrage,
Maudissant mille fois le détestable jour
Que vostre bon accueil luy donna de l'amour,
Dedans ce desespoir a chez moy rendu l'ame,
Et mes yeux desolez...

MELITE.
       Je n'en puis plus, je pasme.

CLORIS.
Au secours, au secours.

SCENE IV.
CLITON, LA NOURRICE, MELITE, LISIS, CLORIS.

CLITON.
D'Où provient cette voix ?

LA NOURRICE.
Qu'avez-vous, mes enfans ?

COMEDIE

CLORIS.
                              Mélite que tu vois...
LA NOURRICE.
Hélas, elle se meurt, son teint vermeil s'efface,
Sa chaleur se dissipe, elle n'est plus que glace.
LISIS à Cliton.
Va querir un peu d'eau, mais il faut te haster.
CLITON à Lisis.
Si proches du logis, il vaut mieux l'y porter.
CLORIS.
Aidez mes foibles pas, les forces me défaillent,
Et je vay succomber aux douleurs qui m'assaillent.

SCENE V.

ERASTE.

A La fin je triomphe, & les Destins amis
M'ont donné le succès que je m'étois promis;
Me voila trop heureux, puisque par mon adresse.
Mélite est sans Amant & Tircis sans Maîtresse,
Et comme si c'etoit trop peu pour me venger,
Philandre & sa Cloris courent mesme danger.
Mais par quelle raison leurs ames desunies
Pour les crimes d'autruy seront-elles punies !
Que m'ont-ils fait tous deux pour troubler leurs ac-
    cords ?
Fuyez de ma pensée, inutiles remords,
La joye y veut régner, cessez de m'en distraire,
Cloris m'offense trop d'estre sœur d'un tel frére,
Et Philandre si prompt à l'infidélité
N'a que la peine deuë à sa crédulité.
Mais que me veut Cliton qui sort de chez Mélite ?

C iiij

SCENE VI.
ERASTE, CLITON.

CLITON.

MOnsieur, tout est perdu, vostre fourbe maudit,
Dont je fus à regret le damnable instrument,
A couché de douleur Tircis au monument.

ERASTE.

Courage, tout va bien, le traistre m'a fait place,
Le seul qui me rendoit son courage de glace,
D'un favorable coup la mort me l'a ravy.

CLITON.

Monsieur, ce n'est pas tout, Mélite l'a suivy.

ERASTE.

Mélite l'a suiuy ! que dis-tu, misérable ?

CLITON.

Monsieur, il est trop vray, le moment déplorable
Qu'elle a sçeu son trepas, a terminé ses jours.

ERASTE.

Ha Ciel ! s'il est ainsi...

CLITON.

                Laissez-là ces discours,
Et vantez-vous plûtost que par vostre imposture
Ces malheureux amants trouvent la sépulture,
Et que vostre artifice a mis dans le tombeau
Ce que le Monde avoit de parfait & de beau.

ERASTE.

Tu m'oses donc flater, infame, & tu supprimes
Par ce reproche obscur la moitié de mes crimes ?
Est-ce ainsi qu'il te faut n'en parler qu'à demy ?
Achève tout d'un coup, dy que Maîtresse, amy,
Tout ce que je chéris, tout ce qui dans mon ame
Sçeut jamais allumer une pudique flame,

COMEDIE.

Tout ce que l'amitié me rendit précieux,
Par ma fourbe a perdu la lumière des Cieux.
Dy que j'ay violé les deux loix les plus saintes
Qui nous rendent heureux par leurs douces contrain-
Dy que j'ay corrompu, dy que j'ay suborné, [tes,
Falsifié, trahy, séduit, assassiné,
Tu n'en diras encor que la moindre partie.
Quoy, Tircis est donc mort, & Mélite est sans vie !
Je ne l'avois pas sçeu, Parques, jusqu'à ce jour,
Que vous relevassiez de l'Empire d'Amour ;
J'ignorois qu'aussi-tost qu'il assemble deux ames
Il vous pûst commander d'unir aussi leurs trames.
Vous en relevez donc, & montrez aujourd'huy
Que vous êtes pour nous aveugles comme luy !
Vous en relevez donc, & vos cizeaux barbares [rares
Tranchent comme il luy plaist les destins les plus
Mais je m'en prens à vous, moy qui suis l'imposteur,
Moy qui suis de leurs maux le détestable autheur.
Helas ! & falloit-il que ma supercherie
Tournast si laschement tant d'amour en furie ?
Inutiles regrets, repentirs superflus,
Vous ne me rendez pas Mélite qui n'est plus,
Vos mouvemens tardifs ne la font pas revivre,
Elle a suivy Tircis, & moy je la veux suivre.
Il faut que de mon sang je luy fasse raison,
Et de ma jalousie, & de ma trahison,
Et que de ma main propre une ame si fidelle [celle ?
Reçoive...Mais d'où vient que tout mon corps chan-
Quel murmure confus ? & qu'entends-je hurler ?
Que de pointes de feu se perdent parmy l'air ?
Les Dieux à mes forfaits ont dénoncé la guerre,
Leur foudre décoché vient defendre la terre,
Et pour leur obeïr son sein me recevant
M'engloutit, & me plonge aux Enfers tout vivant.
Je vous entens, grands Dieux ; c'est là-bas que leurs
   ames
Aux champs Eliziens éternisent leurs flames,

C v

MELITE,

C'est là-bas qu'à leurs pieds il faut verser mon sang,
La Terre à ce dessein m'ouvre son large flanc,
Et jusqu'aux bords du Styx me fait libre passage.
Je l'aperçoy déja, je suis sur son rivage,
Fleuve, dont le saint nom est redoutable aux Dieux,
Et dont les neuf replis ceignent ces tristes lieux,
N'entre point en couroux contre mon insolence
Si j'ose avec mes cris violer ton silence :
Je ne te veux qu'un mot. Tircis est-il passé ?
Mélite est-elle icy ? mais, qu'attens-je, insensé ?
Ils sont tous deux si chers à ton funeste Empire,
Que tu crains de les perdre, & n'oses m'en rien dire.
Vous donc, Esprits legers, qui manque de tombeaux
Tournoyez vagabonds à l'entour de ces eaux,
A qui Charon cent ans refuse sa nacelle,   (velle?
Ne m'en pourriez-vous point donner quelque Nou-
Parlez, & je promets d'employer mon crédit
A vous faciliter ce passage interdit.

CLITON.

Monsieur, que faites-vous, vostre raison troublée
Par l'effort des douleurs dont elle est accablée
Figure à vostre veuë....

ERASTE.

Ah ! te voila, Charon,
Dépesche promptement, & d'un coup d'aviron
Passe-moy, si tu peux, jusqu'à l'autre rivage.

CLITON.

Monsieur, rentrez en vous, regardez mon visage,
Reconnoissez Cliton.

ERASTE.

Dépesche, vieux nocher,
Avant que ces Esprits nous puissent approcher,
Ton bâteau de leur poids fondroit dans les abimes ;
Il n'en aura que trop d'Eraste, & de ses crimes.
Quoy, tu veux te sauver à l'autre bord sans moy ?
Si faut-il qu'à ton coû je passe malgré toy.

Il se jette sur les épaules de Cliton qui l'emporte
derriére le Théatre.

COMEDIE.

SCENE VII.
PHILANDRE.

PRésomptueux rival, dont l'absence importune
Retarde le succès de ma bonne fortune,
As-tu si-tost perdu cette ombre de valeur
Que te prétoit tantost l'effort de ta douleur ?
Que devient à present cette bouillante envie
De punir ta volage aux dépens de ma vie ?
Il ne tient plus qu'à toy que tu ne sois content,
Ton ennemy t'appelle, & ton rival t'attend,
Je te cherche en tous lieux, & cependant ta fuite
Se rit impunément de ma vaine poursuite.
Crois-tu, laissant mon bien dans les mains de ta sœur,
En demeurer toûjours l'injuste possesseur,
Ou que ma patience à la fin échapée
(Puisque tu ne veux pas le debatre à l'épée)
Oubliant le respect du sexe & tout devoir,
Ne laisse point sur elle agir mon desespoir ?

SCENE VIII.
ERASTE, PHILANDRE.
ERASTE.

DEtacher Ixion pour me mettre en sa place !
Mégéres, c'est à vous une indiscrette audace,
Ay-je avec mesme front que cét ambitieux
Attenté sur le lit du Monarque des Cieux
Vous travaillez en vain, barbares Euménides;
Non, ce n'est pas ainsi qu'on punit les perfides.
Quoy, me presser encor ! sus de pieds & de mains,
Essayons d'écarter ces monstres inhumains,

A mon secours, esprits, vengez-vous de vos peines,
Ecrasons leurs serpens, chargeons-les de vos chaisnes,
Pour ces filles d'Enfer nous sommes trop puissans.
PHILANDRE.
Il semble à ce discours qu'il ait perdu le sens.
Eraste, cher amy, quelle mélancolie
Te met dans le cerveau cét excès de folie;
ERASTE.
Equitable Minos, grand Juge des Enfers,
Voyez qu'injustement on m'apreste des fers.
Faire un tour d'amoureux, supposer une lettre,
Ce n'est pas un forfait qu'on ne puisse remettre.
Il est vray que Tircis en est mort de douleur,
Que Mélite apres luy redouble ce malheur,
Que Cloris sans amant ne sçait à qui s'en prendre,
Mais la faute n'en est qu'au crédule Philandre,
Luy seul en est la cause, & son esprit leger
Qui trop facilement résolut de changer,
Car ces lettres qu'il croit l'effet de ses mérites,
La main que vous voyez les a toutes écrites.
PHILANDRE.
Je te laisse impuny, traistre, de tels remords
Te donnent des tourmens pires que mille morts,
Je t'obligerois trop de t'arracher la vie,
Et ma juste vengeance est bien mieux assouvie
Par les folles horreurs de cette illusion.
Ah, grands Dieux, que je suis plein de confusion!

SCENE IX.
ERASTE.
Tu t'enfuis donc, barbare, & me laissant en proye
A ces crüelles sœurs, tu les combles de joye?
Non, non, retirez-vous, Tisiphone, Alecton,
Et tout ce que je voy d'Officiers de Pluton,

COMÉDIE.

Vous me connoiffez mal, dans le corps d'un perfide
Je porte le courage & les forces d'Alcide.
Je vay tout renverfer dans ces Royaumes noirs,
Et faccager moy feul ces ténébreux manoirs :
Une feconde fois le triple chien Cerbére
Vomira l'aconit en voyant la lumiére,
J'iray du fond d'Enfer dégager les Tirans,
Et fi Pluton s'oppofe à ce que je prétens,
Paffant deffus le ventre à fa troupe mutine,
J'iray d'entre fes bras enlever Proferpine.

SCENE X.

LISIS, CLORIS.

LISIS.

N'En doute plus, Cloris, ton frére n'eft point mort,
Mais ayant fçeu de luy fon déplorable fort,
Je voulois éprouver par cette trifte feinte,
Si celle qu'il adore aucunement atteinte
Deviendroit plus fenfible aux traits de la pitié,
Qu'aux fincéres ardeurs d'une fainte amitié.
Maintenant que je voy qu'il faut qu'on nous abufe,
Afin que nous puiffions découvrir cette rufe,
Et que Tircis en foit de tout point éclaircy,
Sois feure que dans peu je te le rens icy.
Ma parole fera d'un prompt effet fuivie ;
Tu reverras bien-toft ce frére plein de vie,
C'eft affez que je paffe une fois pour trompeur.

CLORIS.

Si bien qu'au lieu du mal nous n'aurons que la peur ?
Le cœur me le difoit, je fentois que mes larmes
Refufoient de couler pour de fauffes alarmes,
Dont les plus dangereux & plus rudes affauts
Avoient beaucoup de peine à m'émouvoir à faux,

Et je n'étudiay cette douleur menteuse,
Qu'à cause qu'en effet j'étois un peu honteuse
Qu'une autre en témoignast plus de ressentiment.
LISIS.
Après tout, entre nous, confesse franchement
Qu'une fille en ces lieux qui perd un frére unique
Jusques au desespoir fort rarement se pique :
Ce beau nom d'héritiére a de telles douceurs,
Qu'il devient souverain à consoler des sœurs.
CLORIS.
Adieu, railleur, adieu son intérest me presse
D'aller rendre d'un mot la vie à sa Maîtresse :
Autrement je sçaurois t'apprendre à discourir.
LISIS.
Et moy de ces frayeurs de nouveau te guérir.

Fin du quatriéme Acte.

COMEDIE.

ACTE V.

SCENE PREMIERE.
CLITON, LA NOURRICE.

CLITON.

Ie ne t'ay rien celé, tu sçais toute l'affaire.
LA NOURRICE.
Tu m'en as bien conté, mais se pourroit-il faire
Qu'Eraste eust des remords si vifs & si pressans,
Que de violenter sa raison & ses sens ?
CLITON.
Eust-il pû, sans en perdre entiérement l'usage,
Se figurer Charon des traits de mon visage,
Et de plus, me prenant pour ce vieux Nautonnier,
Me payer à bons coups des droits de son denier ?
LA NOURRICE.
Plaisante illusion !
CLITON.
                    Mais funeste à ma teste,
Sur qui se déchargeoit une telle tempeste,
Que je tiens maintenant à miracle évident
Qu'il me soit demeuré dans la bouche une dent.
LA NOURRICE.
C'étoit mal reconnoistre un si rare service.
ERASTE. *derriére le Théatre.*
Arrétez, arrétez, poltrons.

CLORIS.
Adieu, Nourrice,
Voicy ce fou qui vient, je l'entens à la voix,
Croy que ce n'est pas moy qu'il attrape deux fois.
LA NOURRICE.
Pour moy, quand je devrois passer pour Proserpine,
Je veux voir à quel point sa fureur le domine.
CLITON.
Contente à tes périls ton curieux desir.
LA NOURRICE.
Quoy qu'il puisse arriver, j'en auray le plaisir.

SCENE II.

ERASTE, LA NOURRICE.

ERASTE.

EN vain je les r'appelle, en vain pour se défendre
La honte & le devoir leur parlent de m'attendre,
Ces lasches escadrons de fantosmes affreux
Cherchent leur asseurance aux cachots les plus creux,
Et se fiant à peine à la nuit qui les couvre
Souhaitent sous l'Enfer qu'un autre Enfer s'entr'ouvre
Ma voix met tout en fuite, & dans ce vaste effroy
La peur saisit si bien les Ombres & leur Roy,
Que se précipitant à de promptes retraites,
Tous leurs soucis ne vont qu'à les rendre secrettes.
Le bouillant Phlégéton parmi ses flots pierreux
Pour les favoriser ne roule plus de feux :
Tisiphone tremblante, Alecton, & Mégére,
Ont de leurs flambeaux noirs étouffé la lumière :
Les Parques mesmes en haste emportent leurs fuseaux,
Et dans ce grand desordre oubliant leurs ciseaux,
Charon les bras croisez dans sa barque s'étonne
De ce qu'après Eraste il n'a passé personne.

COMEDIE.

Trop heureux accident, s'il avoit prévenu
Le déplorable coup du malheur avenu,
Trop heureux accident, si la Terre entr'ouverte
Avant ce jour fatal eust consenty ma perte,
Et si ce que le Ciel me donne icy d'accès
Eust de ma trahison devancé le succès.
Dieux que vous sçavez mal gouverner vôtre foudre!
N'étoit-ce pas assez pour me réduire en poudre
Que le simple dessein d'un si lasche forfait?
Injustes, deviez-vous en attendre l'effet?
Ah Mélite! ah Tircis! leur crüelle justice
Aux dépens de vos jours me choisit un supplice,
Ils doutoient que l'Enfer eust de quoy me punir
Sans le triste secours de ce dur souvenir,
Tout ce qu'ont les Enfers, de feux, de foüets, de chaiſ-
Ne sont auprés de luy que de legéres peines,   [nes,
On reçoit d'Alecton un plus doux traitement.
Souvenir rigoureux, tréve, tréve un moment, [bres
Qu'au moins avant ma mort dans ces demeures som-
Je puisse rencontrer ces bien-heureuses Ombres;
Use aprés, si tu veux, de toute ta rigueur,
Et si pour m'achever tu manques de vigeur,
              Il met la main sur son épée.
Voicy qui t'aidera; mais derechef, de grace,
Cesse de me gesner durant ce peu d'espace.
Je voy déja Mélite, ah! belle Ombre, voicy
L'ennemy de vostre heur qui vous cherchoit icy,
C'est Eraste, c'est luy, qui n'a plus d'autre envie
Que d'épandre à vos pieds son sang avec sa vie,
Ainsi le veut le Sort, & tout exprés les Dieux
L'ont abimé vivant en ces funestes lieux.

LA NOURRICE.
Pourquoy permettez-vous que cette frénésie
Régne si puissament sur vostre fantaisie?
L'enfer voit-il jamais une telle clarté?

ERASTE.
Aussi ne la tient-il que de vostre beauté,

Ce n'est que de vos yeux que part cette lumiére
LA NOVRRICE.
Ce n'est que de mes yeux ! deffillez la paupiére,
Et d'un sens plus rassis jugez de leur éclat.
ERASTE.
Ils ont de vérité je ne sçay quoy de plat,
Et plus je vous contemple, & plus sur ce visage
Je m'étonne de voir un autre air, un autre âge,
Je ne reconnoy plus aucun de vos attraits,
Jadis vostre Nourrice avoit ainsi les traits,
Le front ainsi ridé, la couleur ainsi blesme,
Le poil ainsi grison. O Dieux ! c'est elle mesme.
Nourrice, qui t'améne en ces lieux pleins d'effroy ?
Y viens-tu rechercher Mélite comme moy ?
LA NOVRRICE.
Cliton la vit pasmer, & se brouilla de sorte,
Que la voyant si pasle il la crût estre morte,
Cét étourdy trompé vous trompa comme luy
Au reste elle est vivante, & peut-estre aujourd'huy
Tircis, de qui la mort n'étoit qu'imaginaire,
De sa fidélité recevra le salaire.
ERASTE.
Desormais donc en vain je les cherche icy-bas,
En vain pour les trouver je rens tant de combats.
LA NOURRICE.
Vostre douleur vous trouble, & forme des nüages
Qui séduisent vos sens par de fausses images,
Cét Enfer, ces combats ne sont qu'illusions.
ERASTE.
Je ne m'abuse point de fausses visions,
Mes propres yeux ont veu tous ces monstres en fuite,
Et Pluton de frayeur en quitter la conduite.
LA NOURRICE.
Peut-estre que chacun s'enfuyoit devant vous,
Craignant vostre fureur & le poids de vos coups.
Mais voyez si l'Enfer ressemble à cette Place,
Ces murs, ces bastimens ont-ils la mesme face ?

COMEDIE.

Le logis de Mélite & celuy de Cliton
Ont-ils quelque rapport à celuy de Pluton?
Quoy, n'y remarquez-vous aucune différence?

ERASTE.

De vray ce que tu dis a beaucoup d'apparence,
Nourrice, pren pitié d'un esprit égaré,
Qu'ont mes vives douleurs d'avec moy séparé,
Ma guérison dépend de parler à Mélite.

LA NOURRICE.

Différez pour le mieux un peu cette visite,
Tant que maistre absolu de vostre jugement
Vous soyez en état de faire un compliment,
Vostre teint & vos yeux n'ont rien d'un homme sage?
Donnez-vous le loisir de changer de visage,
Un moment de repos que vous prendrez chez vous...

ERASTE.

Ne peut, si tu n'y viens, rendre mon sort plus doux,
Et ma foible raison de guide dépourveuë
Va de nouveau se perdre en te perdant de veuë.

LA NOURRICE.

Si je vous suis utile, allons, je ne veux pas
Pour un si bon sujet vous épargner mes pas.

SCENE III.

CLORIS, PHILANDRE.

CLORIS.

NE m'importune plus, Philandre, je t'en prie,
Me rappaiser jamais passe ton industrie,
Ton meilleur, je t'asseure, est de n'y plus penser,
Tes protestations ne font que m'offenser,
Sçavante à mes dépens de leur peu de durée,
Je ne veux point en gage une foy parjurée,
Un cœur que d'autres yeux peuvent si tost brusler,
Qu'un billet supposé peut si-tost ébranler.

PHILANDRE.
Ah, ne remettez plus dedans vostre memoire
L'indigne souvenir d'une action si noire,
Et pour rendre à jamais nos prémiers vœux contens,
Etouffez l'ennemy du pardon que j'attens.
Mon crime est sans égal, mais enfin, ma chére ame.
CLORIS.
Laisse-là desormais ces petits mots de flame,
Et par ces faux témoins d'un feu mal allumé
Ne me reproche plus que je t'ay trop aimé.
PHILANDRE.
De grace redonnez à l'amitié passée
Le rang que je tenois dedans vostre pensée :
Derechef, ma Cloris, par ces doux entretiens,
Par ces feux qui voloient de vos yeux dans les miens,
Par ce que vostre foy me permettoit d'attendre....
CLORIS.
C'est où doresnavant tu ne dois plus prétendre,
Ta sottise m'instruit, & par là je voy bien
Qu'un visage commun, & fait comme le mien,
N'a point assez d'appas, ny de chaisne assez forte
Pour tenir en devoir un homme de ta sorte.
Mélite a des attraits qui sçavent tout dompter,
Mais elle ne pourroit qu'à peine t'arréter,
Il te faut un sujet qui la passe, ou l'égale,
C'est en vain que vers moy ton amour se ravale,
Fay-luy, si tu m'en crois, agréer tes ardeurs,
Je ne veux point devoir mon bien à ses froideurs.
PHILANDRE.
Ne me déguisez rien, un autre a pris ma place,
Une autre affection vous rend pour moy de glace.
CLORIS.
Aucun jusqu'à ce point n'est encor arrivé.
Mais je te changeray pour le prémier trouvé.
PHILANDRE.
C'en est trop, tes dédains épuisent ma souffrance.
Adieu, je ne veux plus avoir d'autre espérance,

COMEDIE.

Sinon qu'un jour le Ciel te fera ressentir
De tant de crüautez le juste repentir.
CLORIS.
Adieu, Mélite & moy nous aurons dequoy rire
De tous les beaux discours que tu me viens de dire.
Que luy veux-tu mander?
PHILANDRE.
Va, dy luy de ma part
Qu'elle, ton frère, & toy, reconnoistrez trop tard
Ce que c'est que d'aigrir un homme de ma sorte
CLORIS.
Ne croy pas la chaleur du couroux qui t'emporte
Tu nous ferois trembler plus d'un quart-d'heure, ou deux.
PHILANDRE.
Tu railles, mais bien-tost nous verrons d'autres jeux,
Je sçay trop comme on venge une flame outragée.
CLORIS.
Le sçais-tu mieux que moy, qui suis déja vengée?
Par où t'y prendras-tu? de quel air?
PHILANDRE.
Il suffit,
Je sçay comme on se venge.
CLORIS.
Et moy comme on s'en rit.

SCENE IV.

TIRCIS, MELITE.

TIRCIS.

Maintenant que le Sort attendry par nos plaintes
Comble nostre espérance, & dissipe nos craintes,
Que nos contentemens ne sont plus traversez
Que par le souvenir de nos malheurs passez;

Ouvrons tout nostre ame à ces douces tendresses
Qu'inspirent aux amants les pleines allegresses,
Et d'un commun accord chérissons nos ennuys
Dont nous voyons sortir de si précieux fruits.
   Adorables regards, fidelles interprétes
Par qui nous expliquions nos passions secrettes,
Doux truchements du cœur, qui déja tant de fois
M'auez si bien appris ce que n'osoit la voix,
Nous n'avons plus besoin de vostre confidence,
L'Amour en liberté peut dire ce qu'il pense
Et dédaigne un secours qu'en sa naissante ardeur.
Luy faisoient mandier la crainte & la pudeur. (me
Beaux yeux, à mon transport pardonnez ce blasphê-
La bouche est impuissante où l'amour est extrême,
Quand l'espoir est permis elle a droit de parler,
Mais vous allez plus loin qu'elle ne peut aller.
Ne vous lassez donc point d'en usurper l'usage,
Et quoy qu'elle m'ait dit, dites moy davantage.
Mais tu ne me dis mot, ma vie, & quels soucis
T'obligent à te taire auprès de ton Tircis ?

        MELITE.

Tu parles à mes yeux, & mes yeux te répondent.

        TIRCIS

Ah! mon heur, il est vray, si tes desirs secondent
Cét amour qui paroist & brille dans tes yeux,
Je n'ay rien desormais à demander aux Dieux.

        MELITE.

Tu t'en peux asseurer, mes yeux si pleins de flame
Suivent l'instruction des mouvemens de l'ame.
On en a veu l'effet, lors que ta fausse mort
A fait sur tous mes sens un véritable effort;
On en a veu l'effet, quand te sçachant en vie
De revivre avec toy j'ay pris aussi l'envie ?
On en a veu l'effet, lors qu'à force de pleurs
Mon amour & mes soins aidez de mes douleurs.
Ont fléchy la rigueur d'une mére obstinée,
Et gagné cét aveu qui fait nostre hymenée,

COMEDIE.

Si bien qu'à ton retour ta chaste affection
Ne trouve plus d'obstacle à sa prétension.
Cependant l'aspect seul des lettres d'un faussaire
Te sceut persüader tellement le contraire,
Que sans vouloir m'entendre, & sans me dire adieu,
Jaloux & furieux tu partis de ce lieu.

TIRCIS.

J'en rougis, mais appren qu'il n'étoit pas possible
D'aimer comme j'aimois & d'estre moins sensible,
Qu'un juste déplaisir ne sçauroit écouter
La raison qui s'efforce à le violenter,
Et qu'après des transports de telle promptitude
Ma flame ne te laisse aucune incertitude.

MELITE.

Tout cela seroit peu, n'étoit que ma bonté
T'en accorde un oubly sans l'avoir mérité,
Et que tout criminel, tu m'és encor aimable

TIRCIS.

Je me tiens donc heureux d'avoir été coupable,
Puis que l'on me rappelle au lieu de me bannir,
Et qu'on me récompense au lieu de me punir.
J'en aimeray l'autheur de cette perfidie,
Et si jamais je sçay quelle main si hardie...

SCENE V.

CLORIS, TIRCIS, MELITE.

CLORIS.

Il vous fait fort bon voir, mon frére, à cajoler,
Cependant qu'une sœur ne se peut consoler,
Et que le triste ennuy d'une attente incertaine
Touchant vostre retour la tient encore en peine.

TIRCIS.

L'amour a fait au sang un peu de trahison,
Mais Philandre pour moy t'en aura fait raison.

Dy-nous, auprès de luy retrouves-tu ton conte ?
Et te peut-il revoir sans montrer quelque honte ?
CLORIS
L'infidelle m'a fait tant de nouveaux sermens,
Tant d'offres, tant de vœux, & tant de complimens
Meslez de repentir....
MELITE.   Qu'à la fin éxorable
Vous l'avez regardé d'un œil plus favorable.
CLORIS
Vous devinez fort mal.
TIRCIS
Quoy ? tu l'as dédaigné
CLORIS.
Du moins tous ses discours n'ont encor rien gagné.
MELITE
Si bien qu'à n'aimer plus vostre dépit s'obstine ?
CLORIS
Non pas cela du tout, mais je suis assez fine :
Pour la prémiére fois il me dupe qui veut,
Mais pour une seconde, il m'attrape qui peut.
MELITE
C'est à dire en un mot...
CLORIS.
Que son humeur volage
Ne me tient pas deux fois en un mesme passage.
En vain dessous mes loix il revient se ranger,
Il m'est avantageux de l'avoir veu changer,
Avant que de l'Hymen le joug impitoyable :
M'attachant avec luy me rendist misérable :
Qu'il cherche femme ailleurs, tandis que de ma part
J'attendray du Destin quelque meilleur hazard.
MELITE.
Mais le peu qu'il voulut me rendre de service
Ne luy doit pas porter un si grand préjudice.
CLORIS.
Après un tel faux-bond un change si soudain,
A volage, volage, & dédain pour dédain.
MELITE.

TRAGEDIE.
MELITE.
Ma sœur, ce fut pour moy qu'il osa s'en dédire.
CLORIS.
Et pour l'amour de vous je n'en feray que rire.
MELITE.
Et pour l'amour de moy vous luy pardonnerez.
CLORIS.
Et pour l'amour de moy vous m'en dispenserez.
MELITE.
Que vous êtes mauvaise ?
CLORIS.
    Un peu plus qu'il ne semble.
MELITE.
Je vous veux toutefois remettre bien ensemble.
CLORIS.
Ne l'entreprenez pas, peut-estre qu'après tout
Vostre dextérité n'en viendroit pas à bout.

SCENE VI.
TIRCIS, LA NOURRICE, ERASTE, MELITE, CLORIS.
TIRCIS.

DE grace, mon soucy, laissons cette causeuse,
 Qu'elle soit à son choix facile, ou rigoureuse,
L'excès de mon ardeur ne sçauroit consentir
Que ces frivoles soins te viennent divertir :
Tous nos pensers sont dûs, en l'état où nous sommes,
A ce nœud qui me rend le plus heureux des hommes,
Et ma fidélité qu'il va récompenser...
LA NOURRICE.
Vous donnera bien-tost autre chose à penser.
Vostre rival vous cherche, & la main à l'épée
Vient demander raison de sa place usurpée.

ERASTE à *Mélite*.

Non, non, vous ne voyez en moy qu'un criminel,
A qui l'aspre rigueur d'un remords éternel
Rend le jour odieux, & fait naistre l'envie
De sortir de sa gesne en sortant de la vie.
Il vient mettre à vos pieds sa teste à l'abandon ;
La mort luy sera douce à l'égal du pardon.
Vengez donc vos malheurs, jugez ce que mérite
La main qui sépara Tircis d'avec Mélite.
Et de qui l'imposture avec de faux écrits
A desrobé Philandre aux vœux de sa Cloris.

MELITE.

Eclaircis du seul point qui nous tenoit en doute,
Que serois-tu d'avis de luy répondre ?

TIRCIS.

          Ecoute
Quatre mots à quartier.

ERASTE.

         Que vous avez de tort
De prolonger ma peine en différant ma mort !
De grâce, hastez-vous d'abréger mon supplice,
Ou ma main préviendra vostre lente justice.

MELITE.

Voyez comme le Ciel a de secrets ressorts
Pour se faire obéïr malgré nos vains efforts.
Vostre fourbe inventée à dessein de nous nuire
Avance nos amours au lieu de les détruire,
De son fascheux succès, dont nous devions périr,
Le Sort tire un reméde afin de nous guérir.
Donc pour nous revancher de la faveur receuë,
Nous en aimons l'autheur à cause de l'issuë,
Obligez desormais de ce que tour à tour
Nous nous sommes rendus tant de preuves d'amour,
Et de ce que l'excès de ma douleur sincére
A mis tant de pitié dans le cœur de ma mére,
Que cette occasion prise comme aux cheveux,
Tircis n'a rien trouvé de contraire à ses vœux.

COMEDIE.

Outre qu'en fait d'amour la fraude est légitime,
Mais puisque vous voulez la prendre pour un crime,
Regardez, acceptant le pardon, ou l'oubly,
Par où vostre repos sera mieux étably.

ERASTE.
Tout confus & honteux de tant de courtoisie,
Je veux doresnavant cherir ma jalousie,
Et puisque c'est de là que vos félicitez…

LA NOURRICE à Eraste.
Quittez ces complimens qu'ils n'ont pas méritez,
Ils ont tous deux leur conte, & sur cette asseurance
Ils tiennent le passé dans quelque indifférence,
N'osant se hazarder à des ressentimens
Qui donneroient du trouble à leurs contentemens.
Mais Cloris qui s'en taist vous la gardera bonne,
Et seule interessée, à ce que je soupçonne,
Sçaura bien se venger sur vous à l'avenir
D'un amant échapé qu'elle pensoit tenir.

ERASTE à Cloris.
Si vous pouviez souffrir qu'en vostre bonne grace
Celuy qui l'en tira pûst occuper sa place,
Eraste qu'un pardon purge de son forfait
Est prest de réparer le tort qu'il vous a fait.
Mélite répondra de ma persévérance.
Je n'ay pû la quitter qu'en perdant l'espérance,
Encor avez-vous veu mon amour irrité
Mettre tout en usage en cette extrémité,
Et c'est avec raison que ma flame contrainte
De réduire ses feux dans une amitié sainte,
Mes amoureux desirs vers elle superflus
Tournent vers la beauté qu'elle chérit le plus.

TIRCIS.
Que t'en semble, ma sœur?

CLORIS.
Mais, toy-mesme, mon frere?

TIRCIS.
Tu sçais bien que jamais je ne te fus contraire.

D ij

CLORIS.
Tu fçais qu'en tel fujet ce fut toûjours de toy
Que mon affection voulut prendre la loy.
TIRCIS.
Encor que dans tes yeux tes fentimens fe lifent,
Tu veux qu'auparavant les miens les authorifent.
Parlons donc pour la forme, ouy, ma fœur, j'y confens,
Bien feur que mon avis s'accommode à ton fens.
Faffent les puiffans Dieux que par cette alliance
Il ne refte entre nous aucune défiance,
Et que m'aimant en frére, & ma Maîtreffe en fœur,
Nos ans puiffent couler avec plus de douceur.
ERASTE.
Heureux dans mon malheur, c'eft dont je les fupplie,
Mais ma félicité ne peut eftre accomplie,
Jufqu'à ce qu'après vous fon aveu m'ait permis
D'afpirer à ce bien que vous m'avez promis.
CLORIS.
Aimez-moy feulement, & pour la récompenfe
On me donnera bien le loifir que j'y penfe.
TIRCIS.
Ouy, fous condition qu'avant la fin du jour
Vous vous rendrez fenfible à ce naiffant amour.
CLORIS.
Vous prodiguez en vain vos foibles artifices,
Je n'ay receu de luy, ny devoirs, ny fervices.
MELITE.
C'eft bien quelque raifon, mais ceux qu'il m'a rendus,
Il ne les faut pas mettre au rang des pas perdus.
Ma fœur, acquitte-moy d'une reconnoiffance,
Dont un autre deftin m'a mife en impuiffance,
Accorde cette grace à nos juftes defirs.
TIRCIS.
Ne nous refufe pas ce comble à nos plaifirs.
ERASTE.
Donnez à leurs fouhaits, donnez à leurs priéres,
Donnez à leurs raifons ces faveurs fingulieres,

COMEDIE. 77

Et pour faire aujourd'huy le bonheur d'un amant,
Laissez-les disposer de vostre sentiment.
CLORIS.
En vain en ta faveur chacun me sollicite,
J'en croiray seulement la mére de Mélite,
Son avis m'ostera la peur du repentir,
Et ton mérite alors m'y fera consentir.
TIRCIS.
Entrons donc, & tandis que nous irons le prendre,
Nourrice, va t'offrir pour Maîtresse à Philandre.
LA NOURRICE. *Tous rentrent, & elle demeure seule.*
Là, là, n'en riez point, autrefois en mon temps
D'aussi beaux fils que vous étoient assez contens,
Et croyoient de leur peine avoir trop de salaire
Quand je quittois un peu mon dédain ordinaire.
A leur conte mes yeux étoient de vrais Soleils
Qui répandoient par tout des rayons nompareils,
Je n'avois rien en moy qui ne fust un miracle,
Un seul mot de ma part leur étoit un oracle,
Mais je parle à moy seule ; amoureux, qu'est-ce-cy ?
Vous êtes bien hastez de me quitter ainsi ?
Allez, quelle que soit l'ardeur qui vous emporte,
On ne se moque point des femmes de ma sorte,
Et je feray bien voir à vos feux empressez
Que vous n'en êtes pas encor où vous pensez.

Fin du cinquième & dernier Acte.

CLITANDRE.
TRAGEDIE.

ACTEURS.

ALCANDRE, Roy d'Escosse.

FLORIDAN, fils du Roy.

ROSIDOR, favory du Roy, & amant de Caliste.

CLITANDRE, favori du Prince Floridan, & amoureux aussi de Caliste, mais dédaigné.

PYMANTE, amoureux de Dorise, & dédaigné.

CALISTE, Maîtresse de Rosidor, & de Clitandre.

DORISE, Maîtresse de Pymante.

LYSARQUE, Ecuyer de Rosidor.

GERONTE, Ecuyer de Clitandre.

CLEON, Gentilhomme suivant la Cour.

LYCASTE, Page de Clitandre.

LE GEOLIER.

TROIS ARCHERS.

TROIS VENEURS.

La Scéne est en un chasteau du Roy, proche d'une Forest.

CLITANDRE,
TRAGEDIE.

ACTE I.

SCENE PREMIERE.

CALISTE.

'En doute plus, mon cœur, un amant hypocrite
Feignant de m'adorer brusle pour Hyppolite,
Dorise m'en a dit le secret rendez-vous,
Où leur naissante ardeur se cache aux yeux de tous,
Et pour les y surprendre, elle m'y doit conduire
Si-tost que le Soleil commencera de luire.
Mais qu'elle est paresseuse à me venir trouver !
La dormeuse m'oublie, & ne se peut lever ;
Toutesfois sans raison j'accuse sa paresse,
La nuit qui dure encor fait que rien ne la presse,
Ma jalouse fureur, mon dépit, mon amour,
Ont troublé mon repos avant le point du jour.

D v

Mais elle qui n'en fait aucune expérience,
Etant sans intérest, est sans impatience.
Toy, qui fais ma douleur, & qui fis mon soucy,
Ne tarde plus, volage, à te montrer icy,
Viens en haste affermir ton indigne victoire,
Vien t'asseurer l'éclat de cette infame gloire,
Vien signaler ton nom par ton manque de foy,
Le jour s'en va paroistre, affronteur, haste-toy.
Mais helas ! cher ingrat, adorable parjure,
Ma timide voix tremble à te dire une injure;
Si j'écoute l'amour, il devient si puissant
Qu'en dépit de Dorise il te fait innocent :
Je ne sçay lequel croire, & j'aime tant ce doute,
Que j'ay peur d'en sortir entrant dans cette route;
Je crains ce que je cherche, & je ne connoy pas
De plus grand heur pour moy que d'y perdre mes pas.
Ah, mes yeux, si jamais vos functions propices
A mon cœur amoureux firent de bons services,
Apprenez aujourd'huy quel est vostre devoir,
Le moyen de me plaire est de me décevoir :
Si vous ne m'abusez, si vous n'étes faussaires,
Vous étes de mon heur les cruels adversaires.
Et toy, Soleil, qui vas en ramenant le jour
Dissiper une erreur si chére à mon amour,
Puisqu'il faut qu'avec toy ce que je crains éclate,
Souffre qu'encor un peu l'ignorance me flate.
Mais je te parle en vain, & l'Aube de ses rais
A déja reblanchy le haut de ces forests.
Si je puis me fier à sa lumiére sombre
Dont l'éclat brille à peine, & dispute avec l'ombre,
J'entrevoy le sujet de mon jaloux ennuy,
Et quelqu'un de ses gens qui conteste avec luy.
Rentre, pauvre abusée, & cache-toy de sorte,
Que tu puisses l'entendre à travers cette porte.

TRAGEDIE.

SCENE II.
ROSIDOR, LYSARQUE.

ROSIDOR.
CE devoir, ou plûtost cette importunité,
Au lieu de m'asseurer de ta fidélité,
Marque trop clairement ton peu d'obeïssance :
Laisse-moy seul, Lysarque, une heure en ma puissance,
Que retiré du monde & du bruit de la Cour
Je puisse dans ces bois consulter mon amour.
Que là Caliste seule occupe mes pensées,
Et par le souvenir de ses faveurs passées
Asseure mon espoir de celles que j'attens,
Qu'un entretien resveur durant ce peu de temps
M'instruise des moyens de plaire à cette belle,
Allume dans mon cœur de nouveaux feux pour elle ;
Enfin, sans persister dans l'obstination,
Laisse-moy suivre icy mon inclination.

LYSARQUE.
Cette inclination qui jusqu'icy vous mène,
A me la déguiser vous donne trop de peine.
Il ne faut point, Monsieur, beaucoup l'examiner,
L'heure & le lieu suspects font assez deviner
Qu'en mesme temps que vous s'échape quelque
    Dame...
Vous m'entendez assez.

ROSIDOR.
                    Juge mieux de ma flame,
Et ne présume point que je manque de foy
A celle que j'adore, & qui brusle pour moy.
J'aime mieux contenter ton humeur curieuse
Qui par ces faux soupçons m'est trop injurieuse.
Tant s'en faut que le change ait pour moy des apas,
Tant s'en faut qu'en ces bois il attire mes pas,

D vj

J'y vay... mais pourrois-tu le sçavoir, & le taire?
LYSARQUE.
Qu'ay-je fait qui vous porte à craindre le contraire?
ROSIDOR.
Tu vas apprendre tout, mais aussi l'ayant sçeu,
Avise à ta retraite. Hier un cartel receu
De la part d'un rival...
LYSARQUE.
   Vous le nommez?
ROSIDOR.
        Clitandre.
Au pied du grand Rocher il me doit seul attendre,
Et là l'épée au poin nous verrons qui des deux
Mérite d'embraser Caliste de ses feux.
LYSARQUE.
De sorte qu'un second...
ROSIDOR.
     Sans me faire une offense
Ne peut se présenter à prendre ma défense,
Nous devons seul à seul vuider nostre debat.
LYSARQUE.
Ne pensez pas sans moy terminer ce combat,
L'Écuyer de Clitandre est homme de courage;
Il sera trop heureux que mon défy l'engage
A s'acquiter vers luy d'un semblable devoir.
Et je vay de ce pas y faire mon pouvoir.
ROSIDOR.
Ta volonté suffit, va-t'en donc, & désiste
De plus m'offrir une aide à mériter Caliste.
LYSARQUE *est seul*.
Vous obeïr icy me coûteroit trop cher,
Et je serois honteux qu'on me pûst reprocher
D'avoir sçeu le sujet d'une telle sortie,
Sans trouver les moyens d'estre de la partie.

SCENE III.
CALISTE.

Qu'il s'en est bien défait ! qu'avec dextérité
Le fourbe se prévaut de son authorité !
Qu'il trouve un beau prétexte en ses flames éteintes,
Et que mon nom luy sert à colorer ses feintes !
Il y va cependant, le perfide qu'il est,
Hyppolite le charme, Hyppolite luy plaist,
Et ses lasches desirs l'emportent où l'appelle
Le cartel amoureux de sa flame nouvelle.

SCENE IV.
CALISTE, DORISE.
CALISTE.

Je n'en puis plus douter, mon feu desabusé
Ne tient plus le party de ce cœur déguisé.
Allons, ma chére sœur, allons à la vengeance,
Allons de ses douceurs tirer quelque allégeance,
Allons, & sans te mettre en peine de m'aider,
Ne prens aucun soucy que de me regarder ;
Pour en venir à bout il suffit de ma rage,
D'elle j'auray la force, ainsi que le courage,
Et déja dépouillant tout naturel humain,
Je laisse à ses transports à gouverner ma main.
Vois-tu comme suivant de si furieux guides
Elle cherche déja les yeux de ces perfides,
Et comme de fureur tous mes sens animez,
Menacent les appas qui les avoient charmez ?

DORISE.

Modére ces bouillons d'une ame colérée,
Ils sont trop violens pour estre de durée,
Pour faire quelque mal c'est fraper de trop loin,
Réserve ton couroux tout entier au besoin,
Sa plus forte chaleur se dissipe en paroles,
Ses résolutions en deviennent plus molles,
En luy donnant de l'air son ardeur s'alentit.

CALISTE.

Ce n'est que faute d'air que le feu s'amortit,
Allons, & tu verras qu'ainsi le mien s'allume,
Que ma douleur aigrie en a plus d'amertume,
Et qu'ainsi mon esprit ne fait que s'exciter
A ce que ma colére a droit d'éxécuter.

DORISE *seule*.

Si ma ruse est enfin de son effet suivie,
Cette aveugle chaleur te va coûter la vie ;
Un fer caché me donne en ces lieux écartez
La vengeance des maux que me font tes beautez.
Tu m'oftes Rosidor, tu possédes son ame,
Il n'a d'yeux que pour toy, que mépris pour ma flame,
Mais puisque tous mes soins ne le peuvent gagner,
J'en puniray l'objet qui m'en fait dédaigner.

SCENE V.

PYMANTE, GERONTE,
sortans d'une grotte déguisez en païsans.

GERONTE.

EN ce déguisement on ne peut nous connoistre,
Et sans doute bien-tost le jour qui vient de naistre
Conduira Rosidor séduit d'un faux cartel
Aux lieu où cette main luy garde un coup mortel.

TRAGEDIE.

Vos vœux si mal receus de l'ingrate Dorise,
Qui l'idolatre autant comme elle vous méprise,
Ne rencontreront plus aucun empeschement.
Mais je m'étonne fort de son aveuglement,
Et je ne comprens point cét orgueilleux caprice
Qui fait qu'elle vous traite avec tant d'injustice,
Vos rares qualitez...

PYMANTE.
                Au lieu de me flater,
Voyons si le projet ne sçauroit avorter,
Si la supercherie...

GERONTE.
                Elle est si bien tissuë,
Qu'il faut manquer de sens pour douter de l'issuë.
Clitandre aime Caliste, & comme son rival
Il a trop de sujet de luy vouloir du mal :
Moy que depuis dix ans il tient à son service,
D'écrire comme luy j'ay trouvé l'artifice,
Si bien que ce cartel, quoy que tout de ma main,
A son dépit jaloux s'imputera soudain.

PYMANTE.
Que ton subtil esprit a de grands avantages !
Mais le nom du porteur ?

GERONTE.
                Lycaste, un de ses Pages.

PYMANTE.
Celuy qui fait le guet auprès du rendez-vous ?

GERONTE.
Luy mesme, & le voicy qui s'avance vers nous.
A force de courir il s'est mis hors d'haleine.

SCENE VI.

PYMANTE, GERONTE, LYCASTE, *aussi déguisé en païsan.*

PYMANTE.

Et bien, est-il venu ?
####### LYCASTE.
N'en soyez plus en peine,
Il est où vous sçavez, & tout bouffy d'orgueil
Il n'y pense à rien moins qu'à son propre cercueil.
PYMANTE.
Ne perdons point de temps. Nos masques, nos épées.
Lycaste les va querir dans la grotte d'où ils sont sortis.
Qu'il me tarde déja que dans son sang trempées
Elles ne me font voir à mes pieds étendu
Le seul qui sert d'obstacle au bonheur qui m'est dû !
Ah ! qu'il va bien trouver d'autres gens que Clitandre !
Mais pourquoy ces habits ? qui te les fait reprendre ?
####### LYCASTE *leur presente à chacun un masque & une épée, & porte leurs habits.*
Pour nostre seureté portons-les avec nous,
De peur que cependant que nous serons aux coups
Quelque maraut conduit par sa bonne avanture
Ne nous laisse tous trois en mauvaise posture.
Quand il faudra donner, sans les perdre des yeux,
Au pied du premier arbre ils seront beaucoup mieux.
PYMANTE.
Prens-en donc mesme soin après la chose faite.
LYCASTE.
Ne craignez pas sans eux que je fasse retraite.
PYMANTE.
Sus donc, chacun déja devroit estre masqué,
Allons, qu'il tombe mort aussi-tost qu'attaqué.

SCENE VII.
CLEON, LYSARQUE.

CLEON.

Reserve à d'autres temps cette ardeur de courage,
Qui rend de ta valeur un si grand témoignage,
Ce duël que tu dis ne se peut concevoir,
Tu parles de Clitandre, & je viens de le voir
Que nostre jeune Prince enlevoit à la chasse.

LYSARQUE.
Tu les a veus passer ?

CLEON.
Par cette mesme place.
Sans doute que ton maistre a quelque occasion,
Qui le fait t'ébloüir par cette illusion.

LYSARQUE.
Non, il parloit du cœur, je connoy sa franchise.

CLEON.
S'il est ainsi, je crains que par quelque surprise
Ce généreux guerrier sous le nombre abatu
Ne céde aux envieux que luy fait sa vertu.

LYSARQUE.
A present il n'a point d'ennemis que je sçache.
Mais quelque événement que le Destin nous cache,
Si tu veux m'obliger, vien de grace avec moy,
Que nous donnions ensemble avis de tout au Roy.

SCENE VIII.

CALISTE, DORISE.

CALISTE *cependant que Dorise s'arrête*
à chercher derrière un buisson.

Ma sœur, l'heure s'avance, & nous serons à pei-
Si nous ne retournons, au lever de la Reine, (ne,
Je ne voy point mon traistre, Hyppolite non plus.

DORISE *tirant une épée de derriere ce*
buisson, & saisissant Caliste par le bras.

Voicy qui va trancher tes soucis superflus,
Voicy dont je vay rendre aux dépens de ta vie,
Et ma flame vengée, & ma haine assouvie.

CALISTE.

Tout beau, tout beau, ma sœur, tu veux m'épouvanter,
Mais je te connoy trop pour m'en inquiéter,
Laisse la feinte à part, & mettons, je te prie,
A les trouver bien-tost toute nostre industrie.

DORISE.

Va, va, ne songe plus à leurs fausses amours
Dont le récit n'étoit qu'une embusche à tes jours,
Rosidor t'est fidelle, & cette feinte amante
Brusle aussi peu pour luy, que je fais pour Pymante.

CALISTE.

Déloyale, ainsi donc ton courage inhumain...

DORISE.

Ces injures en l'air n'arrétent point ma main.

CALISTE.

Le reproche honteux d'une action si noire...

DORISE.

Qui se venge en secret, en secret en fait gloire.

CALISTE.

T'ay-je donc pû, ma sœur, déplaire en quelque point?

TRAGEDIE.
DORISE.
Ouy, puisque Rosidor t'aime, & ne m'aime point,
C'est assez m'offenser que d'estre ma rivale.

SCENE IX.
ROSIDOR, PYMANTE, GERONTE, LYCASTE, CALISTE, DORISE.

Comme Dorise est preste de tuër Caliste, un bruit entendu luy fait relever son épée, & Rosidor paroit tout en sang poursuivy par ces trois assassins masquez. En entrant il tuë Lycaste, & retirant son épée elle se rompt contre la branche d'un arbre. En cette extrémité il voit celle que tient Dorise, & sans la reconnoistre il s'en saisit, & passe tout d'un temps le tronçon qui luy restoit de la sienne en la main gauche, & se défend ainsi contre Pymante & Geronte, dont il tuë le dernier & met l'autre en fuite.

ROSIDOR.

Meurs, brigand, ah malheur! cette branche fatale
A rompu mon épée. Assassins... Toutesfois
J'ay dequoy me défendre une seconde fois.

DORISE *s'enfuyant.*

N'est-ce pas Rosidor qui m'arrache les armes?
Ah! qu'il me va causer de périls & de larmes!
Fuy, Dorise, & fuyant laisse-toy reprocher
Que tu fuis aujourd'huy ce qui t'est le plus cher.

CALISTE.

C'est luy-mesme de vray. Rosidor, ah je pasme,
Et la peur de sa mort ne me laisse point d'ame.
Adieu, mon cher espoir.

ROSIDOR *après avoir tué Géronte.*

    Cettuy-cy dépesché,
C'est de toy maintenant que j'auray bon marché,

Nous sommes seul à seul. Quoy ! ton peu d'asseurance
Ne met plus qu'en tes pieds la dernière esperance ?
Marche, sans emprunter d'aisles de ton effroy,
Je ne cours point après des lasches comme toy.
Il suffit de ces deux. Mais qui pourroient-ils estre ?
Ah Ciel, le masque ôté me les fait trop connoistre,
Le seul Clitandre arma contre moy ces voleurs.
Cettuy-cy fut toûjours vétu de ses couleurs,
Voilà son Escuyer, dont la pasleur exprime
Moins de traits de la mort que d'horreurs de son crime,
Et ces deux reconnus, je douterois en vain
De celuy que sa fuite a sauvé de ma main.
Trop indigne rival, crois-tu que ton absence
Donne à tes laschetez quelque ombre d'innocence,
Et qu'après avoir veu renverser ton dessein,
Un desaveu démente, & tes gens, & ton seing ?
Ne le présume pas, sans autre conjecture
Je te rens convaincu de ta seule écriture,
Si-tost que j'auray pû faire ma plainte au Roy.
Mais quel piteux objet se vient offrir à moy ?
Traistres, auriez-vous fait sur un si beau visage,
Attendant Rosidor, l'essay de vostre rage ?
C'est Caliste elle-mesme ! ah Dieux ! injustes Dieux,
Ainsi donc pour montrer ce spectacle à mes yeux,
Vostre faveur barbare a conservé ma vie !
Je n'en veux point chercher d'autheurs que vostre envie,
La nature qui perd ce qu'elle a de parfait,
Sur tout autre que vous eust vengé ce forfait,
Et vous eust accablez si vous n'étiez ses maistres.
Vous m'envoyez en vain ce fer contre des traistres,
Je ne veux point devoir mes déplorables jours
A l'affreuse rigueur d'un si fatal secours.
 O vous, qui me restez d'une troupe ennemie
Pour marques de ma gloire, & de son infamie.
Blessures, hastez-vous d'élargir vos canaux,
Par où mon sang emporte, & ma vie, & mes maux.

TRAGEDIE.

Ah, pour l'estre trop peu, blessures trop cruelles,
De peur de m'obliger vous n'étes pas mortelles.
Et quoy ? ce bel objet, mon aimable vainqueur,
Avoit-il seul le droit de me blesser au cœur ?
Et d'où vient que la mort, à qui tout fait hommage,
L'ayant si mal traité, respecte son image ?
Noires divinitez, qui tournez mon fuseau,
Vous faut-il tant prier pour un coup de ciseau ?
Insensé que je suis ! en ce malheur extrème
Je demande la mort à d'autres qu'à moy-mesme,
Aveugle, je m'arreste à supplier en vain,
Et pour me contenter j'ay dequoy dans la main.
Il faut rendre ma vie au fer qui l'a sauvée,
C'est à luy qu'elle est deuë, il se l'est reservée,
Et l'honneur, quel qu'il soit, de finir mes malheurs,
C'est pour me le donner qu'il l'oste à des voleurs.
Poussons donc hardiment. Mais helas ! cette épée
Coulant entre mes doigts laisse ma main trompée,
Et sa lame timide à procurer mon bien
Au sang des assassins n'ose mesler le mien.
Ma foiblesse importune à mon trépas s'oppose,
En vain je m'y resous, en vain je m'y dispose.
Mon reste de vigueur ne peut l'effectüer,
J'en ay trop pour mourir, trop peu pour me tuër,
L'un me manque au besoin, & l'autre me résiste.
Mais je voy s'entr'ouvrir les beaux yeux de Caliste,
Les roses de son teint n'ont plus tant de pasleur,
Et j'entens un soûpir qui flate ma douleur.
 Voyez, Dieux inhumains, que malgré vostre envie
L'Amour luy sçait donner la moitié de ma vie,
Qu'une ame desormais suffit à deux amans.

CALISTE.

Hélas ! qui me rappelle à de nouveaux tourmens ?
Si Rosidor n'est plus, pourquoy reviens-je au Monde ?

ROSIDOR.

O merveilleux effet d'une amour sans seconde !

CALISTE.

Exécrable assassin qui rougis de son sang,
Dépesche comme à luy de me percer le flanc,
Pren de luy ce qui reste.

ROSIDOR.

      Adorable crüelle.
Est-ce ainsi qu'on reçoit un amant si fidelle?

CALISTE.

Ne m'en fais point un crime, encor pleine d'effroy
Je ne t'ay méconnu qu'en songeant trop à toy.
J'avois si bien gravé là dedans ton image,
Qu'elle ne vouloit pas céder à ton visage,
Mon esprit glorieux & jaloux de l'avoir
Envioit à mes yeux le bon-heur de te voir.
Mais quel secours propice a trompé mes alarmes?
Contre tant d'assassins qui t'a prêté des armes?

ROSIDOR.

Toy-mesme, qui t'a mise à telle heure en ces lieux,
Où je te voy mourir & revivre à mes yeux?

CALISTE.

Quand l'Amour une fois régne sur un courage...
Mais taschons de gagner jusqu'au prémier village,
Où ces boüillons de sang se puissent arréter;
Là j'auray tout loisir de te le raconter,
Aux charges qu'à mon tour aussi l'on m'entretienne.

ROSIDOR.

Allons, ma volonté n'a de loy que la tienne,
Et l'Amour par tes yeux devenu tout-puissant
Rend déja la vigueur à mon corps languissant.

CALISTE.

Il donne en mesme temps une aide à ta foiblesse,
Puisqu'il fait que la mienne auprès de toy me laisse,
Et qu'en dépit du Sort ta Caliste aujourd'huy
A tes pas chancelans pourra servir d'appuy.

Fin du prémier Acte.

TRAGEDIE.

ACTE II.

SCENE PREMIERE.
PYMANTE *masqué*.

Estins, qui réglez tout au gré de vos ca-
  prices,
Sur moy donc tout à coup fondent vos
  injustices,
Et trouvent à leurs traits si long-temps
  retenus,
Afin de mieux frapper, des chemins inconnus ?
Dites, que vous ont fait Rosidor, ou Pymante,
Fornissez de raison, Destins, qui me démente,
Dites ce qu'ils ont fait, qui vous puisse émouvoir
A partager si mal entr'eux vostre pouvoir ?
Luy rendre contre moy l'impossible possible
Pour rompre le succès d'un dessein infaillible,
C'est prêter un miracle à son bras sans secours
Pour conserver son sang au péril de mes jours.
Trois ont fondu sur luy sans le jetter en fuite,
A peine en m'y jettant moy-mesme je l'évite,
Loin de laisser la vie il a sçeu l'arracher,
Loin de céder au nombre il l'a sçeu retrancher,
Toute vostre faveur à son aide occupée
Trouve à le mieux armer en rompant son épée,
Et ressaisit ses mains par celles du hazard,
L'une d'une autre épée, & l'autre d'un poignard.
O honte ! ô déplaisirs ! ô desespoir ! ô rage !
Ainsi donc un rival pris à mon avantage

Ne tombe dans mes rets que pour les déchirer,
Son bonheur qui me brave ose l'en retirer,
Luy donne sur mes gens une prompte victoire,
Et fait de son péril un sujet de sa gloire!
Retournons animez d'un courage plus fort,
Retournons & du moins perdons-nous dans sa mort.
 Sortez de vos cachots, infernales Furies,
Apportez à m'aider toutes vos barbaries;
Qu'avec vous tout l'Enfer m'aide en ce noir dessein,
Qu'un sanglant desespoir me verse dans le sein.
J'avois de point en point l'entreprise tramée,
Comme dans mon esprit vous me l'aviez formée,
Mais contre Rosidor tout le pouvoir humain
N'a que de la foiblesse, il y faut vostre main.
En vain, crüelles sœurs, ma fureur vous appelle,
En vain vous armeriez l'Enfer pour ma querelle,
La Terre vous refuse un passage à sortir.
Ouvre du moins ton sein, Terre, pour m'engloutir,
N'attens pas que Mercure avec son Caducée
M'en fasse après ma mort l'ouverture forcée,
N'attens pas qu'un supplice, hélas, trop mérité
Ajouste l'infamie à tant de lascheté,
Préviens-en la rigueur, ren-toy mesme justice
Aux projets avortez d'un si noir artifice.
Mes cris s'en vont en l'air, & s'y perdent sans fruit
Dedans mon desespoir tout me fuit, ou me nuit,
La Terre n'entend point la douleur qui me presse,
Le Ciel me persécute, & l'Enfer me delaisse.
Affronte-les, Pymante, & sauve en dépit d'eux
Ta vie & ton honneur d'un pas si dangereux :
Si quelque espoir te reste, il n'est plus qu'en toy-
 mesme,
Et si tu veux t'aider, ton mal n'est pas extrème,
Passe pour villageois dans un lieu si fatal,
Et réservant ailleurs la mort de ton rival,
Fay que d'un mesme habit la trompeuse apparence
Qui le mit en péril, te mette en asseurance.

Mais

TRAGEDIE.

Mais ce masque l'empesche, & me vient reprocher
Un crime qu'il découvre au lieu de me cacher,
Ce damnable instrument de mon traistre artifice
Après mon coup manqué n'en est plus que l'indice,
Et ce fer, qui tantost inutile en ma main
Que ma fureur jalouse avoit armée en vain,
Sçeut si mal attaquer & plus mal me défendre,
N'est propre desormais qu'à me faire surprendre.

Il jette son masque & son épée dans la grotte.

Allez, témoins honteux de mes lasches forfaits,
N'en produisez non plus de soupçons, que d'effets.
Ainsi n'ayant plus rien qui démente ma feinte,
Dedans cette forest je marcheray sans crainte,
Tant que...

SCENE II.

LYSARQUE, PYMANTE, Archers.

LYSARQUE.

Mon grand amy.

PYMANTE.

Monsieur.

LYSARQUE.

Vien ça, dy nous,
N'as-tu point icy veu deux Cavaliers aux coups ?

PYMANTE.

Non, Monsieur.

LYSARQUE.

Ou l'un d'eux se sauver à la fuite ?

PYMANTE.

Non, Monsieur.

LYSARQUE.

N'y passer dedans ces bois sans suite ?

I. Partie. E

PYMANTE.
Attendez, il y peut avoir quelques huit jours...
LYSARQUE.
Je parle d'aujourd'huy, laisse-là ces discours,
Répons précisément.
PYMANTE.
Pour aujourd'huy, je pense...
Toutefois si la chose étoit de conséquence,
Dans le prochain village on sçauroit aisément.
LYSARQUE.
Donnons jusques au lieu, c'est trop d'amusement?
PYMANTE seul.
Ce depart favorable enfin me rend la vie
Que tant de questions m'avoient presque ravie.
Cette troupe d'Archers aveugles en ce point
Trouve ce qu'elle cherche, & ne s'en saisit point;
Bien que leur conducteur donne assez à connoistre
Qu'ils vont pour arréter l'ennemy de son maistre,
J'échape neanmoins en ce pas hazardeux
D'aussi près de la mort que je me voyois d'eux.
Que j'aime ce péril dont la vaine menace
Promettoit un orage & se tourne en bonace,
Ce péril qui ne veut que me faire trembler,
Ou plûtost qui se montre & n'ose m'accabler :
Qu'à bonne heure défait d'un masque & d'une épée
J'ay leur crédulité sous ces habits trompée,
De sorte qu'à present deux corps desanimez
Termineront l'exploit de tant de gens armez :
Corps qui gardent tous deux un naturel si traistre,
Qu'encor après leur mort ils vont trahir leur maistre,
Et le faire l'autheur de cette laschété,
Pour mettre à ses dépens Pymante en seureté.
Mes habits rencontrez sous les yeux de Lysarque
Peuvent de mes forfaits donner seuls quelque marque,
Mais s'il ne les voit pas, lors sans aucun effroy
Je n'ay qu'à me ranger en haste auprès du Roy,

TRAGEDIE.

Où je verray tantost avec effronterie
Clitandre convaincu de ma supercherie.

SCENE III.

LYSARQUE, Archers.

LYSARQUE *regarde les corps de Géronte & de Lycaste.*

Cela ne suffit pas, il faut chercher encor,
Et trouver, s'il se peut, Clitandre, ou Rosidor.
Amis, sa Majesté par ma bouche avertie
Des soupçons que j'avois touchant cette partie,
Voudra sçavoir au vray ce qu'ils sont devenus.

1. ARCHER.
Pourroit-elle en douter ? ces deux corps reconnus
Font trop voir le succés de toute l'entreprise.

LYSARQUE.
Et qu'en présumes-tu ?

1. ARCHER.
Que malgré leur surprise,
Leur nombre avantageux, & leur déguisement,
Rosidor de leurs mains se tire heureusement.

LYSARQUE.
Ce n'est qu'en me flatant que tu te le figures,
Pour moy je n'en conçoy que de mauvais augures,
Et présume plûtost que son bras valeureux
Avant que de mourir s'est immolé ces deux.

1. ARCHER.
Mais où seroit son corps ?

LYSARQUE.
Au creux de quelque roche,
Où les traistres voyant nostre troupe si proche,
N'auront pas eu loisir de mettre encor ceux-cy,
De qui le seul aspect rend le crime éclaircy.

E ij

CLITANDRE,

2. ARCHER *luy presentant les deux piéces rompues de l'épée de Rosidor.*

Monsieur, connoissez-vous ce fer & cette Garde?

LYSARQUE.

Donne-moy que je voye : ouy, plus je les regarde,
Plus j'ay par eux d'avis du déplorable sort
D'un maistre qui n'a pû s'en dessaisir que mort.

2. ARCHER.

Monsieur, avec cela j'ay veu dans cette route
Des pas meslez de sang distilé goutte à goutte.

LYSARQUE.

Suivons-les au hazard. Vous autres, enlevez
Promptement ces deux corps que nous avons trouvez.

Lysarque & cét Archer rentrent dans le bois, & le reste des Archers reportent à la Cour les corps de Géronte & de Lycaste.

SCENE IV.

FLORIDAN, CLITANDRE, PAGE.

FLORIDAN *parlant à son Page.*

CE cheval trop fougueux m'incommode à la chasse,
Tien-m'en un autre prest, tādis qu'en cette place
A l'ombre des ormeaux l'un dans l'autre enlacez,
Clitandre m'entretient de ses travaux passez.
Qu'au reste, les Veneurs allant sur leurs brisées
Ne forcent pas le Cerf s'il est aux reposées ;
Qu'ils prennent connoissance, & pressent mollement,
Sans le donner aux chiens qu'à mon commandement.

Le Page rentre.

Achéve maintenant l'histoire commencée
De ton affection si mal récompensée.

CLITANDRE.

Ce récit ennuyeux de ma triste langueur,
Mon Prince, ne vaut pas le tirer en longueur,

TRAGEDIE.

J'ay tout dit en un mot, cette fiére Caliste
Dans ses cruels mépris incessamment persiste,
C'est toûjours elle-mesme, & sous sa dure loy
Tout ce qu'elle a d'orgueil se réserve pour moy,
Cependant qu'un rival, ses plus chéres delices,
Redouble ses plaisirs en voyant mes supplices.

FLORIDAN.

Ou tu te pleins à faux, ou puissamment épris
Ton courage demeure insensible aux mépris,
Et je m'étonne fort comme ils n'ont dans ton ame
Rétably ta raison, ou dissipé ta flame.

CLITANDRE.

Quelques charmes secrets meslez dans ses rigueurs
Etouffent en naissant la révolte des cœurs,
Et le mien auprés d'elle, à quoy qu'il se dispose,
Murmurant de son mal en adore la cause.

FLORIDAN.

Mais puisque son dédain au lieu de te guérir
Ranime ton amour qu'il dûst faire mourir,
Sers-toy de mon pouvoir ; en ma faveur la Reine
Tient & tiendra toûjours Rosidor en haleine,
Mais son commandement dans peu, si tu le veux,
Te met à ma priére au comble de tes vœux.
Avise donc, tu sçais qu'un fils peut tout sur elle.

CLITANDRE.

Malgré tous les mépris de cette ame crüelle
Dont un autre a charmé les inclinations,
J'ay toûjours du respect pour ses perfections,
Et je serois marry qu'aucune violence...

FLORIDAN.

L'amour sur le respect emporte la balance.

CLITANDRE.

Je brusle, & le bonheur de vaincre ses froideurs
Je ne le veux devoir qu'à mes vives ardeurs,
Je ne la veux gagner qu'à force de services.

FLORIDAN.

Tandis tu veux donc vivre en d'éternels supplices ?

E iij

CLITANDRE.

Tandis ce m'est assez qu'un rival preferé
N'obtient, non plus que moy, le succès espéré.
A la longue ennuyez, la moindre négligence
Pourra de leurs esprits rompre l'intelligence ?
Un temps bien pris alors me donne en un moment
Ce que depuis trois ans je poursuy vainement,
Mon Prince, trouvez bon...

FLORIDAN.
N'en dy pas davantage,
Cettuy-cy qui me vient faire quelque message,
Apprendroit malgré toy l'état de tes amours.

SCENE V.

FLORIDAN, CLITANDRE, CLEON.

CLEON.
Pardonnez-moy, Seigneur, si je romps vos discours,
C'est en obéissant au Roy qui me l'ordonne,
Et rappelle Clitandre auprès de sa personne.

FLORIDAN.
Qui ?

CLEON.
Clitandre, Seigneur,

FLORIDAN.
Et que luy veut le Roy ?

CLEON.
De semblables secrets ne s'ouvrent pas à moy.

FLORIDAN.
Je n'en sçay que penser, & la cause incertaine
De ce commandement tient mon esprit en peine.
Pourray-je me résoudre à te laisser aller,
Sans sçavoir les motifs qui te font rappeller ?

TRAGEDIE.
CLITANDRE.

C'est à mon jugement quelque prompte entreprise,
Dont l'exécution à moy seul est remise,
Mais quoy que là dessus j'ose m'imaginer,
C'est à moy d'obéïr sans rien éxaminer.

FLORIDAN.

J'y consens à regret, va, mais qu'il te souvienne
Que je chéris ta vie à l'égal de la mienne,
Et si tu veux m'oster de cette anxiété,
Que j'en sçache au plûtost toute la vérité.
Ce cor m'appelle, Adieu, toute la chasse preste
N'attend que ma presence à relancer la beste.

SCENE VI.

DORISE *achevant de vétir l'habit de Géronte qu'elle avoit trouvé dans le bois.*

Achéve, malheureuse, achève de vétir
Ce que ton mauvais sort laisse à te garantir,
Si de tes trahisons la jalouse impuissance
Sçeut donner un faux crime à la mesme innocence,
Recherche maintenant par un plus juste effet
Une fausse innocence à cacher ton forfait.
Quelle honte importune au visage te monte
Pour un séxe quitté dont tu n'ès que de honte?
Il t'abhorre luy-mesme, & ce déguisement
En le desavoüant l'oblige pleinement.
Après avoir perdu sa douceur naturelle,
Dépouille sa pudeur qui te messied sans elle,
Desrobe tout d'un temps par ce crime nouveau,
Et l'autre aux yeux du monde, & ta teste au bourreau,
Si tu veux empescher ta perte inévitable,
Devien plus criminelle, & paroy moins coupable;

E iiij

Par une fausseté tu tombes en danger,
Par une fausseté sçache t'en dégager.
Fausseté détestable, où me viens-tu réduire ?
Honteux déguisement, où me vas-tu conduire ?
Icy de tous costez l'effroy suit mon erreur,
Et j'y suis à moy-mesme une nouvelle horreur :
L'image de Caliste à ma fureur soustraite
Y brave fiérement ma timide retraite.
Encor, si son trépas secondant mon desir
Mesloit à mes douleurs l'ombre d'un faux plaisir ;
Mais tels sont les excès du malheur qui m'opprime
Qu'il ne m'est pas permis de joüir de mon crime,
Dans l'état pitoyable où le Sort me réduit,
J'en mérite la peine, & n'en ay pas le fruit,
Et tout ce que j'ay fait contre mon ennemie
Sert à croistre sa gloire avec mon infamie.
  N'importe, Rosidor de mes crüels destins
Tient dequoy repousser ses lasches assassins,
Sa valeur inutile en sa main desarmée
Sans moy ne vivroit plus que chez la Renommée
Ainsi rien desormais ne pourroit m'enflamer,
N'ayant plus que hair je n'aurois plus qu'aimer.
Fascheuse loy du Sort qui s'obstine à ma peine,
Je sauve mon amour & je manque à ma haine,
Ces contraires succès demeurant sans effet
Font naistre mon malheur de mon heur imparfait.
Toutefois l'orgueilleux pour qui mon cœur soûpire
De moy seul aujourd'huy tient le jour qu'il res-
  pire,
Il m'en est redevable, & peut-estre à son tour
Cette obligation produira quelque amour.
Dorise, à quels pensers ton espoir se ravale,
S'il vit par ton moyen, c'est pour une rivale,
N'atten plus, n'atten plus que haine de sa part,
L'offense vint de toy, le secours du hazard,
Malgré les vains efforts de ta ruse traîtresse,
Le hazard par tes mains le rend à sa Maîtresse,

TRAGEDIE.

Ce péril mutüel qui conserve leurs jours
D'un contre-coup égal va croistre leurs amours.
Heureux couple d'amants que le Destin assemble,
Qu'il expose en péril, qu'il en retire ensemble.

SCENE VII.
PYMANTE, DORISE.

PYMANTE *le prenant pour Géronte & l'embrassant.*

O Dieux! voicy Géronte, & je le croyois mort,
Malheureux compagnon de mon funeste sort.
DORISE *croyant qu'il la prend pour Rosidor,*
& qu'en l'embrassant il la poignarde.
Ton œil t'abuse, helas! miserable, regarde
Qu'au lieu de Rosidor ton erreur me poignarde.
PYMANTE.
Ne crains pas, cher amy, ce funeste accident,
Je te connois assez, je suis... Mais impudent,
Où m'alloit engager mon erreur indiscrette!
Monsieur, pardonnez-moy la faute que j'ay faite,
Un berger d'icy près a quitté ses brebis
Pour s'en aller au camp presqu'en pareils habits,
Et d'abord vous prenant pour ce mien camarade
Mes sens d'aise aveuglez ont fait cette escapade.
Ne craignez point au reste un pauvre villageois,
Qui seul & desarmé court à travers ces bois.
D'un ordre assez précis l'heure presque expirée
Me deffend des discours de plus longue durée,
A mon empressement pardonnez cét Adieu,
Je perdrois trop, Monsieur, à tarder en ce lieu.
DORISE.
Amy, qui que tu sois, si ton ame sensible
A la compassion peut se rendre accessible,

E v

Un jeune Gentil-homme implore ton secours ;
Pren pitié de mes maux pour trois ou quatre jours,
Durant ce peu de temps accorde une retraite
Sous ton chaume rustique à ma fuite secrette,
D'un ennemy puissant la haine me poursuit,
Et n'ayant pû qu'à peine éviter cette nuit…

PYMANTE.
L'affaire qui me presse est assez importante
Pour ne pouvoir, Monsieur, répondre à vostre attente ;
Mais si vous me donniez le loisir d'un moment,
Je vous asseurerois d'estre icy promptement,
Et j'estime qu'alors il me seroit facile
Contre cét ennemy de vous faire un azile.

DORISE.
Mais avant ton retour si quelque instant fatal
M'exposoit par malheur aux yeux de ce brutal,
Et que l'emportement de son humeur altiére…

PYMANTE.
Pour ne rien hazarder, cachez-vous là derriére.

DORISE.
Souffre que je te suive, & que mes tristes pas…

PYMANTE.
J'ay des secrets, Monsieur, qui ne le souffrent pas,
Et ne puis rien pour vous à moins que de m'attendre ;
Avisez au party que vous avez à prendre.

DORISE.
Va donc, je t'attendray.

PYMANTE.
               Cette touffe d'ormeaux
Vous pourra cependant couvrir de ses rameaux.

SCENE VIII.

PYMANTE.

ENfin, graces au Ciel, ayant sçeu m'en défaire,
Je puis seul aviser à ce que je doy faire.
Qui qu'il soit, il a veu Rosidor attaqué,
Et sçait asseurément que nous l'avons manqué :
N'en étant point connu, je n'en ay rien à craindre,
Puisqu'ainsi déguisé, tout ce que je veux feindre
Sur son esprit crédule obtient un tel pouvoir.
Toutesfois plus j'y songe, & plus je pense voir
Par quelque grand effet de vengeance divine
En ce foible témoin l'auteur de ma ruïne :
Son indice douteux, pour peu qu'il ait de jour,
N'éclaircira que trop mon forfait à la Cour.
Simple, j'ay peur encor que ce malheur m'avienne,
Et je puis éviter ma perte par la sienne :
Et mesmes on diroit qu'un antre tout exprès
Me garde mon épée au fond de ces forests.
C'est en ce lieu fatal qu'il me le faut conduire,
C'est là qu'un heureux coup l'empesche de me nuire.
Je ne m'y puis résoudre, un reste de pitié
Violente mon cœur à des traits d'amitié,
En vain je luy resiste, & tasche à me défendre
D'un secret mouvement que je ne puis comprendre,
Son âge, sa beauté, sa grace, son maintien,
Forcent mes sentimens à luy vouloir du bien,
& l'air de son visage a quelque mignardise
Qui ne tire pas mal à celle de Dorise.
Ah ! que tant de malheurs m'auroient favorisé,
Si c'étoit elle-mesme en habit déguisé :
J'en meurs déja de joye, & mon ame ravie
Abandonne le soin du reste de ma vie,

E vj

Je ne suis plus à moy, quand je viens à penser
A quoy l'occasion me pourroit dispenser.
Quoy qu'il en soit, voyant tant de ses traits ensemble,
Je porte du respect à ce qui luy ressemble.
　Misérable Pymante, ainsi donc tu te perds !
Encor qu'il tienne un peu de celle que tu sers,
Etouffe ce témoin pour asseurer ta teste :
S'il est, comme il le dit, batu d'une tempeste,
Au lieu qu'en ta câbane il cherche quelque port,
Fay que dans cette grotte il rencontre sa mort,
Modére toy, cruel, & plûtost éxamine
Sa parole, son teint, & sa taille, & sa mine ;
Si c'est Dorise, alors révoque cét Arrest,
Sinon, que la pitié céde à ton intérest.

Fin du second Acte.

TRAGEDIE.

ACTE III.

SCENE PREMIERE.
ALCANDRE, ROSIDOR, CALISTE, UN PREVOST.

ALCANDRE.

'Admirable rencontre a mon ame ravie,
De voir que deux amants s'entredoivent
    la vie,
De voir que ton péril la tire de danger,
Que le le sien te fournit dequoy t'en dé-
    gager,
Qu'à deux desseins divers la mesme heure choisie
Assemble en mesme lieu pareille jalousie,
Et que l'heureux malheur qui vous a menacez
Avec tant de justesse a ses temps compassez.

ROSIDOR.
Sire, ajoutez du Ciel l'occulte providence.
Sur deux amants il verse une mesme infiüence,
Et comme l'un par l'autre il a sçeu nous sauver,
Il semble l'un pour l'autre exprés nous conserver.

ALCANDRE.
Je t'entens, Rosidor, par là tu me veux dire
Qu'il faut qu'avec le Ciel ma volonté conspire,
Et ne s'oppose pas à ses justes decrets.
Qu'il vient de témoigner par tant d'avis secrets.
Et bien, je veux moy-mesme en parler à la Reine
Elle se fléchira, ne t'en mets pas en peine.

CLITANDRE,

Achéve seulement de me rendre raison
De ce qui t'arriva depuis sa pasmoison.

ROSIDOR.

Sire, un mot desormais suffit pour ce qui reste.
Lysarque & vos Archers depuis ce lieu funeste
Se laisserent conduire aux traces de mon sang
Qui durant le chemin me degouttoit du flanc,
Et me trouvant enfin dessous un toit rustique
Ranimé par les soins de son amour pudique,
Leurs bras officieux m'ont icy rapporté,
Pour en faire ma plainte à vostre Majesté.
Non-pas que je soûpire aprés une vengeance,
Qui ne peut me donner qu'une fausse allegeance ;
Le Prince aime Clitandre, & mon respect consent
Que son affection le déclare innocent :
Mais si quelque pitié d'une telle infortune
Peut souffrir aujourd'huy que je vous importune,
Ostant par un Hymen l'espoir à mes rivaux,
Sire, vous taririez la source de nos maux.

ALCANDRE.

Tu fuis à te venger, l'objet de ta Maîtresse
Fait qu'un tel desir céde à l'amour qui te presse :
Aussi n'est-ce qu'à moy de punir ces forfaits,
Et de montrer à tous par de puissans effets
Qu'attaquer Rosidor c'est se prendre à moy-mesme,
Tant je veux que chacun respecte ce que j'aime.
Je le feray bien voir. Quand ce perfide tour
Auroit eu pour objet le moindre de ma Cour,
Je devrois au Public par un honteux supplice
De telles trahisons l'exemplaire justice.
Mais Rosidor surpris, & blessé comme il l'est,
Au devoir d'un vray Roy joint mon propre interest.
Je luy feray sentir, à ce traistre Clitandre,
Quelque part que le Prince y puisse, ou vueille pren-
    dre,
Combien mal à propos sa folle vanité
Croyoit dans sa faveur trouver l'impunité.

TRAGEDIE.

Je tiens cét assassin, un soupçon véritable
Que m'ont donné les corps d'un couple détestable
De son lasche attentat m'avoir si bien instruit,
Que déja dans les fers il en reçoit le fruit.
   Toy qu'avec Rosidor le bonheur a sauvée,
Tu te peux asseurer que Dorise trouvée,
Comme ils avoient choisi mesme heure à vostre mort,
En mesme heure tous deux auront un mesme sort.

CALISTE.
Sire, ne songez pas à cette misérable,
Rosidor garanty me rend sa redevable,
Et je me sens forcée à luy vouloir du bien,
D'avoir à vostre Etat conservé ce soûtien.

ALCANDRE.
Le généreux orgueil des ames magnanimes
Par un noble dédain sçait pardonner les crimes :
Mais vostre aspect m'emporte à d'autres sentimens,
Dont je ne puis cacher les justes mouvemens ;
Ce teint palle à tous deux me rougit de colére,
Et vouloir m'adoucir, c'est vouloir me déplaire.

ROSIDOR.
Mais, Sire, que sçait-on ? peut-estre ce rival,
Qui m'a fait après tout plus de bien que de mal,
Si-tost qu'il vous plaira d'écouter sa défense,
Sçaura de ce forfait purger son innocence.

ALCANDRE.
Et par où la purger ? sa main d'un trait mortel
A signé son Arrest en signant ce cartel.
Peut-il desavoüer ce qu'asseure un tel gage,
Envoyé de part, & rendu par son Page ?
Peut-il desavoüer que ses gens déguisez,
De son commandement ne soient authorisez ?
Les deux, tous morts qu'ils sont, qu'on les traisne à la
   boüe,
L'autre aussi-tost que pris se verra sur la roüe,
Et pour le scélerat que je tiens prisonnier,
Ce jour que nous voyons luy sera le dernier.

CLITANDRE,

Qu'on l'améne au Conseil ; par forme il faut l'enten-
Et voir par quelle adresse il pourra se défendre: (dre,
Toy, pense à te guérir, & croy que pour le mieux
Je ne veux pas montrer ce perfide à tes yeux :
Sans doute qu'aussi-tost qu'il se feroit paroistre
Ton sang rejalliroit au visage du traistre.
ROSIDOR.
L'apparence deçoit, & souvent on a veu
Sortir la verité d'un moyen imprêveu,
Bien que la conjecture y fust encor plus forte :
Du moins, Sire, appaisez l'ardeur qui vous transporte,
Que l'ame plus tranquille, & l'esprit plus remis,
Le seul pouvoir des loix perde nos ennemis.
ALCANDRE.
Sans plus m'importuner, ne songe qu'à tes playes.
Non, il ne fut jamais d'apparences si vrayes,
Douter de ce forfait c'est manquer de raison.
Derechef, ne pren soin que de ta guérison.

SCENE II.
ROSIDOR, CALISTE.
ROSIDOR.
AH ! que ce grand couroux sensiblement m'affli-
CALISTE. (ge !
C'est ainsi que le Roy te refusant t'oblige,
Il te donne beaucoup en ce qu'il t'interdit,
Et tu gagnes beaucoup d'y perdre ton crédit,
On voit dans ces refus une marque certaine
Que contre Rosidor toute priére est vaine ;
Ses violents transports sont d'asseurez témoins
Qu'il t'écouteroit mieux s'il te cherissoit moins.
Mais un plus long séjour pourroit icy te nuire,
Ne perdons plus de temps, laisse-moy te conduire
Jusque dans l'antichambre où Lysarque t'attend,
Et montre desormais un esprit plus content,

TRAGEDIE.
ROSIDOR.
Si près de te quitter...
CALISTE.
N'achéve pas ta plainte.
Tous deux nous ressentons cette commune atteinte,
Mais d'un fascheux respect la tyrannique loy
M'appelle chez la Reine, & m'éloigne de toy.
Il me luy faut conter comme l'on m'a surprise,
Excuser mon absence en accusant Dorise,
Et luy dire comment par un cruel destin
Mon devoir auprès d'elle a manqué ce matin.
ROSIDOR.
Va donc, & quand son ame après la chose sceuë
Fera voir la pitié qu'elle en aura conceuë,
Figure luy si bien Clitandre tel qu'il est,
Qu'elle n'ose en ses feux prendre plus d'intérest.
CALISTE.
Ne crains pas desormais que mon amour s'oublie,
Répare seulement ta vigueur affoiblie,
Sçache bien te servir de la faveur du Roy,
Et pour tout le surplus, repose-t'en sur moy.

SCENE III.

CLITANDRE *en prison.*

JE ne sçay si je veille, ou si ma resverie
A mes sens endormis fait quelque tromperie,
Peu s'en faut dans l'excès de ma confusion
Que je ne prenne tout pour une illusion.
Clitandre prisonnier ! je n'en fais pas croyable,
Ny l'air sale & püant d'un cachot effroyable,
Ny de ce foible jour l'incertaine clarté,
Ny le poids de ces fers dont je suis arrêté;

Je les sens, je les voy, mais mon ame innocente
Dément tous les objets que mon œil luy presente,
Et le desavoüant, défend à ma raison
De me persüader que je sois en prison.
Jamais aucun forfait, aucun dessein infâme
N'a pû souiller ma main, ny glisser dans mon ame,
Et je suis retenu dans ces funestes lieux !
Non, cela ne se peut, vous vous trompez, mes yeux.
J'aime mieux rejetter vos plus clairs témoignages,
J'aime mieux démentir ce qu'on me fait d'outrages,
Que de m'imaginer sous un si juste Roy
Qu'on peuple les prisons d'innocens comme moy.
 Cependant je m'y trouve, & bien que ma pensée
Recherche à la rigueur ma conduite passée,
Mon éxacte censure a beau l'éxaminer,
Le crime qui me perd ne se peut deviner,
Et quelque grand effort que fasse ma mémoire,
Elle ne me fournit que des sujets de gloire.
Ah, Prince, c'est quelqu'un de vos faveurs jaloux
Qui m'impute à forfait d'estre chéry de vous,
Le temps qu'on m'en sépare, on le donne à l'Envie,
Comme une liberté d'attenter sur ma vie,
Le cœur vous le disoit, & je ne sçay comment
Mon destin me poussa dans cét aveuglement,
De rejetter l'avis de mon Dieu tutélaire ;
C'est là ma seule faute, & c'en est le salaire,
C'en est le châtiment que je reçois icy,
On vous venge, mon Prince, en me traitant ainsi ;
Mais vous sçaurez montrer, embrassant ma défense,
Que qui vous venge ainsi puissamment vous offense.
Les perfides autheurs de ce complot maudit,
Qu'à me persécuter vostre absence enhardit,
A vostre heureux retour verront que ces tempestes,
Clitandre préservé, n'abatront que leurs testes.
Mais on ouvre, & quelqu'un dans cette sombre hor-
  reur,
Par son visage affreux redouble ma terreur.

TRAGEDIE.

SCENE IV.
CLITANDRE, LE GEOLIER.

LE GEOLIER.

PErmettez que ma main de ces fers vous détache.
CLITANDRE.
Suis-je libre déja ?
LE GEOLIER.
Non encor, que je sçache.
CLITANDRE.
Quoy, ta seule pitié s'y hazarde pour moy ?
LE GEOLIER.
Non c'est un ordre exprès de vous conduire au Roy.
CLITANDRE.
Ne m'apprendras-tu point le crime qu'on m'impute,
Et quel lasche imposteur ainsi me persecute ?
LE GEOLIER.
Descendons, un Prevost qui vous attent là-bas
Vous pourra mieux que moy contenter sur ce cas.

SCENE V.
PYMANTE, DORISE.

PYMANTE *regardant une aiguille qu'elle avoit laissée par mégarde dans ses cheveux en se déguisant.*

EN vain pour m'ébloüir vous usez de la ruse,
Mon esprit, quoy que lourd, aisément ne s'abuse,
Ce que vous me cachez, je le ly dans vos yeux :
Quelque revers d'amour vous conduit en ces lieux,

N'est-il pas vray, Monsieur ? & mesme cette aiguille
Sent assez les faveurs de quelque belle fille ;
Elle est, où je me trompe, un gage de sa foy.
DORISE.
O malheureuse aiguille ! hélas, c'est fait de moy.
PYMANTE.
Sans doute vostre playe à ce mot s'est r'ouverte.
Monsieur, regrettez-vous son absence, ou sa perte ?
Vous auroit-elle bien pour un autre quitté,
Et payé vos ardeurs d'une infidélité ?
Vous ne répondez point ! cette rougeur confuse,
Quoy que vous vous taisiez, clairement vous accuse.
Brisons-là, ce discours vous fascheroit enfin,
Et c'étoit pour tromper la longueur du chemin,
Qu'après plusieurs discours ne sçachant que vous dire,
J'ay touché sur un point dont vostre cœur soûpire,
Et dequoy fort souvent on aime mieux parler,
Que de perdre son temps en des propos en l'air.
DORISE.
Amy, ne porte plus la sonde en mon courage,
Ton entretien commun me charme davantage,
Il ne peut me lasser, indifferent qu'il est ;
Et ce n'est pas aussi sans sujet qu'il me plaist.
Ta conversation est tellement civile,
Que pour un tel esprit ta naissance est trop vile,
Tu n'as de villageois que l'habit & le rang,
Tes rares qualitez te font d'un autre sang ;
Mesme plus je te voy, plus en toy je remarque
Des traits pareils à ceux d'un Cavalier de marque,
Il s'appelle Pymante, & ton air & ton port
Ont avec tous les siens un merveilleux rapport.
PYMANTE.
J'en suis tout glorieux, & de ma part je prise
Vostre rencontre autant que celle de Dorise,
Autant que si le Ciel appaisant sa rigueur,
Me faisoit maintenant un present de son cœur.

TRAGEDIE.

DORISE.

Qui nommes-tu Dorise?

PYMANTE.

Une jeune crüelle
Qui me fuit pour un autre.

DORISE.

Et ce rival s'appelle?

PYMANTE.

Le Berger Rosidor.

DORISE.

Amy, ce nom si beau
Chez vous donc se profane à garder un troupeau?

PYMANTE.

Madame, il ne faut plus que mon feu vous déguise
Que sous ces faux habits il reconnoit Dorise.
Je ne suis point surpris de me voir dans ces bois
Ne passer à vos yeux que pour un villageois,
Vostre haine pour moy fut toûjours assez forte
Pour déférer sans peine à l'habit que je porte ;
Cette fausse apparence aide, & suit vos mépris :
Mais cette erreur vers vous ne m'a jamais surpris.
Je sçay trop que le Ciel n'a donné l'avantage
De tant de raretez qu'à vostre seul visage,
Si-tost que je l'ay veu, j'ay creu voir en ces lieux
Dorise déguisée, ou quelqu'un de nos Dieux ;
Et si j'ay quelque temps feint de vous méconnoistre,
En vous prenant pour tel que vous vouliez paroistre,
Admirez mon amour dont la discretion
Rendoit à vos desirs cette soubmission,
Et disposez de moy qui borne mon envie
A prodiguer pour vous tout ce que j'ay de vie.

DORISE.

Pymante, & quoy, faut-il qu'en l'état où je suis
Tes importunitez augmentent mes ennuis!
Faut-il que dans ce bois ta rencontre funeste
Vienne encor m'arracher le seul bien qui me reste,
Et qu'ainsi mon malheur au dernier point venu
N'ose plus espérer de n'estre pas connu?

PYMANTE.

Voyez comme le Ciel égale nos fortunes,
Et comme pour les faire entre nous deux communes
Nous reduisant ensemble à ces déguisemens,
Il montre avoir pour nous de pareils mouvemens.

DORISE.

Nous changeons bien d'habits, mais non pas de visages,
Nous changeons bien d'habits, mais non pas de courages,
Et ces marques trompeurs de nos conditions
Cachent, sans les changer, nos inclinations.

PYMANTE.

Me négliger toûjours ! & pour qui vous néglige !

DORISE.

Que veux-tu ? son mépris plus que ton feu m'oblige,
J'y trouve malgré-moy je ne sçay quel appas
Par où l'ingrat me tuë, & ne m'offense pas.

PYMANTE.

Qu'espérez-vous enfin d'un amour si frivole
Pour cét ingrat amant qui n'est plus qu'une idole ?

DORISE.

Qu'une idole ! ah, ce mot me donne de l'effroy,
Rosidor une idole, ah, perfide, c'est toy,
Ce sont tes trahisons qui l'empeschent de vivre,
Je tay veu dans ce bois moy-mesme le poursuivre,
Avantagé du nombre, & vétu de façon,
Que ce rustique habit effaçoit tout soupçon :
Ton embusche a surpris une valeur si rare.

PYMANTE.

Il est vray, j'ay puny l'orgueil de ce barbare,
De cét heureux ingrat, si crüel envers vous,
Qui maintenant par terre & percé de mes coups
Eprouve par sa mort comme un amant fidelle
Venge vostre beauté du mépris qu'on fait d'elle.

TRAGEDIE.

DORISE.

Monstre de la Nature, éxécrable bourreau,
Après ce lasche coup qui creuse mon tombeau,
D'un compliment railleur ta malice me flate !
Fuy, fuy, que dessus toy ma vengeance n'éclate,
Ces mains, ces foibles mains que vont armer les Dieux
N'auront que trop de force à t'arracher les yeux,
Que trop à t'imprimer sur ce hideux visage
En mille traits de sang les marques de ma rage.

PYMANTE.

Le couroux d'une femme impetiieux d'abord
Promet tout ce qu'il ose à son prémier transport,
Mais comme il n'a pour luy que sa seule impuissance,
A force de grossir il meurt en sa naissance,
Ou s'étouffant soy-mesme, à la fin ne produit
Que point ou peu d'effet après beaucoup de bruit.

DORISE.

Va, va, ne préten pas que le mien s'adoucisse,
Il faut que ma fureur, ou l'Enfer te punisse,
Le reste des Humains ne sçauroit inventer
De gesne qui te puisse à mon gré tourmenter.
Si tu ne crains mes bras, crains de meilleures armes,
Crains tout ce que le Ciel m'a departy de charmes ;
Tu sçais quelle est leur force, & ton cœur la ressent,
Crains qu'elle ne m'asseure un vengeur plus puissant.
Ce couroux dont tu ris en fera la conqueste
De quiconque à ma haine exposera ta teste,
De quiconque mettra ma vengeance en mon choix.
Adieu, j'en perds le temps à crier dans ce bois,
Mais tu verras bien-tost si je vaux quelque chose,
Et si ma rage en vain se promet ce qu'elle ose.

PYMANTE.

J'aime tant cette ardeur à me faire périr,
Que je veux bien moy-mesme avec vous y courir.

DORISE.

Traistre, ne me suy point.

PYMANTE.

Prendre seule la fuite!
Vous vous égareriez à marcher sans conduite,
Et d'ailleurs voſtre habit où je ne comprens rien
Peut avoir du myſtére auſſi bien que le mien.
L'azile dont tantoſt vous faiſiez la demande
Montre quelque beſoin d'un bras qui vous défende,
Et mon devoir vers vous feroit mal acquité
S'il ne vous avoit miſe en lieu de ſeureté.
Vous penſez m'échaper quand je vous le témoigne,
Mais vous n'irez pas loin que je ne vous rejoigne,
L'amour que j'ay pour vous malgré vos dures loix
Sçait trop ce qu'il vous doit & ce que je me dois.

Fin du troiſiéme Acte.

ACTE

TRAGEDIE.

ACTE IV.

SCENE PREMIERE.
PYMANTE, DORISE,

DORISE.

Ie te le dis encor, tu perds temps à me suivre, (livre,
Souffre que de tes yeux ta pitié me dé-
Tu redoubles mes maux par de tels en-
tretiens.

PYMANTE.

Prenez à vostre tour quelque pitié des miens,
Madame, & tariffez ce déluge de larmes.
Pour rappeller un mort ce sont de foibles armes,
Et quoy que vous conseille un inutile ennuy,
Vos cris & vos sanglots ne vont point jusqu'à luy.

DORISE.

Si mes sanglots ne vont où mon ame les envoye,
Du moins par eux mon ame y trouve sa voye,
S'il luy faut un passage afin de s'envoler,
Ils le luy vont ouvrir en le fermant à l'air.
Sus donc, sus, mes sanglots, redoublez vos secousses,
Pour un tel desespoir vous les avez trop douces,
Faites pour m'étouffer de plus puissans efforts.

PYMANTE.

Ne songez plus, Madame, à rejoindre les morts
Pensez plûtost à ceux qui n'ont point d'autre envie,
Que d'employer pour vous le reste de leur vie;

I. Partie.   F

Pensez plûtost à ceux dont le service offert,
Accepté vous conserve, & refusé vous perd.
DORISE.
Crois-tu donc, assassin, macquérir par ton crime,
Qu'innocent méprisé, coupable je t'estime ?
A ce conte tes feux n'ayant pû m'émouvoir,
Ta noire perfidie obtiendroit ce pouvoir ?
Je chérirois en toy la qualité de traistre,
Et mon affection commenceroit à naistre
Lors que tout l'Univers a droit de te haïr ?
PYMANTE.
Si j'oubliay l'honneur jusques à le trahir,
Si pour vous posseder mon esprit tout de flame
N'a rien creu de honteux, n'a rien trouvé d'infame,
Voyez par là, voyez l'excès de mon ardeur,
Par cét aveuglement jugez de sa grandeur.
DORISE.
Non, non, ta lascheté que j'y voy trop certaine
N'a servy qu'à donner des raisons à ma haine.
Ainsi ce que j'avois pour toy d'aversion
Vient maintenant d'ailleurs que d'inclination,
C'est la raison, c'est elle à present qui me guide
Aux mépris que je fais des flames d'un perfide.
PYMANTE.
Je ne sçache raison qui s'oppose à mes vœux,
Puisqu'icy la raison n'est que ce que je veux,
Et ployant dessous moy permet à mon envie
De recueillir les fruits de vous avoir servie.
Il me faut des faveurs malgré vos crüautez.
DORISE.
Exécrable, ainsi donc tes desirs effrontez
Voudroient sur ma foiblesse user de violence ?
PYMANTE.
Je ry de vos refus, & sçay trop la licence
Que me donne l'amour en cette occasion.
DORISE *luy crevant l'œil de son aiguille.*
Traistre, ce ne sera qu'à ta confusion.

TRAGEDIE.

PYMANTE *portant les mains à son œil crevé.*
Ah, crüelle!

DORISE.
Ah, brigand!

PYMANTE.
Ah, que viens-tu de faire!

DORISE.
De punir l'attentat d'un infame corsaire.

PYMANTE *prenant son épée dans la caverne où il l'avoit jettée au 2 Acte.*
Ton sang m'en répondra, tu m'auras beau prier,
Tu mourras.

DORISE.
Fuy, Dorise, & laisse-le crier.

SCENE II.

PYMANTE.

OU s'est-elle cachée? où l'emporte sa fuite?
Où faut-il que ma rage adresse ma poursuite?
La Tigresse m'échape, & telle qu'un éclair
En me frapant les yeux elle se perd en l'air;
Ou plûtost l'un perdu, l'autre m'est inutile,
L'un s'offusque du sang qui de l'autre distile.
Coule, coule, mon sang, en de si grands malheurs
Tu dois avec raison me tenir lieu de pleurs,
Ne verser desormais que des larmes communes,
C'est pleurer laschement de telles infortunes.
Je voy de tous costez mon supplice approcher,
N'osant me découvrir, je ne me puis cacher,
Mon forfait avorté se lit dans ma disgrace,
Et ces gouttes de sang me font suivre à la trace.
Miraculeux effet! pour traistre que je sois,
Mon sang l'est encor plus, & sert tout à la fois

De pleurs à ma douleur, d'indices à ma prise,
De peine à mon forfait, de vengeance à Dorise.
 Ô toy, qui secondant son courage inhumain
Loin d'orner ses cheveux, deshonores sa main,
Exécrable instrument de sa brutale rage,
Tu devrois pour le moins respecter son image :
Ce portrait accomply d'un chef-d'œuvre des Cieux
Imprimé dans mon cœur, exprimé dans mes yeux,
Quoy que te commandast une ame si crüelle,
Devoit estre adoré de ta pointe rebelle.
 Honteux restes d'amour qui brouillez mon cerveau,
Quoy, puis-je en ma Maîtresse adorer mon bourreau?
Remettez-vous mes sens, rasseure-toy ma rage,
Revien, mais revien seule animer mon courage,
Tu n'as plus à debatre avec mes passions
L'empire souverain dessus mes actions,
L'amour vient d'expirer, & ses flames éteintes
Ne t'imposeront plus leurs infames contraintes.
Dorise ne tient plus dedans mon souvenir
Que ce qu'il faut de place à l'ardeur de punir,
Je n'ay plus rien en moy qui n'en veuille à sa vie.
Sus donc, qui me la rend ? Destins, si voftre envie,
Si voftre haine encor s'obstine à mes tourmens,
Jufqu'à me réferver à d'autres châtimens,
Faites que je mérite en trouvant l'inhumaine
Par un nouveau forfait une nouvelle peine,
Et ne me traitez pas avec tant de rigueur,
Que mon feu, ny mon fer ne touchent point son cœur.
Mais ma fureur se joüe, & demy-languiffante
S'amuse au vain éclat d'une voix impuiffante,
Recourons aux effets, cherchons de toutes parts,
Prenons dorefnavant pour guides les hazards,
Quiconque ne pourra me montrer la crüelle,
Que son sang aussi-toft me réponde pour elle,
Et ne suivant ainsi qu'une incertaine erreur,
Remplissons tous ces lieux de carnage & d'horreur.
 Vne tempefte survient.

TRAGEDIE.

Mes menaces déja font trembler tout le monde,
Le vent fuit d'épouvante, & le tonnerre en gronde,
L'œil du Ciel s'en retire, & par un voile noir,
N'y pouvant résister, se défend d'en rien voir;
Cent nüages épais se distilants en larmes,
A force de pitié veulent m'oster les armes,
La Nature étonnée embrasse mon couroux,
Et veut m'offrir Dorise, ou devancer mes coups,
Tout est de mon party, le Ciel mesme n'envoye
Tant d'éclairs redoublez, qu'afin que je la voye,
Quelques lieux où l'effroy porte ses pas errants,
Ils sont entrecoupez de mille gros torrents.
Que je serois heureux, si cét éclat de foudre
Pour m'en faire raison l'avoit réduite en poudre!
Allons voir ce miracle, & desarmer nos mains
Si le Ciel a daigné prévenir nos desseins.
Destins, soyez enfin de mon intelligence,
Et vengez mon affront, ou souffrez ma vengeance.

SCENE III.

FLORIDAN.

Quel bonheur m'accompagne en ce moment fatal!
Le tonnerre a sous moy foudroyé mon cheval,
Et consumant sur luy toute sa violence,
Il m'a porté respect parmy son insolence.
Tous mes gens écartez par un subit effroy,
Loin d'estre à mon secours, ont fuy d'autour de moy,
Ou déja dispersez par l'ardeur de la chasse,
Ont desrobé leur teste à sa fiére menace.
Cependant seul à pied je pense à tous momens
Voir le dernier débris de tous les Elemens,
Dont l'obstination à se faire la guerre
Met toute la Nature au pouvoir du tonnerre.

F. iij

Dieux! si vous témoignez par là vostre couroux,
De Clitandre, ou de moy, lequel menacez-vous?
La perte m'est égale, & la mesme tempeste
Qui l'auroit accablé tomberoit sur ma teste.
Pour le moins, justes Dieux, s'il court quelque danger
Souffrez que je le puisse avec luy partager.
J'en découvre à la fin quelque meilleur présage,
L'haleine manque aux Vents, & la force à l'orage,
Les éclairs indignez d'estre éteints par les eaux
En ont tary la source & seché les ruisseaux,
Et déja le Soleil de ses rayons essuye
Sur ces moites rameaux le reste de la pluye.
Au lieu du bruit affreux des foudres décochez,
Les petits oisillons encore demy-cachez...
Mais je verray bien-tost quelques-uns de ma suite,
Je le juge à ce bruit.

SCENE IV.
FLORIDAN, PYMANTE, DORISE.

PYMANTE *saisit Dorise qui le fuyoit.*

Enfin malgré ta fuite
Je te retiens, barbare.
DORISE.
Hélas!
PYMANTE.
Songe à mourir,
Tout l'Univers icy ne te peut secourir.
FLORIDAN.
L'égorger à ma veuë! ô l'indigne spectacle!
Sus, sus, à ce brigand opposons un obstacle.
Arreste, scélerat.
PYMANTE.
Téméraire, où vas-tu?

TRAGEDIE.
FLORIDAN.
Sauver ce Gentilhomme à tes pieds abatu.
DORISE.
Traiſtre, n'avance pas, c'eſt le Prince.
PYMANTE *tenant Doriſe d'une main*
& ſe battant de l'autre.

N'importe,
Il m'oblige à ſa mort m'ayant veu de la ſorte.
FLORIDAN.
Eſt-ce-là le reſpect que tu dois à mon rang?
PYMANTE.
Je ne connois icy, ny qualitez, ny ſang,
Quelque reſpect ailleurs que ta naiſſance obtienne;
Pour aſſeurer ma vie il faut perdre la tienne.
DORISE.
S'il me demeure encor quelque peu de vigueur,
Si mon debile bras ne dédit point mon cœur,
J'arréteray le tien.
PYMANTE.
Que fais-tu, miſérable?
DORISE.
Je détourne le coup d'un forfait éxécrable.
PYMANTE.
Avec ces vains efforts crois-tu m'en empeſcher?
FLORIDAN.
Par une heureuſe adreſſe il l'a fait trébucher,
Aſſaſſin, ren l'épée.

SCENE V.

FLORIDAN, PYMANTE, DORISE,
Trois Veneurs, *portans en leurs mains les vrais habits de Pymante, Lycaste, & Dorise.*

1. VENEUR.

Escoute, il est fort proche,
C'est sa voix qui resonne au creux de cette roche,
Et c'est luy que tantost nous avions entendu.

FLORIDAN *desarme Pymante, & en donne l'épée à garder à Dorise.*

Pren ce fer en ta main.

PYMANTE.

Ah Cieux ! je suis perdu.

2. VENEUR.

Ouy, je le voy. Seigneur, quelle avanture étrange,
Quel malheureux destin en cét état vous range ?

FLORIDAN.

Garottez ce maraut, les couples de vos chiens
Vous y pourront servire fautes d'autres liens.
Je veux qu'à mon retour une prompte justice
Luy fasse ressentir par l'éclat d'un supplice,
Sans armer contre luy que les loix de l'Etat,
Que m'attaquer n'est pas un leger attentat.
Sçachez que s'il échape il y va de vos testes.

1. VENEUR.

Si nous manquons, Seigneur, les voila toutes prestes.
Admirez cependant le foudre & ses efforts
Qui dans cette forest ont consumé trois corps,
En voicy les habits, qui sans aucun dommage
Semblent avoir bravé la fureur de l'orage.

FLORIDAN.

Tu montres à mes yeux de merveilleux effets.

DORISE.

Mais des marques plûtost de merveilleux forfaits.
Ces habits dont n'a point approché le tonnerre
Sont aux plus criminels qui vivent sur la Terre,
Connoissez-les, grand Prince, & voyez devant vous
Pymante prisonnier ; & Dorise à genoux.

FLORIDAN.

Que ce soit là Pymante, & que tu sois Dorise !

DORISE.

Quelques étonnemens qu'une telle surprise
Jette dans vostre esprit que vos yeux ont deçeu,
D'autres le saisiront quand vous aurez tout sçeu.
Là honte de paroistre en un tel équipage
Coupe icy ma parole & l'étouffe au passage ;
Souffrez que je reprenne en un coin de ce bois
Avec mes vétemens l'usage de la voix,
Pour vous conter le reste en habit plus sortable.

FLORIDAN.

Cette honte me plaist, ta priére équitable
En faveur de ton sexe & du secours prêté
Suspendra jusqu'alors ma curiosité.
Tandis sans m'éloigner beaucoup de cette place,
Je vay sur ce côtau pour découvrir la chasse,
Tu l'y raméneras ; vous, s'il ne veut marcher,
Gardez-le cependant au pied de ce rocher.

Le Prince sort, & un des Veneurs s'en va avec Dorise,
& les autres ménent Pymante d'un autre costé.

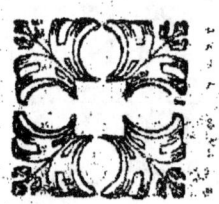

F v

SCENE VI.
CLITANDRE, LE GEOLIER.
CLITANDRE *en prison.*

Dans ces funestes lieux où la seule inclémence
D'un rigoureux destin réduit mon innocence,
Je n'attens deformais du reste des Humains
Ny faveur, ny secours, si ce n'est par tes mains.
LE GEOLIER.
Je ne connoy que trop où tend ce préambule,
Vous n'avez pas affaire à quelque homme crédule.
Tous dans cette prison dont je porte les clefs,
Se disent comme vous du malheur accablez,
Et la Justice à tous est injuste de sorte,
Que la pitié me doit leur faire ouvrir la porte;
Mais je me tiens toûjours ferme dans mon devoir.
Soyez coupable, ou non, je n'en veux rien sçavoir,
Le Roy, quoy qu'il en soit, vous a mis en ma garde,
Il me suffit, le reste en rien ne me regarde.
CLITANDRE.
Tu juges mes desseins autres qu'ils ne sont pas,
Je tiens l'éloignement pire que le trépas,
Et la Terre n'a point de si douce Province
Où le jour m'agréast loin des yeux de mon Prince.
Hélas! si tu voulois l'envoyer avertir
Du péril dont sans luy je ne sçaurois sortir,
Ou qu'il luy fust porté de ma part une lettre,
De la sienne en ce cas je t'ose bien promettre
Que son retour soudain des plus riches te rend.
Que cét anneau t'en serve & d'arrhe & de garand,
Ten la main & l'esprit vers un bonheur si proche.
LE GEOLIER.
Monsieur, jusqu'à present j'ay vécu sans reproche,

TRAGEDIE.

Et pour me suborner, promesses, ny presens,
N'ont, & n'auront jamais de charmes suffisans.
C'est dequoy je vous donne une entiére asseurance,
Perdez-en le dessein avecque l'espérance,
Et puisque vous dressez des piéges à ma foy,
Adieu, ce lieu devient trop dangereux pour moy.

SCENE VII.

CLITANDRE.

VA tygre, va cruel, barbare, impitoyable,
Ce noir cachot n'a rien tant que toy d'effroyable,
Va, porte aux criminels tes regards dont l'horreur
Peut seule aux innocens imprimer la terreur.
Ton visage déja commençoit mon supplice,
Et mon injuste sort dont tu te fais complice
Ne t'envoyoit icy que pour m'épouventer,
Ne t'envoyoit icy que pour me tourmenter.
Cependant, malheureux, à qui me dois-je prendre
D'une accusation que je ne puis comprendre ?
A-t'on rien veu jamais, a-t'on rien veu de tel ?
Mes gens assassinez me rendent criminel,
L'autheur du coup s'en vante, & l'on m'en calomnie,
On le comble d'honneur, & moy d'ignominie ;
L'échafaut qu'on m'apreste au sortir de prison,
C'est par où de ce meurtre on me fait la raison.
Mais leur déguisement d'autre costé m'étonne,
Jamais un bon dessein ne déguisa personne,
Leur masque les condamne, & mon seing contrefait
M'imputant un cartel me charge d'un forfait.
Mon jugement s'aveugle, & ce que je déplore,
Je me sens bien trahy, mais par qui, je l'ignore,
Et mon esprit troublé dans ce confus rapport
Ne voit rien de certain que ma honteuse mort.

F vj

CLITANDRE,

Traistre, qui que tu sois, Rival, ou Domestique,
Le Ciel te garde encore un destin plus Tragique,
N'importe, vif ou mort, les gouffres des Enfers
Auront pour ton supplice encor de pires fers.
Là mille affreux bourreaux t'attendent dans les fla- (mes,
Moins les corps sont punis, plus ils gesnent les ames,
Et par des cruautez qu'on ne peut concevoir,
Ils vengent l'innocence au-de-là de l'espoir.
Et vous que desormais je n'ose plus attendre,
Prince, qui m'honoriez d'une amitié si tendre,
Et dont l'éloignement fait mon plus grand malheur,
Bien qu'un crime imputé noircisse ma valeur,
Que le prétexte faux d'une action si noire
Ne laisse plus de moy qu'une sale memoire,
Permettez que mon nom qu'un bourreau va ternir
Dure sans infamie en vostre souvenir,
Ne vous repentez point de vos faveurs passées,
Comme chez un perfide indignement placées ;
J'ose, j'ose espérer qu'un jour la vérité
Paroistra toute nuë à la Posterité,
Et je tiens d'un tel heur l'attente si certaine,
Qu'elle adoucit déja la rigueur de ma peine,
Mon ame s'en chatouille, & ce plaisir secret
La prépare à sortir avec moins de regret.

SCENE VIII.

**FLORIDAN, PYMANTE, CLEON,
DORISE, *en habit de femme*,
trois Veneurs.**

FLORIDAN *à Dorise & Cléon.*

Vous m'avez dit tous deux d'étranges avantures,
Ah Clitandre ! ainsi donc de fausses conjectures
T'accablent, malheureux, sous le couroux du Roy !
Ce funeste récit me met tout hors de moy.

TRAGEDIE.
CLEON.
Haſtant un peu le pas, quelque espoir me demeure
Que vous arriverez auparavant qu'il meure.
FLORIDAN.
Si je n'y viens à temps, ce perfide en ce cas
A ſon Ombre immolé ne me ſuffira pas,
C'eſt trop peu de l'autheur de tant d'énormes crimes,
Innocent, il aura d'innocentes victimes,
Où que ſoit Roſidor, il le ſuivra de près,
Et je ſçauray changer ſes myrtes en cyprès.
DORISE.
Souiller ainſi vos mains du ſang de l'innocence !
FLORIDAN.
Mon déplaiſir m'en donne une entiére licence,
J'en veux comme le Roy faire autant à mon tour,
Et puiſqu'en ſa faveur on prévient mon retour,
Il eſt trop criminel. Mais que viens-je d'entendre ?
Je me tiens presque ſeur de ſauver mon Clitandre,
La chaſſe n'eſt pas loin, où prenant un cheval,
Je préviendray le coup de ſon malheur fatal.
Il ſuffit que Cleon pour ramener Doriſe,
Vous autres, gardez bien de laſcher voſtre priſe,
Un ſupplice l'attend, qui doit faire trembler
Quiconque deſormais voudroit luy reſſembler.

Fin du quatrième Acte.

ACTE V.

SCENE PREMIERE.
FLORIDAN, CLITANDRE, Un Prevost, CLEON.

FLORIDAN *parlant au Prevost*.

Ites vous-mesme au Roy qu'une telle innocence
Légitime en ce point ma desobéissance,
Et qu'un homme sans crime avoit bien mérité
Que j'usasse pour luy de quelque autorité :
Je vous suy. Cependant que mon heur est extrême,
Amis, que je chéris à l'égal de moy-mesme,
D'avoir sçeu justement venir à ton secours,
Lors qu'un infame glaive alloit trancher tes jours,
Et qu'un injuste sort ne trouvant point d'obstacle
Aprestoit de ta teste un indigne spectacle !

CLITANDRE.
Ainsi qu'un autre Alcide, en m'arrachant des fers,
Vous m'avez aujourd'huy retiré des Enfers,
Et moy doresnavant j'arreste mon envie
A ne servir qu'un Prince à qui je doy la vie.

FLORIDAN.
Réserve pour Caliste une part de tes soins.

CLITANDRE.
C'est à quoy desormais je veux penser le moins.

FLORIDAN.
Le moins ! quoy, desormais Caliste en ta pensée
N'auroit plus que le rang d'une image effacée ?

TRAGEDIE.

CLITANDRE.

J'ay honte que mon cœur auprès d'elle attaché
De son ardeur pour vous ait souvent relasché,
Ait souvent pour le sien quitté vostre service :
C'est par là que j'avois mérité mon supplice,
Et pour m'en faire naistre un juste repentir,
Il semble que les Dieux y vouloient consentir ;
Mais vostre heureux retour a calmé cét orage.

FLORIDAN.

Tu me fais assez lire au fond de ton courage.
La crainte de la mort en chasse des appas
Qui t'ont mis au péril d'un si honteux trépas,
Puisque sans cét amour la fourbe mal conceuë
Eust manqué contre toy de prétexte & d'issuë :
Ou peut-estre à present tes desirs amoureux
Tournent vers des objets un peu moins rigoureux.

CLITANDRE.

Doux, ou cruëls, aucun desormais ne me touche.

FLORIDAN.

L'Amour dompte aisément l'esprit le plus farouche,
C'est à ceux de nostre âge un puissant ennemy,
Tu ne connois encor ses forces qu'à demy,
Ta résolution un peu trop violente
N'a pas bien consulté ta jeunesse bouillante.
Mais que veux-tu, Cléon, & qu'est-il arrivé ?
Pymante de vos mains se seroit-il sauvé ?

CLEON.

Non, Seigneur, acquittez de la charge commise,
Vos Veneurs ont conduit Pymante, & moy Dorise,
Et je viens seulement prendre un ordre nouveau.

FLORIDAN.

Qu'on m'attende avec eux aux portes du Chasteau.
Allons, allons au Roy montrer ton innocence,
Les autheurs des forfaits sont en nostre puissance,
Et l'un d'eux convaincu dès le prémier aspect
Ne te laissera plus aucunement suspect.

SCENE II.
ROSIDOR *sur son lit.*

AMans les mieux payez de vostre longue peine,
Vous de qui l'espérance est la moins incertaine,
Et qui vous figurez après tant de longueurs
Avoir droit sur les corps dont vous tenez les cœurs,
En est-il parmy vous de qui l'ame contente
Gouste plus de plaisirs que moy dans son attente ?
En est-il parmy vous de qui l'heur à venir
D'un espoir mieux fondé se puisse entretenir ?
Mon esprit que captive un objet adorable
Ne l'éprouva jamais autre que favorable,
J'ignorerois encor ce que c'est que mépris
Si le sort d'un rival ne me l'avoit appris.
Je te plains toutesfois, Clitandre, & la colére
D'un grand Roy qui te perd me semble trop sévére,
Tes desseins par l'effet n'étoient que trop punis,
Nous voulant séparer, tu nous a réünis ;
Il ne te falloit point de plus crüels supplices
Que de te voir toy-mesme autheur de nos délices ;
Puisqu'il n'est pas à croire après ce lasche tour
Que le Prince ose plus traverser nostre amour ;
Ton crime t'a rendu desormais trop infame,
Pour tenir ton party sans s'exposer au blasme,
On devient ton complice a te favoriser.
Mais hélas, mes pensers, qui vous vient diviser ?
Quel plaisir de vengeance à present vous engage ?
Faut-il qu'avec Caliste un rival vous partage ?
Retournez, retournez vers mon unique bien,
Que seul doresnavant il soit vostre entretien,
Ne vous repaissez plus que de sa seule idée,
Faites-moy voir la mienne en son ame gardée :
Ne vous arrêtez pas à peindre sa beauté,
C'est par où mon esprit est le moins enchanté,

TRAGEDIE.

Elle servit d'amorce à mes desirs avides,
Mais ils ont sçeu trouver des objets plus solides ;
Mon feu qu'elle alluma fust mort au prémier jour,
S'il n'eust été nourry d'un réciproque amour.
Ouy, Caliste, & je veux toûjours qu'il m'en souvien-
J'aperçeus aussi-tost ta flame que la mienne, (ne,
L'Amour apprit ensemble à nos cœurs à brusler,
L'Amour apprit ensemble à nos yeux à parler,
Et sa timidité luy donna la prudence
D'n'admettre que nous en nostre confidence.
Ainsi nos passions se desroboient à tous,
Ainsi nos feux secrets n'ayant point de jaloux...
Mais qui vient jusqu'icy troubler mes resveries ?

SCENE III.

ROSIDOR, CALISTE.

CALISTE.

Celle qui voudroit voir tes blessures guéries,
Celle...

ROSIDOR.

Ah, mon heur, jamais je n'obtiendrois sur moy
De pardonner ce crime à tout autre qu'à toy.
De nostre amour naissant la douceur & la gloire
De leur charmante idée occupoient ma mémoire,
Je flatois ton image, elle me reflatoit,
Je luy faisois des vœux, elle les acceptoit,
Je formois des desirs, elle en aimoit l'hommage ;
La desavoûras-tu, cette flatteuse image ?
Voudras-tu démentir nostre entretien secret ?
Seras-tu plus mauvaise enfin que ton portrait ?

CALISTE.

Tu pourrois de sa part te faire tant promettre,
Que je ne voudrois pas tout-à-fait m'y remettre :

Quoy qu'à dire le vray je ne sçay pas trop bien
En quoy je dédirois ce secret entretien,
Si ta pleine santé me donnoit lieu de dire
Quelle borne à tes vœux je puis & doy prescrire.
Pren soin de te guérir, & les miens plus contens...
Mais je te le diray quand il sera temps.

ROSIDOR.

Cét énigme enjoüé n'a point d'incertitude
Qui soit propre à donner beaucoup d'inquietude,
Et si j'ose entrevoir dans son obscurité,
Ma guérison importe à plus qu'à ma santé.
Mais dy tout, ou du moins souffre que je devine,
Et te die à mon tour ce que je m'imagine.

CALISTE.

Tu dois par complaisance au peu que j'ay d'appas
Feindre d'entendre mal ce que je ne dy pas,
Et ne point m'envier un moment de délices
Que fait gouster l'Amour en ces petits supplices.
Doute donc, sois en peine, & montre un cœur gesné
D'une amoureuse peur d'avoir mal deviné ;
Tremble sans craindre trop, hésite, mais aspire,
Atten de ma bonté qu'il me plaise tout dire,
Et sans en concevoir d'espoir trop affermy,
N'espére qu'à demy quand je parle à demy.

ROSIDOR.

Tu parles à demy, mais un secret langage
Qui va jusques au cœur m'en dit bien davantage,
Et tes yeux sont du tien de mauvais truchemens ;
Ou rien plus ne s'oppose à nos contentemens.

CALISTE.

Je l'avois bien préveu, que ton impatience
Porteroit ton espoir à trop de confiance,
Que pour craindre trop peu tu devinerois mal.

ROSIDOR.

Quoy, la Reine ose encor soûtenir mon rival,
Et sans avoir d'horreur d'une action si noire...

TRAGEDIE.
CALISTE.
Elle a l'ame trop haute, & chérit trop la gloire,
Pour ne pas s'accorder aux volontez du Roy,
Qui d'un heureux Hymen récompense ta foy.
ROSIDOR.
Si nostre heureux malheur a produit ce miracle,
Qui peut à nos desirs mettre encor quelque obstacle?
CALISTE.
Tes blessures.

ROSIDOR.
  Allons, je suis déja guéry.
CALISTE.
Ce n'est pas pour un jour que je veux un mary,
Et je ne puis souffrir que ton ardeur hazarde
Un bien que de ton Roy la prudence retarde.
Pren soin de te guérir, mais guérir tout-à-fait,
Et croy que tes desirs...
ROSIDOR.
  N'auront aucun effet.
CALISTE.
N'auront aucun effet! qui te le persuade?
ROSIDOR
Un corps peut-il guérir dont le cœur est malade?
CALISTE.
Tu m'as rendu mon change, & m'as fait quelque peur,
Mais je sçay le reméde aux blessures du cœur.
Les tiennes attendant le jour que tu soûhaites
Auront pour médecins mes yeux qui les ont faites,
Je me rens desormais assiduë à te voir.
ROSIDOR.
Cependant, ma chére ame, il est de mon devoir
Que sans perdre de temps j'aille rendre en personne
D'humbles graces au Roy du bonheur qu'il nous
  donne.
CALISTE.
Je me charge pour toy de ce remercîment.
Toutefois qui sçauroit que pour ce compliment

140 CLITANDRE,
Une heure hors d'icy ne pûst beaucoup te nuire,
Je voudrois en ce cas moy-mesme t'y conduire,
Et j'aimerois mieux estre un peu plus tard à toy,
Que tes justes devoir manquassent vers ton Roy.
ROSIDOR.
Mes blessures n'ont point dans leurs foibles atteintes
Surquoy ton amitié puisse fonder ses craintes.
CALISTE.
Vien donc, & puisqu'enfin nous faisons mesmes vœux,
En le remerciant parle au nom de tous deux.

SCENE IV.
ALCANDRE, FLORIDAN,
CLITANDRE, PYMANTE,
DORISE, CLEON,
Prevost, trois Veneurs.

ALCANDRE.
Que souvent nostre esprit trompé par l'apparence
Régle ses mouvemens avec peu d'asseurance!
Qu'il est peu de lumière en nos entendemens,
Et que d'incertitude en nos raisonnemens!
Qui voudra desormais se fier aux impostures
Qu'en nostre jugement forment les conjectures;
Tu suffis pour apprendre à la Posterité
Combien la vray-semblance a peu de vérité.
Jamais jusqu'à ce jour la raison en déroute
N'a conçeu tant d'erreur avec si peu de doute,
Jamais par des soupçons si faux & si pressans
On n'a jusqu'à ce jour convaincu d'innocens.
J'en suis honteux, Clitandre, & mon ame confuse,
De trop de promptitude en soy-mesme s'accuse,
Un Roy doit se donner quand il est irrité,
Ou plus de retenuë, ou moins d'authorité.

TRAGEDIE.

Perds-en le souvenir, & pour moy, je te jure
Qu'à force de bien-faits j'en répare l'injure.
CLITANDRE.
Que vostre Majesté, Sire, n'estime pas
Qu'il faille m'artirer par de nouveaux appas,
L'honneur de vous servir m'apporte assez de gloire,
Et je perdrois le mien si quelqu'un pouvoit croire
Que mon devoir panchast au refroidissement,
Sans le flateur espoir d'un agrandissement.
Vous n'avez exercé qu'une juste colére,
On est trop criminel quand on peut vous déplaire,
Et tout chargé de fers, ma plus forte douleur
Ne s'en osa jamais prendre qu'à mon malheur.
FLORIDAN.
Seigneur, moy qui connoy le fond de son courage,
Et qui n'ay jamais veu de fard en son langage,
Je tiendrois à bon-heur que vostre Majesté
M'acceptast pour garand de sa fidelité.
ALCANDRE.
Ne nous arrétons plus sur la reconnoissance
Et de mon injustice, & de son innocence.
Passons aux criminels. Toy dont la trahison
A fait si lourdement trébucher ma raison,
Approche scélérat. Un homme de courage
Se met avec honneur en un tel équipage ?
Attaque le plus fort un rival plus heureux,
Et présumant encor cét exploit dangereux,
A force de presens & d'infames pratiques
D'un autre Cavalier corrompt les Domestiques,
Prend d'un autre le nom & contrefait son seing,
Afin qu'exécutant son perfide dessein,
Sur un homme innocent tombent les conjectures ?
Parle, parle, confesse, & prévien les tortures.
PYMANTE.
Sire, écoutez-en donc la pure vérité.
Vostre seule faveur a fait ma laschété,

Vous dy-je, & cét objet dont l'amour me transporte,
L'honneur doit pouvoir tout sur les gens de ma sorte,
Mais recherchant la mort de qui vous est si cher,
Pour en avoir le fruit il me falloit cacher.
Reconnu pour l'autheur d'une telle surprise,
Le moyen d'approcher de vous, ou de Dorise ?

ALCANDRE.

Tu dois aller plus outre, & m'imputer encor
L'attentat sur mon fils comme sur Rosidor :
Car je ne touche point à Dorise outragée,
Chacun en te voyant la voit assez vengée,
Et coupable elle-mesme elle a bien mérité
L'affront qu'elle a receu de ta témérité.

PYMANTE.

Un crime attire l'autre, & de peur d'un supplice
On tasche en étouffant ce qu'on en voit d'indice
De paroistre innocent à force de forfaits.
Je ne suis criminel sinon manque d'effets,
Et sans l'aspre rigueur du Sort qui me tourmente
Vous pleureriez le Prince & souffririez Pymante.
Mais que tardez-vous plus ? j'ay tout dit, punissez.

ALCANDRE.

Est-ce-là le regret de tes crimes passez ?
Ostez-le moy d'icy, je ne puis voir sans honte
Que de tant de forfaits il tient si peu de conte.
Dites à mon Conseil, que pour le châtiment,
J'en laisse à ses avis le libre jugement,
Mais qu'après son Arrest je sçauray reconnoistre
L'amour que vers son Prince il aura fait paroistre.

Vien ça toy maintenant, monstre de crüauté,
Qui joins l'assassinat à la déloyauté,
Détestable Alecton, que la Reine déceuë
Avoit n'aguére au rang de ses filles receuë.
Quel barbare, ou plûtost quelle peste d'Enfer
Se rendit ton complice & te donna ce fer ?

TRAGEDIE.

DORISE.

L'autre jour dans ce bois trouvé par avanture,
Sire, il donna sujet à toute l'imposture :
Mille jaloux serpens qui me rongeoient le sein,
Sur cette occasion formérent mon dessein,
Je le cachay deslors.

FLORIDAN.

Il est tout manifeste
Que ce fer n'est enfin qu'un misérable reste
Du malheureux düel où le triste Arimant
Laissa son corps sans ame & Daphné sans amant.
Mais quant à son forfait, un ver de jalousie
Jette souvent nostre ame en telle frénésie,
Que la raison qu'aveugle un plein emportement
Laisse nostre conduite à son déréglement,
Lors tout ce qu'il produit mérite qu'on l'excuse.

ALCANDRE.

De si foibles raisons mon esprit ne s'abuse.

FLORIDAN.

Seigneur, quoy qu'il en soit, un fils qu'elle vous rend
Sous vostre bon plaisir sa défense entreprend,
Innocente, ou coupable, elle asseura ma vie.

ALCANDRE.

Ma justice en ce cas la donne à ton envie,
Ta priére obtient mesme avant que demander
Ce qu'aucune raison ne pouvoit t'accorder.
Le pardon t'est acquis, reléve-toy, Dorise,
Et va dire par tout, en liberté remise,
Que le Prince aujourd'huy te préserve à la fois
Des fureurs de Pymante, & des rigueurs des loix.

DORISE.

Après une bonté tellement excessive,
Puisque vostre clémence ordonne que je vive,
Permettez desormais, Sire, que mes desseins
Prennent des mouvemens plus réglez & plus sains,
Souffrez que pour pleurer mes actions brutales
Je fasse ma retraite avecque les Vestales,

Et qu'une criminelle indigne d'estre au jour
Se puisse renfermer en leur sacré séjour.
FLORIDAN.
Te bannir de la Cour après m'estre obligée,
Ce seroit trop montrer ma faveur négligée.
DORISE.
N'arrétez point au Monde un objet odieux,
De qui chacun d'horreur détourneroit les yeux.
FLORIDAN.
Fusses-tu mille fois encor plus méprisable,
Ma faveur te va rendre assez considérable
Pour t'acquérir icy mille inclinations.
Outre l'attrait puissant de tes perfections,
Mon respect à l'amour tout le monde convie
Vers celle à qui je dois, & qui me doit la vie.
Fay-le voir, cher Clitandre, & tourne ton desir
Du costé que ton Prince a voulu te choisir,
Réüny mes faveurs t'unissant à Dorise.
CLITANDRE.
Mais par cette union mon esprit se divise,
Puisqu'il faut que je donne aux devoirs d'un époux
La moitié des pensers qui ne sont dûs qu'à vous.
FLORIDAN.
Ce partage m'oblige, & je tiens tes pensées
Vers un si beau sujet d'autant mieux adressées
Que je luy veux céder ce qui m'en appartient.
ALCANDRE.
Taisez-vous j'aperçoy nostre blessé qui vient.

SCENE

COMEDIE.

SCENE V.
ALCANDRE, FLORIDAN, CLEON, CLITANDRE, ROSIDOR, CALISTE, DORISE.

ALCANDRE.

Au comble de tes vœux, feur de ton mariage,
N'ès-tu point satisfait? Que veux-tu davantage?

ROSIDOR.

L'apprendre de vous, Sire, & pour remercimens
Nous offrir l'un & l'autre à vos commandemens.

ALCANDRE.

Si mon commandement peut fur toy quelque chofe,
Et fi ma volonté de la tienne difpofe,
Embraffe un Cavalier indigne des liens
Où l'a mis aujourd'huy la trahifon des fiens.
Le Prince heureufement l'a fauvé du fupplice,
Et ces deux que ton bras defrobe à ma juftice
Corrompus par Pymante avoient juré ta mort :
Le fuborneur depuis n'a pas eu meilleur fort,
Et ce traiftre à prefent tombé fous ma puiffance,
Clitandre fait trop voir quelle eft fon innocence.

ROSIDOR.

Sire, vous le fçavez, le cœur me l'avoit dit,
Et fi peu que j'avois près de vous de crédit,
Je l'employay deflors contre voftre colére.

à Clitandre.

Et moy dorefnavant faites état d'un frére.

CLITANDRE *à Rofidor.*

En moy d'un ferviteur dont l'amour éperdu
Ne vous contefte plus un prix qui vous eft dû.

I. Partie. G

CLITANDRE, TRAGEDIE.

DORISE à *Caliste*.

Si le pardon du Roy me peut donner le vostre,
Si mon crime...

CALISTE.

Ah ma sœur, tu me prens pour une autre,
Si tu crois que je puisse encor m'en souvenir.

ALCANDRE.

Tu ne veux plus songer qu'à ce jour à venir
Où Rosidor guéry termine un Hyménée.
   Clitandre en attendant cette heureuse journée
Taschera d'allumer en son ame des feux
Pour celle que mon fils désire, & que je veux,
A qui pour réparer sa faute criminelle
Je défens desormais de se montrer cruelle,
Et nous verrons alors cueillir en mesme jour
A deux couples d'amans les fruits de leur amour.

Fin du cinquiéme & dernier Acte.

LA VEFVE,
COMEDIE.

ACTEURS.

PHILISTE, amant de Clarice.

ALCIDON, amy de Philiste, & amant de Doris.

CELIDAN, amy d'Alcidon, & amoureux de Doris.

CLARICE, Vefve d'Alcandre, & Maîtresse de Philiste.

CHRYSANTE, mére de Doris.

DORIS, sœur de Philiste.

LA NOURRICE de Clarice.

GERON, Agent de Florange, amoureux de Doris.

LYCAS, Domestique de Philiste.

POLIMAS,
DORASTE, } Domestiques de Clarice.
LISTOR,

La Scéne est à Paris.

LA VEFVE,
COMEDIE.

ACTE I.

SCENE PREMIERE.
PHILISTE, ALCIDON.

ALCIDON.

I'EN demeure d'accord, chacun a sa methode,
Mais la tienne pour moy seroit trop incommode,
Mon cœur ne pourroit pas conserver tant de feu
S'il falloit que ma bouche en témoignast si peu.
Depuis près de deux ans tu brusles pour Clarice,
Et plus ton amour croist, moins elle en a d'indice,
Il semble qu'à languir tes desirs sont contens,
Et que tu n'as pour but que de perdre ton temps.
Quel fruit espéres-tu de ta persévérance
A la traiter toûjours avec indifférence ?

G. iij

LA VEFVE,

Auprès d'elle assidu sans luy parler d'amour,
Veux-tu qu'elle commence à te faire la cour ?

PHILISTE.

Non, mais à dire vray, je veux qu'elle devine.

ALCIDON.

Ton espoir qui te flate en vain se l'imagine,
Clarice avec raison prend pour stupidité
Ce ridicule effet de ta timidité.

PHILISTE.

Peut-estre, mais enfin, vois-tu qu'elle me fuye,
Qu'indifférent qu'il est, mon entretien l'ennuye,
Que je luy sois à charge, & lors que je la voy
Qu'elle use d'artifice à s'échaper de moy ?
Sans te mettre en soucy quelle en sera la suite
Appren comme l'amour doit régler sa conduite.

Aussi-tost qu'une Dame a charmé nos esprits,
Offrir nostre service au hazard d'un mépris,
Et nous abandonnant à nos brusque saillies,
Au lieu de nostre ardeur luy montrer nos folies,
Nous attirer sur l'heure un dédain éclatant,
Il n'est si mal-adroit qui n'en fist bien autant.
Il faut s'en faire aimer avant qu'on se déclare,
Nostre submission à l'orgueil la prépare,
Luy dire incontinent son pouvoir souverain,
C'est mettre à sa rigueur les armes à la main.
Usons pour estre aimez d'un meilleur artifice,
Et sans luy rien offrir rendons-luy du service,
Réglons sur son humeur toutes nos actions,
Réglons tous nos desseins sur ses intentions,
Tant que par la douceur d'une longue hantise
Comme insensiblement elle se trouve prise.
C'est par là que l'on séme aux Dames des appas,
Qu'elles n'évitent point, ne les prévoyant pas;
Leur haine envers l'Amour pourroit estre un prodige,
Que le seul nom les choque, & l'effet les oblige.

ALCIDON.

Suive qui le voudra ce procédé nouveau,
Mon feu me déplairoit caché sous ce rideau.

COMEDIE.

Ne parler point d'amour! pour moy je me défie
Des fantafques raisons de ta Philofophie,
Ce n'eſt pas là mon jeu. Le joly paſſe-temps,
D'eſtre auprès d'une Dame & cauſer du beautemps,
Luy jurer que Paris eſt toûjours plein de fange,
Qu'un certain parfumeur vend de fort bonne eau
    d'Ange,
Qu'un Cavalier regarde un autre de travers,
Que dans la Comedie on dit d'aſſez bons Vers,
Qu'Aglante avec Philis dans un mois ſe marie!
Change, pauvre abuſé, change de batterie,
Conte ce qui te méne, & ne t'amuſe pas
A perdre innocemment tes diſcours & tes pas.

PHILISTE.

Je les aurois perdus auprés de ma Maîtreſſe,
Si je n'euſſe employé que la commune adreſſe,
Puisqu'inégal de biens & de condition
Je ne pouvois prétendre à ſon affection.

ALCIDON.

Mais ſi tu les perds, je le tiens à miracle,
Puisqu'ainſi ton amour rencontre un double obstacle,
Et que ton froid ſilence & l'inégalité
S'oppoſent tout enſemble à ta témerité.

PHILISTE.

Croy que de la façon dont j'ay ſçeu me conduire
Mon ſilence n'eſt pas en état de me nuire :
Mille petits devoirs ont tant parlé pour moy,
Qu'il ne m'eſt plus permis de douter de ſa foy.
Mes ſoûpirs & les ſiens font un ſecret langage,
Par où ſon cœur au mien à tous momens s'engage,
Des coups d'œil languiſſans, des ſoûris ajuſtez,
De panchemens de teſte à demy concertez,
Et mille autres douceurs aux ſeuls amants connuës
Nous font voir chaque jour nos ames toutes nuës,
Nous font de bons garands d'un feu qui chaque jour...

ALCIDON.

Tout cela cependant ſans luy parler d'amour ?

G iiij

LA VEFVE,

PHILISTE.
Sans luy parler d'amour.

ALCIDON.
J'estime ta science,
Mais j'aurois à l'épreuve un peu d'impatience.

PHILISTE.
Le Ciel qui nous choisit luy-mesme des partis,
A tes feux & les miens prudemment assortis,
Et comme à ces longueurs t'ayant fait indocile
Il te donne en ma sœur un naturel facile,
Ainsi pour cette Vefve il a sçeu m'enflamer
Après m'avoir donné par où m'en faire aimer.

ALCIDON.
Mais il luy faut enfin découvrir ton courage.

PHILISTE.
C'est ce qu'en ma faveur sa Nourrice ménage,
Cette Vieille subtile a mille inventions
Pour m'avancer au but de mes intentions,
Elle m'avertira du temps que je doy prendre,
Le reste une autrefois se pourra mieux apprendre,
Adieu.

ALCIDON.
La confidence avec un bon amy.
Jamais sans l'offenser ne s'exerce à demy.

PHILISTE.
Un interest d'amour me prescrit ces limites,
Ma Maîtresse m'attend pour faire des visites
Où je luy promis hier de luy prêter la main.

ALCIDON.
Adieu donc, cher Philiste.

PHILISTE.
Adieu jusqu'à demain.

SCÈNE II.

ALCIDON, LA NOURRICE.

ALCIDON seul.

Vit-on jamais amant de pareille imprudence
Faire avec son rival entière confidence ?
Simple, appren que ta sœur n'aura jamais dequoy
Asservir sous ses loix des gens faits comme moy,
Qu'Alcidon feint pour elle, & brusle pour Clarice.
Ton Agente est à moy. N'est-il pas vray, Nourrice ?

LA NOURRICE.
Tu le peux bien jurer.

ALCIDON.
     Et nostre amy rival ?

LA NOURRICE.
Si jamais on m'en croit son affaire ira mal.

ALCIDON.
Tu luy promets pourtant.

LA NOURRICE.
     C'est par où je l'amuse,
Jusqu'à ce que l'effet luy découvre ma ruse.

ALCIDON.
Je viens de le quitter.

LA NOURRICE.
    Et bien, que t'a-t'il dit ?

ALCIDON.
Que tu veux employer pour luy tout ton crédit,
Et que rendant toûjours quelque petit service
Il s'est fait une entrée en l'ame de Clarice.

LA NOURRICE.
Moindre qu'il ne présume. Et toy ?

ALCIDON.
       Je l'ay poussé
A s'enhardir un peu plus que par le passé,
Et découvrir son mal à celle qui le cause.

LA VEFVE,
LA NOURRICE.
Pourquoy ?
ALCIDON.
Pour deux raisons : l'une, qu'il me propose
Ce qu'il a dans le cœur beaucoup plus librement :
L'autre, que ta maîtresse après ce compliment
Le chassera peut-estre ainsi qu'un téméraire.
LA NOURRICE.
Ne l'enhardy pas tant, j'aurois peur au contraire
Que malgré tes raisons quelque mal ne t'en prît ;
Car enfin ce rival est bien dans son esprit,
Mais non pas tellement, qu'avant que le mois passe,
Nostre adresse sous-main ne le mette en disgrace.
ALCIDON.
Et lors ?
LA NOURRICE.
Je te répons de ce que tu cheris.
Cependant continuë à caresser Doris,
Que son frére éblouy par cette accorte feinte
De nos prétensions n'ait ny soupçon, ny crainte.
ALCIDON.
A m'en oüyr conter, l'amour de Celadon
N'eut jamais rien d'égal à celuy d'Alcidon,
Tu rirois trop de voir comme je la cajole.
LA NOURRICE.
Et la dupe qu'elle est croit tout sur ta parole ?
ALCIDON.
Cette jeune étourdie est si folle de moy,
Qu'elle prend chaque mot pour article de foy,
Et son frére pipé du fard de mon langage,
Qui croit que je soûpire après son mariage,
Pensant bien m'obliger m'en parle tous les jours :
Mais quand il en vient là, je sçay bien mes détours.
Tantost, veu l'amitié qui tous deux nous assemble,
J'attendray son Hymen pour estre heureux ensemble,
Tantost il faut du temps pour le consentement
D'un oncle dont j'espére un haut avancement,

COMÉDIE.

Tantost je sçay trouver quelqu'autre bagatelle.
LA NOURRICE.
Séparons-nous, de peur qu'il entrast en cervelle
S'il avoit découvert un si long entretien ;
Joué aussi bien ton jeu que je joûray le mien.
ALCIDON,
Nourrice, ce n'est pas ainsi qu'on se sépare.
LA NOURRICE.
Monsieur, vous me jugez d'un naturel avare.
ALCIDON,
Tu veilleras pour moy d'un soin plus diligent.
LA NOURRICE.
Ce sera donc pour vous plus que pour vostre argent.

SCENE III.
CHRYSANTE, DORIS.

CHRYSANTE.

C'Est trop desavoüer une si belle flame
Qui n'a rien de honteux, rien de sujet au blasme,
Confesse-le, ma fille, Alcidon a ton cœur,
Ses rares qualitez l'en ont rendu vainqueur,
Ne vous entr'appeller que *mon ame*, & *ma vie*,
C'est montrer que tous deux vous n'avez qu'une envie,
Et que d'un mesme trait vos esprits sont blessez.
DORIS.
Madame, il n'en va pas ainsi que vous pensez.
Mon frére aime Alcidon, & sa priére expresse
M'oblige à luy répondre en termes de Maîtresse,
Je me fais comme luy souvent toute de feux,
Mais mon cœur se conserve au point où je le veux,
Toûjours libre, & qui garde une amitié sincére
A celuy que voudra me prescrire une mére.

CHRYSANTE.
Ouy, pourveu qu'Alcidon te soit ainsi prescrit.
DORIS.
Madame, pûssiez vous lire dans mon esprit,
Vous verriez jusqu'où va ma pure obéissance.
CHRYSANTE.
Ne crains pas que je veuille user de ma puissance :
Je croirois en produire un trop cruel effet,
Si je te séparois d'un amant si parfait.
DORIS.
Vous le connoissez mal, son ame a deux visages,
Et ce dissimulé n'est qu'un conteur à gages.
Il a beau m'accabler de protestations,
Je démesle aisément toutes ses fictions,
Il ne me prête rien que je ne luy r'envoye,
Nous nous entrepayons d'une mesme monnoye,
Et malgré nos discours, mon vertueux desir
Attend toûjours celuy que vous voudrez choisir,
Vostre vouloir du mien absolument dispose.
CHRYSANTE.
L'épreuve en fera foy, mais parlons d'autre chose.
Nous vismes hier au bal entre autres nouveautez
Tout plein d'honnestes gens caresser les beautez.
DORIS.
Ouy, Madame, Alindor en vouloit à Célie,
Lysandre à Célidée, Oronte à Rosélie.
CHRYSANTE.
Et nommant celles-cy tu caches finement
Qu'un certain t'entretint assez paisiblement.
DORIS.
Ce visage inconnu qu'on appelloit Florange ?
CHRYSANTE.
Luy-mesme.
DORIS.
Ah Dieu ! que c'est un cajoleur étrange !
Ce fut paisiblement de vray qu'il m'entretint.
Soit que quelque raison en secret le retint,

COMEDIE. 157

Soit que son bel esprit me jugeast incapable
De luy pouvoir fournir un entretien sortable,
Il m'épargna si bien, que ses plus longs propos
A peine en plus d'une heure estoient de quatre mots.
Il me mena dancer deux fois sans me rien dire.

CHRYSANTE.

Mais en suite ?

DORIS.

La suite est digne qu'on l'admire.
Mon baladin muet se retranche en un coin,
Pour faire mieux joüer la prunelle de loin :
Après m'avoir de là long-temps considérée,
Après m'avoir des yeux mille fois mesurée,
Il m'aborde en tremblant avec ce compliment,
Vous m'attirez à vous ainsi que fait l'Aimant.
(Il pensoit m'avoir dit le meilleur mot du monde)
Entendant ce haut style aussi-tost je seconde,
Et répons brusquement sans beaucoup m'émouvoir,
Vous étes donc de fer, à ce que je puis voir.
Ce grand mot étouffa tout ce qu'il vouloit dire,
Et pour toute replique il se mit à soûrire.
Depuis il s'avisa de me serrer les doigts,
Et retrouvant un peu l'usage de la voix,
Il prit un de mes gands. *La mode en est nouvelle,*
(Me dit-il) *& jamais je n'en vy de si belle,*
Vous portez sur la gorge un mouchoir fort carré,
Vostre éventail me plaist d'estre ainsi bigarré,
L'amour, je vous asseure, est une belle chose,
Vraiment vous aimez fort cette couleur de rose.
La ville est en hyver tout autre que les champs,
Les Charges à present n'ont que trop de marchands.
On n'en peut approcher.

CHRYSANTE.

Mais enfin que t'en semble ?

DORIS.

Je n'ay jamais connu d'homme qui luy ressemble,
Ny qui mesle en discours tant de diversitez.

CHRYSANTE.
Il est nouveau venu des Universitez,
Mais après tout fort riche, & que la mort d'un pére,
Sans deux successions que de plus il espére,
Comble de tant de biens, qu'il n'est fille aujourd'huy,
Qui ne luy rie au nez & n'ait dessein sur luy.
DORIS.
Aussi me contez-vous de beaux trais de visage.
CHRYSANTE.
Et bien, avec ces traits est-il à ton usage ?
DORIS.
Je douterois plûtost si je serois au sien.
CHRYSANTE.
Je sçay qu'asseurément il te veut force bien,
Mais il te le faudroit en fille plus accorte
Recevoir desormais un peu d'une autre sorte.
DORIS.
Commandez seulement, Madame, & mon devoir
Ne négligera rien qui soit en mon pouvoir.
CHRYSANTE.
Ma fille, te voilà telle que je souhaite:
Pour ne te rien celer, c'est chose qui vaut faite,
Géron, qui depuis peu fait icy tant de tours,
Au desceu d'un chacun a traité ces amours,
Et puisqu'à mes desirs je te voy résoluë,
Je veux qu'avant deux jours l'affaire soit concluë.
Au regard d'Alcidon tu dois continüer,
Et de ton beau semblant ne rien diminüer,
Il faut joüer au fin contre un esprit si double.
DORIS.
Mon frére en sa faveur vous donnera du trouble.
CHRYSANTE.
Il n'est pas si mauvais que l'on n'en vienne à bout.
DORIS.
Madame, avisez-y, je vous remets le tout.
CHRYSANTE.
Rentre, voicy Géron de qui la conférence
Doit rompre, ou nous donner une entiére asseurance.

COMEDIE.

SCENE IV.
CHRYSANTE, GERON.

CHRISANTE.

Ils se sont veus enfin.

GERON.

Je l'avois déja sçeu,
Madame, & les effets ne m'en ont point deçeu,
Du moins quant à Florange.

CHRYSANTE.

Et bien, mais, qu'est-ce encore ?
Que dit-il de ma fille ?

GERON.

Ah, Madame, il l'adore !
Il n'a point encor veu de miracles pareils,
Ses yeux à son avis sont autant de Soleils,
L'enflûre de son sein un double petit monde,
C'est le seul ornement de la machine ronde,
L'Amour à ses regards allume son flambeau,
Et souvent pour la voir il oste son bandeau,
Diane n'eut jamais une si belle taille,
Auprès d'elle Vénus ne seroit rien qui vaille,
Ce ne sont rien que Lys & Roses que son teint,
Enfin de ses beautez il est si fort atteint...

CHRYSANTE.

Atteint ! ah mon amy, tant de badinerie
Ne témoigne que trop qu'il en fait raillerie.

GERON.

Madame, je vous jure, il péche innocemment,
Et s'il sçavoit mieux dire, il diroit autrement,
C'est un homme tout neuf, que voulez-vous qu'il face ?
Il dit ce qu'il a lû. Daignez juger, de grace,

Plus favorablement de son intention,
Et pour mieux vous montrer où va sa passion,
Vous sçavez les deux poincts (mais aussi, je vous prie,
Vous ne luy direz pas cette supercherie.)
CHRYSANTE.
Non, non.
GERON.
Vous sçavez donc les deux difficultez
Qui jusqu'à maintenant vous tiennent arrêtez?
CHRYSANTE.
Il veut son avantage, & nous cherchons le nostre.
GERON.
Va Géron (m'a t'il dit) & pour l'une & pour l'autre,
Si par dextérité tu n'en peux rien tirer,
Accorde tout plutost que de plus différer,
Doris est à mes yeux de tant d'attraits pourveuë,
Qu'il faut bien qu'il m'en coute un peu pour l'avoir
veuë.
Mais qu'en dit vostre fille?
CHRYSANTE.
Elle suivra mon choix,
Et montre une ame preste à recevoir mes loix,
Non qu'elle en fasse état plus que de bonne sorte,
Il suffit qu'elle voit ce que le bien apporte,
Et qu'elle s'accommode aux solides raisons
Qui forment à present les meilleures maisons.
GERON.
A ce conte c'est fait, quand vous plaist-il qu'il vienne
Dégager ma parole, & vous donner la sienne?
CHRYSANTE.
Deux jours me suffiront ménagez dextrement
Pour disposer mon fils à son contentement.
Durant ce peu de temps, si son ardeur le presse,
Il peut hors du logis rencontrer sa Maîtresse,
Assez d'occasions s'offrent aux amoureux.
GERON.
Madame, que d'un mot je vay le rendre heureux!

COMEDIE.

SCENE V.
PHILISTE, CLARICE.

PHILISTE.

Le bonheur aujourd'huy conduisoit vos visites,
Et sembloit rendre hommage à vos rares mérites,
Vous avez rencontré tout ce que vous cherchiez.
CLARICE.
Oüy, mais n'estimez pas qu'ainsi vous m'empeschiez
De vous dire, à present que nous faisons retraite,
Combien de chez Daphnis je sors mal satisfaite.
PHILISTE.
Madame, toutefois elle a fait son pouvoir,
Du moins en apparence, à vous bien recevoir.
CLARICE.
Ne pensez pas aussi que je me plaigne d'elle.
PHILISTE.
Sa compagnie étoit, ce me semble, assez belle.
CLARICE.
Que trop belle à mon goust, & que je pense, au tien.
Deux filles possedoient seules ton entretien,
Et leur orgueil enflé par cette preference
De ce qu'elles valoient tiroit pleine asseurance.
PHILISTE.
Ce reproche obligeant me laisse tout surpris,
Avec tant de beautez & tant de bons esprits
Je ne valus jamais qu'on me trouvast à dire.
CLARICE.
Avec ces bons esprits je n'étois qu'en martyre,
Leur discours m'assassine, & n'a qu'un certain jeu,
Qui m'étourdit beaucoup, & qui me plaist fort peu.
PHILISTE.
Celuy que nous tenions me plaisoit à merveilles.

LA VEFVE,

CLARICE.

Tes yeux s'y plaisoient bien autant que tes oreilles.

PHILISTE.

Je ne le puis nier, puisqu'en parlant de vous
Sur les voſtres mes yeux ſe portoient à tous coups,
Et s'en alloient chercher sur un si beau visage
Mille & mille raisons d'un éternel hommage.

CLARICE.

O la subtile ruſe, & l'excellent détour!
Sans doute une des deux te donne de l'amour,
Mais tu le veux cacher.

PHILISTE.

Que dites-vous, Madame?
Un de ces deux objets captiveroit mon ame!
Jugez-en mieux de grace, & croyez que mon cœur
Choisiroit pour se rendre un plus puissant vainqueur.

CLARICE.

Tu tranche du faſcheux, Bélinde & Chryſolite
Manquent donc à ton gré d'attraits, & de mérite,
Elles dont les beautez captivent mille amans?

PHILISTE.

Tout autre trouveroit leurs visages charmans,
Et j'en ferois état, ſi le Ciel m'euſt fait naiſtre
D'un malheur aſſez grand pour ne vous pas connoître.
Mais l'honneur de vous voir que vous me permettez
Fait que je n'y remarque aucunes raretez,
Et plein de voſtre idée il ne m'eſt pas poſſible,
N'y d'admirer ailleurs, ny d'eſtre ailleurs ſenſible.

CLARICE.

On ne m'éblouït pas à force de flater,
Revenons au propos que tu veux éviter,
Je veux ſçavoir des deux laquelle eſt ta Maîtreſſe.
Ne diſſimule plus, Philiste, & me confeſſe…

PHILISTE.

Que Chryſolite & l'autre, égales toutes deux,
N'ont rien d'aſſez puiſſant pour attirer mes vœux.

COMEDIE. 163

Si blessé des regards de quelque beau visage
Mon cœur de sa franchise avoit perdu l'usage...
CLARICE.
Tu serois assez fin pour bien cacher ton jeu.
PHILISTE.
C'est ce qui ne se peut. L'Amour est tout de feu,
Il éclaire en bruslant, & se trahit soy-mesme,
Un esprit amoureux absent de ce qu'il aime
Par sa mauvaise humeur fait trop voir ce qu'il est.
Toûjours morne, resveur, triste, tout luy déplaist.
A tout autre propos qu'à celuy de sa flame,
Le silence à la bouche, & le chagrin en l'ame,
Son œil semble à regret nous donner ses regards,
Et les jette à la fois souvent de toutes parts,
Qu'ainsi sa fonction confuse ou mal guidée
Se ramene en soy-mesme & ne voit qu'une idée.
Mais auprès de l'objet qui possede son cœur,
Ses esprits ranimez reprennent leur vigueur,
Gay, complaisant, actif...
CLARICE.
      Enfin que veux-tu dire ?
PHILISTE.
Que par ces actions que je viens de décrire
Vous de qui j'ay l'honneur chaque jour d'approcher,
Jugiez pour quel objet l'Amour m'a sçeu toucher.
CLARICE.
Pour faire un jugement d'une telle importance
Il faudroit plus de temps. Adieu, la nuit s'avance,
Te verra-t'on demain ?
PHILISTE.
      Madame, en doutez-vous ?
Jamais commandemens ne me furent si doux.
Loin de vous, je n'ay rien qu'avec plaisir je voye,
Tout me devient fascheux, tout s'oppose à ma joye,
Un chagrin invincible accable tous mes sens.
CLARICE.
Si, comme tu le dis, dans le cœur des absens

C'eſt l'amour qui fait naiſtre une telle triſteſſe,
Ce compliment n'eſt bon qu'auprès d'une Maîtreſſe.
PHILISTE.
Souffrez-le d'un respect, qui produit chaque jour
Pour un ſujet ſi haut les effets de l'amour.

SCENE VI.
CLARICE.

Las! il m'en dit aſſez, ſi je l'oſois entendre,
Et ſes deſirs aux miens ſe font aſſez comprendre,
Mais pour nous déclarer une ſi belle ardeur,
L'un eſt müet de crainte, & l'autre de pudeur.
Que mon rang me déplaiſt! que mon trop de fortune,
Au lieu de m'obliger, me choque & m'importune!
Egale à mon Philiſte, il m'offriroit ſes vœux,
Je m'entendrois nommer le ſujet de ſes feux,
Et ſes discours pourroient forcer ma modeſtie
A l'aſſeurer bien-toſt de noſtre ſympathie;
Mais le peu de rapport de nos conditions
Oſte le nom d'amour à ſes ſubmiſſions,
Et ſous l'injuſte loy de cette retenuë
Le reméde me manque & mon mal continuë:
Il me ſert en esclave, & non pas en amant,
Tant ſon reſpect s'oppoſe à mon contentement.
Ah, que ne devient-il un peu plus témeraire!
Que ne s'expoſe-t'il au hazard de me plaire!
Amour, gagne à la fin ce respect ennuyeux,
Et ren-le moins timide, ou l'oſte de mes yeux.

Fin du prémier Acte.

COMEDIE.

ACTE II.

SCENE PREMIERE.
PHILISTE.

Ecrets Tyrans de ma pensée,
Respect, amour, de qui les loix
D'un juste & fascheux contrepoids
La tiennent toûjours balancée ;
Que vos mouvemens opposez,
Vos traits l'un par l'autre brisez,
Sont puissans à s'entre-détruire !
Que l'un m'offre d'espoir ! que l'autre a de ri-
 gueur !
Et tandis que tous deux tâchent à me séduire,
Que leur combat est rude au milieu de mon cœur.

  Moy-mesme je fais mon supplice
A force de leur obeïr ;
Mais le moyen de les haïr ?
Ils viennent tous deux de Clarice.
Ils m'en entretiennent tous deux,
Et forment ma crainte & mes vœux
Pour ce bel œil qui les fait naistre,
Et de deux flots divers mon esprit agité,
Plein de glace, & d'un feu qui n'oseroit paroî-
 tre,
Blasme sa retenuë, & sa témérité.

Mon ame dans cét esclavage
Fait des vœux qu'elle n'ose offrir;
J'aime seulement pour souffrir,
J'ay trop, & trop peu de courage:
Je voy bien que je suis aimé,
Et que l'objet qui m'a charmé
Vit en de pareilles contraintes,
Mon silence à ses feux fait tant de trahison,
Qu'impertinent captif de mes frivoles craintes
Pour accroistre son mal je fuy ma guérison.

Elle brusle, & par quelque signe
Que son cœur s'explique avec moy,
Je doute de ce que je voy,
Parce que je m'en trouve indigne.
Espoir, Adieu, c'est trop flaté,
Ne croy pas que cette beauté
Daigne avoüer de telles flames,
Et dans le juste soin qu'elle a de les cacher,
Voy que si mesme ardeur embrase nos deux ames,
Sa bouche à son esprit n'ose le reprocher.

Pauvre amant, voy par son silence
Qu'elle t'en commande un égal,
Et que le récit de ton mal
Te convaincroit d'une insolence.
Quel fantasque raisonnement,
Et qu'au milieu de mon tourment
Je deviens subtil à ma peine!
Pourquoy m'imaginer qu'un discours amoureux
Par un contraire effet change l'amour en haine,
Et malgré mon bon-heur me rendre malheureux?

Mais j'aperçoy Clarice. O Dieux, si cette belle
Parloit autant de moy que je m'entretiens d'elle!
Du moins si sa Nourrice a soin de nos amours,
C'est de moy qu'à present doit estre leur discours.

COMEDIE.

Une humeur curieuse avec chaleur m'emporte
A me couler sans bruit derriére cette porte,
Pour écouter de là sans en estre apperçeu
En quoy mon fol espoir me peut avoir déçeu.
Allons; souvent l'Amour ne veut qu'une bonne heure,
Jamais l'occasion ne s'offrira meilleure,
Et peut-estre qu'enfin nous en pourrons tirer
Celle que nous cherchons pour nous mieux déclarer.

SCENE II.
CLARICE, LA NOURRICE.

CLARICE.

TU me veux détourner d'une seconde flame,
Dont je ne pense pas qu'autre que toy me blasme.
Estre vefve à mon âge, & toûjours déplorer
La perte d'un mary que je puis réparer !
Refuser d'un Amant ce doux nom de Maîtresse !
N'avoir que des mépris pour les vœux qu'il m'adresse!
Le voir toûjours languir dessous ma dure loy !
Cette vertu, Nourrice, est trop haute pour moy.

LA NOURRICE.

Madame, mon avis au vostre ne résiste
Qu'alors que vostre ardeur se porte vers Philiste.
Aimez, aimez quelqu'un, mais comme à l'autre fois,
Qu'un lieu digne de vous arréte vostre choix.

CLARICE.

Brise-là ce discours dont mon amour s'irrite,
Philiste n'en voit point qui le passe en mérite.

LA NOURRICE.

Je ne remarque en luy rien que de fort commun,
Sinon que plus qu'un autre il se rend importun.

CLARICE.

Que ton aveuglement en ce point est extrême,
Et que tu connois mal, & Philiste, & moy-mesme.

Si tu crois que l'excès de sa civilité
Passe jamais chez moy pour importunité !
LA NOURRICE.
Ce cajoleur rusé qui toûjours vous assiége
A tant fait qu'à la fin vous tombez dans son piége.
CLARICE.
Ce Cavalier parfait de qui je tiens le cœur
A tant fait que du mien il s'est rendu vainqueur.
LA NOURRICE.
Il aime vostre bien, & non vostre personne.
CLARICE.
Son vertüeux amour l'un & l'autre luy donne,
Ce m'est trop d'heur encor, dans le peu que je vaux,
Qu'un peu de bien que j'ay supplée à mes defauts.
LA NOURRICE.
La mémoire d'Alcandre & le rang qu'il vous laisse
Voudroient un successeur de plus haute noblesse.
CLARICE.
S'il précéda Philiste en vaines Dignitez,
Philiste le devance en rares qualitez.
Il est né Gentilhomme, & sa vertu répare
Tout ce dont la Fortune envers luy fut avare,
Nous avons elle & moy trop dequoy l'agrandir.
LA NOURRICE.
Si vous pouviez, Madame, un peu vous refroidir,
Pour le considérer avec indifférence,
Sans prendre pour mérite une fausse apparence,
La raison feroit voir à vos yeux insensez
Que Philiste n'est pas tout ce que vous pensez.
Croyez-m'en plus que vous, j'ay vieilly dans le Môde,
J'ay de l'expérience, & c'est où je me fonde.
Eloignez quelque temps ce dangereux charmeur,
Faites en son absence essay d'une autre humeur,
Pratiquez-en quelqu'autre, & desintéressée
Comparez-luy l'objet dont vous étes blessée,
Comparez-en l'esprit, la façon, l'entretien,
Et lors vous trouverez qu'un autre le vaut bien.
CLARICE

COMEDIE.
CLARICE.
Exercer contre moy de si noirs artifices !
Donner à mon amour de si cruels supplices !
Trahir tous mes desirs ! éteindre un feu si beau !
Qu'on m'enferme plûtost toute vive au tombeau.
Fay venir cét Amant : deussay-je la prémiére
Luy faire de mon cœur une ouverture entiére,
Je ne permettray point qu'il sorte d'avec moy
Sans avoir l'un à l'autre engagé nostre foy.

LA NOURRICE.
Ne précipitez point ce que le temps ménage,
Vous pourrez à loisir éprouver son courage.

CLARICE.
Ne m'importune plus de tes conseils maudits,
Et sans me repliquer fay ce que je te dis.

SCENE III.
PHILISTE, LA NOURRICE.

PHILISTE.
JE te feray cracher cette langue traîtresse.
Est-ce ainsi qu'on me sert auprès de ma Maîtresse,
Détestable sorciere ?

LA NOURRICE.
Et bien, quoy ? qu'ay-je fait ?

PHILISTE.
Et tu doutes encor si j'ay veu ton forfait ?

LA NOURRICE.
Quel forfait ?

PHILISTE.
Peut-on voir lascheté plus hardie ?
Joindre encor l'impudence à tant de perfidie !

LA NOURRICE.
Tenir ce qu'on promet est-ce une trahison ?

I. Partie.   H

PHILISTE.
Est-ce ainsi qu'on le tient?
LA NOURRICE.
Parlons avec raison,
Que t'avois-je promis?
PHILISTE.
Que de tout ton possible
Tu rendrois ta maîtresse à mes desirs sensible,
Et la disposerois à recevoir mes vœux.
LA NOURRICE.
Et ne la vois-tu pas au point où tu la veux?
PHILISTE.
Malgré toy mon bonheur à ce point l'a réduite.
LA NOURRICE.
Mais tu dois ce bonheur à ma sage conduite,
Jeune & simple Novice en matiére d'amour,
Qui ne sçaurois comprendre encor un si bon tour.
 Flater de nos discours les passions des Dames,
C'est aider laschement à leurs naissantes flames,
C'est traiter lourdement un délicat effet,
C'est n'y sçavoir enfin que ce que chacun sçait.
Moy qui de ce métier ay la haute science,
Et qui pour te servir brusle d'impatience,
Par un chemin plus court qu'un propos complaisant
J'ay sçeu croistre sa flame en la contredisant,
J'ay sçeu faire éclater, mais avec violence,
Un amour étouffé sous un honteux silence,
Et n'ay pas tant choqué que piqué ses desirs,
Dont la soif irritée avance tes plaisirs.
PHILISTE.
A croire ton babil, la ruse est merveilleuse,
Mais l'épreuve à mon goust en est fort périlleuse.
LA NOURRICE.
Jamais il ne s'est veu de tours plus asûrez.
La Raison & l'Amour sont ennemis jurez,
Et lors que ce dernier dans un esprit commande
Il ne peut endurer que l'autre le gourmande,

COMEDIE.

Plus la raison l'attaque, & plus il se roidit,
Plus elle l'intimide, & plus il s'enhardit.
Je le dy sans besoin, vos yeux & vos oreilles
Sont de trop bons témoins de toutes ces merveilles,
Vous-mesme avez tout veu, que voulez-vous de plus?
Entrez, on vous attend, ces discours superflus
Reculent vostre bien & font languir Clarice.
Allez, allez cueillir les fruits de mon service,
Usez bien de vostre heur, & de l'occasion.

PHILISTE.

Soit une vérité, soit une illusion,
Que ton esprit adroit employe à ta défense,
Le mien de tes discours plus outre ne s'offense,
Et j'en estimeray mon bonheur plus parfait,
Si d'un mauvais dessein je tire un bon effet.

LA NOURRICE.

Que de propos perdus! voyez l'impatience
Qui ne peut plus souffrir une si longue attente.

SCENE IV.
CLARICE, PHILISTE, LA NOURRICE.

CLARICE.

Paresseux, qui tardez si long-temps à venir,
Devinez la façon dont je veux vous punir.

PHILISTE.

M'interdiriez-vous bien l'honneur de vostre veuë?

CLARICE.

Vraiment vous me jugez de sens fort dépourveuë;
Vous bannir de mes yeux! une si dure loy
Feroit trop retomber le châtiment sur moy,
Et je n'ay pas failly pour me punir moy-mesme.

H ij

PHILISTE.
L'absence ne fait mal que de ceux que l'on aime.
CLARICE.
Aussi que sçavez-vous si vos perfections
Ne vous ont rien acquis sur mes affections ?
PHILISTE.
Madame, excusez-moy, je sçay mieux reconnoistre
Mes defauts, & le peu que le Ciel m'a fait naistre.
CLARICE.
N'oublîrez-vous jamais ces termes ravalez,
Pour vous priser de bouche autant que vous valez ?
Seriez-vous bien content qu'on crût ce que vous dites?
Demeurez avec moy d'accord de vos mérites,
Laissez-moy me flater de cette vanité
Que j'ay quelque pouvoir sur vostre liberté,
Et qu'une humeur si froide, à toute autre invincible,
Ne perd qu'auprès de moy le titre d'insensible.
Une si douce erreur tasche à s'autoriser,
Quel plaisir prenez-vous à m'en desabuser ?
PHILISTE.
Ce n'est point une erreur, pardonnez-moy, Madame,
Ce sont les mouvemens les plus sains de mon ame.
Il est vray, je vous aime, & mes feux indiscrets
Se donnent leur supplice en demeurant secrets,
Je reçoy sans contrainte une ardeur téméraire,
Mais si j'ose brusler, je sçais aussi me taire,
Et près de vostre objet mon unique vainqueur
Je puis tout sur ma langue, & rien dessus mon cœur.
En vain j'avois appris que la seule espérance
Entretenoit l'amour dans la persévérance,
J'aime sans espérer, & mon cœur enflamé
A pour but de vous plaire & non pas d'estre aimé.
L'amour devient servile alors qu'il se dispense
A n'allumer ses feux que pour la récompense,
Ma flame est toute pure, & sans rien présumer,
Je ne cherche en aimant que le seul bien d'aimer.

COMEDIE.

CLARICE.

Et celuy d'estre aimé sans que tu le prétendes
Préviendra tes desirs & tes justes demandes.
Ne déguisons plus rien, cher Philiste, il est temps
Qu'un aveu mutüel rende nos vœux contens
Donnons-leur, je te prie, une entiére asseurance,
Vengeons-nous à loisir de nostre indifférence,
Vengeons-nous à loisir de toutes ces langueurs,
Où sa fausse couleur avoit réduit nos cœurs.

PHILISTE.

Vous me joüez, Madame, & cette accorte feinte
Ne donne à mon amour qu'une railleuse atteinte.

CLARICE.

Quelle façon étrange ! en me voyant brusler
Tu t'obstines encor à le dissimuler,
Tu veux qu'encore un coup je me donne la honte
De te dire à quel point l'Amour pour toy me dompte.
Tu le vois cependant avec pleine clarté,
Et veux douter encor de cette verité ?

PHILISTE.

Ouy, j'en doute, & l'excès du bon-heur qui m'accable
Me surprend, me confond, me paroist incroyable.
Madame, est-il possible, & me puis-je asseurer
D'un bien à quoy mes vœux n'oseroient aspirer ?

CLARICE.

Cesse de me tuër par cette défiance.
Qui pourroit des Mortels troubler nostre alliance ?
Quelqu'un a-t'il à voir dessus mes actions,
Dont j'aye à prendre l'ordre en mes affections ?
Vefve, & qui ne doy plus de respect à personne,
Ne puis-je disposer de ce que je te donne ?

PHILISTE.

N'ayant jamais été digne d'un tel honneur,
J'ay de la peine encor à croire mon bon-heur.

CLARICE.

Pour t'obliger enfin à changer de langage,
Si ma foy ne suffit que je te donne en gage

Un bracelet exprès tissu de mes cheveux
T'attend pour enchaisner, & ton bras, & tes vœux.
Vien le querir, & prendre avec moy la journée
Qui termine bien-tost nostre heureux Hyménée.
PHILISTE.
C'est dont vos seuls avis se doivent consulter,
Trop heureux, quant à moy, de les éxecuter.
LA NOURRICE *seule*.
Vous contez sans vostre hoste, & vous pourrez apren-
Que ce n'est pas sans moy que ce jour se doit prendre; (dre
De vos prétentions Alcidon averty
Vous fera, s'il m'en croit, un dangereux party.
Je luy vay bien donner de plus seures adresses
Que d'amuser Doris par de fausses caresses ;
Aussi bien (m'a-t'on dit) à beau jeu, beau retour,
Au lieu de la duper avec ce feint amour,
Elle-mesme le dupe, & luy rendant son change
Luy promet un amour qu'elle garde à Florange :
Ainsi de tous costez primé par un rival,
Ses affaires sans moy se portèroient fort mal.

SCENE V.
ALCIDON, DORIS.
ALCIDON.

A Dieu, mon cher soucy, sois seure que mon ame
Jusqu'au dernier soûpir conservera sa flame.
DORIS.
Alcidon, cét Adieu me prend au dépourveu,
Tu ne fais que d'entrer, à peine t'ay-je veu,
C'est m'envier trop tost le bien de ta presence ;
De grace, oblige-moy d'un peu de complaisance,
Et puisque je te tiens, souffre qu'avec loisir
Je puisse m'en donner un peu plus de plaisir.

COMEDIE.
ALCIDON.
Je t'explique si mal le feu qui me consume,
Qu'il me force à rougir d'autant plus qu'il s'allume,
Mon discours s'en confond, j'en demeure interdit,
Ce que je ne puis dire est plus que je n'ay dit,
J'en hay les vains efforts de ma langue grossiére,
Qui manquent de justesse en si belle matiére,
Et ne répondant point aux mouvemens du cœur,
Te découvrent si peu le fond de ma langueur.
Doris, si tu pouvois lire dans ma pensée,
Et voir jusqu'au milieu de mon ame blessée,
Tu verrois un brasier bien autre, & bien plus grand,
Qu'en ces foibles devoirs que ma bouche te rend.
DORIS.
Si tu pouvois aussi pénétrer mon courage,
Et voir jusqu'à quel point ma passion m'engage,
Ce que dans mes discours tu prens pour des ardeurs
Ne te sembleroit plus que de tristes froideurs.
Ton amour & le mien ont faute de paroles,
Par un malheur égal ainsi tu me consoles,
Et de mille defauts me sentant accabler
Ce m'est trop d'heur qu'un d'eux me fait te ressem-
ALCIDON. (bler.
Mais quelque ressemblance entre nous qui survienne,
Ta passion n'a rien qui ressemble à la mienne,
Et tu ne m'aimes pas de la mesme façon.
DORIS.
Si tu m'aimes encor, quitte un si faux soupçon,
Tu douterois à tort d'une chose trop claire,
L'épreuve fera foy comme j'aime à te plaire.
Je meurs d'impatience attendant l'heureux jour
Qui te montre quel est envers toy mon amour,
Ma mére en ma faveur brusle de mesme envie.
ALCIDON.
Helas ! ma volonté sous un autre asservie,
Dont je ne puis encor à mon gré disposer,
Fait que d'un tel bon-heur je ne sçaurois user.

Je dépens d'un vieil oncle, & s'il ne m'autorise,
Je ne te fais qu'en vain le don de ma franchise :
Tu sçais que tout son bien ne regarde que moy,
Et qu'attendant sa mort je vy dessous sa loy
Mais nous le gagnerons, & mon humeur accorte
Sçait comme il faut avoir les hommes de sa sorte.
Un peu de temps fait tout.

DORIS.

Ne précipite rien,
Je connoy ce qu'au Monde aujourd'huy vaut le bien,
Conserve ce vieillard, pourquoy te mettre en peine
A force de m'aimer de t'acquérir sa haine ?
Ce qui te plaist m'agrée, & ce retardement,
Parce qu'il vient de toy, m'oblige infiniment.

ALCIDON.

De moy ! c'est offenser une pure innocence,
Si l'effet de mes vœux n'est pas en ma puissance.
Leur obstacle me gesne autant ou plus que toy.

DORIS.

C'est prendre mal mon sens, je sçay quelle est ta foy.

ALCIDON.

En veux-tu par écrit une entière asseurance ?

DORIS.

Elle m'asseure assez de ta persévérance,
Et je luy ferois tort d'en recevoir d'ailleurs
Une preuve plus ample, ou des garands meilleurs.

ALCIDON.

Je l'apporte demain pour mieux faire connoistre…

DORIS.

J'en croy si fortement ce que j'en voy paroistre,
Que c'est perdre du temps que de plus en parler.
Adieu, va desormais où tu voulois aller,
Si pour te retenir j'ay trop peu de mérite,
Souvien-toy pour le moins que c'est moy qui te quitte.

ALCIDON.

Ce brusque Adieu m'étonne, & je n'entens pas bien…

SCENE VI.

LA NOURRICE, ALCIDON.

LA NOURRICE.

JE te prens au sortir d'un plaisant entretien.
ALCIDON.
Plaisant de verité, veu que mon artifice
Luy raconte les vœux que j'envoye à Clarice,
Et de tous mes soûpirs qui se portent plus loin,
Elle se croit l'objet, & n'en est que témoin.
LA NOURRICE.
Ainsi ton feu se jouë ?
ALCIDON.
     Ainsi quand je soûpire,
Je la prens pour une autre, & luy dis mon martyre,
Et sa réponse au point que je puis souhaiter
Dans cette illusion a droit de me flater.
LA NOURRICE.
Elle t'aime ?
ALCIDON.
    Et de plus, un discours équivoque
Luy fait aisément croire un amour reciproque.
Elle se pense belle, & cette vanité
L'asseure imprudemment de ma captivité,
Et comme si j'étois des amans ordinaires,
Elle prend sur mon cœur des droits imaginaires,
Cependant que le sien sent tout ce que je feins,
Et vit dans les langueurs dont à faux je me plains.
LA NOURRICE.
Je te répons que non ; si tu n'y mets reméde,
Avant qu'il soit trois jours Florange la possede.
ALCIDON.
Et qui t'en a tant dit ?

LA VEFVE,

LA NOURRICE.

Géron m'a tout conté,
C'eſt luy qui ſourdement a conduit ce Traité.

ALCIDON.

C'eſt ce qu'en mots obſcurs ſon Adieu vouloit dire,
Elle a crû me braver, mais je n'en fais que rire,
Et comme j'étois las de me contraindre tant,
La coquette qu'elle eſt m'oblige en me quittant.
Ne m'apprendras-tu point ce que fait ta maîtreſſe?

LA NOURRICE.

Elle met ton Agente au bout de ſa fineſſe,
Philiſte aſſeurément tient ſon eſprit charmé,
Je n'aurois jamais crû qu'elle l'euſt tant aimé.

ALCIDON.

C'eſt à faire à du temps.

LA NOURRICE.

Quitte cette eſpérance,
Ils ont pris l'un de l'autre une entiére aſſeurance,
Juſqu'à s'entredonner la parole & la foy.

ALCIDON.

Que tu demeures froide en te mocquant de moy?

LA NOURRICE.

Il n'eſt rien de ſi vray, ce n'eſt point raillerie.

ALCIDON.

C'eſt donc fait d'Alcidon, Nourrice, je te prie...

LA NOURRICE.

Rien ne ſert de prier, mon eſprit épuiſé
Pour divertir ce coup n'eſt point aſſez ruſé.
Je n'en ſçay qu'un moyen, mais je ne l'oſe dire.

ALCIDON.

Dépeſche, ta longueur m'eſt un ſecond martyre.

LA NOURRICE.

Clarice tous les ſoirs reſvant à ſes amours
Seule dans ſon jardin fait trois ou quatre tours.

ALCIDON.

Et qu'a cela de propre à reculer ma perte?

COMEDIE.
LA NOURRICE.
Je te puis en tenir la fausse porte ouverte.
Aurois-tu du courage assez pour l'enlever ?
ALCIDON.
Ouy, mais il faut retraite après où me sauver,
Et je n'ay point d'amy si peu jaloux de gloire,
Que d'estre partisan d'une action si noire.
Si j'avois un pretexte, alors je ne dy pas
Que quelqu'un abusé n'accompagnast mes pas.
LA NOURRICE.
On te vole Doris, & ta feinte colére
Manqueroit de prétexte à quereller son frére !
Fais-en sonner par tout un faux ressentiment,
Tu verras trop d'amis s'offrir aveuglément,
Se prendre à ces dehors, & sans voir dans ton ame,
Vouloir venger l'affront qu'aura receu ta flâme.
Sers-toy de leur erreur, & dupe-les si bien...
ALCIDON.
Ce prétexte est si beau que je ne crains plus rien.
LA NOURRICE.
Pour oster tout soupçon de nostre intelligence
Ne faisons plus ensemble aucune conférence,
Et vien quand tu pourras, je t'attens dès demain.
ALCIDON.
Adieu, je tiens le coup, autant vaut, dans ma main.

Fin du second Acte.

ACTE III.

SCENE PREMIERE.
CELIDAN, ALCIDON.
CELIDAN.

Ce n'est pas que j'excuse, ou la sœur,
  ou le frére,
Dont l'infidélité fait naistre ta colére,
Mais à ne point mentir, ton dessein, à l'abord
N'a gagné mon esprit qu'avec un peu (d'effort.
Lors que tu m'as parlé d'enlever sa Maîtresse,
L'honneur a quelque temps combattu ma promesse,
Ce mot d'enlévement me faisoit de l'horreur,
Mes sens embarrassez dans cette vaine erreur
N'avoient plus la raison de leur intelligence,
En plaignant ton malheur je blasmois ta vengeance,
Et l'ombre d'un forfait amusant ma pitié
Retardoit les effets deus à nostre amitié.
Pardonne un vain scrupule à mon ame inquiéte,
Pren mon bras pour second, mon Chasteau pour re-
Le déloyal Philiste en te volant ton bien (traite,
N'a que trop merité qu'on le prive du sien,
Apres son action la tienne est legitime,
Et l'on venge sans honte un crime par un crime.

ALCIDON.

Tu vois comme il me trompe, & me promet sa sœur
Pour en faire sous main Florange possesseur,

COMEDIE.

Ah Ciel! fut-il jamais un si noir artifice?
Il luy fait recevoir mes offres de service,
Cette belle m'accepte, & fier de son aveu
Je me vante par tout du bon-heur de mon feu :
Cependant il me l'oste, & par cette pratique,
Plus mon amour est sçeu, plus ma honte est publique.

CELIDAN.

Après sa trahison voy ma fidelité,
Il t'enléve un objet que je t'avois quitté,
Ta Doris fut toûjours la Reine de mon ame,
J'ay toûjours eu pour elle une secrette flame,
Sans jamais témoigner que j'en étois épris,
Tant que tes feux ont pû te promettre ce prix.
Mais je te l'ay quittée, & non pas à Florange,
Quand je t'auray vengé, contre luy je me venge,
Et je luy fais sçavoir que jusqu'à mon trépas
Tout autre qu'Alcidon ne l'emportera pas.

ALCIDON.

Pour moy donc à ce point ta contrainte est venuë!
Que je te veux du mal de cette retenuë!
Est-ce ainsi qu'entre amis on vit à cœur ouvert?

CELIDAN.

Mon feu qui t'offensoit est demeuré couvert,
Et si cette beauté malgré moy l'à fait naistre,
J'ay sçeu pour ton respect l'empescher de paroistre.

ALCIDON.

Helas : tu m'as perdu me voulant obliger,
Nostre vieille amitié m'en eust fait dégager;
Je souffre maintenant la honte de sa perte,
Et j'aurois eu l'honneur de te l'avoir offerte,
De te l'avoir cédée, & reduit mes desirs
Au glorieux dessein d'avancer tes plaisirs.
Faites, Dieux tous-puissants, que Philiste se change
Et l'inspirant bien-tost de rompre avec Florange,
Donnez-moy le moyen de montrer qu'à mon tour
Je sçay pour un amy contraindre mon amour.

CELIDAN.

Tes souhaits arrivez, nous t'en verrions dédire,
Doris sur ton esprit reprendroit son empire,
Nous donnons aisément ce qui n'est plus à nous.

ALCIDON.

Si j'y manquois, grands Dieux, je vous conjure tous
D'armer contre Alcidon vos dextres vengeresses.

CELIDAN.

Un amy tel que toy m'est plus que cent Maîtresses,
Il n'y va pas de tant, résolvons seulement
Du jour & des moyens de cét enlévement.

ALCIDON.

Mon secret n'a besoin que de ton assistance.
Je n'ay point lieu de craindre aucune résistance,
La beauté dont mon traître adore les attraits
Chaque soir au jardin va prendre un peu de frais,
J'en ay sçeu de luy-mesme ouvrir la fausse porte,
Etant seule, & de nuit, le moindre effort l'emporte.
Allons-y dès ce soir, le plûtost vaut le mieux,
Et sur tout déguisez dérobons à ses yeux,
Et de nous, & du coup l'entiére connoissance.

CELIDAN.

Si Clarice une fois est en nostre puissance,
Croy que c'est un bon gage à moyenner l'accord,
Et rendre en la faisant ton party le plus fort.
Mais pour la seureté d'une telle surprise,
Aussi-tost que chez-moy nous pourrons l'avoir mise,
Retournons sur nos pas, & soudain effaçons
Ce que pourroit l'absence engendrer de soupçons.

ALCIDON.

Ton salutaire avis est la mesme prudence
Et déja je prépare une froide impudence
A m'informer demain avec étonnement
De l'heure & de l'auteur de cet enlévement.

CELIDAN.

Adieu, j'y vay mettre ordre.

COMEDIE. 185
ALCIDON.
     Estime qu'en revanche
Je n'ay goutte de sang que pour toy je n'épanche.

SCENE II.
ALCIDON.

BOns Dieux ! que d'innocence & de simplicité !
Ou pour la mieux nommer, que de stupidité,
Dont le manque de sens se cache & se déguise
Sous le front spécieux d'une sotte franchise !
Que Célidan est bon ! que j'aime sa candeur !
Et que son peu d'adresse oblige mon ardeur !
O qu'il n'est pas de ceux dont l'esprit à la mode
A l'humeur d'un amy jamais ne s'accommode,
Et qui nous font souvent cent protestations,
Et contre les effets ont mille inventions !
Luy, quand il a promis, il meurt qu'il n'effectuë,
Et l'attente déja de me servir le tuë.
J'admire cependant par quel secret ressort
Sa fortune & la mienne ont cela de rapport,
Que celle qu'un amy nomme, ou tient sa maîtresse,
Est l'objet qui tous deux au fond du cœur nous blesse,
Et qu'ayant comme moy caché sa passion,
Nous n'avons différé que de l'intention,
Puisqu'il met pour autruy son bon-heur en arriére,
Et pour moy....

SCENE III.
PHILISTE, ALCIDON.

PHILISTE.

Je t'y prens, refveur.

ALCIDON.

Ouy, par derriére,
C'eſt d'ordinaire ainſi que les traiſtres en font.

PHILISTE.

Je te vois accablé d'un chagrin ſi profond,
Que j'excuſe aiſément ta réponſe un peu cruë:
Mais que fais-tu ſi triſte au milieu d'une ruë?
Quelque penſer faſcheux te ſervoit d'entretien?

ALCIDON.

Je reſvois que le monde en l'ame ne vaut rien,
Du moins pour la pluſpart, que le ſiécle où nous ſommes
A bien diſſimuler met la vertu des hommes,
Qu'à peine quatre mots ſe peuvent échaper
Sans quelque double ſens afin de nous tromper,
Et que ſouvent de bouche un deſſein ſe propoſe,
Cependant que l'eſprit ſonge à toute autre choſe.

PHILISTE.

Et cela t'affligeoit? laiſſons courir le temps,
Et malgré ſes abus vivons toûjours contents.
Le Monde eſt un Chaos, & ſon deſordre excéde
Tout ce qu'on y voudroit apporter de reméde.
N'ayons l'œil, cher amy, que ſur nos actions,
Auſſi-bien s'offenſer de ſes corruptions
A dès gens comme nous ce n'eſt qu'une folie.
Mais pour te retirer de ta melancolie,
Je te veux faire part de mes contentemens.
Si l'on peut en amour s'aſſeurer aux ſermens

COMEDIE. 185

Dans trois jours au plus tard par un bon-heur étrange
Clarice est à Philiste.
####### ALCIDON. Et Doris à Florange.
######## PHILISTE.
Quelque soupçon frivole en ce point te deçoit,
J'auray perdu la vie avant que cela soit.
######## ALCIDON,
Voila faire le fin de fort mauvaise grace,
Philiste, vois-tu bien, je sçay ce qui se passe.
######## PHILISTE.
Ma mére en a receu de vray quelque propos,
Et voulut hier au soir m'en toucher quelques mots.
Les femmes de son âge ont ce mal ordinaire
De régler sur les biens une pareille affaire,
Un si honteux motif leur fait tout décider,
Et l'or qui les aveugle a droit de les guider.
Mais comme son éclat n'éblouït point mon ame,
Que je voy d'un autre œil ton mérite, & ta flame,
Je luy fis bien sçavoir que mon consentement
Ne dépendroit jamais de son aveuglement,
Es que jusqu'au tombeau, quant à cét Hyménée,
Je maintiendrois la foy que je t'avois donnée.
Ma sœur accortement feignoit de l'écouter,
Non pas que son amour n'osast luy résister.
Mais elle vouloit bien qu'un peu de jalousie
Sur quelque bruit leger piquast ta fantaisie ;
Ce petit aiguillon quelquefois en passant
Réveille puissamment un amour languissant.
######## ALCIDON.
Fais à qui tu voudras ce conte ridicule,
Soit que ta sœur l'accepte, ou qu'elle dissimule,
Le peu que j'y perdray ne vaut pas m'en fascher.
Rien de mes sentimens ne sçauroit approcher,
Comme alors qu'au Théatre on nous fait voir Melite
Le discours de Cloris quand Philandre la quitte :
Ce qu'elle dit de luy, je le dy de ta sœur,
Et je la veux traiter avec mesme douceur.

Pourquoy m'aigrir contre elle ? en cét indigne change
Le beau choix qu'elle fait la punit & me venge,
Et ce sexe imparfait de soy-mesme ennemy
Ne posséda jamais la raison qu'à demy.
J'aurois tort de vouloir qu'elle en eust davantage ;
Sa foiblesse la force à devenir volage.
Je n'ay que pitié d'elle en ce manque de foy,
Et mon courroux entier se réserve pour toy.
Toy, qui trahis ma flame après l'avoir fait naistre,
Toy, qui ne m'ès amy qu'afin d'estre plus traistre,
Et que tes laschetez tirent de leur excès
Par ce damnable appas un facile succès.
Déloyal, ainsi donc de ta vaine promesse
Je reçoy mille affronts au lieu d'une Maîtresse,
Et ton perfide cœur masqué jusqu'à ce jour
Pour assouvir ta haine alluma mon amour !

PHILISTE.

Ces soupçons dissipez par des effets contraires,
Nous renoûrons bien-tost une amitié de fréres.
Puisse dessus ma teste éclater à tes yeux
Ce qu'a de plus mortel la colére des Cieux,
Si jamais ton rival a ma sœur sans ma vie ;
A cause de son bien ma mére en meurt d'envie,
Mais malgré....

ALCIDON.

Laisse-là ces propos superflus,
Ces protestations ne m'éblouïssent plus,
Et ma simplicité lasse d'estre dupée
N'admet plus de raisons qu'au bout de mon épée.

PHILISTE.

Etrange impression d'une jalouse erreur
Dont ton esprit atteint ne suit que sa fureur !
Et bien, tu veux ma vie, & je te l'abandonne ;
Ce couroux insensé qui dans ton cœur bouillonne,
Contente-le par là, pousse, mais n'atten pas.
Que par le tien je veuille éviter mon trépas.

Trop heureux que mon sang puisse te satisfaire,
Je le veux tout donner au seul bien de te plaire.
Toûjours à ces deffis j'ay couru sans effroy,
Mais je n'ay point d'épée à tirer contre toy.
ALCIDON.
Voilà bien déguiser un masque de courage.
PHILISTE.
C'est presser un peu trop, qu'aller jusqu'à l'outrage:
On n'a point encor veu que ce manque de cœur
M'ait rendu le dernier où vont les gens d'honneur.
Je te veux bien oster tout sujet de colére,
Et quoy que de ma sœur ait résolu ma mére,
Deust mon peu de respect irriter tous les Dieux,
J'affronteray Géron & Florange à ses yeux.
Mais après les efforts de cette déférence,
Si tu gardes encor la mesme violence,
Peut-estre sçaurons-nous appaiser autrement
Les obstinations de ton emportement.
ALCIDON seul.
Je crains son amitié plus que cette menace,
Sans doute il va chasser Florange de ma place,
Mon prétexte est perdu s'il ne quitte ces soins,
Dieux! qu'il m'obligeroit de m'aimer un peu moins.

SCENE IV.
CHRYSANTE, DORIS.

CHRYSANTE.
Je meure, mon enfant, si tu n'ès admirable,
Et ta dexterité me semble incomparable
Tu mérites de vivre après un si beau tour.
DORIS.
Croyez-moy qu'Alcidon n'en sçait guére en amour,
Vous n'eussiez pû m'entendre & vous garder de rire,
Je me tuois moy-mesme à tous coups de luy dire,

Que mon ame pour luy n'a que de la froideur,
Et que je luy resemble en ce que nostre ardeur
Ne s'explique à tous deux point du tout par la bouche,
Enfin que je le quitte.
CHRYSANTE.
Il est donc une souche,
S'il ne peut rien comprendre en ces naïfvetez.
Peut-estre y mesois-tu quelques obscuritez ?
DORIS.
Pas-une, en mots exprès je luy rendois son change,
Et n'ay couvert mon jeu qu'au regard de Florange.
CHRYSANTE.
De Florange ! & comment en osois-tu parler :
DORIS.
Je ne me trouvois pas d'humeur à rien celer,
Mais nous nous sçeusmes lors jetter sur l'équivoque.
CHRYSANTE.
Tu vaux trop, c'est ainsi qu'il faut quand on se moque
Que le moqué toûjours sorte fort satisfait,
Ce n'est plus autrement qu'un plaisir imparfait,
Qui souvent malgré nous se termine en querelle.
DORIS.
Je luy prepare encor une ruse nouvelle
Pour la prémière fois qu'il m'en viendra conter.
CHRYSANTE.
Mais pour en dire trop tu pourras tout gaster.
DORIS.
N'en ayez pas de peur.
CHRYSANTE.
Quoy que l'on se propose,
Assez souvent l'issuë...
DORIS.
On vous veut quelque chose,
Madame, je vous laisse.
CHRYSANTE.
Ouy, va-t'en, il vaut mieux
Que l'on ne traite point cette affaire à tes yeux.

COMEDIE.

SCENE V.
CHRYSANTE, GERON.

CHRYSANTE.
Je devine à peu près le sujet qui t'améne,
Mais, sans mentir, mon fils me donne un peu de peine,
Et s'emporte si fort en faveur d'un amy
Que je n'ay sçeu gagner son esprit qu'à demy.
Encor une remise, & que tandis Florange
Ne craigne aucunement qu'on luy donne le change,
Moy-mesme j'ay tant fait que ma fille aujourd'huy
(Le croirois-tu, Géron?) a de l'amour pour luy.

GERON.
Florange impatient de n'avoir pas encore
L'entier & libre accès vers l'objet qu'il adore,
Ne pourra consentir à ce retardement.

CHRYSANTE.
Le tout en ira mieux pour son contentement.
Quel plaisir aura-t'il auprès de sa Maîtresse,
Si mon fils ne l'y voit que d'un œil de rudesse,
Si sa mauvaise humeur ne daigne luy parler,
Ou ne luy parle enfin que pour le quereller?

GERON.
Madame, il ne faut point tant de discours frivoles,
Je ne fus jamais homme à porter des paroles,
Depuis que j'ay connu qu'on ne les peut tenir,
Si Monsieur vostre fils...

CHRYSANTE.
        Je l'aperçoy venir.

GERON.
Tant mieux, nous allons voir s'il dédira sa mére.

CHRYSANTE.
Sauve-toy, ses regards ne sont que de colére.

SCENE VI.

CHRYSANTE, PHILISTE, GERON, LYCAS.

PHILISTE

Te voilà donc icy, peste du bien public,
Qui reduis les amours en un sale trafic,
Va pratiquer ailleurs tes commerces infames,
Ce n'est pas où je suis que l'on surprend des femmes.

GERON

Vous me prenez à tort pour quelque suborneur,
Je ne sortis jamais des termes de l'honneur,
Et Madame, elle-mesme a choisi cette voye.

PHILISTE *luy donnant des coups de plat d'épée.*

Tien porte ce revers à celuy qui t'envoye,
Ceux-cy seront pour toy…

SCENE VII.

CHRYSANTE, PHILISTE, LYCAS.

CHRYSANTE

Mon fils, qu'avez-vous fait ?

PHILISTE

J'ay mis, graces aux Dieux, ma promesse en effet.

CHRYSANTE

Ainsi vous m'empeschez d'éxécuter la mienne.

PHILISTE

Je ne puis empescher que la vostre ne tienne,

COMEDIE.

Mais si jamais je trouve icy ce courratier,
Je luy sçauray, Madame, apprendre son métier.
CHRYSANTE.
Il vient sous mon aveu.
PHILISTE.
     Vostre aveu ne m'importe,
C'est un fou s'il me voit sans regagner la porte,
Autrement, il sçaura ce que pésent mes coups.
CHRYSANTE.
Est-ce là le respect que j'attendois de vous ?
PHILISTE.
Commandez que le cœur à vos yeux je m'arrache,
Pourveu que mon honneur ne souffre aucune ta-
 che,
Je suis prest d'expier avec mille tourmens
Ce que je mets d'obstacle à vos contentemens.
CHRYSANTE.
Souffrez que la raison régle vostre courage,
Considérez, mon fils, quel heur, quel avantage
L'affaire qui se traite apporte à vostre sœur.
Le bien est en ce siécle une grande douceur,
Etant riche on est tout, ajoûtez qu'elle mesme
N'aime point Alcidon & ne croit pas qu'il l'aime.
Quoy, voulez-vous forcer son inclination ?
PHILISTE.
Vous la forcez vous-mesme à cette élection,
Je suis de ses amours le témoin oculaire.
CHRYSANTE.
Elle se contraignoit seulement pour vous plaire.
PHILISTE.
Elle doit donc encor se contraindre pour moy.
CHRYSANTE.
Et pourquoy luy préscrire une si dure loy ?
PHILISTE.
Puisqu'elle m'a trompé, qu'elle en porte la peine.
CHRYSANTE.
Voulez-vous l'attacher à l'objet de sa haine ?

PHILISTE.
Je veux tenir parole à mes meilleurs amis,
Et qu'elle tienne aussi ce qu'elle m'a promis.
CHRYSANTE.
Mais elle ne vous doit aucune obéïssance.
PHILISTE.
Sa promesse me donne une entiére puissance.
CHRYSANTE.
Sa promesse sans moy ne la peut obliger.
PHILISTE.
Que deviendra ma foy qu'elle a fait engager?
CHRYSANTE.
Il la faut révoquer, comme elle sa promesse.
PHILISTE.
Il faudroit donc comme elle avoir l'ame traîtresse.
Lycas, cours chez Florange, & dy-luy de ma part...
CHRYSANTE.
Quel violent esprit!
PHILISTE.
Que s'il ne se départ
D'une place chez nous par surprise occupée,
Je ne le trouve point sans une bonne épée.
CHRYSANTE.
Attens un peu. Mon fils...
PHILISTE à Lycas.
Marche, mais promptement.
CHRYSANTE seule.
Dieux! que cét emporté me donne de tourment!
Que je te plains, ma fille: hélas pour ta misére
Les Destins ennemis t'ont fait naître ce frére;
Déplorable, le Ciel te veut favoriser
D'une bonne fortune, & tu n'en peux user.
Rejoignons toutes deux ce naturel sauvage,
Et taschons par nos pleurs d'amollir son courage.

SCENE

COMEDIE.

SCENE VIII.
CLARICE dans son jardin.

CHers confidens de mes desirs,
Beaux lieux, secrets témoins de mon inquiétude,
Ce n'est plus avec des soûpirs
Que je viens abuser de vostre solitude:
    Mes tourmens sont passez
    Mes vœux sont exaucez,
    La joye aux maux succéde.
Mon sort en ma faveur change sa dure loy,
Et pour dire en un mot le bien que je posséde,
    Mon Philiste est à moy.

    En vain nos inégalitez
M'avoient avantagée à mon desavantage,
    L'Amour confond nos qualitez,
Et nous réduit tous deux sous un mesme esclavage:
    L'Aveugle outrecuidé
    Se croiroit mal guidé
    Par l'aveugle Fortune,
Et son aveuglement par miracle fait voir
Que quand il nous saisit l'autre nous importune,
    Et n'a plus de pouvoir.

    Cher Philiste, à present tes yeux
Que j'entendois si bien sans les vouloir entendre,
    Et tes propos mysterieux
Par leurs rusez détours n'ont plus rien à m'apprendre
    Nostre libre entretien
    Ne dissimule rien,
    Et ces respects farouches
N'exerçant plus sur nous de secrettes rigueurs,
L'amour est maintenant le maistre de nos bouches,
    Ainsi que de nos cœurs.

I. Partie.

Qu'il fait bon avoir enduré !
Que le plaisir se gouste au sortir des supplices !
Et qu'après avoir tant duré,
La peine qui n'est plus augmente nos délices !
Qu'un si doux souvenir
M'apreste à l'avenir
D'amoureuses tendresses !
Que mes malheurs finis auront de volupté !
Et que j'estimeray chérement ces caresses
Qui m'auront tant coûté !
Mon heur me semble sans pareil
Depuis qu'en liberté nostre amour m'en asseure,
Je ne croy pas que le Soleil....

SCENE IX.

CELIDAN, ALCIDON, CLARICE, LA NOURRICE.

CELIDAN *dit ces mots derriére le Théatre.*

Cocher, atten nous-là.
CLARICE.
D'où provient ce murmure?
ALCIDON.
Il est temps d'avancer, baissons le tappabort,
Moins nous ferons de bruit, moins il faudra d'effort.
CLARICE.
Aux voleurs, au secours.
LA NOURRICE.
Quoy ? des voleurs, Madame?
CLARICE.
Ouy, des voleurs, Nourrice.

COMEDIE, 195
LA NOURRICE *embrasse les genoux de Clarice & l'empesche de fuir*
            Ah, de frayeur je pasme.
        CLARICE.
Laisse-moy, misérable.
        CELIDAN.
            Allons, il faut marcher,
Madame, vous viendrez.
        CLARICE. *Célidan luy met la main sur la bouche.*
            Aux vo....
CELIDAN. *il dit ces mots derriére le Théatre.*
            Touche, Cocher.

SCENE X.

LA NOURRICE, DORASTE, POLYMAS, LISTOR.

LA NOURRICE *seule.*

Sortons de pasmoison, reprenons la parole,
Il nous faut à grands cris joüer un autre rôle.
Ou je n'y connoy rien, ou j'ay bien pris mon temps,
Ils n'en seront pas tous également contens,
Et Philiste demain, cette Nouvelle sçeuë,
Sera de belle humeur, ou je suis fort deçeuë.
Mais par où vont nos gens ? voyons, qu'en seureté
Je fasse aller après par un autre costé.
A present il est temps que ma voix s'évertuë.
  Aux armes, aux voleurs, on m'égorge, on me tuë,
On enléve Madame, amis, secourez-nous,
A la force, aux brigands, au meurtre, accourez tous,
Doraste, Polymas, Listor.

I ij

LA VEFVE

POLYMAS.

Qu'as-tu, Nourrice?

LA NOURRICE.

Des voleurs....

POLYMAS.

Qu'ont-ils fait?

LA NOURRICE.

Ils ont ravy Clarice.

POLYMAS.

Comment? ravy Clarice?

LA NOURRICE.

Ouy, suivez promptement.
Bons Dieux! que j'ay receu de coups en un moment!

DORASTE.

Suivons-les, mais dy-nous la route qu'ils ont prise.

LA NOURRICE.

Ils vont tout droit par là. Le Ciel vous favorise.

Elle est seule.

O qu'ils en vont abatre! ils sont morts, c'en est fait,
Et leur sang, autant vaut, a lavé leur forfait.
Pourveu que le bon-heur à leurs souhaits réponde,
Ils les rencontreront s'ils font le tour du Monde.
Quant a nous, cependant subornons quelques pleurs
Qui servent de témoins à nos faussles douleurs.

Fin du troisième Acte.

ACTE IV.

SCENE PREMIERE.

PHILISTE, LYCAS.

PHILISTE.

Es voleurs cette nuit ont enlevé Clarice!
Quelle preuve en as-tu ? quel témoin ?
quel indice ?
Ton rapport n'est fondé que sur quelque
faux bruit.

LYCAS.

Je n'en suis par les yeux (helas !) que trop instruit,
Les cris de sa Nourrice en sa maison deserte
M'ont trop suffisamment asseuré de sa perte.
Seule en ce grand logis elle court haut & bas,
Elle renverse tout ce qui s'offre à ses pas,
Et sur ceux qu'elle voit frape sans reconnoistre.
A peine devant elle oseroit-on paroistre;
De furie elle écume, & fait sans cesse un bruit
Que le desespoir forme, & que la rage suit,
Et parmy ses transports son hurlement farouche
Ne laisse distinguer que Clarice en sa bouche.

PHILISTE.

Ne t'a-t'elle rien dit ?

LYCAS.

Soudain qu'elle m'a veu,
Ces mots ont éclaté d'un transport impréveu.

L iij

Va luy dire qu'il perd sa Maîtresse & la nostre.
Et puis incontinent me prenant pour un autre,
Elle m'alloit traitter en autheur du forfait,
Mais ma fuite a rendu sa fureur sans effet.

PHILISTE.

Elle nomme du moins celuy qu'elle en soupçonne ?

LYCAS.

Ses confuses clameurs n'en accusent personne,
Et mesme les voisins n'en sçavent que juger.

PHILISTE.

Tu m'apprens seulement ce qui peut m'affliger,
Traistre, sans que je sçache où pour mon allégeance
Adresser ma poursuite & porter ma vangeance.
Tu fais bien d'échapper, dessus-toy ma douleur
Faute d'un autre objet eust vengé ce malheur.
Malheur d'autant plus grand, que sa source ignorée
Ne laisse aucun espoir à mon ame éplorée,
Ne laisse à ma douleur qui va finir mes jours
Qu'une plainte inutile au lieu d'un prompt secours.
Foible soulagement en un coup si funeste,
Mais il s'en faut servir, puisque seul il nous reste.
Plains Philiste, plains-toy, mais avec des accens
Plus remplis de fureur qu'ils ne sont impuissans,
Fay qu'à force de cris poussez jusqu'en la nuë
Ton mal soit plus connu que sa cause inconnuë,
Fay que chacun le sçache & que par tes clameurs
Clarice, où qu'elle soit, apprenne que tu meurs.

Clarice, unique objet qui me tiens en servage,
Reçoy de mon ardeur ce dernier témoignage,
Voy comme en te perdant je vay perdre le jour,
Et par mon desespoir juge de mon amour.
Hélas ! pour en juger peut-estre est-ce ta feinte
Qui me porte à dessein cette cruelle atteinte,
Et ton amour qui doute encore de mes sermens
Cherche à s'en asseurer par mes ressentiments.
Soupçonneuse beauté, contente ton envie,
Et pren cette asseurance aux dépens de ma vie,

COMEDIE.

Si ton feu dure encor par mes derniers soûpirs
Reçois ensemble & perds l'effet de tes desirs.
Alors ta flame en vain pour Philiste allumée,
Tu luy voudras du mal de t'avoir trop aimée,
Et seure d'une foy que tu crains d'accepter,
Tu pleureras en vain le bon-heur d'en douter.
Que ce penser flateur me desrobe à moy-mesme !
Quel charme à mon trépas de penser qu'elle m'aime,
Et dans mon desespoir qu'il m'est doux d'espérer
Que ma mort à son tour la fera soûpirer !

 Simple, qu'espéres-tu ? sa perte volontaire
Ne veut que te punir d'un amour téméraire,
Ton déplaisir luy plaist, & tous autres tourmens
Luy sembleroient pour toy de legers châtimens.
Elle en rit maintenant, cette belle inhumaine,
Elle pasme de joye au recit de ta peine,
Et choisit pour objet de son affection
Un Amant plus sortable à sa condition.

 Pauvre desesperé, que ta raison s'égare !
Et que tu traites mal une amitié si rare !
Aprés tant de sermens de n'aimer rien que toy,
Tu la veux faire heureuse aux dépens de sa foy,
Tu veux seul avoir part à la douleur commune,
Tu veux seul te charger de toute l'infortune,
Comme si tu pouvois en croissant tes malheurs
Diminüer les siens & l'oster aux voleurs.
N'en doute plus, Philiste, un ravisseur infame
A mis en son pouvoir la Reine de ton ame,
Et peut estre déja ce Corsaire effronté
Triomphe insolemment de sa fidelité.
Qu'à ce triste penser ma vigueur diminuë !

J iiij

SCENE II.

PHILISTE, DORASTE, POLYMAS, LISTOR.

PHILISTE.

Mais voicy de ses gens. Qu'est-elle devenuë ?
Amis, le sçavez-vous? n'avez-vous rien trouvé
Qui nous puisse éclaircir du malheur arrivé;

DORASTE.

Nous avons fait, Monsieur, une vaine poursuite.

PHILISTE.

Du moins, vous avez veu des marques de leur fuite.

DORASTE

Si nous avions pû voir les traces de leurs pas,
Des brigands ou de nous vous sçauriez le trépas,
Mais hélas, quelque soin, & quelque diligence...

PHILISTE

Ce sont là des effets de vostre intelligence,
Traistres, ces feints hélas ne sçauroient m'abuser.

POLYMAS.

Vous n'avez point, Monsieur, dequoy nous accuser.

PHILISTE.

Perfides, vous prétez épaule à leur retraite,
Et c'est ce qui vous fait me la tenir secrette,
Mais voicy... Vous fuyez ! vous avez beau courir,
Il faut me ramener ma Maitresse, ou mourir.

DORASTE. *rentrant avec ses compagnons cependant que Philiste les cherche derriere le Théatre.*

Cédons à sa fureur, évitons-en l'orage.

POLYMAS.

Ne nous presentons plus aux transports de sa rage,
Mais plûtost derechef allons si bien chercher,
Qu'il n'ait plus au retour sujet de se fascher.

COMEDIE.

LISTOR voyant revenir Philiste, & s'enfuyant avec ses compagnons.

Le voilà.

PHILISTE *l'épée à la main & seul.*
Qui les oste à ma juste colére ?
Venez de vos forfaits recevoir le salaire.
Infames scélérats, venez, qu'espérez-vous ?
Vostre fuite ne peut vous sauver de mes coups.

SCENE III.

ALCIDON, CELIDAN, PHILISTE.

ALCIDON *met l'épée à la main.*

Philiste, à la bonne heure, un miracle visible
T'a rendu maintenant à l'honneur plus sensible,
Puisqu'ainsi tu m'attens les armes à la main.
J'admire avec plaisir ce changement soudain,
Et vay...

CELIDAN.
Ne pense pas ainsi...

ALCIDON.
Laisse-nous faire,
C'est en homme de cœur qu'il me va satisfaire,
Crains-tu d'estre témoin d'une bonne action ?

PHILISTE.
Dieux ! ce comble manquoit à mon affliction.
Que j'éprouve en mon sort une rigueur crüelle :
Ma Maîtresse perduë un amy me querelle.

ALCIDON.
Ta Maîtresse perduë !

PHILISTE.
Hélas ! hier des voleurs....

ALCIDON.
Je n'en veux rien sçavoir, va le conter ailleurs.

I v

LA VEFVE

Je ne prens point de part aux interefts d'un traiftre,
Et puis qu'il eft ainfi, le Ciel fait bien connoiftre
Que fon jufte couroux a foin de me venger.

PHILISTE.

Quel plaifir, Alcidon, prens-tu de m'outrager?
Mon amitié fe laffe, & ma fureur m'emporte,
Mon ame pour fortir ne cherche qu'une porte,
Ne me preffe donc plus dans un tel defefpoir :
J'ay déja fait pour toy par-delà mon devoir,
Te peux-tu plaindre encor de ta place ufurpée ?
J'ay renvoyé Géron à coups de plat d'épée,
J'ay menacé Florange, & rompu les accords
Qui t'avoient fceu caufer ces violens transports.

ALCIDON.

Entre des Cavaliers une offence receuë
Ne fe contente point d'une fi lafche iffuë,
Va m'attendre...   CELIDAN.
                    Arrêtez, je ne permettray pas
Qu'un fi funefte mot termine vos debats.

PHILISTE.

Faire icy du fendant tandis qu'on nous fépare,
C'eft montrer un efprit lafche, autant que barbare.
Adieu, mauvais, Adieu, nous nous pourrons trouver,
Et fi le cœur t'en dit, au lieu de tant braver,
J'apprendray feul à feul dans peu de tes Nouvelles.
Mon honneur fouffriroit des taches éternelles
A craindre encor de perdre une telle amitié.

SCENE IV.

CELIDAN, ALCIDON.

CELIDAN.

Mon cœur à fes douleurs s'attendrit de pitié,
Il montre une franchife icy trop naturelle

COMEDIE

Pour ne te pas oſter tout ſujet de querelle,
L'affaire ſe traitoit ſans doute à ſon deſçeu,
Et quelque faux ſoupçon en ce point t'a déçeu:
Va retrouver Doris, & rendons-luy Clarice.

ALCIDON.

Tu te laiſſes donc prendre à ce lourd artifice?
A ce piége qu'il dreſſe afin de me duper:

CELIDAN.

Romproit-il ces accords à deſſein de tromper?
Que vois-tu là qui ſente une ſupercherie?

ALCIDON.

Je n'y voy qu'un effet de ſa poltronnerie,
Qu'un laſche deſaveu de cette trahiſon
De peur d'eſtre obligé de m'en faire raiſon.
Je l'en preſſay dès hier, mais ſon peu de courage
Aima mieux pratiquer ce ruſé témoignage,
Par où m'éblouïſſant il puſt un de ces jours
Renoüer ſourdement ces müettes amours.
Il en donne en ſecret des avis à Florange,
Tu ne le connois pas, c'eſt un eſprit étrange.

CELIDAN.

Quelque étrange qu'il ſoit, ſi tu prens bien ton
    temps,
Malgré luy tes deſirs ſe trouveront contens.
Ses offres acceptez, que rien ne ſe différe,
Après un prompt Hymen tu le mets à pis faire;

ALCIDON.

Cét ordre eſt infaillible à procurer mon bien,
Mais ton contentement m'eſt plus cher que le
    mien.
Long-temps à mon ſujet tes paſſions contraintes
Ont ſouffert & caché leurs plus vives atteintes,
Il me faut à mon tour en faire autant pour toy:
Hier devant tous les Dieux je t'en donnay ma foy,
Et pour la maintenir tout me ſera poſſible.

CELIDAN.

Ta perte en mon bonheur me feroit trop ſenſible,

I vj

Et je m'en hairois, si j'avois consenty
Que mon Hymen laissast Alcidon sans party.
ALCIDON.
Et bien, pour t'arracher, ce scrupule de l'ame,
(Quoy que je n'eus jamais pour elle aucune flame)
J'épouseray Clarice. Ainsi puisque mon sort
Veut qu'à mes amitiez je fasse un tel effort,
Que d'un de mes amis j'épouse la Maîtresse,
C'est là que par devoir il faut que je m'adresse,
Philiste est un parjure, & moy ton obligé,
Il m'a fait un affront, & tu m'en as vengé.
Balancer un tel choix avec inquiétude,
Ce seroit me noircir de trop d'ingratitude.
CELIDAN.
Mais te priver pour moy de ce que tu chéris?
ALCIDON.
C'est faire mon devoir te quittant ma Doris,
Et me venger d'un traistre épousant sa Clarice.
Mes discours ny mon cœur n'ont aucun artifice,
Je vay pour confirmer tout ce que je t'ay dit
Employer vers Doris mon reste de crédit,
Si je la puis gagner, je te réponds du frére,
Trop heureux à ce prix d'appaiser ma colére.
CELIDAN.
C'est ainsi que tu veux m'obliger doublement,
Voy ce que je pourray pour ton contentement.
ALCIDON.
L'affaire à mon avis de viendroit plus aisée,
Si Clarice apprenoit une mort supposée...
CELIDAN.
De qui? de son Amant? va, tien pour asseuré
Qu'elle croira dans peu ce perfide expiré.
ALCIDON.
Quand elle en aura sçeu la Nouvelle funeste,
Nous aurons moins de peine à la résoudre au reste.
On a beau nous aimer, des pleurs sont tost sechez,
Et les morts soudain mis au rang des vieux péchez.

COMEDIE.

SCENE V.
CELIDAN.

IL me cède à mon gré Doris de bon courage,
Et ce nouveau dessein d'un autre mariage,
Pour estre fait sur l'heure & tout nonchalamment,
Est conduit, ce me semble, assez accortement.
Qu'il en sçait de moyens ! qu'il a ses raisons prestes !
Et qu'il trouve à l'instant de prétextes honnestes
Pour ne point t'approcher de son prémier amour !
Plus j'y porte la veuë, & moins j'y voy de jour.
M'auroit-il bien caché le fond de sa pensée ?
Ouy, sans doute Clarice a son ame blessée,
Il se venge en parole, & s'oblige en effet.
On ne le voit que trop, rien ne le satisfait,
Quand on luy rend Doris il s'aigrit davantage.
Je joûrois à ce conte un joly personnage !
Il s'en faut éclaircir. Alcidon ruse en vain,
Tandis que le succès est encor en ma main,
Si mon soupçon est vray, je luy feray connoistre
Que je ne suis pas homme à seconder un traistre,
Ce n'est point avec moy qu'il faut faire le fin,
Et qui me veut duper en doit craindre la fin.
Il ne vouloit que moy pour luy servir d'escorte,
Et si je ne me trompe, il n'ouvrit point la porte,
Nous estions attendus, on secondoit nos coups :
La Nourrice parut en mesme temps que nous,
Et se pasma soudain avec tant de justesse
Que cette pasmoison nous livra sa maîtresse.
Qui luy pourroit un peu tirer les vers du nez,
Que nous verrions demain des gens bien étonnez !

SCENE VI.

CELIDAN, LA NOURRICE.

LA NOURRICE.

AH!

CELIDAN.
J'entens des soûpirs.

LA NOURRICE.
Destins.

CELIDAN.
C'est la Nourrice.
Qu'elle vient à propos !

LA NOURRICE.
Ou rendez-moy Clarice.

CELIDAN.
Il la faut aborder.

LA NOURRICE.
Ou me donnez la mort.

CELIDAN
Qu'est-ce ? qu'as-tu, Nourrice, à t'affliger si fort ?
Quel funeste accident ? quelle perte arrivée ?

LA NOURRICE.
Perfide, c'est donc toy qui me l'as enlevée ?
En quel lieu la tiens-tu ? dy moy, qu'en as-tu fait ?

CELIDAN
Ta douleur sans raison m'impute ce forfait,
Car enfin je t'entends, tu cherches ta maîtresse ?

LA NOURRICE.
Ouy, je te la demande, ame double & traîtresse.

CELIDAN.
Je n'ay point eu de part en cét enlévement,
Mais je t'en diray bien l'heureux évenement.
Il ne faut plus avoir un visage si triste,
Elle est en bonne main.

COMEDIE.

LA NOURRICE,
De qui ?
CELIDAN.
De son Philiste.
LA NOURRICE.
Le cœur me le disoit que ce rusé flateur
Devoit estre du coup le véritable autheur.
CELIDAN.
Je ne dis pas cela, Nourrice, du contraire,
Sa rencontre à Clarice étoit fort nécessaire.
LA NOURRICE.
Quoy ? l'a-til delivrée ?
CELIDAN.
Ouy.
LA NOURRICE.
Bons Dieux !
CELIDAN.   Sa valeur
Oste ensemble la vie, & Clarice au voleur.
LA NOURRICE.
Vous ne parlez que d'un.
CELIDAN.
L'autre ayant pris la fuite,
Philiste a négligé d'en faire la poursuite.
LA NOURRICE.
Leur carosse roulant comme est-il avenu...
CELIDAN.
Tu m'en veux informer en vain par le menu,
Peut estre un mauvais pas, une branche, une pierre
Fit verser leur carosse & les jetta par terre,
Et Philiste eut tant d'heur que de les rencontrer
Comme eux & ta maîtresse étoient prests d'y rentrer.
LA NOURRICE.
Cette heureuse Nouvelle a mon ame ravie,
Mais le nom de celuy qu'il a privé de vie ?
CELIDAN.
C'est... je l'aurois nommé mille fois en un jour,
Que ma mémoire icy me fait un mauvais tour !

C'est un des bons amis que Philiste eust au Monde
Resve un peu comme moy, Nourrice, & me seconde

LA NOURRICE.

Donnez-m'en quelque adresse.

CELIDAN.

Il se termine en don,
C'est..... j'y suis peu s'en faut, atten, c'est....

LA NOURRICE.

Alcidon

CELIDAN.

T'y voila justement.

LA NOURRICE.

Est-ce luy ? quel dommage,
Qu'un brave Gentilhomme en la fleur de son âge.
Toutefois il n'a rien qu'il n'ait bien mérité,
Et graces aux bons Dieux son dessein avorté....
Mais du moins en mourant il nomma son complice;

CELIDAN.

C'est-là le pis pour toy.

LA NOURRICE.

Pour moy !

CELIDAN.

Pour toy, Nourrice.

LA NOURRICE.

Ah, le traistre!

CELIDAN.

Sans doute il te vouloit du mal.

LA NOURRICE.

Et m'en pourroit-il faire ?

CELIDAN.

Ouy, son rapport fatal.

LA NOURRICE.

COMEDIE.

Ta feinte pafmoifon luy fit un bon office,
Qu'il trouva le jardin par ton moyen ouvert.
LA NOURRICE.
De quels damnables tours cét imposteur se sert !
Non, Monsieur, à present il faut que je le die,
Le Ciel ne vit jamais de telle perfidie,
Ce traistre aimoit Clarice, & bruslant de ce feu,
Il n'amusoit Doris que pour couvrir son jeu ;
Depuis près de six mois il a tasché sans cesse
D'acheter ma faveur auprès de ma maîtresse,
Il n'a rien épargné qui fust en son pouvoir,
Mais me voyante toûjours ferme dans le devoir,
Et que pour moy ses dons n'avoient aucune amorce,
Enfin il a voulu recourir à la force.
Vous sçavez le surplus, vous voyez son effort
A se venger de moy pour le moins en sa mort,
Piqué de mes refus il me fait criminelle,
Et mon crime ne vient que d'estre trop fidelle.
Mais, Monsieur, le croit-on.
CELIDAN.
N'en doute aucunement,
Le bruit est qu'on t'apreste un rude châtiment.
LA NOURRICE.
Las ! que me dites-vous ?   CELIDAN.
Ta maîtresse en colére
Jure que tes forfaits recevront leur salaire.
Sur tout elle s'aigrir contre ta pasmoison :
Si tu veux éviter une infame prison,
N'atten pas son retour.
LA NOURRICE.
Où me voy-je réduite,
Si mon salut dépend d'une soudaine fuite,
Et mon esprit confus ne sçait où l'adresser !
CELIDAN.
J'ay pitié des malheurs qui te viennent presser,
Nourrice, fay chez moy, si tu veux, ta retraite,
Autant qu'en lieu du monde elle y sera secrette.

LA VEFVE,

LA NOURRICE.
Oserois-je espérer que la compassion...
CELIDAN.
Je prens ton innocence en ma protection,
Va, ne pers point de temps, estre icy davantage
Ne pourroit à la fin tourner qu'à ton dommage.
Je te suivray de l'œil, & ne dis encor rien
Comme après je sçauray m'employer pour ton bien,
Durant l'éloignement ta paix se pourra faire.
LA NOURRICE.
Vous me serez, Monsieur, comme un Dieu tutélaire.
CELIDAN.
Tréve pour le present de ces remercîmens,
Va, tu n'as pas loisir de tant de complimens.

SCENE VII.

CELIDAN.

Voilà mon homme pris, & ma vieille attrapée.
Vraiment un mauvais conte aisément l'a dupée,
Je la croyois plus fine, & n'eusse pas pensé
Qu'un discours sur le champ par hazard commencé,
Dont la suite non plus n'alloit qu'à l'avanture,
Pûst donner à son ame une telle torture,
La jetter en desordre, & brouiller ses ressorts.
Mais la raison le veut, c'est l'effet des remords,
Le cuisant souvenir d'une action méchante
Soudain au moindre mot nous donne l'épouvante.
Mettons-la cependant en lieu de seureté,
Doù nous ne craignions rien de sa subtilité;
Après, nous ferons voir qu'il me faut d'une affaire
Ou du tout ne rien dire, ou du tout ne rien taire,
Et que depuis qu'on jouë à surprendre un amy
Un trompeur en moy trouve un trompeur & demy.

SCENE VIII.

ALCIDON, DORIS.

DORIS.

C'Est donc pour un amy que tu veux que mon ame
Allume à ta priére une nouvelle flame ?

ALCIDON.

Ouy, de tout mon pouvoir je t'en viens conjurer.

DORIS.

A ce coup, Alcidon, voila te déclarer,
Ce compliment fort beau pour des ames glacées
M'est un aveu bien clair de tes feintes passées.

ALCIDON.

Ne parle point de feinte, il n'appartient qu'à toy
D'estre dissimulée & de manquer de foy.
L'effet l'a trop montré.

DORIS.

    L'effet a dû t'apprendre,
Quand on feint avec moy, que je sçay bien le rendre.
Mais je reviens à toy. Tu fais donc tant de bruit,
Afin qu'après un autre en recueille le fruit,
Et c'est à ce dessein que ta fausse colére
Abuse insolemment de l'esprit de mon frére ?

ALCIDON.

Ce qu'il a pris de part en mes ressentimens
Apporte seul du trouble à tes contentemens,
Et pour moy qui voy trop ta haine par ce change
Qui ta fait sans raison me préférer Florange,
Je n'ose plus t'offrir un service odieux.

DORIS.

Tu ne fais pas tant mal, mais pour faire encor mieux,
Puisque tu connois ma véritable haine,
De moy ny de mon choix ne te mets point en peine.

C'est trop manquer de sens, je te prie, est-ce à toy,
A l'objet de ma haine à disposer de moy?
ALCIDON.
Non, mais puisque je vois à mon peu de mérite
De ta possession l'espérance interdite,
Je sentirois mon mal puissamment soulagé,
Si du moins un amy m'en étoit obligé.
Ce Cavalier au reste a tous les avantages
Que l'on peut remarquer aux plus braves courages,
Beau de corps & d'esprit, riche, adroit, valeureux,
Et sur tout de Doris à l'extrême amoureux.
DORIS.
Toutes ces qualitez n'ont rien qui me déplaise,
Mais il en a de plus une autre fort mauvaise,
C'est qu'il est ton amy, cette seule raison
Me le feroit haïr si j'en sçavois le nom.
ALCIDON.
Donc pour le bien servir il faut icy le taire?
DORIS.
Et de plus luy donner cét avis salutaire,
Que s'il est vray qu'il m'aime, & qu'il vueille estre aimé,
Quand il m'entretiendra tu ne sois point nommé;
Qu'il n'espére autrement de réponse que triste.
J'ay dépit que le sang me lie avec Philiste,
Et qu'ainsi malgré-moy j'aime un de tes amis.
ALCIDON.
Tu seras quelque jour d'un esprit plus remis,
Adieu, quoy qu'il en soit, souvien-toy, dédaigneuse,
Que tu hais Alcidon qui te veut rendre heureuse.
DORIS.
Va, je ne veux point d'heur qui parte de ta main.

COMEDIE.

SCENE IX.
DORIS.

Qu'aux filles comme moy le Sort est inhumain !
Que leur condition se trouve déplorable !
Une mére aveuglée, un frére inéxorable,
Chacun de son costé, prennent sur mon devoir
Et sur mes volontez un absolu pouvoir.
Chacun me veut forcer à suivre son caprice,
L'un a ses amitiez, l'autre a son avarice,
Ma mére veut Florange, & mon frére, Alcidon;
Dans leurs divisions mon cœur à l'abandon
N'attend que leur accord pour souffrir & pour feindre,
Je n'ose qu'espérer & je ne sçay que craindre,
Ou plûtost je crains tout & je n'espere rien,
Je n'ose fuir mon mal ny rechercher mon bien
Dure sujétion ! étrange tyrannie !
Toute liberté donc à mon choix se dénie !
On ne laisse à mes yeux rien à dire à mon cœur,
Et par force un Amant n'a de moy que rigueur.
Cependant il y va du reste de ma vie,
Et je n'ose écouter tant soit peu mon envie,
Il faut que mes desirs toûjours indifférens
Aillent sans résistance au gré de mes parens,
Qui m'aprestent peut-estre un brutal, un sauvage,
Et puis, cela s'appelle une fille bien sage.
    Ciel, qui vois ma misére, & qui fais les heureux,
Pren pitié d'un devoir qui m'est si rigoureux.

Fin du quatriéme Acte.

ACTE V.

SCENE PREMIERE.
CELIDAN, CLARICE.

CELIDAN.

N'Espérez pas, Madame, avec cét artifice
Apprendre du forfait l'autheur ny le complice,
Je chéris l'un & l'autre, & croy qu'il m'est permis
De conserver l'honneur de mes plus chers amis.
L'un aveuglé d'amour ne jugea point de blasme
A ravir la beauté qui luy ravissoit l'ame,
Et l'autre l'assista par importunité :
C'est ce que vous sçaurez de leur témérité.

CLARICE
Puisque vous le voulez, Monsieur, je suis contente
De voir qu'un bon succès a trompé leur attente,
Et me résolvant mesme à perdre à l'avenir
De toute ma douleur l'odieux souvenir,
J'estime que la perte en sera plus aisée,
Si j'ignore les noms de ceux qui l'ont causée.
C'est assez que je sçay qu'à vostre heureux secours
Je doy tout le bonheur du reste de mes jours.
Philiste autant que moy vous en est redevable,
S'il a sçeu mon malheur il est inconsolable,
Et dans son desespoir sans doute qu'aujourd'huy
Vous luy rendez la vie en me rendant à luy.

COMEDIE.

Disposez du pouvoir & de l'un & de l'autre,
Ce que vous y verrez tenez-le comme au vostre,
Et souffrez cependant qu'on le puisse avertir
La douleur trop long-temps régne sur son courage.

CELIDAN.
C'est à moy qu'appartient l'honneur de ce message,
Mon secours sans cela comme de nul effet
Ne vous auroit rendu qu'un service imparfait.

CLARICE.
Après avoir rompu les fers d'une captive,
C'est tout de nouveau prendre une peine excessive,
Et l'obligation que j'en vay vous avoir
Met la revanche hors de mon peu de pouvoir:
Ainsi doresnavant, quelque espoir qui me flate,
Il faudra malgré moy que j'en demeure ingrate.

CELIDAN.
En quoy que mon service oblige vostre amour,
Vos seuls remercimens me mettent à retour.

SCENE II.

CELIDAN.

Qu'Alcidon maintenant soit de feu pour Clarice
Qu'il ait de son party sa traîtresse Nourrice,
Que d'un amy trop simple il fasse un ravisseur,
Qu'il querelle Philiste & néglige sa sœur,
Enfin qu'il aime, dupe, enléve, feigne, abuse,
Je trouve mieux que luy mon conte dans sa ruse,
Son artifice m'aide, & succéde si bien
Qu'il me donne Doris & ne luy laisse rien.
Il semble n'enlever qu'à dessein que je rende,
Et que Philiste après une faveur si grande
N'ose me refuser celle dont ses transports
Et ses faux mouvemens font rompre les accords.

Ne m'offre plus Doris, elle m'est toute acquise,
Je ne la veux devoir, traistre, qu'à ma franchise,
Il suffit que ta ruse ait dégagé sa foy,
Cesse tes complimens, je l'auray bien sans toy.
Mais pour voir ces effets allons trouver le fiére,
Nostre heur s'accorde mal avecque sa misére,
Et ne peut s'avancer qu'en luy disant le sien.

SCENE III.

ALCIDON, CELIDAN.

CELIDAN.

AH, je cherchois une heure avec toy d'entretien,
Ta rencontre jamais ne fut plus opportune.

ALCIDON.

En quel point as-tu mis l'état de ma fortune?

CELIDAN.

Tout va le mieux du monde, il ne se pouvoit pas
Avec plus de succès supposer un trépas,
Clarice au desespoir croit Philiste sans vie.

ALCIDON.

Et l'autheur de ce coup?

CELIDAN.

Celuy qui l'a ravie,
Un amant inconnu dont je luy fais parler.

ALCIDON.

Elle a donc bien jetté des injures en l'air?

CELIDAN.

Cela s'en va sans dire.

ALCIDON.

Ainsi rien ne l'appaise?

CELIDAN.

Si je te disois tout, tu mourrois de trop d'aise.

ALCIDON.

Je n'en veux point qui porte une si dure loy.

CELIDAN.

COMEDIE.
CELIDAN.
Dans ce grand desespoir elle parle de toy.
ALCIDON.
Elle parle de moy !
CELIDAN.
J'ay perdu ce que j'aime,
(Dit-elle) *mais du moins si cét autre luy-mesme.*
Son fidelle Alcidon m'en consoloit icy !
ALCIDON.
Tout de bon ?
CELIDAN.
Son esprit en paroît adoucy.
ALCIDON.
Je ne me pensois pas si fort dans sa mémoire.
Mais non, cela n'est point, tu m'en donnes à croire.
CELIDAN.
Tu peux dans ce jour mesme en voir la vérité.
ALCIDON.
J'accepte le party par curiosité,
Desrobons-nous ce soir pour luy rendre visite.
CELIDAN.
Tu verras à quel point elle met ton mérite.
ALCIDON.
Si l'occasion s'offre, on peut la disposer,
Mais comme sans dessein...
CELIDAN.
J'entens, à t'épouser.
ALCIDON.
Nous pourrons feindre alors que par ma diligence
Le Concierge rendu de mon intelligence
Me donne un accès libre aux lieux de sa prison,
Que déja quelque argent m'en a fait la raison,
Et que s'il en faut croire une juste esperance,
Les pistoles dans peu feront sa délivrance,
Pourveu qu'un prompt Hymen succede à mes desirs.
CELIDAN.
Que cette invention t'asseure de plaisirs !

I. Partie. K

LA VEFVE,

Une subtilité si dextrement tissuë
Ne peut jamais avoir qu'une admirable issuë.

ALCIDON.
Mais l'éxécution ne s'en doit pas surseoir.

CELIDAN.
Ne différe donc point, je t'attens vers le soir,
N'y manque pas. Adieu, j'ay quelque affaire en ville.

ALCIDON seul.
O l'excellent amy! qu'il a l'esprit docile!
Pouvois-je faire un choix plus commode pour moy?
Je trompe tout le monde avec sa bonne foy :
Et quant à sa Doris, si sa poursuite est vaine,
C'est dequoy maintenant je ne suis guére en peine,
Puisque j'auray mon conte, il m'importe fort peu
Si la coquette agrée ou néglige son feu.
Mais je ne songe pas que ma joye imprudente
Laisse en perpléxité ma chére confidente,
Avant que de partir il faudra sur le tard
De nos heureux succès luy faire quelque part.

SCENE IV.
CHRYSANTE, PHILISTE, DORIS.

CHRYSANTE.
JE ne le puis celer, bien que j'y compatisse,
Je trouve en ton malheur quelque peu de justice,
Le Ciel venge ta sœur : ton fol emportement
A rompu sa fortune & chassé son Amant,
Et tu vois aussi-tost la tienne renversée,
Ta Maîtresse par force en d'autres mains passée,
Cependant Alcidon que tu crois r'appeler,
Toûjours de plus en plus s'obstine à quereller.

PHILISTE.
Madame, c'est à vous que nous devons nous prendre
De tous les déplaisirs qu'il nous en faut attendre;

COMEDIE.

D'un si honteux affront le cuisant souvenir
Eteint toute autre ardeur que celle de punir.
Ainsi mon mauvais sort m'a bien osté Clarice,
Mais du reste accusez vostre seule avarice,
Madame, nous perdons par vostre aveuglement,
Vostre fils un amy, vostre fille un Amant.

DORIS.

Ostez ce nom d'Amant, le fard de son langage
Ne m'empescha jamais de voir dans son courage,
Et nous étions tous deux semblables en ce point
Que nous feignions d'aimer ce que nous n'aimions
   point.

PHILISTE.

Ce que vous n'aimiez point ! jeune dissimulée,
Falloit-il donc souffrir d'en estre cajolée ?

DORIS.

Il le falloit souffrir, ou vous desobliger.

PHILISTE.

Dites qu'il vous falloit un esprit moins leger.

CHRYSANTE.

Célidan vient d'entrer, fais un peu de silence,
Et du moins à ses yeux cache ta violence.

SCENE V.

PHILISTE, CHRYSANTE, CELIDAN, DORIS.

PHILISTE à Célidan.

Et bien, que dit, que fait nostre amant irrité ?
Persiste-t'il encor dans sa brutalité ?

CELIDAN.

Quitte pour aujourd'huy le soin de tes querelles,
J'ay bien à te conter de meilleures Nouvelles,
Ces ravisseurs n'ont plus Clarice en leur pouvoir,

K ij

LA VEFVE,

PHILISTE.
Amy, que me dis-tu ?

CELIDAN.
Ce que je viens de voir.

PHILISTE.
Et de grace, où voit-on le sujet que j'adore ?
Dy-moy le lieu.

CELIDAN.
Le lieu ne se dit pas encore.
Celuy qui te la rend te veut faire une loy.

PHILISTE.
Après cette faveur, qu'il dispose de moy,
Mon possible est à luy.

CELIDAN.
Donc sous cette promesse
Tu peux dans son logis aller voir ta Maîtresse,
Ambassadeur exprès…

SCENE VI.

CHRYSANTE, CELIDAN, DORIS.

CHRYSANTE.
Son feu précipité
Luy fait faire envers vous une incivilité :
Vous la pardonnerez à cette ardeur trop forte,
Qui sans vous dire Adieu, vers son objet l'emporte.

CELIDAN.
C'est comme doit agir un veritable amour,
Un feu moindre eut souffert quelque plus long sejour,
Et nous voyons assez par cette experience
Que le sien est égal à son impatience.
Mais puis qu'ainsi le Ciel rejoint ces deux amans,
Et que tout se dispose à vos contentemens,

COMEDIE. 221

Pour m'avancer aux miens, oserois-je, Madame,
Offrir à tant d'appas un cœur qui n'est que flame,
Vn cœur sur qui ses yeux de tout temps absolus
Ont imprimé des traits qui ne s'effacent plus ?
J'ay crû par le passé qu'une ardeur mutüelle
Unissoit les esprits, & d'Alcidon, & d'elle,
Et qu'en ce Cavalier son desir arrêté
Prendroit tous autres vœux pour importunité :
Cette seule raison m'obligeant à me taire,
Je trahissois mon feu de peur de luy déplaire.
Mais aujourd'huy qu'un autre en sa place receu
Me fait voir clairement combien j'étois déceu,
Je ne condamne plus mon amour au silence,
Et viens faire éclater toute sa violence,
Souffrez que mes desirs si long-temps retenus
Rendent à sa beauté des vœux qui luy sont dûs;
Et du moins par pitié d'un si cruel martire
Permettez quelque espoir à ce cœur qui soûpire.

CHRYSANTE.

Vostre amour pour Doris est un si grand bonheur,
Que je voudrois sur l'heure en accepter l'honneur,
Mais vous voyez le point où me réduit Philiste,
Et comme son caprice à mes souhaits résiste.
Trop chaud amy qu'il est, il s'emporte à tous
　　coups
Pour un fourbe insolent qui se moque de nous.
Honteuse qu'il me force à manquer de promesse,
Je n'ose vous donner une réponse expresse.
Tant je crains de sa part un desordre nouveau.

CELIDAN.

Vous me tüez, Madame, & cachez le coûteau,
Sous ce détour discret un refus se colore.

CHRYSANTE.

Non, Monsieur, croyez-moy vostre offre nous ho-
　　nore,
Aussi dans le refus j'aurois peu de raison,
Je connoy vostre bien, je sçay vostre maison ;

K iij

Voſtre pére jadis (hélas, que cette hiſtoire
Encor ſur mes vieux ans m'eſt douce en la mémoire!)
Voſtre feu pére, dy-je, eut de l'amour pour moy,
J'étois ſon cher objet, & maintenant je voy
Que comme par un droit ſucceſſif de famille
L'amour qu'il eut pour moy vous l'avez pour ma fille.
S'il m'aimoit je l'aimois, & les ſeules rigueurs
De ſes crüels parens diviſerent nos cœurs.
On l'éloigna de moy par ce maudit uſage
Qui n'a d'égard qu'aux biens pour faire un mariage,
Et ſon pére jamais ne ſouffrit ſon retour
Que ma foy n'euſt ailleurs engagé mon amour.
En vain à cét Hymen j'oppoſay ma conſtance,
La volonté des miens vainquit ma réſiſtance.
Mais je reviens à vous, en qui je voy portraits
De ſes perfections les plus aimables traits:
Afin de vous oſter deſormais toute crainte
Que deſſous mes diſcours ſe cache aucune feinte,
Allons trouver Philiſte, & vous verrez alors
Comme en voſtre faveur je feray mes efforts.

CELIDAN.
Si de ce cher objet j'avois meſme aſſeurance,
Rien ne pourroit jamais troubler mon eſpérance.

DORIS.
Je ne ſçay qu'obéïr & n'ay point de vouloir.

CELIDAN.
Employer contre vous un abſolu pouvoir!
Ma flame d'y penſer ſe tiendroit criminelle.

CHRYSANTE.
Je connoy bien ma fille, & je vous réponds d'elle,
Dépeſchons ſeulement d'aller vers ces Amans.

CELIDAN.
Allons, mon heur dépend de vos commandemens.

COMEDIE.

SCENE VII.
PHILISTE, CLARICE.

PHILISTE.

MA douleur qui s'obstine à combattre ma joye
Pousse encor des soûpirs bien que je vous revoye,
Et l'excès des plaisirs qui me viennent charmer
Mesle dans ces douceurs je ne sçay quoy d'amer.
Mon ame en est ensemble, & ravie, & confuse :
D'un peu de lascheté vostre retour m'accuse,
Et vostre liberté me reproche aujourd'huy
Que mon amour la doit à la pitié d'autruy.
Elle me comble d'aise & m'accable de honte,
Celuy qui vous la rend en m'obligeant m'affronte,
Un coup si glorieux n'appartenoit qu'à moy.

CLARICE.

Vois-tu dans mon esprit des doutes de ta foy ?
Y vois-tu des soupçons qui blessent ton courage,
Et dispensent ta bouche à ce fascheux langage ?
Ton amour & tes soins trompez par mon malheur,
Ma prison inconnuë a bravé ta valeur,
Que t'importe à present qu'un autre m'en délivre,
Puisque c'est pour toy seul que Clarice veut vivre,
Et que d'un tel orage en bonace reduit
Célidan a la peine & Philiste le fruit ?

PHILISTE.

Mais vous ne dites pas que le point qui m'afflige
C'est la reconnoissance où l'honneur vous oblige ;
Il vous faut estre ingrate, ou bien à l'avenir
Luy garder en vostre ame un peu de souvenir.
La mienne en est jalouse, & trouve ce partage,
Quelque inégal qu'il soit, à son desavantage,
Je ne puis le souffrir, nos pensers à tous deux
Ne devroient à mon gré parler que de nos feux,

K iiij

Tout autre objet que moy dans voſtre esprit me pique.
CLARICE.
Ton humeur à ce conte eſt un peu tyrannique,
Penſes-tu que je veuille un Amant ſi jaloux ?
PHILISTE.
Je taſche d'imiter ce que je vois en vous,
Mon eſprit amoureux qui vous tient pour ſa Reine
Fait de vos actions ſa régle ſouveraine.
CLARICE.
Je ne puis endurer ces propos outrageux,
Où me vois-tu jalouſe afin d'eſtre ombrageux ?
PHILISTE.
Quoy ! ne l'étiez-vous point l'autre jour qu'en viſite
J'entretins quelque temps Bélinde & Chryſolite ?
CLARICE.
Ne me reproche point l'excés de mon amour.
PHILISTE.
Mais permettez-moy donc cét excès à mon tour,
Eſt-il rien de plus juſte, ou de plus équitable ?
CLARICE.
Encor pour un jaloux tu ſeras fort traitable,
Et n'ès pas maladroit en ces doux entretiens
D'accuſer mes defauts pour excuſer les tiens.
Par cette liberté tu me fais bien paroiſtre
Que tu crois que l'Hymen t'ait déja rendu maiſtre,
Puiſque laiſſant les vœux & les ſubmiſſions
Tu me dis ſeulement mes imperfections.
Philiſte, c'eſt douter trop peu de ta puiſſance,
Et prendre avant le temps un peu trop de licence ;
Nous avions noſtre Hymen à demain arrété,
Mais pour te bien punir de cette liberté,
De plus de quatre jours ne croy pas qu'il s'achéve.
PHILISTE.
Mais ſi durant ce temps quelqu'autre vous enléve,
Avez-vous ſeureté que pour voſtre ſecours
Le meſme Célidan ſe rencontre toûjours ?

COMEDIE.

CLARICE.
Il faut sçavoir de luy s'il prendroit cette peine.
Voy ta mére, & ta sœur que vers nous il améne,
Sa réponse rendra nos debats terminez.

PHILISTE.
Ah ! mére, sœur, amy, que vous m'importunez !

SCENE VIII.

CHRYSANTE, DORIS, CELIDAN, CLARICE, PHILISTE.

CHRYSANTE à *Clarice*.
Je viens après mon fils vous rendre une asseurance,
De la part que je prens en vostre délivrance,
Et mon cœur tout à vous ne sçauroit endurer
Que mes humbles devoirs osent se différer.

CLARICE à *Chrysante*.
N'usez point de ce mot vers celle dont l'envie
Est de vous obeïr le reste de sa vie,
Que son retour rend moins à soy-mesme qu'à vous :
Ce brave Cavalier accepté pour époux,
C'est à moy desormais, entrant dans sa famille,
A vous rendre un devoir de servante & de fille ;
Heureuse mille fois, si le peu que je vaux
Ne vous empesche point d'excuser mes defauts,
Et si vostre bonté d'un tel choix se contente.

CHRYSANTE à *Clarice*.
Dans ce bien excessif qui passe mon attente
Je soupçonne mes sens d'une infidelité,
Tant ma raison s'oppose à ma crédulité.
Surprise que je suis d'une telle merveille,
Mon esprit tout confus doute encor si je veille

Mon ame en est ravie, & ces ravissemens
M'ostent la liberté de tous remercîmens.
DORIS à Clarice.
Souffrez qu'en ce bonheur mon zéle m'enhardisse
A vous offrir, Madame, un fidelle service.
CLARICE à Doris.
Et moy sans compliment qui vous farde mon cœur
Je vous offre & demande une amitié de sœur.
PHILISTE à Célidan.
Toy, sans qui mon malheur étoit inconsolable,
Ma douleur sans espoir, ma perte irréparable,
Qui m'as seul obligé plus que tous mes amis,
Puis que je te doy tout, que je t'ay tout promis,
Cesse de me tenir dedans l'incertitude,
Dy moy par où je puis sortir d'ingratitude,
Donne-moy le moyen après un tel bien-fait
De réduire pour toy ma parole en effet.
CELIDAN à Philiste.
S'il est vray que ta flame & celle de Clarice
Doivent leur bonne issuë à mon peu de service,
Qu'un bon succès par moy réponde à tous vos vœux,
J'ose t'en demander un pareil à mes feux,
J'ose te demander sous l'aveu de Madame
Ce digne & seul objet de ma secrette flame,
Cette sœur que j'adore, & qui pour faire un choix
Attend de ton vouloir les favorables loix.
PHILISTE à Célidan.
Ta demande m'étonne ensemble & m'embarrasse,
Sur ton meilleur amy tu brigues cette place,
Et tu sçais que ma foy la réserve pour luy.
CHRYSANTE à Philiste.
Si tu n'as entrepris de m'accabler d'ennuy,
Ne te fay point ingrat pour une ame si double.
PHILISTE à Célidan.
Mon esprit divisé de plus en plus se trouble,
Dispense-moy, de grace, & songe qu'avant toy
Ce bizarre Alcidon tient en gage ma foy.

COMEDIE.

Si ton amour est grand, l'excuse t'est sensible,
Mais je ne t'ay promis que ce qui m'est possible,
Et cette foy donnée oste de mon pouvoir
Ce qu'à nostre amitié je me sçay trop devoir.

CHRYSANTE à *Philiste*.

Ne te ressouvien plus d'une vieille promesse,
Et juge en regardant cette belle Maîtresse,
Si celuy qui pour toy l'oste à son ravisseur
N'a pas bien mérité l'échange de ta sœur.

CLARICE à *Chrysante*.

Je ne sçaurois souffrir qu'en ma presence on die
Qu'il doive m'acquérir par une perfidie,
Et pour un tel amy luy voir si peu de foy,
Me feroit redouter qu'il en eust moins pour moy.
Mais Alcidon survient, nous l'allons voir luy-mesme
Contre un rival & vous disputer ce qu'il aime.

SCENE IX.

CLARICE, ALCIDON, PHILISTE,
CHRYSANTE, CELIDAN, DORIS.

CLARICE à *Alcidon*.

Mon abord t'a surpris, tu changes de couleur,
Tu me croyois sans doute encor dans le mal-heur,
Voicy qui m'en délivre, & n'étoit que Philiste
A ses nouveaux desseins en ta faveur résiste,
Cét amy si parfait qu'entre tous tu chéris
T'auroit pour récompense enlevé ta Doris.

ALCIDON.

Le desordre éclatant qu'on voit sur mon visage
N'est que l'effet trop prompt d'une soudaine rage :
Je forcéne de voir que sur vostre retour
Ce traistre asseure ainsi ma perte & son amour.
Perfide, à mes dépens tu veux donc des Maîtresses,
Et mon honneur perdu te gagne leurs caresses ?

K vj

LA VEFVE,

CELIDAN à *Alcidon*.

Quoy, j'ay sçeu jusqu'icy cacher tes laschetez,
Et tu m'oses couvrir de ces indignitez !
Cesse de m'outrager, ou le respect des Dames
N'est plus pour contenir celuy que tu diffames.

PHILISTE à *Alcidon*.

Cher amy, ne crains rien, & demeure asseuré
Que je sçay maintenir ce que je t'ay juré,
Pour t'enlever ma sœur il faut m'arracher l'ame.

ALCIDON à *Philiste*.

Non, non, il n'est plus temps de déguiser ma flame,
Il te faut malgré moy faire un honteux aveu
Que si mon cœur brusloit, c'étoit d'un autre feu.
Amy, ne cherche plus qui t'a ravy Clarice,
Voicy l'autheur du coup, & voila le complice.
Adieu, ce mot lasché je te suis en horreur.

SCENE X.

CHRYSANTE, CLARICE, PHILISTE, CELIDAN, DORIS.

CHRYSANTE à *Philiste*.

Et bien, rebelle, enfin sortiras tu d'erreur ?

CELIDAN à *Philiste*.

Puis que son desespoir vous découvre un mystére
Que ma discretion vous avoit voulu taire,
C'est à moy de montrer quel étoit mon dessein.
Il est vray qu'en ce coup je luy prétay la main,
La peur que j'eus alors qu'après ma resistance.
Il ne trouvast ailleurs trop foible assistance...

PHILISTE à *Célidan*.

Quittons-là ce discours, puisqu'en cette action
La fin m'éclaircit trop de ton intention,

COMEDIE.

Et ta sincérité se fait assez connoistre.
Je m'obstinois tantost dans le party d'un traistre,
Mais au lieu d'affoiblir vers toy mon amitié,
Vn tel aveuglement te doit faire pitié.   (franchise
Plains moy, plains mon malheur, plains mon trop de
Qu'un amy déloyal a tellement surprise,
Voy par là comme j'aime, & ne te souvien plus
Que j'ay voulu te faire un injuste refus.
Fay malgré mon erreur que ton feu persévére,
Ne puny point la sœur de la faute du frére,
Et reçoy de ma main celle que ton desir
Avant mon imprudence avoit daigné choisir.

CLARICE à Célidan.

Vne pareille erreur me rend toute confuse,
Mais icy mon amour me servira d'excuse,
Il serre nos esprits d'un trop étroit lien
Pour permettre à mon sens de s'éloigner du sien.

CELIDAN.

Si vous croyez encor que cette erreur me touche,
Vn mot me satisfait de cette belle bouche,
Mais hélas, quel espoir ose rien présumer
Quand on n'a pû servir & qu'on n'a fait qu'aimer?

DORIS.

Reünir les esprits d'une mére & d'un frére,
Du choix qn'ils m'avoient fait avoir sçeu me défaire,
M'arracher à Florange & m'oster Alcidon,
Et d'un cœur généreux me faire l'heureux don,
C'est avoir sçeu me rendre un assez grand service
Pour espérer beaucoup avec quelque justice,
Et puisque on me l'ordonne, on peut vous asseurer
Qu'alors que j'obéïs c'est sans en murmurer.

CELIDAN.

A ces mots enchanteurs tout mon cœur se déploye,
Et s'ouvre tout entier à l'excès de ma joye.

CHRYSANTE.

Que la mienne est extrême, & que sur mes vieux ans
Le favorable Ciel me fait de doux ptesens !

LA VEFVE, COMEDIE.

Qu'il conduit mon bonheur par un ressort étrange !
Qu'à propos sa faveur m'a fait perde Florange !
Puisse-t'elle pour comble accorder à mes vœux
Qu'une éternelle paix suive de si beaux nœuds,
Et rendre par les fruits de ce double Hyménée
Ma derniere vieillesse à jamais fortunée.

CLARICE à Chrysante.

Cependant pour ce soir ne me refusez pas
L'heur de vous voir icy prendre un mauvais repas,
Afin qu'à ce qui reste ensemble on se prepare,
Tant qu'un mystére saint deux à deux nous sépare.

CHRYSANTE à Clarice.

Nous éloigner de vous avant ce doux moment,
Ce seroit me priver de tout contentement.

Fin du cinquième & dernier Acte.

LA GALERIE
DU PALAIS,
COMEDIE.

ACTEURS.

PLEIRANTE, Pére de Célidée.
LYSANDRE, Amant de Célidée.
DORIMANT, Amoureux d'Hyppolite.
CHRYSANTE, Mére d'Hyppolite.
CELIDEE, Fille de Pleirante.
HYPPOLITE, fille de Chrysante.
ARONTE, Ecuyer de Lysandre.
CLEANTE, Ecuyer de Dorimant.
FLORICE, Suivante d'Hyppolite.
LE LIBRAIRE du Palais.
LE MERCIER du Palais.
LA LINGERE du Palais.

La Scéne est à Paris.

LA GALERIE DU PALAIS.
COMEDIE.

ACTE I.

SCENE PREMIERE.
ARONTE, FLORICE.
ARONTE

NFIN je ne le puis, que veux-tu
  que j'y fasse ?
Pour tout autre sujet mon maistre
  n'est que glace,
Elle est trop dans son cœur, on ne l'en
  peut chasser,
Et c'est folie à nous que de plus y penser.
J'ay beau devant les yeux luy remettre Hyppo-
  lite,
Parler de ses attraits, élever son mérite,

Sa grace, son esprit, sa naissance, son bien,
Je n'avance non plus, qu'à ne luy dire rien :
L'amour dont malgré-moy son ame est possedée
Fait qu'il en voit autant, ou plus, en Célidée.
FLORICE.
Ne quittons pas pourtant, à la longue on fait tout,
La gloire suit la peine, espérons jusqu'au bout.
Je veux que Célidée ait charmé son courage,
L'amour le plus parfait n'est pas un mariage,
Fort souvent moins que rien cause un grand change-
 ment,
Et les occasions naissent en un moment.
ARONTE.
Je les prendray toûjours quand je les verray naistre.
FLORICE.
Hyppolite en ce cas sçaura le reconnoistre.
ARONTE.
Tout ce que j'en prétens c'est un entier secret.
Adieu, je vay trouver Célidée à regret.
FLORICE.
De la part de ton maistre ?
ARONTE.
Ouy.
FLORICE.
Si j'ay bonne veuë,
La voilà que son pére améne vers la ruë.
Tirons-nous à quartier, nous joûrons mieux nos jeux,
S'ils n'aperçoivent point que nous parlions nous deux.

SCENE II.

PLEIRANTE, CELIDEE.

PLEIRANTE.

NE pense plus, ma fille, à me cacher ta flame,
N'en conçoy point de honte, & n'en crains point de blâme;
Le sujet qui l'allume a des perfections
Dignes de posséder tes inclinations,
Et pour mieux te montrer le fond de mon courage,
J'aime autant son esprit que tu fais son visage.
Confesse donc, ma fille, & croy qu'un si beau feu
Veut estre mieux traité que par un desaveu.

CELIDEE.

Monsieur, il est tout vray, son ardeur légitime
A tant gagné sur moy que j'en fais de l'estime,
J'honore son mérite, & n'ay pû m'empescher
De prendre du plaisir à m'en voir rechercher,
J'aime son entretien, je chéris sa presence;
Mais cela n'est enfin qu'un peu de complaisance,
Qu'un mouvement leger qui passe en moins d'un jour:
Vos seuls commandemens produiront mon amour,
Et vostre volonté de la mienne suivie...

PLEIRANTE.

Favorisant ses vœux seconde ton envie.
Aime, aime ton Lysandre, & puisque je consens
Et que je t'autorise à ces feux innocens,
Donne-luy hardiment une entiere asseurance
Qu'un mariage heureux suivra son espérance,
Engage-luy ta foy. Mais j'aperçoy venir
Quelqu'un qui de sa part te vient entretenir.
Ma fille, Adieu, les yeux d'un homme de mon âge
Peut-estre empescheroient la moitié du message.

CELIDEE.
Il ne vient rien de luy qu'il faille vous celer.
PLEIRANTE.
Mais tu seras sans moy plus libre à luy parler,
Et ta civilité sans doute un peu forcée
M'a fait un compliment qui trahit ta pensée.

SCENE III.
CELIDEE, ARONTE.
CELIDEE.
Que fait ton maistre, Aronte ?
ARONTE.
Il m'envoye aujourd'huy
Voir ce que sa Maîtresse a resolu de luy,
Et comment vous voulez qu'il passe la journée.
CELIDEE.
Je seray chez Daphnis toute l'apresdisnée,
Et s'il m'aime, je croy que nous l'y pourrons voir,
Autrement...
ARONTE.
Ne pensez qu'à l'y bien recevoir.
CELIDEE.
S'il y manque, il verra sa paresse punie.
Nous y devons disner fort bonne compagnie,
J'y méne du quartier Hyppolite & Cloris.
ARONTE.
Aprés elles & vous il n'est rien dans Paris,
Et je n'en sçache point, pour belles qu'on les nomme,
Qui puisse attirer les yeux d'un honneste homme.
CELIDEE.
Je ne suis pas d'humeur bien propre à t'écouter,
Et ne prens pas plaisir à m'entendre flater,

DU PALAIS.

Sans que ton bel esprit tasche plus d'y paroistre,
Mesle-toy de porter ma réponse à ton maistre.
ARONTE *seul*.
Quelle superbe humeur! quel arrogant maintien!
Si mon maistre me croit, vous ne tenez plus rien,
Il changera d'objet, ou j'y perdray m'a peine,
Aussi-bien son amour ne vous rend que trop vaine.

SCENE IV.

LA LINGERE, LE LIBRAIRE.

On tire un rideau, & l'on voit le Libraire, la Lingére, & le Mercier chacun dans sa boutique

LA LINGERE.

Vous avez fort la presse à ce Livre nouveau,
C'est pour vous faire riche.
LE LIBRAIRE.
                        On le trouve si beau,
Que c'est pour mon profit le meilleur qui se voye.
Mais vous, que vous vendez de ces toiles de soye!
LA LINGERE.
De vray, bien que d'abord on en vendist fort peu,
A present Dieu nous aime, on y court comme au feu,
Je n'en sçaurois fournir autant qu'on m'en demande;
Elle sied mieux aussi que celle de Hollande,
Découvre moins le fard dont un visage est peint,
Et donne, ce me semble, un plus grand lustre au teint.
Je perds bien à gagner de ce que ma boutique
Pour estre trop étroite empesche ma pratique,
A peine y puis-je avoir deux chalans à la fois,
Je veux changer de place avant qu'il soit un mois,
J'aime mieux en payer le double, & davantage,
Et voir ma marchandise en un bel étalage.

LE LIBRAIRE.
Vous avez bien raison, mais à ce que j'entens...
Monsieur, vous plaist-il voir quelques livres du temps?

SCENE V.

DORIMANT, CLEANTE, LE LIBRAIRE.

DORIMANT.

Montrez-m'en quelques-uns.
LE LIBRAIRE.
Voicy ceux de la mode.
DORIMANT.
Ostez-moy cét Autheur, son nom seul m'incommode,
C'est un impertinent, ou je n'y connoy rien.
LE LIBRAIRE.
Ses œuvres toutefois se vendent assez bien.
DORIMANT.
Quantité d'ignorans ne songent qu'à la rime.
CLEANTE.
Monsieur, en voicy deux dont on fait grande estime
Considerez ce trait, on le trouve divin.
DORIMANT.
Il n'est que mal traduit du Cavalier Marin,
Sa veine au demeurant me semble assez hardie.
LE LIBRAIRE.
Ce fut son coup d'essay que cette Comédie.
DORIMANT.
Cela n'est pas tant mal pour un commencement,
La pluspart de ses vers coulent fort doucement,
Qu'il a de mignardise à décrire un visage !

SCENE VI.

HYPPOLYTE, FLORICE, DORIMANT, CLEANTE, LE LIBRAIRE, LA LINGERE.

HYPPOLITE.

Madame, montrez-nous quelques collets d'ouvrage.

LA LINGERE.

Je vous en vay montrer de toutes les façons.

DORIMANT *au Libraire.*

Ce visage vaut mieux que toutes vos chansons.

LA LINGERE *à Hyppolite.*

Voila du point d'Esprit, de Génes, & d'Espagne.

HYPPOLITE.

Cecy n'est guére bon qu'à des gens de campagne.

LA LINGERE.

Voyez bien, s'il en est deux pareils dans Paris...

HYPPOLYTE.

Ne les vantez point tant, & dites-nous le prix.

LA LINGERE.

Quand vous aurez choisi.

HYPPOLITE.

Que t'en semble, Florice?

FLORICE.

Ceux-là sont assez beaux, mais de mauvais service,
En moins de trois savons on ne les connoit plus

HYPPOLITE.

Celuy-cy, qu'en dis-tu?

FLORICE.

L'ouvrage en est confus,
Bien que l'invention de près soit assez belle.
Voicy bien vostre fait, n'étoit que la dentelle

Est fort mal assortie avec le passement ;
Cét autre n'a de beau que le couronnement.
LA LINGERE.
Si vous pouviez avoir deux jours de patience ,
Il m'en vient, mais qui sont dans la mesme excellence.
Dorimant parle au Libraire à l'oreille.
FLORICE.
Il vaudroit mieux attendre.
HYPPOLITE.
Et bien nous attendrons,
Dites-nous au plus tard quel jour nous reviendrons.
FLORICE.
Mercredy j'en attens de certaines Nouvelles,
Cependant vous faut-il quelques autres dentelles ?
HYPPOLITE.
J'en ay ce qu'il m'en faut pour ma provision.
LE LIBRAIRE *à Dorimant*
J'en vay subtilement prendre l'occasion.
La connois-tu, voisine ?
LA LINGERE.
Ouy, quelque peu de veuë,
Quant au reste elle m'est tout à fait inconnuë.
Dorimant tire Cléante au milieu du Théatre &
luy parle à l'oreille.
Ce Cavalier sans doute y trouve plus d'appas
Que dans tous vos Autheurs.
CLEANTE.
Ie n'y manqueray pas.
DORIMANT.
Si tu ne me vois-là , je seray dans la Salle.
Il prend un liure sur la boutique du Libraire.
Je connoy celuy-cy, sa veine est fort égale,
Il ne fait point de vers qu'on ne trouve charmant.
Mais on ne parle plus qu'on fasse de Romans,
I'ay veu que nostre peuple en étoit idolatre.
LE LIBRAIRE.
La mode est à present des piéces de Théatre.

DORI-

DU PALAIS.
DORIMANT.
De vray chacun s'en pique, & tel y met la main
Qui n'eut jamais l'esprit d'ajuster un quatrain.

SCENE VII.
LYSANDRE, DORIMANT, LE LIBRAIRE, LE MERCIER.
LYSANDRE.
Je te prens sur le Livre.
DORIMANT.
Et bien, qu'en veux-tu dire ?
Tant d'excellens esprits qui se meslent d'écrire
Valent bien qu'on leur donne une heure de loisir.
LYSANDRE.
Y trouves-tu toûjours une heure de plaisir ?
Beaucoup font bien des Vers, & peu la Comedie.
DORIMANT.
Ton goust, je m'en asseure, est pour la Normandie?
LYSANDRE.
Sans rien specifier peu meritent de voir.
Souvent leur entreprise excéde leur pouvoir,
Et tel parle d'amour sans aucune pratique.
DORIMANT.
On n'y sçait guére alors que la vieille Rubrique,
Faute de le connoistre on l'habille en fureur,
Et loin d'en faire envie on nous en fait horreur.
Luy seul de ses effets a droit de nous instruire,
Nostre plume à luy seul doit se laisser conduire,
Pour en bien discourir il faut l'avoir bien fait,
Un bon Poëte ne vient que d'un amant parfait.
LYSANDRE.
Il n'en faut point douter, l'Amour a des tendresses
Que nous n'aprenôs point qu'auprès de nos Maîtresses.

I. Partie.

LA GALERIE

Tant de sorte d'appas, de doux saisissemens,
D'agreables langueurs, & de ravissemens,
Jusques où d'un bel œil peut s'étendre l'empire,
Et mille autres secrets que l'on ne sçauroit dire,
(Quoy que tous nos Rimeurs en mettent par écrit)
Ne se sçeurent jamais par un effort d'esprit,
Et je n'ay jamais veu de cervelles bien faites
Qui traitassent l'amour à la façon des Poëtes ;
C'est tout un autre jeu. Le stile d'un Sonnet
Est fort extravagant dedans un cabinet.
Il y faut bien loüer la beauté qu'on adore,
Sans mépriser Vénus, sans médire de Flore,
Sans que l'éclat des lis, des roses, d'un beau jour
Ait rien à démesler avecque nostre amour.
O pauvre Comedie, objet de tant de veines,
Si tu n'ès qu'un portrait des actions humaines,
On te tire souvent sur un original,
A qui, pour dire vray, tu ressembles fort mal.

DORIMANT.

Laissons la Muse en paix, de grace, à la pareille,
Chacun fait ce qu'il peut, & ce n'est pas merveille,
Si comme avec bon droit on perd bien un procès,
Souvent un bon ouvrage a de foibles succès.
Le jugement de l'homme, ou plûtost son caprice,
Pour quantité d'esprits n'a que de l'injustice,
J'en admire beaucoup dont on fait peu d'état,
Leurs fautes, tout au pis, ne sont pas coups d'Etat,
La plus grande est toûjours de peu de conséquence.

LE LIBRAIRE.

Vous plairoit-il de voir des piéces d'Eloquence.

LYSANDRE *ayant regardé le titre d'un Livre que le Libraire luy presente.*

J'en leus hier la moitié, mais son vol est si haut
Que presque à tous momens je me trouve en defaut.

DORIMANT.

Voicy quelques Autheurs dont j'aime l'industrie,
Mettez ces trois à part, mon Maistre, je vous prie,

DU PALAIS,

Tantost un de mes gens vous le viendra payer.
LYSANDRE *se retirant d'auprès les boutiques.*
Le reste du matin où veux-tu l'employer ?
LE MERCIER.
Voyez deça, Messieurs, vous plaist-il rien du nostre ?
Voyez, je vous ferez meilleur marché qu'un autre,
Des gands, des baudriers, des rubans, des Castors.

SCENE VIII.
DORIMANT, LYSANDRE.
DORIMANT.
JE ne sçaurois encor te suivre si tu sors,
Faisons un tour de Salle attendant mon Cléante.
LYSANDRE.
Qui te retient icy ?
DORIMANT.
L'histoire en est plaisante.
Tantost comme j'étois sur le Livre occupé,
Tout proche on est venu choisir du point-coupé.
LYSANDRE.
Qui ?
DORIMANT.
C'est la question, mais il faut s'en remettre
A ce qu'à mes regards sa coiffe a pû permettre,
Je n'ay rien veu d'égal, mon Cléante la suit,
Et ne reviendra point qu'il n'en soit bien instruit,
Qu'il n'en sçache le nom, le rang, & la demeure.
LYSANDRE.
Amy, le cœur t'en dit.
DORIMANT.
Nullement, ou je meure,
Voyant je ne sçay quoy de rare en sa beauté,
J'ay voulu contenter ma curiosité.

L ij

Voyant je ne sçay quoy de rare en sa beauté,
J'ay voulu contenter ma curiosité.
LYSANDRE.
Ta curiosité deviendra bien-tost flame,
C'est par là que l'Amour se glisse dans une ame.
   A la prémiére veuë un objet qui nous plaist
N'inspire qu'un desir de sçavoir quel il est,
On en veut aussi-tost apprendre davantage,
Voir si son entretien répond à son visage.
S'il est civil ou rude, importun ou charmeur,
Eprouver son esprit, connoistre son humeur :
De là cét éxamen se tourne en complaisance,
On cherche si souvent le bien de sa presence
Qu'on en fait habitude, & qu'au point d'en sortir,
Quelque regret commence à se faire sentir :
On revient tout resveur, & nostre ame blessée
Sans prendre garde à rien cajole sa pensée.
Ayant resvé le jour, la nuit à tous propos
On sent je ne sçay quoy qui trouble le repos.
Un sommeil inquiet sur de confus nuages
Eléve incessamment de flateuses images,
Et sur le vain rapport fait naistre des souhaits
Que lé réveil admire & ne dédit jamais ;
Tout le cœur court en haste aprés de si doux guides,
Et le moindre larcin que font ses vœux timides
Arréste le larron & le met dans les fers.
DORIMANT.
Ainsi tu fus épris de celle que tu sers ?
LYSANDRE.
C'est un autre discours, à present je ne touche
Qu'aux ruses de l'amour contre un esprit farouche,
Qu'il faut apprivoiser presque insensiblement,
Et contre ses froideurs combattre finement :
Des naturels plus doux...

DU PALAIS. 245

SCENE IX.
DORIMANT, LYSANDRE CLEANTE.

DORIMANT.

Et bien elle s'appelle ?

CLEANTE.
Ne m'informez de rien qui touche cette belle.
Trois filoux rencontrez vers le milieu du Pont,
Chacun l'épée au poin, m'ont voulu faire affront,
Et sans quelques amis qui m'ont tiré de peine
Contr'eux ma resistance eust peut-estre été vaine;
Ils ont tourné le dos me voyant secouru,
Mais ce que je suivois tandis est disparu.

DORIMANT.
Les traîtres! trois contre un! t'attaquer! te surprendre!
Quels insolens vers moy s'osent ainsi méprendre !

CLEANTE.
Je ne connoy qu'un d'eux, & c'est là le retour
De quelques tours de main qu'il receut l'autre jour,
Lors que m'ayant tenu quelques propos d'yvrogne,
Nous eusmes prise ensemble à l'Hostel de Bourgogne.

DORIMANT.
Qu'on le trouve où qu'il soit, qu'une gresle de bois
Assemble sur luy seul le châtiment des trois,
Et que sous l'etriviére il puisse tost connoistre,
Quand on se prend aux miens, qu'on s'attaque à leur
   Maistre.

LYSANDRE.
J'aime à te voir ainsi décharger ton couroux ;
Mais voudrois-tu parler franchement entre-nous ?

DORIMANT.
Quoy! tu doutes encor de ma juste colére ?

L iij

LYSANDRE.

En ce qui le regarde elle n'est que legére.
En vain pour son sujet tu fais l'intéressé,
Il a paré des coups dont ton cœur est blessé,
Cét accident fascheux te vole une Maîtresse :
Confesse ingénûment, c'est là ce qui te presse.

DORIMANT.

Pourquoy te confesser ce que tu vois assez ?
Au point de se former mes desseins renversez,
Et mon desir trompé, poussent dans ces contrain-
   tes
Sous de faux mouvemens de véritables plaintes.

LYSANDRE.

Ce desir, à vray dire, est un amour naissant
Qui ne sçait où se prendre, & demeure impuissant,
Il s'égare & se perd dans cette incertitude,
Et renaissant toûjours de ton inquiétude,
Il te montre un objet d'autant plus souhaité,
Que plus sa connoissance a de difficulté.
C'est par là que ton feu davantage s'allume,
Moins on l'a pû connoistre, & plus on en presume,
Nostre ardeur curieuse en augmente le prix.

DORIMANT.

Que tu sçais, cher amy, lire dans les esprits ?
Et que pour bien juger d'une secrette flame
Tu pénétres avant dans les ressorts d'une ame :

LYSANDRE.

Ce n'est pas encore tout, je veux te secourir.

DORIMANT.

O, que je ne suis pas en état de guérir !
L'Amour use sur moy de trop de tyrannie.

LYSANDRE.

Souffre que je te méne en une compagnie
Où l'objet de mes vœux m'a donné rendez-vous,
Les divertissemens t'y sembleront si doux,
Ton ame en un moment en sera si charmée,
Que tous ses déplaisirs dissipez en fumée,

DU PALAIS.

On gagnera fur toy fort aifément ce point
D'oublier un objet que tu ne connois point.
Mais garde-toy fur tout d'une jeune voifine
Que ma Maîtreffe y méne, elle eft & belle & fine,
Et fçait fi dextrement ménager fes attraits,
Qu'il n'eft pas bien aifé d'en eviter les traits.

DORIMANT.
Au hazard, fay de moy tout ce que bon te femble.

LYSANDRE.
Donc en attendant l'heure allons difner enfemble.

SCENE X.
HYPPOLITE, FLORICE.

HYPPOLITE.
TU me railles toûjours.

FLORICE.
S'il ne vous veut du bien,
Dites affeurément que je n'y connoy rien.
Je le confidérois tantoft chez ce Libraire,
Ses regards de fur vous ne pouvoient fe diftraire,
Et fon maintien étoit dans une émotion
Qui m'inftruifoit affez de fon affection.
Il vouloit vous parler, & n'ofoit l'entreprendre.

HYPPOLITE.
Toy ne me parle point, ou parle de Lyfandre,
C'eft le feule dont la veuë excita mon ardeur.

FLORICE.
Et le feul qui pour vous n'a que de la froideur.
Célidée eft fon ame, & tout autre vifage
N'a point d'affez beaux traits pour toucher fon cou- (rage,
Son brafier eft trop grand, rien ne peut l'amortir :
En vain fon Ecuyer tafche à l'en divertir,
En vain jufques aux Cieux portant voftre loüange
Il tafche à luy jetter quelque amorce du change,

L iiij

Et luy dit jusques-là que dans vostre entretien
Vous témoignez souvent de luy vouloir du bien,
Tout cela n'est qu'autant de paroles perduës.
HYPPOLITE.
Faute d'estre sans doute assez bien entenduës !
FLORICE.
Ne le presumez pas, il faut avoir recours
A de plus hauts secrets qu'à ces foibles discours.
Je fus fine autrefois, & depuis mon vefvage
Ma ruse chaque jour s'est accruë avec l'âge :
Je me connois en monde, & sçay mille ressorts
Pour débaucher une ame, & brouiller des accords.
HYPPOLITE.
Dy promptement, de grace.
FLORICE.
A present l'heure presse,
Et je ne vous sçaurois donner qn'un mot d'adresse,
Cette voisine & vous... Mais déja la voicy.

SCENE XI.
CELIDEE, HYPPOLITE, FLORICE.

CELIDEE.
A force de tarder tu m'as mise en soucy,
Il est temps, & Daphnis par un Page me mande
Que pour faire servir on n'attend que ma bande,
Le carosse est tout prest, allons, veux-tu venir ?
HYPPOLITE.
Lysandre après disner t'y vient entretenir ?
CELIDEE.
S'il osoit y manquer, je te donne promesse
Qu'il pourroit bien ailleurs chercher une Maîtresse.

Fin du prémier Acte.

ACTE II.

SCENE PREMIERE.

HYPPOLITE, DORIMANT.

HYPPOLITE.

NE me contez point tant que mon visage est beau,
Ces discours n'ont pour moy rien du tout de nouveau,
Je le sçay bien sans vous, & j'ay cét avantage,
Quelques perfections qui soient sur mon visage,
Que je suis la prémiére à m'en apercevoir.
Pour me les bien apprendre il ne faut qu'un miroir,
J'y vois en un moment tout ce que vous me dites.

DORIMANT.

Mais vous n'y voyez pas tous vos rares mérites ;
Cét esprit tout divin & ce doux entretien
Ont des charmes puissans dont il ne montre rien.

HYPPOLITE.

Vous les montrez assez par cette apresdisnée
Qu'à causer avec moy vous vous étes donnée,
Si mon discours n'avoit quelque charme caché
Il ne vous tiendroit pas si long-temps attaché,
Je vous juge plus sage, & plus aimer vostre aise,
Que d'y tarder ainsi sans que rien vous y plaise :
Et si je présumois qu'il vous plûst sans raison,
Je me ferois moy-mesme un peu de trahison,

L v

Et par ce trait badin qui fentiroit l'enfance
Voſtre beau jugement recevroit trop d'offenſe.
Je ſuis un peu timide, & deuſt-on me joüer,
Je n'oſe démentir ceux qui m'oſent loüer.
DORIMANT.
Auſſi vous n'avez pas le moindre lieu de craindre
Qu'on puiſſe en vous loüiant, ny vous flater, ny feindre,
On voit un tel éclat en vos brillans appas
Qu'on ne peut l'exprimer, ny ne l'adorer pas.
HYPPOLITE.
Ny ne l'adorer pas ! par là vous voulez dire ?
DORIMANT.
Que mon cœur deformais vit deſſous voſtre empire,
Et que tous mes deſſeins de vivre en liberté
N'ont rien eu d'aſſez fort contre voſtre beauté.
HYPPOLITE.
Quoy ? mes perfections vous donnent dans la veuë ?
DORIMANT.
Les rares qualitez dont vous êtes pourveuë.
Vous oſtent tout ſujet de vous en étonner.
HYPPOLYTE.
Ceſſez auſſi, Monſieur, de vous l'imaginer,
Si vous bruſlez pour moy, ce ne ſont pas merveilles,
J'ay de pareils diſcours chaque jour aux oreilles,
Et tous les gens d'eſprit en font autant que vous.
DORIMANT.
En amour toutefois je les ſurpaſſe tous.
Je n'ay point conſulté pour vous donner mon ame,
Voſtre prémier aſpect ſçeut allumer ma flame,
Et je ſentis mon cœur par un ſecret pouvoir
Auſſi prompt à bruſler que mes yeux à vous voir.
HYPPOLITE.
Avoir connu d'abord combien je ſuis aimable,
Encor qu'à voſtre avis il ſoit inexprimable !
Ce grand & prompt effet m'aſſeure puiſſamment
De la vivacité de voſtre jugement.

DU PALAIS.

Pour moy, que la Nature a faite un peu grossière,
Mon esprit qui n'a pas cette vive lumiere
Conduit trop pesamment toutes ses functions
Pour m'avertir si-tost de vos perfections;
Je voy bien que vos feux méritent récompense,
Mais de les seconder ce defaut me dispense.

DORIMANT.
Railleuse.

HYPPOLITE.
Excusez-moy, je parle tout de bon.

DORIMANT.
Le temps de cét orgueil me fera la raison,
Et nous verrons un jour à force de services
Adoucir vos rigueurs & finir mes supplices.

SCENE II.
DORIMANT, LYSANDRE, HYPPOLITE, FLORICE.

Lysandre sort de chez Célidée, & passe sans s'arrester,
leur donnant seulement un coup de chapeau.

HYPPOLITE.
Peut-estre l'avenir... Tout-beau, coureur, tout-
beau,
On n'est pas quitte ainsi pour un coup de chapeau:
Vous aimez l'entretien de vostre fantaisie,
Mais pour un Cavalier c'est peu de courtoisie,
Et cela messied fort à des hommes de Cour,
De n'accompagner pas leur salut d'un Bon-jour.

LYSANDRE.
Puis qu'auprès d'un sujet capable de nous plaire,
La presence d'un tiers n'est jamais necessaire,
De peur qu'il en receust quelque importunité,
J'ay mieux aimé manquer à la civilité.

L vj

HYPPOLITE.

Voila parer mon coup d'un galand artifice,
Comme si je pouvois... Que me veux-tu, Florice ?
Florice sort & parle à Hyppolite à l'oreille.
Dy-luy que je m'en vay. Messieurs, pardonnez-moy,
On me vient d'apporter une fascheuse loy,
Incivile à mon tour il faut que je vous quitte,
Une mére m'appelle.

DORIMANT. Adieu, belle Hyppolite,
Adieu, souvenez-vous...

HYPPOLITE.

Mais vous, n'y songez plus.

SCENE III.

LYSANDRE, DORIMANT.

LYSANDRE.

Quoy, Dorimant, ce mot t'a rendu tout confus ?

DORIMANT.

Ce mot à mes desirs laisse peu d'espérance.

LYSANDRE.

Tu ne la vois encor qu'avec indifference ?

DORIMANT.

Comme toy Célidée.

LYSANDRE.

Elle eut donc chez Daphnis
Hier dans son entretien des charmes infinis.
Je te l'avois bien dit que ton ame à sa veuë
Demeureroit, ou prise, ou puissamment émeuë.
Mais tu n'as pas si-tost oublié la beauté
Qui fit naistre au Palais ta curiosité !
Du moins ces deux objets balance ton courage !

DORIMANT.

Sçais-tu bien que c'est là justement mon visage,
Celuy que j'avois veu le matin au Palais ?

DU PALAIS.

LYSANDRE.

A ce conte...

DORIMANT.

J'en tiens, ou l'on n'en tint jamais.

LYSANDRE.

C'est consentir bien-tost à perdre ta franchise.

DORIMANT.

C'est rendre un prompt hommage aux yeux qui me
l'ont prise.

LYSANDRE.

Puisque tu les connois, je ne plains plus ton mal.

DORIMANT.

Leur coup, pour les connoistre, en est-il moins fatal ?

LYSANDRE.

Non, mais du moins ton cœur n'est plus à la torture
De voir tes vœux forcez d'aller à l'avanture,
Et cette belle humeur de l'objet qui t'a pris...

DORIMANT.

Sous un accueil riant cache un subtil mépris.
Ah! que tu ne sçais pas de quel air on me traite !

LYSANDRE.

Je t'en avois jugé l'ame fort satisfaite,
Et cette gaye humeur qui brilloit dans ses yeux
M'en promettoit pour toy quelque chose de mieux.

DORIMANT.

Cette belle, de vray, quoy que toute de glace,
Mesle dans ses froideurs je ne sçay quelle grace,
Par où tout de nouveau je me laisse gagner,
Et consens, peu s'en faut, à m'en voir dédaigner:
Loin de s'en affoiblir mon amour s'en augmente,
Je demeure charmé de ce qui me tourmente ;
Je pourrois de toute autre estre le possesseur,
Que sa possession auroit moins de douceur.
Je ne suis plus à moy quand je vois Hyppolite
Rejetter ma loüange, & vanter son mérite,
Négliger mon amour ensemble & l'approuver,
Me remplir tout d'un temps d'espoir & m'en priver,

Me refuser son cœur en acceptant mon ame ,
Faire état de mon chois en méprisant ma flame :
Helas ! en voila trop , le moindre de ces traits
A pour me retenir de trop puissants attraits,
Trop heureux d'avoir veu sa froideur enjoüée
Ne se point offenser d'une ardeur avoüée.
LYSANDRE.
Son Adieu toutefois te défend d'y songer ,
Et ce commandement t'en dévroit dégager.
DORIMANT.
Qu'un plus capricieux d'un tel Adieu s'offense ,
Il me donne un conseil plûtost qu'une défense ,
Et par ce mot d'avis son cœur sans amitié
Du temps que j'y perdray montre quelque pitié.
LYSANDRE.
Soit défense , ou conseil , de rien ne desespére ;
Je te répons déja de l'esprit de sa mére.
Pleirante son voisin luy parlera pour toy ,
Il peut beaucoup sur elle & fera tout pour moy ,
Tu sçais qu'il m'a donné sa fille pour Maîtresse.
Tasche à vaincre Hyppolyte avec un peu d'adresse ,
Et n'appréhende pas qu'il en faille beaucoup ,
Tu verras sa froideur se perdre tout d'un coup.
Elle ne se contraint à cette indifférence ,
Que pour rendre une entiére & pleine déférence ,
Et cherche , en déguisant son propre sentiment ,
La gloire de n'aimer que par commandement.
DORIMANT.
Tu me flates , amy , d'une attente frivole.
LYSANDRE.
L'effet suivra de près.
DORIMANT.
        Mon cœur sur ta parole
Ne se résout qu'à peine à vivre plus content.
LYSANDRE.
Il se peut asseurer du bonheur qu'il prétend ,

DU PALAIS.

J'y donneray bon ordre. Adieu, le temps me presse,
Et je viens de sortir d'auprès de ma Maîtresse,
Quelques commissions dont elle m'a chargé
M'obligent maintenant à prendre ce congé.

SCENE IV.

DORIMANT, FLORICE.

DORIMANT seul.

Dieux, qu'il est mal-aisé qu'une ame bien atteinte
Conçoive de l'espoir qu'avec un peu de crainte !
Je doy toute croyance à la foy d'un amy,
Et n'ose cependant m'y fier qu'à demy.
Hyppolite d'un mot chasseroit ce caprice.
Est-elle encor en haut ?

FLORICE.
Encor.

DORIMANT.
Adieu, Florice,
Nous la verrons demain.

SCENE V.

HYPPOLITE, FLORICE.

FLORICE.
Il vient de s'en aller,
Sortez.

HYPPOLITE.
Mais falloit-il ainsi me rappeller,
Me supposer ainsi des ordres d'une mére ?
Sans mentir contre toy j'en suis toute en colére

A peine ay-je attiré Lysandre en nos discours,
Que tu viens par plaisir en arréter le cours.
FLORICE.
Et bien, prenez-vous-en à mon impatience
De vous communiquer un trait de ma science.
Cét avis important tombé dans mon esprit
Méritoit qu'auſſi-toſt Hyppolite l'apprit,
Je vay ſans perdre temps y diſpoſer Aronte.
HYPPOLITE.
J'ay la mine après tout d'y trouver mal mon conte.
FLORICE.
Je ſçay ce que je fais, & ne perds point mes pas :
Mais de voſtre coſté ne vous épargnez pas,
Mettez tout voſtre eſprit à bien mener la ruſe.
HYPPOLITE.
Il ne faut point par là te préparer d'excuſe,
Va, ſuivant le ſuccés je veux à l'avenir
Du mal que tu m'as fait perdre le ſouvenir.

SCENE VI.
HYPPOLYTE, CELIDEE.

HYPPOLITE *frappant à la porte de Célidée.*

Celidée, és-tu-là?
CELIDEE.
Que me veut Hyppolite?
HYPPOLITE.
Délaſſer mon eſprit une heure en ta viſite.
Que j'ay depuis un jour un importun amant!
Et que pour mon malheur je plais à Dorimant?
CELIDEE.
Ma ſœur, que me dis-tu? Dorimant t'importune!
Quoy! j'enviois déja ton heureuſe fortune,

Et déja dans l'esprit je sentois quelque ennuy
D'avoir connu Lysandre auparavant que luy.
HYPPOLITE.
Ah! ne me raille point, Lysandre qui t'engage
Est le plus accomply des hommes de son âge.
CELIDEE.
Je te jure, à mes yeux l'autre l'est bien autant,
Mon cœur a de la peine à demeurer constant,
Et pour te découvrir jusqu'au fond de mon ame,
Ce n'est plus que ma foy qui conserve ma flame,
Lysandre me déplaist de me vouloir du bien :
Plûst aux Dieux que son change autorisast le mien,
Ou qu'il usast vers moy de tant de négligence,
Que ma legereté se pûst nommer vengeance.
Si j'avois un prétexte à me mécontenter,
Tu me verrois bien-tost resoudre à le quitter.
HYPPOLITE.
Simple, présumes-tu qu'il devienne volage,
Tant qu'il verra l'Amour régner sur ton visage ?
Ta flame trop visible entretient ses ferveurs,
Et ses feux dureront autant que tes faveurs.
CELIDEE.
Il semble à t'écouter que rien ne le retienne
Que parce que sa flame à l'aveu de la mienne.
HYPPOLITE.
Que sçay-je ? il n'a jamais éprouvé tes rigueurs,
L'Amour en mesme temps sçeut embraser vos cœurs,
Et mesme j'ose dire, après beaucoup de monde,
Que sa flame vers toy ne fut que la seconde.
Il se vit accepter avant que de s'offrir,
Il ne vit rien à craindre, il n'eut rien à souffrir,
Il vit sa récompense acquise avant la peine,
Et devant le combat sa victoire certaine.
Un homme est bien crüel quand il ne donne pas
Un cœur qu'on luy demande avecque tant d'appas,
Qu'à ce prix la constance est une chose aisée,
Et qu'autrefois par là je me vis abusée !

Alcidor que mes yeux avoient si fort épris.
Courut au changement dès le premier mépris.
La force de l'Amour paroit dans la souffrance,
Je le tiens fort douteux s'il a tant d'asseurance,
Qu'on en voit s'affoiblir pour un peu de longueur!
Et qu'on en voit céder à la moindre rigueur!

CELIDEE.

Je connoy mon Lysandre, & sa flame est trop forte
Pour tomber en soupçon qu'il m'aime de la sorte :
Toutefois un dédain éprouvera ses feux,
Ainsi, quoy qu'il en soit, j'auray ce que je veux,
Il me rendra constante, ou me fera volage;
S'il m'aime, il me retient; s'il change, il me dégage;
Suivant ce qu'il aura d'amour, ou de froideur,
Je suivray ma nouvelle, ou ma prémiére ardeur.

HYPPOLITE.

En vain tu t'y résous, ton ame un peu contrainte
Au travers de tes yeux luy trahira ta feinte,
L'un d'eux dédira l'autre, & toûjours un soûris
Luy fera voir assez combien tu le chéris.

CELIDEE.

Ce n'est qu'un faux soupçon qui te le persüade,
J'armeray de rigueurs jusqu'à la moindre œillade,
Et régleray si bien toutes mes actions
Qu'il ne pourra juger de mes intentions.

HYPPOLITE.

Pour le moins aussi-tost que par cette conduite
Tu seras de son cœur suffisamment instruite,
S'il demeure constant, l'amour & la pitié
Avant que dire Adieu renoûront l'amitié?

CELIDEE.

Il va bien-tost venir, va-t'en & sois certaine
De ne voir d'aujourd'huy Lysandre hors de peine.

HYPPOLITE.

Et demain ?   CELIDEE.
    Je t'iray conter ses mouvemens,
Et touchant l'avenir prendre tes sentimens.

DU PALAIS.

O Dieux ! si je pouvois changer sans infamie ?
HYPPOLITE.
Adieu, n'épargne en rien ta plus fidelle amie.

SCENE VII.
CELIDEE.

Quel étrange combat ! je meurs de le quitter,
Et mon reste d'amour ne le peut mal traiter,
Mon ame veut & n'ose, & bien que refroidie
N'aura trait de mépris, si je ne l'étudie,
Tout ce que mon Lysandre a de perfections
Se vient offrir en foule à mes affections,
Je voy mieux ce qu'il vaut lors que je l'abandonne,
Et déja la grandeur de ma perte m'étonne.
Pour régler sur ce point mon esprit balancé,
J'attens ses mouvemens sur mon dédain forcé,
Ma feinte éprouvera si son amour est vraye;
Helas ! ses yeux me font une nouvelle playe.
Prépare-toy, mon cœur, & laisse à mes discours
Assez de liberté pour trahir mes amours.

SCENE VIII.
LYSANDRE, CELIDEE.
CELIDEE.

Quoy ? j'auray donc de vous encor une visite !
Vraiment pour aujourd'huy je m'en estimois
quitte.
LYSANDRE.
Une par jour suffit, si tu veux endurer,
Qu'autant comme le jour je la fasse durer.

CELIDEE.

Pour douce que nous soit l'ardeur qui nous consume,
Tant d'importunité n'est point sans amertume.
LYSANDRE.
Au lieu de me donner ces appréhensions
Appren ce que j'ay fait sur tes commissions.
CELIDEE.
Je ne vous en chargeay qu'afin de me défaire
D'un entretien chargeant & qui m'alloit déplaire.
LYSANDRE.
Depuis quand donnez-vous ces qualitez aux miens?
CELIDEE.
Depuis que mon esprit n'est plus dans vos liens.
LYSANDRE.
Est-ce donc par gageure, ou par galanterie?
CELIDEE.
Ne vous flatez point tant que ce soit raillerie,
Ce que j'ay dans l'esprit je ne le puis celer,
Et ne suis pas d'humeur à rien dissimuler.
LYSANDRE.
Quoy? que vous ay-je fait? d'où provient ma disgrace?
Quel sujet avez-vous d'estre pour moy de glace?
Ay-je manqué de soins? ay-je manqué de feux?
Vous ay-je desrobé le moindre de mes vœux?
Ay-je trop peu cherché l'heur de vostre presence?
Ay-je eu pour d'autres yeux la moindre complaisance?
CELIDEE.
Tout cela n'est qu'autant de propos superflus,
Je voulus vous aimer, & je ne le veux plus;
Mon feu fut sans raison, ma glace l'est de mesme,
Si l'un eut quelque excés, je rendray l'autre extresme.
LYSANDRE.
Par cette extrémité vous avancez ma mort.
CELIDEE.
Il m'importe fort peu quel sera vostre sort.

DU PALAIS.

LYSANDRE.
Quelle nouvelle amour, ou plûtost quel caprice
Vous porte à me traiter avec cette injustice?
Vous, de qui le serment m'a receu pour époux?
CELIDEE.
J'en perds le souvenir aussi-bien que de vous.
LYSANDRE.
Evitez-en la honte & fuyez-en le blâme.
CELIDEE.
Je les veux accepter pour peines de ma flame.
LYSANDRE.
Un reproche éternel suit ce tour inconstant.
CELIDEE.
Si vous me voulez plaire, il en faut faire autant.
LYSANDRE.
Est-ce-là donc le prix de vous avoir servie?
Ah, cessez vos mépris, ou me privez de vie.
CELIDEE.
Et bien, soit, un Adieu les va faire cesser,
Aussi-bien ce discours ne fait que me lasser.
LYSANDRE.
Ah, redouble plûtost ce dédain qui me tuë,
Et laisse-moy le bien d'expirer à ta veuë,
Que j'adore tes yeux, tous crüels qu'ils me sont,
Qu'ils reçoivent mes vœux pour le mal qu'ils me font,
Invente à me gesner quelque rigueur nouvelle,
Traite, si tu le veux, mon ame en criminelle,
Dy que je suis ingrat, appelle-moy leger,
Impute à mes amours la honte de changer,
Dedans mon desespoir fais éclater ta joye,
Et tout me sera doux, pourveu que je te voye.
Tu verras tes mépris n'ébranler point ma foy,
Et mes derniers soûpirs ne voler qu'après toy:
Ne crains point de ma part de reproche, ou d'injure,
Je ne t'appelleray ny lasche, ny parjure,
Mon feu supprimera ces titres odieux,
Mes douleurs céderont au pouvoir de tes yeux,

Mon feu supprimera ces titres odieux,
Mes douleurs céderont au pouvoir de tes yeux,
Et mon fidelle amour malgré leur vive atteinte
Pour t'adorer encor étouffera ma plainte.
CELIDEE.
Adieu, quelques encens que tu veuilles m'offrir,
Je ne me sçaurois plus résoudre à les souffrir.

SCENE IX.
LYSANDRE.

Celidée, ah tu fuis ! tu fuis donc, & tu n'oses
Faire tes yeux témoins d'un trépas que tu causes,
Ton esprit insensible à mes feux innocens
Craint de ne l'estre pas aux douleurs que je sens,
Tu crains que la pitié qui se glisse en ton ame
N'y rejette un rayon de ta premiere flame,
Et qu'elle ne t'arrache un soudain repentir,
Malgré tout cet orgueil qui n'y peut consentir.
Tu vois qu'un desespoir dessus mon front exprime
En mille traits de feu mon ardeur & ton crime,
Mon visage t'accuse, & tu vois dans mes yeux
Un portrait que mon cœur conserve beaucoup mieux.
Tous mes soins, tu le sçais, furent pour Célidée,
La nuit ne m'a jamais retracé d'autre idée,
Et tout ce que Paris a d'objets ravissans
N'a jamais ébranlé le moindre de mes sens.
Ton éxemple à changer en vain me sollicite,
Dans ta volage humeur j'adore ton mérite,
Et mon amour plus fort que mes ressentimens
Conserve sa vigueur au milieu des tourmens.
Revien, mon cher soucy, puis qu'aprés tes défenses
Mes plus vives ardeurs sont pour toy des offenses,

Voy comme je persiste à te desobeïr,
Et par là, si tu peux pren droit de me haïr.
Fol, je présume ainsi r'appeller l'inhumaine,
Qui ne veut pas avoir de raisons à sa haine ?
Puisqu'elle a sur mon cœur un pouvoir absolu,
Il luy suffit de dire, *ainsi je l'ay voulu.*
Crüelle, tu le veux ! c'est donc ainsi qu'on traite
Les sincéres ardeurs d'une amour si parfaite !
Tu me veux donc trahir, tu le veux, & ta foy
N'est qu'un gage frivole à qui vit sous ta loy !
Mais je veux l'endurer, sans bruit, sans résistance,
Tu verras ma langueur, & non mon inconstance,
Et de peur de t'oster un captif par ma mort,
J'attendray ce bonheur de mon funeste sort.
Jusque-là mes douleurs publiant ta victoire
Sur mon front pallissant éleveront ta gloire,
Et sçauront en tous lieux hautement témoigner
Que sans me refroidir tu m'as pû dédaigner.

Fin du second Acte.

ACTE III.

SCENE PREMIERE.

LYSANDRE, ARONTE.

LYSANDRE.

Tu me donnes, Aronte, un étrange reméde !

ARONTE.

Souverain toutefois au mal qui vous posséde :
Croyez-moy, j'en ay veu des succès merveilleux
A remettre au devoir ces esprits orgueilleux.
Quand on leur sçait donner un peu de jalousie,
Ils ont bien-tost quitté ces traits de fantaisie ;
Car enfin tout l'éclat de ces emportemens
Ne peut avoir pour but de perdre leurs Amans.

LYSANDRE.

Que voudroit donc par là mon ingrate Maîtresse ?

ARONTE.

Elle vous joüe un tour de la plus haute adresse.
Avez-vous bien pris garde au temps de ses mépris ?
Tant qu'elle vous a crû legerement épris,
Que vostre chaîne encor n'étoit pas assez forte,
Vous a-t'elle jamais gouverné de la sorte ?
Vous ignoriez alors l'usage des soûpirs,
Ce n'étoient que douceurs, ce n'étoient que plaisirs :
Son esprit avisé vouloit par cette ruse
Etablir un pouvoir dont maintenant elle use.

Remar-

Remarquez-en l'adreſſe, elle fait vanité
De voir dans ſes dédains voſtre fidélité,
Voſtre humeur endurante à ces rigueurs l'invite,
On voit par là vos feux, par vos feux ſon mérite,
Et cette fermeté de vos affections
Montre un effet puiſſant de ſes perfections.
Oſez-vous eſpérer qu'elle ſoit plus humaine,
Puiſque ſa gloire augmente augmentant voſtre peine?
Rabatez cét orgueil, faites-luy ſoupçonner
Que vous vous en piquez juſqu'à l'abandonner:
La crainte d'en voir naiſtre une ſi juſte ſuite
A vivre comme il faut l'aura bien-toſt réduite,
Elle en fuira la honte; & ne ſouffrira pas
Que ce change s'impute à ſon manque d'appas.
Il eſt de ſon honneur d'empeſcher qu'on préſume
Qu'on éteigne aiſément les flames qu'elle allume?
Feignez d'aimer quelqu'autre, & vous verrez alors
Combien à vous reprendre elle fera d'efforts.

LYSANDRE.
Mais peux-tu me juger capable d'une feinte?

ARONTE.
Pouvez-vous trouver rude un moment de contrainte?

LYSANDRE.
Je trouve ſes mépris plus doux à ſupporter.

ARONTE.
Pour les faire finir il faut les imiter.

LYSANDRE.
Faut-il eſtre inconſtant pour la rendre fidelle?

ARONTE.
Il faut ſouffrir toûjours, ou déguiſer comme elle.

LYSANDRE.
Que de raiſons, Aronte, à combattre mon cœur,
Qui ne peut adorer que ſon prémier vainqueur!
Du moins auparavant que l'effet en éclate,
Fais un effort pour moy, va trouver mon ingrate,
Mets-luy devant les yeux mes ſervices paſſez,
Mes feux ſi bien receus, ſi mal récompenſez,

L'excès de mes tourmens & de ses injustices,
Employe à la gagner tes meilleurs artifices ;
Que n'obtiendras-tu point par ta dextérité,
Puisque tu viens à bout de ma fidélité ?
ARONTE.
Mais mon possible fait, si cela ne succéde ?
LYSANDRE.
Je feindray dés demain qu'Aminte me posséde.
ARONTE.
Aminte ! Ah, commencez la feinte dès demain,
Mais n'allez point courir au fauxbourg saint Germain
Et quand penseriez-vous que cette ame crüelle
Dans le fond du Marais en receust la Nouvelle ?
Vous seriez tout un siécle à luy vouloir du bien,
Sans que vostre arrogante en apprist jamais rien.
Puisque vous voulez feindre, il faut feindre à sa veuë,
Qu'aussi-tost vostre feinte en puisse estre aperceuë,
Qu'elle blesse les yeux de son esprit jaloux,
Et porte jusqu'au cœur d'inévitables coups.
Ce sera faire au vostre un peu de violence,
Mais tout le fruit consiste à feindre en sa presence.
LYSANDRE.
Hyppolyte en ce cas seroit fort à propos,
Mais je crains qu'un amy en perdist le repos ;
Dorimant dont ses yeux ont charmé le courage
Autant que Célidée en auroit de l'ombrage.
ARONTE.
Vous verrez si soudain rallumer son amour,
Que la feinte n'est pas pour durer plus d'un jour,
Et vous aurez après un sujet de risée
Des soupçons mal fondez de son ame abusée.
LYSANDRE.
Va trouver Célidée, & puis nous résoudrons
En ces extrémitez quel avis nous prendrons.

SCENE II.
ARONTE, FLORICE.

ARONTE seul.

Sans que pour l'appaiser je me rompe la teste,
Mon message est tout fait, & sa réponse preste.
Bien loin que mon discours pûst la persuader,
Elle n'aura jamais voulu me regarder,
Une prompte retraite au seul nom de Lysandre,
C'est par où ses dédains se feront fait entendre.
Mes amours du passé ne m'ont que trop appris
Avec quelles couleurs il faut peindre un mépris,
A peine faisoit-on semblant de me connoistre,
De sorte...

FLORICE.
Aronte, & bien, qu'as-tu fait vers ton maistre?
Le verrons-nous bien-tost?

ARONTE.
N'en sois plus en soucy,
Dans une heure au plus tard je te le rends icy.

FLORICE.
Prest à luy témoigner...

ARONTE.
Tout prest. Adieu, je tremble.
Que de chez Célidée on ne nous voye ensemble.

SCENE III.
HYPPOLYTE, FLORICE.

HYPPOLITE.
D'Où vient que mon abord l'oblige à te quitter?
FLORICE.
Tant s'en faut qu'il vous fuye, il vient de me conter...
Toutefois, je ne sçay si je vous le doy dire.
HYPPOLITE.
Que tu te plais, Florice, à me mettre en martyre!
FLORICE.
Il faut vous préparer à des raviſſemens...
HYPPOLYTE.
Ta longueur m'y prépare avec bien des tourmens,
Dépesche, ces discours font mourir Hyppolite.
FLORICE.
Mourez donc promptement, que je vous reſſuſcite.
HYPPOLYTE.
L'insupportable femme! enfin diras-tu rien?
FLORICE.
L'impatiente fille! enfin tout ira bien.
HYPPOLITE.
Enfin tout ira bien, ne sçauray-je autre chose?
FLORICE.
Il faut que voſtre esprit là-dessus se repose,
Vous ne pouviez tantoſt souffrir de longs propos,
Et pour vous obliger j'ay tout dit en trois mots,
Mais ce que maintenant vous n'en pouvez apprendre,
Vous l'apprendrez bien-toſt plus au long de Lyſandre.
HYPPOLYTE.
Tu te flates mon cœur que d'un espoir confus.
FLORICE.
Parlez à voſtre amie, & ne vous faschez plus.

SCENE IV.

CELIDEE, HYPPOLITE, FLORICE.

CELIDEE.

Mon abord importun rompt vostre conférence,
Tu m'en voudras du mal.

HYPPOLITE.

Du mal ? & l'apparence ?
Je ne sçay pas aimer de si mauvaise foy,
Et tout à l'heure encor je luy parlois de toy.

CELIDEE.

Je me retire donc afin que sans contrainte...

HYPPOLITE.

Quitte cette grimace, & mets à part la feinte :
Tu fais la reservée en ces occasions,
Mais tu meurs de sçavoir ce que nous en disions.

CELIDEE.

Tu meurs de le conter plus que moy de l'apprendre,
Et tu prendrois pour crime un refus de l'entendre.
Puis donc que tu le veux, ma curiosité...

HYPPOLITE.

Vraiment tu me confons de ta civilité.

CELIDEE.

Voilà de tes détours, & comme tu différes
A me dire en quel point vous teniez mes affaires.

HYPPOLITE.

Nous parlions du dessein d'éprouver ton Amant.
Tu l'as veu reüssir à ton contentement ?

CELIDEE.

Je viens te voir exprès pour t'en dire l'issuë.
Que je m'en suis trouvée heureusement deceuë !
Je présumois beaucoup de ses affections,
Mais je n'attendois pas tant de submissions.

M iij

Jamais le desespoir qui saisit son courage
N'en pût tirer un mot à mon desavantage,
Il tenoit mes dédains encor trop précieux,
Et ses reproches mesme étoient officieux.
Aussi ce grand amour a rallumé ma flame,
Le change n'a plus rien qui chatoüille mon ame,
Il n'a plus de douceurs pour mon esprit flotant,
Aussi ferme à present qu'il le croit inconstant.
FLORICE.
Quoy que vous ayez veu de sa persévérance,
N'en prenez pas encore une entiére asseurance.
L'espoir de vous fléchir a pû le prémier jour
Jetter sur son dépit ces beaux dehors d'amour;
Mais vous verrez bien-tost que pour qui le méprise
Toute legéreté luy semblera permise.
J'ay veu des amoureux de toutes les façons.
HYPPOLITE.
Cette bizarre humeur n'est jamais sans soupçons,
L'avantage qu'elle a d'un peu d'expérience
Tient éternellement son ame en défiance;
Mais ce qu'elle te dit ne vaut pas l'écouter.
CELIDEE.
Et je ne suis pas fille à m'en épouvanter.
Je veux que ma rigueur à tes yeux continuë,
Et lors sa fermeté te sera mieux connuë.
Tu ne verras des traits que d'un amour si fort,
Que Florice elle-mesme avoûra qu'elle a tort.
HYPPOLITE.
Ce sera trop long-temps luy paroistre crüelle.
CELIDEE.
Tu connoistras par là combien il m'est fidelle.
Le Ciel à ce dessein nous l'envoye à propos.
HYPOLITE.
Et quand te resous tu de le mettre en repos?
CELIDEE.
Trouve bon, je te prie, après un peu de feinte,
Que mes feux violens s'expliquent sans contrainte,

DU PALAIS.

Et pour le rappeller des portes du trépas,
Si j'en dis un peu trop, ne t'en offense pas.

SCENE V.

LYSANDRE, CELIDEE, HYPPOLITE, FLORICE.

LYSANDRE.

MErveille des beautez, seul objet qui m'engage...

CELIDEE.

N'oublierez-vous jamais cét importun langage ?
Vous obstiner encore à me persécuter
C'est prendre du plaisir à vous voir maltraiter.
Perdez mon souvenir avec vostre espérance,
Et ne m'accablez plus de cette déférence :
Il faut pour m'arrester des entretiens meilleurs.

LYSANDRE.

Quoy ? vous prenez pour vous ce que j'adresse ailleurs ?
Adore qui voudra vostre rare mérite,
Un change heureux me donne à la belle Hyppolite.
Mon sort en cela seul a voulu me trahir,
Qu'en ce change mon cœur semble vous obéïr,
Et que mon feu passé vous va rendre si vaine,
Que vous imputerez ma flame à vostre haine,
A vostre orgueil nouveau mes nouveaux sentimens,
L'effet de ma raison à vos commandemens.

CELIDEE.

Tant s'en faut que je prenne une si triste gloire,
Je chasse mes dédains mesme de ma memoire,
Et dans leur souvenir rien ne me semble doux,
Puisqu'en le conservant je penserois à vous.

LYSANDRE à *Hyppolite*.

Beauté de qui les yeux nouveaux Rois de mon ame
Me font estre leger sans en craindre le blasme...

HYPPOLITE.

Ne vous emportez point à ces propos perdus,
Et cessez de m'offrir des vœux qui luy sont dûs,
Je pense mieux valoir que le refus d'une autre ;
Si vous voulez venger son mépris par le vostre,
Ne venez point du moins m'enrichir de son bien,
Elle vous traite mal, mais elle n'aime rien ;
Vous, faites-en autant, sans chercher de retraite
Aux importunitez dont elle s'est défaite.

LYSANDRE.

Que son exemple encor réglast mes actions !
Cela fut bon du temps de mes affections.
A present que mon cœur adore une autre Reine,
A present qu'Hyppolite en est la souveraine...

HYPPOLITE.

C'est elle seulement que vous voulez flater.

LYSANDRE.

C'est elle seulement que je dois imiter.

HYPPOLITE.

Sçavez-vous donc à quoy la raison vous oblige ?
C'est à me négliger, comme je vous néglige.

LYSANDRE.

Je ne puis imiter ce mépris de mes feux,
A moins qu'à vostre tour vous m'offriez des vœux,
Donnez-m'en les moyens, vous en verrez l'issuë.

HYPPOLITE.

J'appréhenderois fort d'estre trop bien receuë,
Et qu'au lieu du plaisir de me voir imiter,
Je n'eusse que l'honneur de me faire écouter,
Pour n'avoir que la honte après de me dédire.

LYSANDRE.

Souffrez donc que mon cœur sans exemple soû-
   pire,
Qu'il aime sans exemple, & que mes passions
S'égalent seulement à vos perfections.
Je vaincray vos rigueurs par mon humble service,
Et ma fidélité...

DU PALAIS.
CELIDEE.
Viens avec moy, Florice,
J'ay des nippes en haut que je veux te montrer.

SCENE VI.
HYPPOLITE, LYSANDRE.

HYPPOLITE.
Quoy, sans la retenir vous la laissez rentrer !
Allez, Lysandre, allez, c'est assez de contraintes,
J'ay pitié du tourment que vous donnent ces feintes,
Suivez ce bel objet dont les charmes puissans
Sont & seront toûjours absous sur vos sens.
Quoy qu'après ses dédains un peu d'orgueil publie,
Son mérite est trop grand pour souffrir qu'on l'oublie,
Elle a des qualitez, & de corps, & d'esprit,
Dont pas un cœur donné jamais ne se reprit.
LYSANDRE.
Mon change fera voir l'avantage des vostres,
Qu'en la comparaison des unes & des autres
Les siennes desormais n'ont qu'un éclat terny,
Que son mérite est grand, & le vostre infiny.
HYPPOLITE.
Que j'emporte sur elle aucune préférence !
Vous tenez des discours qui sont hors d'apparence,
Elle me passe en tout, & dans ce changement
Chacun vous blasmeroit de peu de jugement.
LYSANDRE.
M'en blasmer en ce cas c'est en manquer soy-mesme,
Et choquer la raison qui veut que je vous aime.
Nous sommes hors du temps de cette vieille erreur
Qui faisoit de l'amour une aveugle fureur,
Et l'ayant aveuglé, luy donnoit pour conduite
Le mouvement d'une ame, & surprise, & séduite.

M v.

Ceux qui l'ont peint sans yeux ne le connoissoient pas,
C'est par les yeux qu'il entre, & nous dit vos appas,
Lors nostre esprit en juge, & suivant le merite
Il fait croistre une ardeur que cette veuë excite.
Si la mienne pour vous se relasche un moment,
C'est lors que je croiray manquer de jugement,
Et la mesme raison qui vous rend admirable
Doit rendre comme vous ma flame incomparable.
HYPPOLYTE.
Epargnez avec moy ces propos affetez,
Encor hier Célidée avoit ces qualitez,
Encor hier en merite elle étoit sans pareille ;
Si je suis aujourd'huy cette unique merveille,
Demain quelqu'autre objet dont vous suivrez la loy
Gagnera vostre cœur, & ce titre sur moy.
Un esprit inconstant a toûjours cette adresse.

SCENE VII.

CHRYSANTE, PLEIRANTE, HYPPOLITE, LISANDRE.

CHRYSANTE.

Monsieur, j'aime ma fille avec trop de tendresse
Pour la vouloir contraindre en ses affections.
PLEIRANTE.
Madame, vous sçaurez ses inclinations,
Elle voudra vous plaire, & je l'en voy soûrire.
Allons, mon Cavalier, j'ay deux mots à vous dire.
CHRYSANTE.
Vous en aurez réponse avant qu'il soit trois jours.

SCENE VIII.

CHRYSANTE, HYPPOLITE.

CHRYSANTE.

Devinerois-tu bien quels étoient nos discours ?
HYPPOLITE.
Il vous parloit d'amour, peut-estre ?
CHRYSANTE.
      Ouy, que t'en semble ?
HYPPOLITE.
D'âge presque pareils vous seriez bien ensemble.
CHRYSANTE.
Tu me donne vraiment un gracieux détour,
C'étoit pour ton sujet qu'il me parloit d'amour.
HYPPOLITE.
Pour moy, ces jours passez un Poéte qui m'adore
(Du moins à ce qu'il dit) m'égaloit à l'Aurore,
Je me raillois alors de sa comparaison,
Mais si cela se fait, il avoit bien raison.
CHRYSANTE.
Avec tout ce babil tu n'ès qu'une étourdie,
Le bon-homme est bien loin de cette maladie ;
Il veut te marier, mais c'est à Dorimant ;
Voy si tu te résous d'accepter cét amant.
HYPPOLITE.
Dessus tous mes desirs vous êtes absoluë,
Et si vous le voulez, m'y voila résoluë,
Dorimant vaut beaucoup, je vous le dy sans fard ;
Mais remarquez un peu le trait de ce vieillard.
Lysandre si long-temps a bruslé pour sa fille,
Qu'il en faisoit déja l'appuy de sa famille ;
A present que ses feux ne sont plus que pour moy,
Il voudroit bien qu'un autre eust engagé ma foy ;

M vj

Afin que sans espoir dans cette amour nouvelle
Un nouveau changement le ramenast vers elle.
N'avez-vous point pris garde, en vous disant Adieu,
Qu'il a presque arraché Lysandre de ce lieu ?
CHRYSANTE.
Simple, ce qu'il en fait ce n'est qu'à sa priére,
Et Lysandre tient mesme à faveur singuliére...
HYPPOLITE.
Je sçay que Dorimant est un de ses amis,
Mais vous voyez d'ailleurs que le Ciel a permis
Que pour mieux vous montrer que tout n'est qu'arti- (fice
Lysandre me faisoit ses offres de service.
CHRYSANTE.
Aucun des deux n'est homme à se joüer de nous,
Quelque secret myſtére est caché là dessous.
Allons, pour en tirer la vérité plus claire,
Seules dedans ma chambre éxaminer l'affaire,
Icy quelque importun pourroit nous aborder.

SCENE IX.

HYPPOLYTE, FLORICE.

HYPPOLITE.
J'Auray bien de la peine à la persuader.
Ah, Florice, en quel point laisses-tu Célidée ?
FLORICE.
De honte & de dépit tout à fait possédée.
HYPPOLITE.
Que t'a-t'elle montré ?
FLORICE.
              Cent choses à la fois,
Selon que le hazard les mettoit sous ses doigts.
Ce n'étoit qu'un prétexte à faire sa retraite.
HYPPOLITE.
Elle t'a témoigné d'estre fort satisfaite ?

DU PALAIS.
FLORICE.
Sans que je vous amuse en discours superflus
Son visage suffit pour juger du surplus.

HYPPOLITE *regarde Célidée.*

Ses pleurs ne se sçauroient empescher de descendre,
Et j'en aurois pitié, si je n'aimois Lysandre.

SCENE X.
CELIDEE.

INfidelles témoins d'un feu mal allumé,
Soyez-les de ma honte, & vous fondant en larmes,
Punissez-vous, mes yeux, d'avoir trop présumé
   Du pouvoir de vos charmes.
De quoy vous a servy d'avoir sçeu me flater,
D'avoir pris le party d'un ingrat qui me trompe,
S'il ne fit le constant qu'afin de me quitter
   Avecque plus de pompe ?
Quand je m'en veux défaire, il est parfait Amant,
Quand je veux le garder, il n'en fait plus de conte,
Et n'ayant pû le perdre avec contentement,
   Je le perds avec honte.
Ce que j'eus lors de joye augmente mon regret,
Par là, mon desespoir davantage se pique,
Quand je le crûs constant, mon plaisir fut secret,
   Et ma honte est publique.
Le traistre avoit senty qu'alors me négliger
C'étoit à Dorimant livrer toute mon ame,
Et la constance plût à cét esprit leger,
   Pour amortir ma flâme.
Autant que j'eus de peine à l'éteindre en naissant,
Autant m'en faudra-t'il à la faire renaistre ;
De peur qu'à cet amour d'estre encor impuissant,
   Il n'ose plus paroistre.

Outre que de mon cœur pleinement exilé,
Et n'y conservant plus aucune intelligence,
Il est trop glorieux pour n'estre rappelé
           Qu'à servir ma vengeance.
Mais j'apperçoy celuy qui le porte en ses yeux.
Courage donc, mon cœur, espérons un peu mieux,
Je sens bien que déja devers luy tu t'envoles,
Mais pour t'accompagner je n'ay point de paroles,
Ma honte & ma douleur surmontant mes desirs
N'en laissent le passage ouvert qu'à mes soûpirs.

SCENE XI.

DORIMANT, CELIDEE, CLEANTE.

DORIMANT.

Dans ce profond penser, passe, triste, abatuë,
Ou quelque grãd malheur de Lysandre vous tuë?
Ou bien-tost vos douleurs l'accableront d'ennuis.

CELIDEE.

Il est cause en effet de l'état où je suis,
Non pas en la façon qu'un amy s'imagine,
Mais....

DORIMANT.

Vous n'achevez point, faut-il que je devine?

CELIDEE.

Permettez que je cede à la confusion
Qui m'étouffe la voix en cette occasion,
J'ay d'incroyables traits de Lysandre à vous dire,
Mais ce reste du jour souffrez que je respire,
Et m'obligez demain que je vous puisse voir.

DORIMANT.

De sorte qu'à present on n'en peut rien sçavoir?
Dieux! elle se desrobe, & me laisse en un doute.
Poursuivons toutefois nostre première route,

DU PALAIS.

Peut-eſtre ces beaux yeux dont l'éclat me ſurprit
De ce faſcheux ſoupçon purgeront mon eſprit.
Frape.

SCENE XII.

DORIMANT, FLORICE, CLEANTE.

FLORICE.

Que vous plaiſt-il ?

DORIMANT.

Peut-on voir Hyppolite ?

FLORICE.

Elle vient de ſortir pour faire une viſite.

DORIMANT.

Ainſi tout aujourd'huy mes pas ont eſté vains.
Florice, à ce defaut fay-luy mes baiſe-mains.

FLORICE *ſeule.*

Ce ſont des complimens qu'il fait mauvais luy faire,
Depuis que ce Lyſandre a taſché de luy plaire,
Elle ne veut plus eſtre au logis que pour luy.
Et tous autres devoirs luy donnent de l'ennuy.

Fin du troiſième Acte.

ACTE IV.

SCENE PREMIERE.

HYPPOLYTE, ARONTE.

HYPPOLITE.

A Cét excès d'amour qu'il me faisoit paroistre,
Je me croyois déja Maîtresse de ton maistre,
Tu m'as fait grand dépit de me désabuser.
Qu'il a l'esprit adroit quand il veut déguiser.
Et que pour mettre en jour ces complimens frivoles,
Il sçait bien ajuster ses yeux à ses paroles !
Mais je me promets tant de ta dextérité,
Qu'il tournera bien-tost la feinte en vérité.

ARONTE.

Je n'ose l'esperer, sa passion trop forte
Déja vers son objet malgré moy le remporte,
Et comme s'il avoit reconnu son erreur,
Vos yeux luy sont à charge, & sa feinte en horreur.
Mesme il m'a commandé d'aller vers sa crüelle,
Luy jurer que son cœur n'a bruslé que pour elle,
Attaquer son orgueil par des submissions...

HYPPOLITE.

J'entens assez le but de tes commissions,
Tu vas tascher pour luy d'amollir son courage.

ARONTE.

J'employe auprès de vous le temps de ce message,

DU PALAIS.

Et la feray parler tantost à mon retour
D'une façon mal propre à donner de l'amour :
Mais après mon rapport, si son ardeur extrême
Le résout à porter son message luy-mesme,
Je ne répons de rien, l'amour qu'ils ont tous deux
Vaincra nostre artifice, & parlera pour eux.

HYPPOLITE.

Sa Maîtresse éblouïye ignore encor ma flame,
Et laisse à mes conseils tout pouvoir sur son ame :
Ainsi tout est à nous, s'il ne faut qu'empescher
Qu'un si fidelle Amant n'en puisse rapprocher.

ARONTE.

Qui pourroit toutefois en détourner Lysandre,
Ce seroit le plus seur.

HYPPOLITE.

N'oses-tu l'entreprendre ?

ARONTE.

Donnez-moy les moyens de le rendre jaloux,
Et vous verrez après fraper d'étranges coups.

HYPPOLITE.

L'autre jour Dorimant toucha fort ma rivale,
Jusque-là qu'entre eux deux son ame étoit égale,
Mais Lysandre depuis endurant sa rigueur
Luy montra tant d'amour qu'il regagna son cœur.

ARONTE.

Donc à voir Célidée & Dorimant ensemble,
Quelque Dieu qui vous aime aujourd'huy les assemble.

HYPPOLITE.

Fay-les voir à ton maistre, & ne perds point ce temps,
Puisque de là dépend le bon-heur que j'attens.

SCENE II.

DORIMANT, CELIDEE, ARONTE.

DORIMANT.

ARonte, un mot, tu fuis, crains-tu que je te voye?

ARONTE.

Non, mais pressé d'aller où mon maistre m'envoye,
J'avois doublé le pas sans vous apercevoir.

DORIMANT.

D'où viens-tu ?

ARONTE.

D'un logis vers la Croix du Tiroir.

DORIMANT.

C'est donc en ce Marais que finit ton voyage ?

ARONTE.

Non, je cours au Palais faire encor un message.

DORIMANT.

Et c'en est le chemin de passer par icy ?

ARONTE.

Souffrez que j'aille oster mon maistre de soucy,
Il meurt d'impatience à force de m'attendre.

DORIMANT.

Et touchant mes amours ne peux-tu rien m'appren- (dre?
As-tu veu depuis peu l'objet que je chéris ?

ARONTE.

Ouy, tantost en passant j'ay rencontré Cloris.

DORIMANT.

Tu cherches des détours, je parle d'Hyppolite.

CELIDEE.

Et c'est là seulement le discours qu'il évite.
Tu t'enferres, Aronte, & pris au dépourveu,
En vain tu veux cacher ce que nous avons veu.
Va, ne sois point honteux des crimes de ton maistre,
Pourquoy desavoüer ce qu'il fait trop paroistre ?

DU PALAIS.

Il la fert à mes yeux, cét infidelle Amant,
Et te vient d'envoyer luy faire un compliment.
Aronte rentre.

SCENE III.
DORIMANT, CELIDEE.

CELIDEE.

APrès cette retraite & ce morne filence
Pouvez-vous bien encor demeurer en balance ?

DORIMANT.

Je n'en ay que trop veu, mes yeux m'en ont trop dit,
Aronte en me parlant étoit tout interdit,
Et fa confusion portoit fur fon vifage
Affez & trop de jour pour lire fon meffage.
Traiftre, traiftre Lyfandre, eft-ce là donc le fruit
Qu'en faveur de mes feux ton amitié produit ?

CELIDEE.

Connoiffez tout à fait l'humeur de l'infidelle,
Voftre amour feulement la luy fait trouver belle.
Cét objet tout aimable, & tout parfait qu'il eft,
N'a des charmes pour luy que depuis qu'il vous plaift,
Et voftre affection de la fienne fuivie
Montre que c'eft par là qu'il en a pris envie,
Qu'il veut moins l'acquérir que vous le defrober.

DORIMAMT.

Voicy dans ce larcin qui le fait fuccomber.
En ce deffein commun de fervir Hyppolyte,
Il faut voir feul à feul qui des deux la mérite,
Son fang me répondra de fon manque de foy,
Et me fera raifon & pour vous & pour moy.
Noftre vieille union ne fait qu'aigrir mon ame,
Et mon amitié meurt voyant naiftre fa flame.

CELIDEE.
Vouloir quelque mesure entre un perfide & vous
Est-ce faire justice à ce juste couroux ?
Pouvez-vous présumer après sa tromperie
Qu'il ait dans les combats moins de supercherie ?
Certes pour le punir c'est trop vous négliger,
Et chercher à vous perdre au lieu de vous venger.
DORIMANT.
Pourriez-vous approuver que je prisse avantage
Pour immoler ce traistre à mon peu de courage ?
J'achéterois trop cher la mort du suborneur,
Si pour avoir sa vie il m'en coûtoit l'honneur,
Et montrerois une ame, & trop basse & trop noire,
De ménager mon sang aux dépens de ma gloire.
CELIDEE.
Sans les voir l'un ny l'autre en péril exposez,
Il est pour vous venger des moyens plus aisez.
Pour peu que vous fussiez de mon intelligence,
Vous auriez bien-tost pris une juste vengeance,
Et vous pourriez sans bruit oster à l'inconstant….
DORIMANT.
Quoy ? ce qu'il m'a volé ?
CELIDEE.
Non, mais du moins autant.
DORIMANT.
La foiblesse du sexe en ce point vous conseille,
Il se croit trop vengé quand il rend la pareille,
Mais suivre le chemin que vous voulez tenir,
C'est imiter son crime au lieu de le punir,
Au lieu de luy ravir une belle Maîtresse,
C'est prendre à son refus une beauté qu'il laisse,

Lysandre vient avec Aronte, qui luy fait voir Dorimant avec Célidée.

C'est luy faire plaisir, au lieu de l'affliger,
C'est souffrir un affront, & non pas se venger.
J'en perds icy le temps, Adieu, je me retire,
Mais avant qu'il soit peu si vous entendez dire

DU PALAIS.

Qu'un coup fatal & juste ait puny l'imposteur,
Vous pourrez aisément en devenir l'autheur.

CELIDEE.
De grace encor un mot. Helas ! il m'abandonne
Aux cuisans déplaisirs que ma douleur me donne ;
Rentre, pauvre abusée, & dedans tes malheurs,
Si tu ne les retiens, cache du moins tes pleurs.

SCENE IV.
LYSANDRE, ARONTE.

ARONTE.
Et bien, qu'en dites-vous, & que vous semble d'elle ?

LYSANDRE.
Hélas ! pour mon malheur tu n'ès que trop fidelle.
N'éxerce plus tes soins à me faire endurer,
Ma plus douce fortune est de tout ignorer,
Je serois trop heureux sans le rapport d'Aronte.

ARONTE.
Encor pour Dorimant, il en a quelque honte,
Vous voyant il a fuy.

LYSANDRE.
   Mais mon ingrate alors
Pour empescher sa fuite a fait tous ses efforts.
Aronte, & tu prenois ses dédains pour des feintes ?
Tu croyois que son cœur n'eust point d'autres atteintes,
Que son esprit entier se conservoit à moy,
Et parmy ses rigueurs n'oublioit point sa foy !

ARONTE.
A vous dire le vray, j'en suis trompé moy-mesme.
Apres deux ans passez dans un amour extrème,
Que sans occasion elle vinst à changer !
Je me fusse tenu coupable d'y songer.
Mais puisque sans raison un changement vous venge,

Pour punir comme il faut son infidélité,
Vous n'avez qu'à tourner la feinte en vérité.
LYSANDRE.
Misérable, est-ce ainsi qu'il faut qu'on me soulage ?
Ay-je trop peu souffert sous cette humeur volage,
Et veux-tu desormais que par un second choix
Je m'engage à souffrir encor une autre fois ?
Qui t'a dit qu'Hyppolite à cette amour nouvelle
Se rendroit plus sensible, ou seroit plus fidelle ?
ARONTE.
Vous en devez, Monsieur, présumer beaucoup mieux.
LYSANDRE.
Conseiller importun, oste-toy de mes yeux.
ARONTE.
Son ame...
LYSANDRE.
Oste-toy, dy-je, & desrobe ta teste
Aux violens effets que ma colére apreste,
Ma bouillante fureur ne cherche qu'un objet,
Va, tu l'attirerois sur un sang trop abjet.

SCENE V.
LYSANDRE.

IL faut à mon couroux de plus nobles victimes,
Il faut qu'un mesme coup me venge de deux crimes,
Qu'après les trahisons de ce couple indiscret
L'un meurt de ma main, & l'autre de regret.
Ouy, la mort de l'Amant punira la Maîtresse,
Et mes plaisirs alors naistront de sa tristesse ;
Mon cœur à qui mes yeux apprendront ses tourmens
Permettra le retour à mes contentemens ;
Ce visage si beau, si bien pourveu de charmes,
N'en aura plus pour moy s'il n'est couvert de larmes,
Ses douleurs seulement ont droit de me guérir,
Pour me resoudre à vivre il faut la voir mourir.

Frénétiques transports, avec quelle insolence
Portez-vous mon esprit à tant de violence ?
Allez, vous avez pris trop d'empire sur moy,
Doy-je estre sans raison parce qu'ils sont sans foy ?
Dorimant, Célidée, amy, chére Maîtresse,
Suivrois-je contre vous la fureur qui me presse ?
Quoy ? vous ayant aimez, pourrois-je vous hair ?
Mais vous pourrois-je aimer, quãd vous m'osez trahir ?
Qu'un rigoureux combat déchire mon courage !
Ma jalousie augmente, & redouble ma rage,
Mais quelques fiers projets qu'elle jette en mon cœur,
L'amour, ah ! ce mot seul me range à la douceur.
Celle que nous aimons jamais ne nous offense,
Un mouvement secret prend toûjours sa deffense,
L'amant souffre tout d'elle, & dans son changement,
Quelque irrité qu'il soit, il est toûjours amant.
Toutefois si l'amour contre elle m'intimide,
Revenez, mes fureurs, pour punir le perfide,
Arrachez luy mon bien, une telle beauté
N'est pas le juste prix d'une déloyauté.
Souffrirois-je à mes yeux que par ses artifices
Il recueillist les fruits dûs à mes longs services ?
S'il vous faut épargner le sujet de mes feux,
Que ce traistre du moins réponde pour tous deux,
Vous me devez son sang pour expier son crime,
Contre sa lascheté tout vous est légitime,   (icy ?
Et quelques châtimens.... Mais, Dieux ! que voy-je

SCENE VI.

HYPPOLITE, LISANDRE.

HYPPOLITE.

Vous avez dans l'esprit quelque pesant soucy,
　　Ce visage enflamé, ces yeux pleins de coléré
En font voir au dehors une marque trop claire.

Je prens assez de part en tous vos interests,
Pour vouloir en aveugle y mesler mes regrets ;
Mais si vous me disiez ce qui cause vos peines...
####### LYSANDRE.
Ah, ne m'imposez point de si cruelles gesnes,
C'est irriter mes maux que de me secourir,
La mort, la seule mort a droit de me guérir.
####### HYPPOLITE.
Si vous vous obstinez à m'en taire la cause, (se-
Tout mon pouvoir sur vous n'est que fort peu de cho-
####### LYSANDRE.
Vous l'avez souverain, horsmis en ce seul point.
####### HYPPOLITE.
Laissez-le moy par tout, ou ne m'en laissez point,
C'est n'aimer qu'à demy qu'aimer avec réserve,
Et ce n'est pas ainsi que je veux qu'on me serve.
Il faut m'apprendre tout, & lors que je vous voy,
Estre de belle humeur, ou n'estre plus à moy.
####### LYSANDRE.
Ne perdez point d'efforts à vaincre mon silence,
Vous useriez sur moy de trop de violence,
Adieu, je vous ennuye, & les grands déplaisirs
Veulent en liberté s'exhaler en soûpirs.

SCENE VII.

HYPPOLITE.

C'Est donc là tout l'état que tu fais d'Hyppolyte ?
Après des vœux offerts, c'est ainsi qu'ō me quitte?
Qu'Aronte jugeoit bien que ses feintes amours
Avant qu'il fust long-temps interromproient leur
Dans ce peu de succès des rufes de Florice (cours!
J'ay manqué de bonheur, mais non pas de malice,
Et si j'en puis jamais trouver l'occasion,
J'y mettray bien encor de la division.

Si noſtre pauvre Amant eſt plein de jalouſie,
Ma rivale qui ſort n'en eſt pas moins ſaiſie.

SCENE VIII.
HYPPOLITE, CELIDEE.
CELIDEE.

N'Ay-je pas tantoſt veu mon perfide avec vous?
Il a bien-toſt quitté des entretiens ſi doux.
HYPPOLITE.
Qu'y feroit-il, ma ſœur? ta fidelle Hyppolite
Traite cét inconſtant ainſi qu'il le mérite;
Il a beau m'en conter de toutes les façons,
Je le renvoye ailleurs pratiquer ſes leçons.
CELIDEE.
Le parjure à preſent eſt fort ſur ta loüange?
HYPPOLITE.
Il ne tient pas à luy que je ne ſois un Ange,
Et quand il vient en ſuite à parler de ſes feux,
Aucune paſſion jamais n'approcha d'eux.
Par tous ces vains diſcours il croit fort qu'il m'oblige,
Mais non la moitié tant qu'alors qu'il te néglige,
C'eſt par là qu'il me penſe acquérir puiſſamment?
Et moy, qui t'ay toûjours chérie uniquement,
Je te laiſſe à juger alors ſi je l'endure.
CELIDEE.
C'eſt trop prendre, ma ſœur, de part en mon injure,
Laiſſe-le mépriſer celle dont les mépris
Sont cauſe maintenant que d'autres yeux l'ont pris,
Si Lyſandre te plaiſt, poſſéde le volage;
Mais ne me traite point avec deſavantage,
Et ſi tu te réſous d'accepter mon Amant,
Relaſche-moy du moins le cœur de Dorimant.

I. Partie.

HYPPOLITE.

Pourveu que leur vouloir se range sous le nostre,
Je te donne le choix, & de l'un, & de l'autre;
Ou si l'un ne suffit à ton jeune desir,
Défay-moy de tous deux, tu me feras plaisir.
J'estimay fort Lysandre avant que le connoistre,
Mais depuis cét amour que mes yeux ont fait naistre,
Je te repute heureuse après l'avoir perdu.
Que son humeur est vaine, & qu'il fait l'entendu!
Que son discours est fade avec ses flateries!
Qu'on est importuné de ses afferteries!
Vraiment si tout le monde étoit fait comme luy,
Je croy qu'avant deux jours je secherois d'ennuy.

CELIDEE.

Qu'en cela du Destin l'ordonnance fatale
A pris pour nos malheurs une route inégale!
L'un & l'autre me fuit, & je brusle pour eux,
L'un & l'autre t'adore, & tu les fuis tous deux.

HYPPOLITE.

Si nous changions de sort, que nous serions contentes!

CELIDEE.

Outre (hélas) que le Ciel s'oppose a nos attentes,
Lysandre n'a plus rien à rengager ma foy.

HYPPOLITE.

Mais l'autre tu voudrois...

SCENE IX.

PLEIRANTE, HYPPOLITE, CELIDEE.

PLEIRANTE.

Ne rompez pas pour moy,
Craignez-vous qu'un amy sçache de vos Nouvelles?

HYPPOLITE.
Nous causions de mouchoirs, de rabats, de dentelles,
De ménages de fille.
PLEIRANTE.
Et parmy ces discours
Vous conferiez ensemble un peu de vos amours.
Et bien, ce serviteur, l'aura-t'on agréable?
HYPPOLITE.
Vous m'attaquez toûjours par quelque trait semblable,
Des hommes comme vous ne sont que des conteurs,
Vraiment c'est bien à moy d'avoir des serviteurs?
PLEIRANTE.
Parlons, parlons François. Enfin pour cette affaire
Nous en remettrons-nous à l'avis d'une mére?
HYPPOLYTE.
J'obéïray toûjours à son commandement,
Mais de grace, Monsieur, parlez plus clairement,
Je ne puis deviner ce que vous voulez dire.
PLEIRANTE.
Un certain Cavalier pour vos beaux yeux soûpire…
HYPPOLITE.
Vous en voulez par là.
PLEIRANTE.
Ce n'est point fiction
Que ce que je vous dy de son affection ;
Vostre mére sçeut hier à quel point il vous aime,
Et veut que ce soit vous qui vous donniez vous mesme.
HYPPOLITE.
Et c'est ce que ma mére, afin de m'expliquer,
Ne m'a point fait l'honneur de me communiquer :
Mais pour l'amour de vous je vay le sçavoir d'elle.

SCENE X.
PLEIRANTE, CELIDEE.

PLEIRANTE.

Ta compagne est du moins aussi fine que belle.

CELIDEE.

Elle a bien sçeu de vray se défaire de vous.

PLEIRANTE.

Et fort habilement se parer de mes coups.

CELIDEE.

Peut-estre innocemment, faute d'y rien comprendre.

PLEIRANTE.

Mais faute, bien plûtost, d'y vouloir rien entendre,
Je suis des plus trompez, si Dorimant luy plaist.

CELIDEE.

Y prenez-vous, Monsieur, pour luy quelque intérest ?

PLEIRANTE.

Lysandre m'a prié d'en porter la parole.

CELIDEE.

Lysandre !   PLEIRANTE.

Ouy, ton Lysandre.

CELIDEE.

Et luy-mesme cajole...

PLEIRANTE.

Quoy ? que cajole-t'il ?

CELIDEE.

Hyppolite à mes yeux.

PLEIRANTE.

Folle, il n'aima jamais que toy dessous les Cieux,
Et nous sommes tous prests de choisir la journée
Qui bien-tost de vous deux termine l'Hyménée.
Il se plaint toutefois un peu de ta froideur,
Mais pour l'amour de moy montre-luy plus d'ardeur,
Parle, ma volonté sera-t'elle obéïe ?

CELIDEE.
Hélas, qu'on vous abuse après m'avoir trahie !
Il vous fait, cét ingrat, parler pour Dorimant,
Tandis qu'au mesme objet il s'offre pour Amant,
Et traverse par là tout ce qu'à sa prière
Vostre vaine entremise avance vers la mére.
Cela, qu'est-ce, Monsieur, que se joüer de vous ?
PLEIRANTE.
Qu'il est peu de raison dans ses esprits jaloux !
Et quoy ? pour un amy s'il rend une visite,
Faut-il s'imaginer qu'il cajole Hyppolyte ?
CELIDEE.
Je sçay ce que j'ay veu.
PLEIRANTE.
    Je sçay ce qu'il m'a dit,
Et ne veux plus du tout souffrir de contredit,
Mon choix de vostre Hymen en sa faveur dispose.
CELIDEE.
Commandez-moy plûtost, Monsieur, toute autre chose.
PLEIRANTE.
Quelle bizarre humeur ! quelle inégalité,
De rejetter un bien qu'on a tant souhaité !
La belle, voyez-vous, qu'on perde ces caprices,
Il faut pour m'éblouïr de meilleurs artifices.
Quelque nouveau venu vous donne dans les yeux,
Quelque jeune étourdy qui vous flate un peu mieux,
Et parce qu'il vous fait quelque feinte caresse,
Il faut que nous manquions vous & moy de promesse ?
Quittez pour vostre bien ces fantasques refus.
CELIDEE.
Monsieur.
PLEIRANTE.
Quittez-les, dy-je, & ne contestez plus.

SCENE XI.
CELIDEE.

Fascheux commandement d'un incrédule pére,
Qu'il me fut doux jadis, & qu'il me desespére !
J'avois auparavant qu'on m'eust manqué de foy
Le devoir & l'amour tout d'un party chez moy,
Et ma flame d'accord avecque sa puissance
Unissoit mes desirs à mon obeïssance :
Mais, helas ! que depuis cette infidélité
Je trouve d'injustice en son authorité !
Mon esprit s'en revolte, & ma flame bannie
Fait qu'un pouvoir si saint m'est une tyrannie.
Dures extrémitez où mon sort est reduit !
On donne mes faveurs à celuy qui les fuit,
Nous avons l'un pour l'autre une pareille haine,
Et l'on m'attache à luy d'une éternelle chaine,
Mais s'il ne m'aimoit plus, parleroit-il d'amour
A celuy dont je tiens la lumiere du jour ?
Mais s'il m'aimoit encor, verroit-il Hyppolite ?
Mon cœur en mesme temps se retient, & s'excite,
Je ne sçay quoy me flate, & je sens déja bien
Que mon feu ne dépend que de croire le sien.
Tout-beau, ma passion, c'est déja trop paroistre,
Attens, attens du moins la sienne pour renaistre.
A quelle folle erreur me laissay-je emporter ?
Il fait tout à dessein de me persécuter,
L'ingrat cherche ma peine, & veut par sa malice
Que l'ordre qu'on me donne augmente mon supplice.
Rentrons, que son objet presenté par hazard
De mon cœur ébranlé ne reprenne une part,
C'est bien assez qu'un pére à souffrir me destine,
Sans que mes yeux encor aident à ma ruïne.

SCENE XII.

LA LINGERE, LE MERCIER.

LA LINGERE *après qu'ils se sont entrepoussez une boete qui est entre leurs boutiques.*

J'Envoîray tout à bas, puis après on verra.
Ardez, vraiment c'est mon, on vous l'endurera,
Vous étes un bel homme, & je doy fort vous craindre!
LE MERCIER.
Tout est sur mon tapis, qu'avez-vous à vous plaindre?
LA LINGERE.
Aussi vostre tapis est tout sur mon batant :
Je ne m'étonne plus dequoy je gagne tant.
LE MERCIER.
Là là, criez bien haut, faites bien l'étourdie,
Et puis on vous joûra dedans la Comédie.
LA LINGERE.
Je voudrois l'avoir veu, que quelqu'un s'y fust mis,
Pour en avoir raisons nous manquerions d'amis.
On joüe ainsi le monde.
LE MERCIER.
            Après tout ce langage
Ne me repoussez pas mes boetes davantage.
Vostre caquet m'enleve à tous coups mes chalands,
Vous vendez dix rabats contre moy deux galands,
Pour conserver la paix depuis six mois j'endure,
Sans vous en dire mot, sans le moindre murmure,
Et vous me harcelez, & sans cause & sans fin.
Qu'un femme hargneuse est un mauvais voisin!
Nous n'appaiserons point cette humeur qui vous pi-
Que par un entredeux mis à vostre boutique ; (que
Alors, n'ayant plus rien ensemble à démesler,
Vous n'aurez plus aussi sur quoy me quereller.
LA LINGERE.
Justement.

SCENE XIII.

LA LINGERE, FLORICE, LE MERCIER, LE LIBRAIRE, CLEANTE.

LA LINGERE.

De tout loin je vous ay reconnuë.
FLORICE.
Vous vous doutez donc bien pourquoy je suis venuë.
Les avez-vous receus ces point-coupez nouveaux ?
LA LINGERE.
Ils viennent d'arriver.
FLORICE.
Voyons donc les plus beaux.
LE MERCIER *à Cléante qui passe.*
Ne vous vendray-je rien, Monsieur, des bas de soye,
Des gands en broderie, ou quelque petite-oye ?
CLEANTE *au Libraire.*
Ces livres que mon maistre avoit fait mettre à part,
Les avez-vous encor ?
LE LIBRAIRE *empaquetant ses Livres.*
Ah, que vous venez tard !
Encor un peu, ma foy, je m'en allois les vendre :
Trois jours sans revenir ! je m'ennuyois d'attendre.
CLEANTE.
Je l'avois oublié. Le prix.
LE LIBRAIRE.
Chacun le sçait,
Autant de quarts-d'écus, c'est un marché tout fait.
LA LINGERE *à Florice.*
Et bien qu'en dites-vous ?

FLORICE.

J'en suis toute ravie,
Et n'ay rien encor veu de pareil en ma vie,
Vous aurez nostre argent si l'on croit mon rapport.
Que celuy-cy me semble, & délicat, & fort,
Que cét autre me plaist ! que j'en aime l'ouvrage !
Montrez-m'en cependant quelqu'un à mon usage.

LA LINGERE.
Voicy dequoy vous faire un assez beau collet.

FLORICE.
Je pense en vérité qu'il ne seroit pas laid,
Que me coûtera-t'il ?

LA LINGERE.
Allez, faites-moy vendre,
Et pour l'amour de vous je n'en voudray rien prendre.
Mais avisez alors à me récompenser.

FLORICE.
L'offre n'est pas mauvaise, & vaut bien y penser,
Vous me verrez demain avecque ma maistresse.

SCENE XIV.

FLORICE, ARONTE, LE MERCIER,
LA LINGERE.

ARONTE.

A Ronte, & bien, quels fruits produira nostre adresse ?

ARONTE.
De fort mauvais pour moy, mon maistre au desespoir
Fuit les yeux d'Hyppolyte, & ne veut plus me voir.

FLORICE.
Nous sommes donc ainsi bien loin de nostre conte ?

ARONTE.
Ouy, mais tout le malheur en tombe sur Aronte.

FLORICE.
Ne te débauche point, je veux faire ta paix.
ARONTE.
Son courroux est trop grand pour s'appaiser jamais.
FLORICE.
S'il vient encor chez nous, ou chez sa Célidée,
Je te rends aussi-tost l'affaire accommodée.
ARONTE.
Si tu fais ce coup là, que ton pouvoir est grand !
Vien, je te veux donner tout à l'heure un galand.
LE MERCIER.
Voyez, Monsieur, j'en ay des plus beaux de la Terre.
En voilà de Paris, d'Avignon, d'Angleterre.
ARONTE *après avoir regardé une boete de galands.*
Tous vos rubans n'ont point d'assez vives couleurs.
Allons, Florice, allons, il en faut voir ailleurs.
LA LINGERE.
Ainsi faute d'avoir de bonne marchandise,
Des hommes comme vous perdent leur chalandise.
LE MERCIER.
Vous ne la perdez pas, vous, mais Dieu sçait comment.
Du moins si je vends peu, je vends loyalement,
Et je n'attire point avec une promesse
De Suivante qui m'aide à tromper sa maîtresse.
LA LINGERE.
Quand il faut dire tout, on s'entre-connoit bien,
Chacun sçait son métier, &.. Mais je ne dy rien.
LE MERCIER.
Vous ferez un grand coup si vous pouvez vous taire.
LA LINGERE.
Je ne replique point à des gens en colére.

Fin du quatrième Acte.

ACTE V.

SCENE PREMIERE.

LYSANDRE.

Ndiscrete vengeance, imprudentes chaleurs
Dont l'impuissance ajoûte un comble à mes malheurs,
Ne me conseillez plus la mort de ce faussaire ;
J'aime encore Célidée, & n'ose luy déplaire,
Priver de la clarté ce qu'elle aime le mieux.
Ce n'est pas le moyen d'agréer à ses yeux.
L'Amour en la perdant me retient en balance,
Il produit ma fureur & rompt sa violence,
Et me laissant trahy, confus, & méprisé,
Ne veut que triompher de mon cœur divisé.
  Amour, cruel autheur de ma longue misére,
Ou permets à la fin d'agir à ma colére,
Ou sans m'embarasser d'inutiles transports,
Auprès de ce bel œil fay tes derniers efforts.
Viens, accompagne-moy chez ma belle inhumaine,
Et comme de mon cœur triomphe de sa haine.
Contre-toy ma vengeance a mis les armes bas,
Contre ses crüautez rends les mesmes combats,
Exerce ta puissance à fléchir la farouche,
Montre-toy dans mes yeux, & parle par ma bouche ;
Si tu te sens trop foible, appelle à ton secours
Le souvenir de mille & de mille heureux jours,

Où ses desirs d'accord avec mon espérance
Ne laissoient à nos vœux aucune différence.
Je pense avoir encor ce qui l'a sçeut charmer,
Les mesmes qualitez qu'elle voulut aimer,
Peut-estre mes douleurs ont changé mon visage,
Mais en revanche aussi je l'aime davantage,
Mon respect s'est accrû pour un objet si cher,
Je ne me venge point de peur de la fascher ;
Un infidelle amy tient son ame captive,
Je le sçay, je le vois, & je souffre qu'il vive.

Je tarde trop, allons, ou vaincre ses refus,
Ou me venger sur moy de ne luy plaire plus,
Et tirons de son cœur, malgré sa flame éteinte,
La pitié par ma mort, où l'amour par ma plainte,
Ses rigueurs par ce fer me perceront le sein.

SCENE II.
DORIMANT, LYSANDRE.
DORIMANT.

ET quoy ? pour m'avoir veu vous changez de dessein !
Ne craignez point pour moy d'entrer chez Hyppolite,
Vous ne m'apprendrez rien en luy faisant visite,
Mes yeux, mes propres yeux n'ont que trop découvert
Comme un amy si rare auprès d'elle me sert.

LYSANDRE.
Parlez plus franchement, ma rencontre importune
Auprès d'un autre objet trouble vostre fortune,
Et vous montrez assez par ces foibles détours
Qu'un témoin comme moy déplaist à vos amours.
Vous voulez seul à seul cajoler Célidée :
La querelle entre nous sera bien-tost vuidée,
Ma mort vous donnera chez elle un libre accès,
Ou ma juste vengeance un funeste succès.

DORIMANT.
Qu'eſt-ce-cy déloyal ? quelle fourbe eſt la voſtre ?
Vous m'en diſputez une afin d'acquérir l'autre !
Après ce que chacun a veu de voſtre feu,
C'eſt une laſcheté d'en faire un deſaveu.
LYSANDRE.
Je ne me connoy point à combattre d'injures.
DORIMANT.
Auſſi veux-je punir autrement tes parjures,
Le Ciel, le juſte Ciel ennemy des ingrats,
Qui pour ton châtiment a deſtiné mon bras,
T'apprendra qu'à moy ſeul Hyppolyte eſt gardée.
LYSANDRE.
Garde ton Hyppolite.
DORIMAMT.
Et toy ta Célidée.
LYSANDRE.
Voila faire le fin de crainte d'un combat.
DORIMANT.
Tu m'imputes la crainte, & ton cœur s'en abat !
LYSANDRE.
Laiſſons à part les noms, diſputons la Maîtreſſe,
Et pour qui que ce ſoit montre icy ton adreſſe.
DORIMANT.
C'eſt comme je l'entens.

SCENE III.
CELIDEE, LYSANDRE, DORIMANT.
CELIDEE.

O Dieux ! ils ſont aux coups.
Ah perfide ! ſur moy détourne ton courroux,
La mort de Dorimant me ſeroit trop funeſte.

LA GALERIE

DORIMANT.

Lysandre, une autrefois nous vuiderons le reste.

CELIDEE *à Dorimant.*

Arreste, cher ingrat.

LYSANDRE.

Tu recules, voleur.

DORIMANT.

Je fuy cette importune, & non pas ta valeur.

SCENE IV.

LYSANDRE, CELIDEE.

LYSANDRE.

Ne suivez pas du moins ce perfide à ma veuë,
Avez-vous resolu que sa fuite me tuë,
Et qu'ayant sçeu braver son plus vaillant effort,
Par sa retraite infame il me donne la mort ?
Pour en fraper le coup vous n'avez qu'à le suivre.

CELIDEE.

Je tiens des gens sans foy si peu dignes de vivre,
Qu'on ne verra jamais que je recule un pas
De crainte de causer un si juste trépas.

LYSANDRE.

Et bien, voyez-le donc, ma lame toute preste
N'attendoit que vos yeux pour immoler ma teste,
Vous lirez dans mon sang à vos pieds répandu
Ce que valoit l'Amant que vous avez perdu,
Et sans vous reprocher un si cruel outrage,
Ma main de vos rigueurs achevera l'ouvrage.
Trop heureux mille fois, si je plais en mourant
A celle à qui j'ay pû déplaire en l'adorant,
Et si ma prompte mort secondant son envie
L'asseure du pouvoir qu'elle avoit sur ma vie.

DU PALAIS.

CELIDEE.
Moy, du pouvoir sur vous ! vos yeux se sont mépris,
Et quelque illusion qui trouble vos esprits
Vous fait imaginer d'estre auprès d'Hyppolite.
Allez, volage, allez où l'amour vous invite,
Dans ces doux entretiens recherchez vos plaisirs,
Et ne m'empeschez plus de suivre mes desirs.

LYSANDRE.
Ce n'est pas sans raison que ma feinte passée,
A jetté cette erreur dedans vostre pensée.
Il est vray, devant vous forçant mes sentimens,
J'ay presenté des vœux, j'ay fait des complimens ;
Mais c'étoient cõplimens qui partoient d'une souche,
Mon cœur que vous teniez desavoüoit ma bouche.
Pleirante qui rompit ces ennuyeux discours
Sçait bien que mon amour n'en changea point de cours
Contre vostre froideur une modeste plainte
Fut tout nostre entretien au sortir de la feinte,
Et je le priay lors...

CELIDEE.
D'user de son pouvoir ?
Ce n'étoit pas par là qu'il me falloit avoir,
Les mauvais traitemens ne font qu'aigrir les ames.

LYSANDRE.
Confus, desesperé du mépris de mes flames,
Sans conseil, sans raison, pareil aux matelots
Qu'un naufrage abandonne à la mercy des flots,
Je me suis pris à tout ne sçachant où me prendre.
Ma douleur par mes cris d'abord s'est fait entendre,
J'ay creu que vous seriez d'un naturel plus doux
Pourveu que vostre esprit devint un peu jaloux,
J'ay fait agir pour moy l'authorité d'un pére,
J'ay fait venir aux mains celuy qu'on me préfere,
Et puisque ces efforts n'ont réüssi qu'en vain,
J'auray de vous ma grace, ou la mort de ma main.
Choisissez, l'une ou l'autre achevera mes peines.
Mon sang brusle déja de sortir de mes veines,

Il faut pour l'arrêter me rendre vostre amour,
Je n'ay plus rien sans luy qui me retienne au jour.
CELIDEE.
Volage, falloit-il pour un peu de rudesse
Vous porter si soudain à changer de Maîtresse ?
Que je vous croyois bien d'un jugement plus meur !
Ne pouviez-vous souffrir de ma mauvaise humeur ?
Ne pouviez-vous juger que c'étoit une feinte
A dessein d'éprouver quelle étoit vostre atteinte ?
Les Dieux m'en soient témoins, & ce nouveau sujet
Que vos feux inconstans ont choisi pour objet,
Si jamais j'eus pour vous de dédain véritable
Avant que vostre amour parust si peu durable.
Qu'Hyppolite vous die avec quels sentimens
Je luy fus raconter vos prémiers mouvemens,
Avec quelles douceurs je m'étois préparée
A redonner la joye à vostre ame éplorée.
Dieux ! que je fus surprise & mes sens éperdus
Quand je vy vos devoirs à sa beauté rendus !
Vostre legéreté fut soudain imitée,
Non-pas que Dorimant m'en eust sollicitée,
Au contraire, il me fuit, & l'ingrat ne veut pas
Que sa franchise céde au peu que j'ay d'appas.
Mais hélas ! plus il fuit, plus son portrait s'efface ?
Je vous sens malgré moy reprendre vostre place,
L'aveu de vostre erreur desarme mon couroux,
Ne redoutez plus rien, l'amour combat pour vous,
Si nous avons failly de feindre l'un & l'autre,
Pardonnez à ma feinte, & j'oublîray la vostre.
Moy-mesme je l'avouë à ma confusion,
Mon imprudence a fait nostre division,
Tu ne méritois pas de si rudes alarmes ;
Accepte un repentir accompagné de larmes,
Et souffre que le tien nous fasse tour à tour
Par ce petit divorce augmenter nostre amour.
LYSANDRE.
Que vous me surprenez ! ô Ciel ! est-il possible
Que je vous trouve encor à mes desirs sensible ?

DU PALAIS.

Que j'aime ces dédains qui finissent ainsi !
CELIDEE.
Et pour l'amour de toy que je les aime aussi !
LYSANDRE.
Que ce soit toutefois sans qu'il vous prenne envie
De les plus essayer au péril de ma vie.
CELIDEE.
J'aime trop desormais ton repos & le mien,
Tous mes soins n'iront plus qu'à nostre commun bien.
Voudrois-je après ma faute une plus douce amende
Que l'effet d'un Hymen qu'un père me commande ?
Je t'accusois en vain d'une infidélité,
Il agissoit pour toy de plaine authorité,
Me traitoit de parjure, & de fille rebelle ;
Mais allons luy porter cette heureuse Nouvelle,
Ce que pour mes froideurs il témoigne d'horreur
Mérite bien qu'en haste on le tire d'erreur.
LYSANDRE.
Vous craignez qu'à vos yeux cette belle Hyppolite
N'ait encor de ma bouche un hommage hypocrite.
CELIDEE.
Non, je fuy Dorimant qu'ensemble j'aperçoy,
Je ne veux plus le voir puisque je suis à toy.

SCENE V.

DORIMANT, HYPPOLITE.

DORIMANT.
Autant que mon esprit adore vos mérites,
Autant veux-je de mal à vos longues visites.
HYPPOLITE.
Que vous ont-elles fait pour vous mettre en courroux ?
DORIMANT.
Elles m'ostent le bien de vous trouver chez vous.

LA GALERIE

J'y fais à tous momens une course inutile,
J'apprens cent fois le jour que vous étes en ville,
En voicy presque trois que je n'ay pû vous voir
Pour rendre à vos beautez ce que je sçay devoir,
Et n'étoit qu'aujourd'huy cette heureuse rencontre
Sur le point de rentrer par hazard me les montre,
Je croy que ce jour mesme auroit encor passé
Sans moyen de m'en plaindre aux yeux qui m'ont blessé.

HYPPOLITE.

Ma libre & gaye humeur hait le ton de plainte,
Je n'en puis écouter qu'avec de la contrainte,
Si vous prenez plaisir dedans mon entretien,
Pour le faire durer ne vous plaignez de rien.

DORIMANT.

Vous me pouvez oster tout sujet de me plaindre.

HYPPOLITE.

Et vous pouvez aussi vous empescher d'en feindre.

DORIMANT.

Est-ce en feindre un sujet qu'accuser vos rigueurs ?

HYPPOLITE.

Pour vous en plaindre à faux vous feignez des langueurs.

DORIMANT.

Verrois-je sans languir ma flame qu'on néglige !

HYPPOLITE.

Eteignez cette flame où rien ne vous oblige.

DORIMANT.

Vos charmes trop puissans me forcent à ces feux.

HYPPOLITE.

Ouy, mais rien ne vous force à vous approcher d'eux.

DORIMANT.

Ma presence vous fasche, & vous est odieuse.

HYPPOLITE.

Non, mais tout ce discours la peut rendre ennuyeuse.

DORIMANT.

Je voy bien ce que c'est, je ly dans vostre cœur,
Il a receu les traits d'un plus heureux vainqueur,

DU PALAIS.

Vn autre regardé d'un œil plus favorable
A mes submissions vous fait inexorable ;
C'est pour luy seulement que vous voulez brusler.
HYPPOLITE.
Il est vray, je ne puis vous le dissimuler,
Il faut que je vous traite avec toute franchise.
Alors que je vous pris un autre m'avoit prise,
Vn autre captivoit mes inclinations.
Vous devez présumer de vos perfections,
Que si vous attaquiez un cœur qui fust à prendre,
Il seroit mal-aisé qu'il s'en pûst bien défendre.
Vous auriez eu le mien s'il n'eust esté donné,
Mais puisque les Destins ainsi l'ont ordonné,
Tant que ma passion aura quelque espérance,
N'attendez rien de moy que de l'indifférence.
DORIMANT.
Vous ne m'apprenez point le nom de cét amant.
Sans doute que Lysandre est cét objet charmant
Dont les discours flateurs vous ont préoccupée.
HYPPOLITE.
Cela ne se dit point à des hommes d'épée.
Vous exposer aux coups d'un duel hazardeux,
Ce seroit le moyen de vous perdre tous deux.
Je vous veux, si je puis, conserver l'un & l'autre,
Je chéris sa personne, & hay si peu la vostre ;
Qu'ayant perdu l'espoir de le voir mon époux,
Si ma mére y consent, Hyppolite est à vous:
Mais aussi jusque là plaignez vostre infortune.
DORIMANT.
Permettez pour ce nom que je vous importune,
Ne me refusez plus de me le déclarer,
Que je sçache en quel temps j'auray droit d'espérer,
Un mot me suffira pour me tirer de peine,
Et lors j'étoufferay si bien toute ma haine,
Que vous me trouverez vous-mesme trop remis.

SCENE VI.

PLEIRANTE, LYSANDRE, CELIDEE, DORIMANT, HYPPOLITE.

PLEIRANTE.

Souffrez, mon Cavalier, que je vous rende amis,
Vous ne luy voulez pas quereller Célidée ?

DORIMANT.

L'affaire à cela près peut estre decidée ;
Voicy le seul objet de nos affections,
Et l'unique motif de nos dissentions.

LYSANDRE.

Dissipe, cher amy, cette jalouse atteinte,
C'est l'objet de tes feux & celuy de ma feinte,
Mon cœur fut toûjours ferme, & moy je me dédis
Des vœux que de ma bouche elle reçeut jadis.
Piqué d'un faux dédain j'avois pris fantaisie
De mettre Célidée en quelque jalousie,
Mais au lieu d'un esprit j'en ay fait deux jaloux.

PLEIRANTE.

Vous pouvez desormais achever entre vous,
Je vay dans ce logis dire un mot à Madame.

SCENE VII.

DORIMANT, LYSANDRE, CELIDEE, HYPPOLITE.

DORIMANT.

Ainsi, loin de m'aider, tu traverſois ma flame!
LYSANDRE.
Les efforts que Pleirante à ma priére a faits
T'auroient acquis déja le but de tes ſouhaits,
Mais tu dois accuſer les glaces d'Hyppolite,
Si ton bonheur n'eſt pas égal à ton mérite.
HYPPOLITE.
Qu'auray-je cependant pour ſatisfaction
D'avoir ſervy d'objet à voſtre fiction ?
Dans voſtre différent je ſuis la plus bleſſée,
Et me trouve à l'accord entierement laiſſée.
CELIDEE.
N'y ſonge plus de grace, & pour l'amour de moy
Trouve bon qu'il ait feint de vivre ſous ta loy.
Veux-tu le quereller lors que je luy pardonne ?
Le droit de l'amitié tout autrement ordonne :
Tous preſts d'eſtre aſſemblez d'un lien conjugal,
Tu ne peux le haïr ſans me vouloir du mal.
J'ay feint par ton conseil, luy par celuy d'un autre,
Et bien qu'amour jamais ne fut égal au noſtre,
Je m'étonne comment cette confuſion
Laiſſe finir ſi-toſt noſtre diviſion.
HYPPOLITE.
De ſorte qu'à preſent le Ciel y remédie ?
CELIDEE.
Tu vois, mais après tout, s'il faut que je le die,
Ton conſeil eſt fort bon, mais un peu dangereux.

LA GALERIE
HYPPOLITE.
Excuse, chére amie, un esprit amoureux ;
Lysandre me plaisoit, & tout mon artifice
N'alloit qu'à détourner son cœur de ton service.
J'ay fait ce que j'ay pû pour broüiller vos esprits,
J'ay pour me l'attirer pratiqué tes mépris,
Mais puisqu'ainsi le Ciel rejoint vostre Hyménée....
DORIMANT.
Vostre rigueur vers moy doit estre terminée.
Sans chercher de raisons pour vous persüader,
Vostre amour hors d'éspoir fait qu'il me faut céder,
Vous sçavez trop à quoy la parole vous lie.
HYPPOLITE.
A vous dire le vray, j'ay fait une folie,
Je les croyois encor loin de se reünir,
Et moy par consequent loin de vous la tenir.
DORIMANT.
Auriez-vous pour la rompre une ame assez legére ?
HYPPOLITE.
Puisque je l'ay promis, vous pouvez voir ma mére.
LYSANDRE.
Si tu juges Pleirante à cela suffisant,
Je croy qu'eux deux ensemble en parlent à present.
DORIMANT.
Aprés cette faveur qu'on me vient de promettre,
Je croy que mes devoirs ne se peuvent remettre ;
J'espére tout de luy, mais pour un bien si doux
Je ne sçaurois...
LYSANDRE.
Arreste, ils s'avancent vers nous.

SCENE VIII.

PLEIRANTE, CHRYSANTE, LYSANDRE, DORIMANT, CELIDEE, HYPPOLITE, FLORICE.

DORIMANT à Chrysante.

Madame, un pauvre amant captif de cette belle
Implore le pouvoir que vous avez sur elle,
Tenant ses volontez vous gouvernez mon sort,
J'attends de vostre bouche, ou la vie, ou la mort.

CHRYSANTE à Dorimant.

Un homme tel que vous & de vostre naissance
Ne peut avoir besoin d'implorer ma puissance ;
Si vous avez gagné ses inclinations,
Soyez seur du succès de vos affections.
Mais je ne suis pas femme à forcer son courage,
Je sçay ce que la force est en un mariage ;
Il me souvient encor de tous mes déplaisirs,
Lors qu'un prémier Hymen contraignit mes desirs,
Et sage à mes dépens, je veux bien qu'Hyppolite
Prenne, ou laisse, à son choix, un homme de mérite.
Ainsi présumez tout de mon consentement,
Mais ne prétendez rien de mon commandement.

DORIMANT à Hyppolite.

Après un tel aveu serez-vous inhumaine ?

HYPPOLITE à Chrysante.

Madame, un mot de vous me mettroit hors de peine,
Ce que vous remettez à mon choix d'accorder,
Vous feriez beaucoup mieux de me le commander.

PLEIRANTE à Chrysante.

Elle vous montre assez où son desir se porte.

CHRYSANTE.
Puisqu'elle s'y résout, le reste ne m'importe.
DORIMANT.
Ce favorable mot me rend le plus heureux
De tout ce que jamais on a veu d'amoureux.
LYSANDRE.
J'en sens croistre la joye au milieu de mon ame
Comme si de nouveau l'on acceptoit ma flame.
HYPPOLYTE à Lysandre.
Ferez-vous donc enfin quelque chose pour moy ?
LYSANDRE.
Tout horsmis ce seul point, de luy manquer de foy.
HYPPOLITE.
Pardonnez donc à ceux qui gagnez par Florice
Lors que je vous aimois m'ont fait quelque service.
LYSANDRE.
Je vous entens assez, soit, Aronte impuny
Pour ses mauvais conseils ne sera point banny.
Tu le souffriras bien, puisqu'elle m'en supplie.
CELIDEE.
Il n'est rien que pour elle & pour toy je n'oublie.
PLEIRANTE.
Attendant que demain ces deux couples d'amans
Soient mis au plus haut point de leurs contentemens,
Allons chez moy, Madame, achever la journée.
CHRYSANTE.
Mon cœur est tout ravy de ce double Hyménée.
FLORICE.
Mais afin que la joye en soit égale à tous,
Faites encor celuy de Monsieur & de vous.
CHRYSANTE.
Outre l'âge en tous deux un peu trop refroidie,
Cela sentiroit trop sa fin de Comédie.

Fin du cinquième & dernier Acte.

LA
SUIVANTE,
COMEDIE.

ACTEURS.

GERASTE, Pére de Dephnis.

POLEMON, Oncle de Clarimond.

CLARIMOND, Amoureux de Daphnis.

FLORAME, Amant de Daphnis.

THEANTE, aussi amoureux de Daphnis.

DAMON, Amy de Florame & de Théante.

DAPHNIS, Maîtresse de Florame, aimée de Clarimond & de Théante.

AMARANTE, Suivante de Daphnis.

CELIE, Voisine de Géraste & sa confidente.

CLEON, Domestique de Damon.

La Scéne est à Paris.

LA SUIVANTE, COMEDIE.

ACTE I.

SCENE PREMIERE.
DAMON, THEANTE.

DAMON.

AMY, j'ay beau resver, toute ma resverie
Ne me fait rien comprendre en ta galanterie.
Auprès de ta Maîtresse engager un amy
C'est à mon jugement ne l'aimer qu'à demy,
Ton humeur qui s'en lasse au changement l'invite,
Et n'osant la quitter, tu veux qu'elle te quitte.

THEANTE.

Amy, ny resve plus; c'est en juger trop bien
Pour t'oser plaindre encor de n'y comprendre rien.
Quelques puissans appas que possede Amarante,
Je trouve qu'après tout ce n'est qu'une Suivante,

O ij

Et je ne puis songer à sa condition,
Que mon amour ne céde à mon ambition.
Ainsi malgré l'ardeur qui pour elle me presse,
A la fin j'ay levé les yeux sur sa maîtresse,
Où mon dessein plus haut & plus laborieux
Se promet des succès beaucoup plus glorieux.
Mais lors, soit qu'Amarāte eust pour moy quelque flame,
Soit qu'elle pénétrast jusqu'au fond de mon ame,
Et que malicieuse elle prist du plaisir
A rompre les effets de mon nouveau desir
Elle sçavoit toûjours m'arréter auprès d'elle
A tenir des propos d'une suite éternelle.
L'ardeur qui me brusloit de parler à Daphnis
Me fournissoit en vain des détours infinis,
Elle usoit de ses droits, & toute impérieuse,
D'une voix demy-gaye & demy-sérieuse,
Quand j'ay des Serviteurs, c'est pour m'entretenir,
Disoit-elle, *autrement je les sçay bien punir,*
Leurs devoirs près de moy n'ont rien qui les excuse.

DAMON.

Maintenant je devine à peu près une ruse
Que tout autre en ta place à peine entreprendroit.

THEANTE.

Ecoute, & tu verras si je suis mal adroit.
Tu sçais comme Florame à tous les beaux visages
Fait par civilité toûjours de feints hommages,
Et sans avoir d'amour offrant par tout des vœux,
Traite de peu d'esprit les véritables feux.
Un jour qu'il se vantoit de cette humeur étrange,
A qui chaque objet plaist, & que pas un ne range,
Et reprochoit à tous que leur peu de beauté
Luy laissoit si long-temps garder sa liberté ;
Florame, dy-je alors, *ton ame indifférente*
Ne tiendroit que fort peu contre mon Amarante ;
Théante, me dit-il, *il faudroit l'éprouver,*
Mais l'éprouvant peut-estre on te feroit resver,

COMEDIE.

Mon feu qui ne seroit que pure courtoisie
La rempliroit d'amour, & toy de jalousie.
Je replique, il repart, & nous tombons d'accord
Qu'au hazard du succès il y feroit effort,
Ainsi je l'introduis, & par ce tour d'adresse
Qui me fait pour un temps luy céder ma Maîtresse,
Engageant Amarante & Florame au discours,
J'entretiens à loisir mes nouvelles amours.

DAMON.
Fut-elle sur ce point, ou fascheuse, ou facile ?

THEANTE.
Plus que je n'espérois je l'y trouvay docile ;
Soit que je luy donnasse une fort douce loy,
Et qu'il fust à ses yeux plus aimable que moy ;
Soit qu'elle fist dessein sur ce fameux rebelle
Qu'une simple gageure attachoit auprès d'elle,
Elle perdit pour moy son importunité,
Et n'en demanda plus tant d'assidüité.
La douceur d'estre seule à gouverner Florame
Ne souffrit plus chez elle aucun soin de ma flame,
Et ce qu'elle goûtoit avec luy de plaisirs
Luy fit abandonner mon ame à mes desirs.

DAMON.
On t'abuse, Théante, il faut que je te die
Que Florame est atteint de mesme maladie,
Qu'il roule en son esprit mesmes desseins que toy,
Et que c'est à Daphnis qu'il veut donner sa foy.
A servir Amarante il met beaucoup d'étude,
Mais ce n'est qu'un prétexte à faire une habitude :
Il accoûtume ainsi ta Daphnis à le voir,
Et ménage un accès qu'il ne pouvoit avoir.
Sa richesse l'attire, & sa beauté le blesse,
Elle le passe en biens, il l'égal en noblesse,
Et cherche ambitieux par sa possession
A relever l'éclat de son extraction.
Il a peu de fortune & beaucoup de courage,
Et hors cette espérance il hait le mariage.

O iij

LA SUIVANTE,

C'est ce que l'autre jour en secret il m'apprit,
Tu peux sur cét avis lire dans son esprit.

THEANTE.

Parmy ses hauts projets il manque de prudence,
Puisqu'il traite avec toy de telle confidence.

DAMON.

Croy qu'il m'éprouvera fidelle au dernier point
Lors que ton interest ne s'y meslera point.

THEANTE.

Je doy l'attendre icy, quitte moy, je te prie,
De peur qu'il n'ait soupçon de ta supercherie.

DAMON.

Adieu, je suis à toy.

SCENE II.
THEANTE.

Par quel malheur fatal
Ay-je donné moy-mesme entrée à mon rival ?
De quelque trait rusé que mon esprit se vante,
Je me trompe moy-mesme en trompant Amarante,
Et choisis un amy qui ne veut que m'oster
Ce que par luy je tasche à me faciliter.
Qu'importe toutesfois qu'il brusle, & qu'il soûpire ?
Je sçay trop comme il faut l'empescher d'en rien dire.
Amarante l'arreste, & j'arreste Daphnis,
Ainsi tous entretiens d'entreux deux sont bannis,
Et tant d'heur se rencontre en ma sage conduite,
Qu'au langage des yeux son amour est réduite.
Mais n'est-ce pas assez pour se communiquer ?
Que faut-il aux amans de plus pour s'expliquer ?
Mesme ceux de Daphnis à tous coups luy répondent,
L'un dans l'autre à tous coups leurs regards se confon-
Et d'un commun aveu ces müets truchemens (dent,
Ne se disent que trop leurs amoureux tourmens.

COMEDIE.

Quelles vaines frayeurs troublent ma fantaisie?
Que l'amour aisément panche à la jalousie!
Qu'on croit tost ce qu'on craint en ces perpléxitez,
Où les moindre soupçons passent pour véritez!
Daphnis est toute aimable, & si Florame l'aime,
Doy-je m'imaginer qu'il soit aimé de mesme?
Florame avec raison adore tant d'appas,
Et Daphnis sans raison s'abaisseroit trop bas,
Ce feu si juste en l'un, en l'autre inexcusable,
Rendroit l'un glorieux, & l'autre méprisable.
Simple, l'amour peut-il écouter la raison?
Et mesme ces raisons sont-elles de saison?
Si Daphnis doit rougir en bruslant pour Florame,
Qui l'en affranchiroit en secondant ma flame?
Etant tous deux égaux, il faut bien que nos feux
Luy fassent mesme honte, ou mesme honneur tous doux :
Ou tous deux nous formons un dessein téméraire,
Ou nous avons tous deux mesme droit de luy plaire :
Si l'espoir m'est permis il y peut aspirer,
Et s'il pretend trop haut je doy desespérer.
Mais le voicy venir.

SCENE III.
THEANTE, FLORAME.
THEANTE.

Tu me fais bien attendre.
FLORAME.
Encor est-ce à regret qu'icy je viens me rendre,
Et comme un criminel qu'on traisne à sa prison.
THEANTE.
Tu ne fais qu'en raillant cette comparaison.
FLORAME.
Elle n'est que trop vraye.

O iiij

THEANTE.   Et ton indifférence?
FLORAME.
La conserver encor ! le moyen ! l'apparence !
Je m'étois plû toûjours d'aimer en mille lieux,
Voyant une beauté mon cœur suivoit mes yeux;
Mais de quelques attraits que le Ciel l'eust pourveuë,
J'en perdois la mémoire aussi-tost que la veuë,
Et bien que mes discours luy donnassent ma foy,
De retour au logis je me trouvois à moy.
Cette façon d'aimer me sembloit fort commode,
Et maintenant encor je vivrois à ma mode :
Mais l'objet d'Amarante est trop embarassant,
Ce n'est point un visage à ne voir qu'en passant,
Un je ne sçay quel charme auprès d'elle m'attache,
Je ne la puis quitter que le jour ne se cache,
Mesme alors malgré moy son image me suit,
Et me vient au lieu d'elle entretenir la nuit.
Le sommeil n'oseroit me peindre une autre idée,
J'en ay l'esprit remply, j'en ay l'ame obsédée ;
Théante, ou permets-moy de n'en plus approcher,
Ou songe que mon cœur n'est pas fait d'un rocher,
Tant de charmes enfin me rendroient infidelle.
THEANTE.
Devien-le, si tu veux, je suis asseuré d'elle,
Et quand il te faudra tout de bon l'adorer,
Je prendray du plaisir à te voir soûpirer,
Tandis que pour tout fruit tu porteras la peine
D'avoir tant persisté dans une humeur si vaine.
Quand tu ne pourras plus te priver de la voir,
C'est alors que je veux t'en oster le pouvoir,
Et j'attens de pied ferme à reprendre ma place
Qu'il ne soit plus en toy de retrouver ta glace.
Tu te défens encor, & n'en tiens qu'à demy.
FLORAME.
Crüel, est-ce là donc me traiter en amy ?
Garde pour châtiment de cét injuste outrage
Qu'Amarante pour toy ne change de courage,

COMEDIE.

Et se rendant sensible à l'ardeur de mes vœux...
THEANTE.
A cela près poursuy, gagne-la, si tu peux;
Je ne m'en prendray lors qu'à ma seule imprudence,
Et demeurant ensemble en bonne intelligence,
En dépit du malheur que j'auray merité,
J'aimeray le rival qui m'aura supplanté.
FLORAME.
Amy, qu'il vaut bien mieux ne tomber point en peine
De faire à tes dépens cette épreuve incertaine!
Je me confesse pris, je quitte, j'ay perdu,
Que veux-tu plus de moy? repren ce qui t'est dû.
Séparer plus long-temps une amour si parfaite!
Continüer encor la faute que j'ay faite!
Elle n'est que trop grande, & pour la réparer
J'empescheray Daphnis de vous plus séparer :
Pour peu qu'à mes discours je la trouve accessible,
Vous joüirez vous deux d'un entretien paisible,
Je sçauray l'amuser, & vos feux redoublez
Par son fâcheux abord ne seront plus troublez.
THEANTE.
Ce seroit prendre un soin qui n'est pas necessaire,
Daphnis sçait d'elle-mesme assez bien se distraire,
Et jamais son abord ne trouble nos plaisirs,
Tant elle est complaisante à nos chastes desirs.

SCENE IV.
FLORAME, THEANTE, AMARANTE.
THEANTE.
DEploye, il en est temps, tes meilleurs artifices,
(Sans mettre toutefois en oubly mes services)
Je t'améne un captif qui te veux échaper.

LA SUIVANTE.
AMARANTE
J'en ay veu d'échapez que j'y a sçeu r'atraper.
THEANTE.
Voy qu'en sa liberté ta gloire se hazarde.
AMARANTE.
Allez, laissez-le-moy, j'en feray bonne garde,
Daphnis est au jardin.
FLORAME.
              Sans plus vous desunir,
Souffre qu'au lieu de toy je l'aille entretenir.

SCENE V.
AMARANTE, FLORAME.
AMARANTE.

Laissez, mon Cavalier, laissez aller Théante;
Il porte assez au cœur le portrait d'Amarante,
Je n'appréhende point qu'on l'en puisse effacer,
C'est au vostre à present que je le veux tracer,
Et la difficulté d'une telle victoire
M'en augmente l'ardeur, comme elle en croist la gloire.
FLORAME.
Aurez-vous quelque gloire à me faire souffrir ?
AMARANTE.
Plus que de tous les vœux qu'on me pourroit offrir.
FLORAME.
Vous plaisez-vous à ceux d'une ame si contrainte,
Qu'une vieille amitié retient toûjours en crainte ?
AMARANTE.
Vous n'êtes pas encore au point où je vous veux,
Et toute amitié meurt où naissent de vrais feux.
FLORAME.
De vray contre ses droits mon esprit se rebelle ;
Mais feriez-vous état d'un amant infidelle ?

COMEDIE.

AMARANTE.

Je ne prenderay jamais pour un manque de foy
D'oublier un amy pour se donner à moy.

FLORAME.

Encor si je pouvois former quelque espérance
De vous voir favorable à ma persévérance,
Que vous pûssiez m'aimer après tant de tourment
Et d'un mauvais amy faire un heureux Amant !
Mais, hélas ! je vous sers, je vy sous vostre empire,
Et je ne puis prétendre où mon desir aspire :
Théante (ah, nom fatal pour me combler d'ennuy!)
Vous demandez mon cœur, & le vostre est à luy !
Souffrez qu'en autre lieu j'adresse mes services,
Que du manque d'espoir j'évite les supplices.
Qui ne peut rien prétendre a droit d'abandonner.

AMARANTE.

S'il ne tient qu'à l'espoir, je vous en veux donner :
Apprenez que chez moy c'est un foible avantage
De m'avoir de ses vœux le prémier fait hommage,
Le mérite y fait tout, & tel plaist à mes yeux,
Que je négligerois près de qui vaudroit mieux.
Luy seul de mes amants régle la différence,
Sans que le temps leur donne aucune préférence.

FLORAME.

Vous ne flatez mes sens que pour m'embarasser.

AMARANTE.

Peut-estre, mais enfin il faut le confesser,
Vous vous trouveriez mieux auprès de ma maîstresse.

FLORAME,

Ne pensez pas....

AMARANTE.

Non, non, c'est là ce qui vous presse,
Allons dans le jardin ensemble la chercher,
Que j'ay sçeu dextrement à ses yeux la cacher.

O vj

SCENE VI.
DAPHNIS, THEANTE.
DAPHNIS.

Voyez comme tous deux ont fuy nostre rencontre
Je vous l'ay déja dit, & l'effet vous le montre,
Vous perdez Amarante, & cét amy fardé
Se saisit finement d'un bien si mal gardé :
Vous devez vous lasser de tant de patience,
Et vostre seureté n'est qu'en la défiance.

THEANTE.

Je connois Amarante, & ma facilité
Établit mon repos sur sa fidélité,
Elle rit de Florame, & de ses flateries,
Qui ne sont après tout que des galanteries.

DAPHNIS.

Amarante de vray n'aime pas à changer,
Mais vostre peu de soin l'y pourroit engager ;
On néglige aisément un homme qui néglige,
Son naturel est vain, & qui la sert l'oblige.
D'ailleurs les nouveautez ont de puissans appas,
Théante, croyez-moy, ne vous y fiez pas.
J'ay sceu me faire jour jusqu'au fond de son ame,
Où j'ay peu remarqué de sa premiére flame,
Et s'il tournoit la feinte en véritable amour,
Elle seroit bien fille à vous joüer d'un tour.
Mais afin que l'issuë en soit pour vous meilleure,
Laissez-moy ce causeur à gouverner une heure ;
J'ay tant de passion pour tous vos intérests,
Que j'en sçauray bien-tost pénétrer les secrets.

THEANTE.

C'est un trop bas employ pour de si hauts mérites ;
Et quand elle aimeroit à souffrir ses visites,

COMEDIE.

Quand elle auroit pour luy quelque inclination,
Vous m'en verriez toûjours sans apprehension.
Qu'il se mette à loisir s'il peut dans son courage,
Un moment de ma veuë en efface l'image,
Nous nous ressemblons mal, & pour ce changement
Elle a de trop bons yeux, & trop de jugement.

DAPHNIS.

Vous le méprisez trop, je trouve en luy des charmes
Qui vous devroient du moins dôner quelques alarmes:
Clarimond n'a de moy que haine, & que rigueur,
Mais s'il luy ressembloit, il gagneroit mon cœur.

THEANTE.

Vous en parlez ainsi faute de le connoistre.

DAPHNIS.

J'en parle & juge ainsi sur ce qu'on voit paroistre.

THEANTE.

Quoy qu'il en soit, l'honneur de vous entretenir...

DAPHNIS.

Brisons-là ce discours, je l'aperçoy venir.
Amarante, ce semble, en est fort satisfaite.

SCENE VII.

DAPHNIS, FLORAME, THEANTE, AMARANTE.

THEANTE.

JE t'attendois, amy, pour faire la retraite,
L'heure du disner presse, & nous incommodons
Celles qu'en nos discours icy nous retardons.

DAPHNIS.

Il n'est pas encor tard.

THEANTE.

Nous ferions conscience
D'abuser plus long-temps de vostre patience.

LA SUIVANTE,
FLORAME.
Madame, excusez donc cette incivilité
Dont l'heure nous impose une nécessité.
DAPHNIS.
Sa force vous excuse, & je ly dans vostre ame
Qu'à regret vous quittez l'objet de vostre flame.

SCENE VIII.
DAPHNIS, AMARANTE.
DAPHNIS.
Cette assiduité de Florame avec vous
A la fin a rendu Théante un peu jaloux,
Aussi de vous y voir tous les jours attachée,
Quelle puissante amour n'en seroit point touchée ?
Je viens d'examiner son esprit en passant,
Mais vous ne croiriez pas l'ennuy qu'il en ressent.
Vous y devez pourvoir, & si vous étes sage,
Il faut à cét amy faire mauvais visage.
Luy fausser compagnie, éviter ses discours,
Ce sont pour l'appaiser les chemins les plus cours :
Sinon, faites état qu'il va courir au change.
AMARANTE.
Il seroit en ce cas d'une humeur bien étrange.
A sa priére seule, & pour le contenter
J'écoute cét amy quand il m'en vient conter ;
Et pour vous dire tout, cét Amant infidelle
Ne m'aime pas assez pour en estre en cervelle,
Il forme des desseins beaucoup plus relevez,
Et de plus beaux portraits en son cœur sont gravez.
Mes yeux pour l'asservir ont de trop foibles armes,
Il voudroit pour m'aimer que j'eussent d'autres char-
    mes,
Que l'éclat de mon sang mieux soûtenu de biens,
Ne fust point ravalé par le rang que je tiens ;

COMEDIE. 327

Enfin (que ſerviroit auſſi-bien de le taire ?)
Sa vanité le porte au ſoucy de vous plaire.
DAPHNIS.
En ce cas il verra que je ſçay comme il faut
Punir des inſolens qui pretendent trop haut.
AMARANTE.
Je luy veux quelque bien, puiſque changeant de fla-
Vous voyez par pitié qu'il me laiſſe Florame, (me
Qui n'étant pas ſi vain a plus de fermeté.
DAPHNIS.
Amarante, après tout, diſons la vérité,
Théante n'eſt ſi vain qu'en voſtre fantaiſie,
Et ſa froideur pour vous naiſt de ſa jalouſie. (rien,
Mais ſoit qu'il change, ou non, il ne m'importe en
Et ce que je vous dy n'eſt que pour voſtre bien.

SCENE IX.
AMARANTE.

Pour peut ſçavant qu'on ſoit aux mouvemens de
  l'ame,
On devine aiſément qu'elle en veut à Florame.
Sa fermeté pour moy que je vantois à faux
Luy portoit dans l'eſprit de terribles aſſauts.
Sa ſurpriſe à ce mot a paru manifeſte,
Son teint en a changé, ſa parole, ſon geſte :
L'entretien que j'en ay luy ſembleroit bien doux,
Et je croy que Théante en eſt le moins jaloux.
Ce n'eſt pas d'aujourd'huy que je m'en ſuis doutée.
Eſtre toûjours des yeux ſur un homme arrétée ;
Dans ſon manque de biens déplorer ſon malheur,
Juger à ſa façon qu'il a de la valeur,
Demander ſi l'eſprit en répond à la mine,
Tout cela de ſes feux euſt inſtruit la moins fine.
Florame en eſt de meſme, il meurt de luy parler,
Et s'il peut d'avec moy jamais ſe démeſler,

LA SUIVANTE,

C'en est fait, je le perds. L'impertinente crainte!
Que m'importe de perdre une amitié si feinte?
Et que me peut servir un ridicule feu,
Où jamais de son cœur sa bouche n'a l'aveu?
Je m'en veux mal en vain, l'Amour a tant de force,
Qu'il attache mes sens à cette fausse amorce,
Et fera son possible à toûjours conserver
Ce doux extérieur dont on me veut priver.

Fin du prémier Acte.

COMEDIE.

ACTE II.

SCENE PREMIERE.
GERASTE, CELIE.

CELIE.

ET bien j'en parleray, mais songez qu'à vostre âge
Mille accidens fascheux suivent le mariage,
On aime rarement de si sages époux,
Et leur moindre malheur c'est d'estre un peu jaloux.
Convaincus au dedans de leur propre foiblesse,
Une ombre leur fait peur, une mouche les blesse,
Et cét heureux Hymen qui les charmoit si fort
Devient souvent pour eux un fourrier de la mort.

GERASTE.

Excuse, ou pour le moins pardonne à ma folie,
Le sort en est jetté, va, ma chére Célie,
Va trouver la beauté qui me tient sous sa loy,
Flate-la de ma part, promets-luy tout de moy :
Dy-luy que si l'amour d'un vieillard l'importune,
Elle fait une planche à sa bonne fortune,
Que l'excès de mes biens à force de presens
Répare la vigueur qui manque à mes vieux ans,
Qu'il ne luy peut échoir de meilleure avanture.

CELIE.

Ne m'importunez point de vostre tablature,

Sans vos instructions je sçay bien mon métier,
Et je n'en laisseray pas-un trait à quartier.
GERASTE.
Je ne suis point ingrat quand on me rend office,
Peins-luy bien mon amour, offre bien mon service,
Dy bien que mes beaux jours ne sont pas si passez,
Qu'il ne me reste encor...
CELIE.
Que vous m'étourdissez!
N'est-ce point assez dit que vostre ame est éprise?
Que vous allez mourir si vous n'avez Florise?
Reposez-vous sur moy.
GERASTE.
Que voilà froidement
Me promettre ton aide à finir mon tourment.
CELIE.
S'il faut aller plus viste, allons, je voy son frere,
Et vay tout devant vous luy proposer l'affaire.
GERASTE.
Ce seroit tout gaster, arreste, & par douceur
Essaye auparavant d'y resoudre la sœur.

SCENE II.
FLORAME.

Jamais ne verray-je finie
Cette incommode affection
Dont l'impitoyable manie
Tyrannise ma passion?
Je feins, & fais naistre un feu si véritable,
Qu'à force d'estre aimé je deviens misérable.

Toy, qui m'assiéges tout le jour,
Fascheuse cause de ma peine,
Amarante, de qui l'amour
Commence à mériter ma haine,

COMEDIE.

Cesse de te donner tant de soins superflus,
Je te voudray du bien de ne m'en vouloir plus.

Dans une ardeur si violente,
Près de l'objet de mes desirs,
Penses-tu que je me contente
D'un regard & de deux soûpirs,
Et que je souffre encor cét injuste partage.
Où tu tiens mes discours, & Daphnis mon courage ?

Si j'ay feint pour toy quelques feux,
C'est à quoy plus rien ne m'oblige :
Quand on a l'effet de ces vœux
Ce qu'on adoroit se néglige,
Je ne voulois de toy qu'un accés chez Daphnis,
Amarante, je l'ay, mes amours sont finis.

Théante, repren ta Maîtresse,
N'oste plus à mes entretiens
L'unique sujet qui me blesse,
Et qui peut-estre est las des tiens :
Et toy, puissant Amour, fais enfin que j'obtienne
Un peu de liberté pour luy donner la mienne.

SCENE III.

AMARANTE, FLORAME.

AMARANTE.
Que vous voilà soudain de retour en ces lieux !
FLORAME.
Vous jugerez par là du pouvoir de vos yeux.
AMARANTE.
Autre objet que mes yeux devers nous vous attire.
FLORAME.
Autre objet que vos yeux ne cause mon martyre.

LA SUIVANTE,
AMARANTE.
Voſtre martyre donc eſt de perdre avec moy
Un temps dont vous voulez faire un meilleur employ.

SCENE IV.
DAPHNIS, AMARANTE, FLORAME.

DAPHNIS.

Amarante, allez voir ſi dans la galerie
Ils ont bien-toſt tendu cette tapiſſerie,
Ces gens-là ne font rien ſi l'on n'a l'œil ſur eux.
Amarante rentre & Daphnis continuë.
Je romps pour quelque temps le diſcours de vos feux.
FLORAME.
N'appellez point des feux un peu de complaiſance,
Que détruit voſtre abord, qu'éteint voſtre preſence.
DAPHNIS.
Voſtre amour eſt trop forte, & vos cœurs trop unis,
Pour l'oublier ſoudain à l'abord de Daphnis,
Et vos civilitez étant dans l'impoſſible
Vous rendent bien flateur, mais non pas inſenſible.
FLORAME.
Quoy que vous eſtimiez de ma civilité,
Je ne me pique point d'inſenſibilité ;
J'aime, il n'eſt que trop vray, je bruſle, je ſoûpire,
Mais un plus haut ſujet me tient ſous ſon empire.
DAPHNIS.
Le nom ne s'en dit point ?
FLORAME.
Je ry de ces amants
Dont le trop de reſpect redouble les tourmens,
Et qui pour les cacher ſe faiſant violence
Se promettent beaucoup d'un timide ſilence.

COMEDIE.

Pour moy, j'ay toûjours creu qu'un amour vertüeux
N'avoit point à rougir d'estre présomptüeux,
Je veux bien vous nommer le bel œil qui me dom-
Et ma témérité ne me fait point de honte. (pte,
Ce rare & haut sujet ...

AMARANTE *revenant brusquement.*
Tout est presque tendu.

DAPHNIS.
Vous n'avez auprès d'eux guére de temps perdu.

AMARANTE.
J'ay veu qu'ils l'employoient, & je suis revenuë.

DAPHNIS.
J'ay peur de m'enrheumer au froid qui continuë,
Allez au cabinet me querir un mouchoir ?
J'en ay laissé les clefs autour de mon miroir,
Vous les trouverez là.

Amarante rentre & Daphnis continuë.
J'ay crû que cette belle
Ne pouvoit à propos se nommer devant elle,
Qui recevant par là quelque espéce d'affront ?
En auroit eu soudain la rougeur sur le front.

FLORAME.
Sans affront je la quitte, & luy préfere une autre
Dont le mérite égal, le rang pareil au vostre,
L'esprit & les attraits également puissans
Ne dévroient de ma part avoir que de l'encens :
Ouy, sa perfection comme la vostre extrème
N'a que vous de pareille, en un mot, c'est....

DAPHNIS. Moy-mesme.
Je voy bien que c'est là que vous voulez venir,
Non tant pour m'obliger, comme pour me punir,
Ma curiosité devenuë indiscrette
A voulu trop sçavoir d'une flame secrette,
Mais bien qu'elle en reçoive un juste châtiment
Vous pouviez me traiter un peu plus doucement.
Sans me faire rougir, il vous devoit suffire
De me taire l'objet dont vous aimez l'empire.

LA SUIVANTE.

Mettre en sa place un nom qui ne vous touche pas,
C'est un cruel reproche au peu que j'ay d'appas.

FLORAME.

Veu le peu que je suis, vous dédaignez de croire
Une si malheureuse & si basse victoire?
Mon cœur est un captif si peu digne de vous,
Que vos yeux en voudroient desavoüer leurs coups:
Ou peut-estre mon sort me rend si méprisable,
Que ma témérité vous devient incroyable.
Mais quoy que desormais il m'en puisse arriver,
Je fais serment....

AMARANTE.

Vos clefs ne sçauroient se trouver.

DAPHNIS.

Faute d'un plus exquis, & comme par bravade,
Cecy servira donc de mouchoir de parade.
Enfin ce Cavalier que nous vismes au bal,
Vous trouvez comme moy qu'il ne danse pas mal?

FLORAME.

Je ne le vis jamais mieux sur sa bonne mine.

DAPHNIS.

Il s'étoit si bien mis pour l'amour de Clarine.

A Amarante.

A propos de Clarine, il m'étoit échapé
Qu'elle en a deux à moy d'un nouveau point-coupé;
Allez, & dites-luy qu'elle me les renvoye.

AMARANTE.

Il est hors d'apparence aujourd'huy qu'on la voye,
Dès une heure au plus tard elle devoit sortir.

DAPHNIS.

Son Cocher n'est jamais si-tost prest à partir,
Et d'ailleurs son logis n'est pas au bout du Monde,
Vous perdrez peu de pas. Quoy qu'elle vous réponde,
Dites-luy nettement que je les veux avoir.

AMARANTE.

A vous les rapporter je feray mon pouvoir.

COMEDIE.

SCENE V.
FLORAME, DAPHNIS.

FLORAME.

C'Est à vous maintenant d'ordonner mon supplice,
Seure que sa rigueur n'aura point d'injustice.
DAPHNIS.
Vous voyez qu'Amarante a pour vous de l'amour,
Et ne manquera pas d'estre tost de retour.
Bien que je pûsse encor user de ma prudence,
Il vaut mieux ménager le temps de son absence.
Donc pour n'en perdre point en discours superflus,
Je croy que vous m'aimez, n'attendez rien de plus,
Florame, je suis fille, & je dépens d'un pére.
FLORAME.
Mais de vostre costé que faut-il que j'espére?
DAPHNIS.
Si ma jalouse encor vous rencontroit icy,
Ce qu'elle a de soupçons seroit trop éclaircy :
Laissez-moy seule, allez.
FLORAME.
                    Se peut-il que Florame
Souffre d'estre si-tost séparé de son ame?
Ouy, l'honneur d'obeïr à vos commandemens
Luy doit estre plus cher que ses contentemens.

SCENE VI.
DAPHNIS.

Mon amour par ses yeux plus forte devenuë
L'eust bien-tost emporté dessus ma retenuë,
Et je sentois mon feu tellement s'augmenter
Qu'il n'étoit plus en moy de le pouvoir dompter.
J'avois peur d'en trop dire, & cruelle à moy-mesme,
Parce que j'aime trop, j'ay banny ce que j'aime.
Je me trouve captive en de si beaux liens,
Que je meurs qu'il le sçache, & j'en fuy les moyens.
Quelle importune loy que cette modestie,
Par qui nostre apparence en glace convertie
Etouffe dans la bouche & nourrit dans le cœur
Un feu dont la contrainte augmente la vigueur !
Que ce penser m'est doux ! que je t'aime, Florame,
Et que je songe peu dans l'excès de ma flame
A ce qu'en nos destins contre nous irritez
Le mérite & les biens font d'inégalitez !
Aussi par celle-là de bien loin tu me passes,
Et l'autre seulement est pour les ames basses,
Et ce penser flateur me fait croire aisément
Que mon pére sera de mesme sentiment.
Hélas ! c'est en effet bien flater mon courage
D'accommoder son sens aux desirs de mon âge,
Il voit par d'autres yeux, & veut d'autres appas.

SCENE

COMEDIE.

SCENE VII.

DAPHNIS, AMARANTE.

AMARANTE.

Je vous l'avois bien dit qu'elle n'y seroit pas.

DAPHNIS.

Que vous avez tardé pour ne trouver personne !

AMARANTE.

Ce reproche vrayment ne peut qu'il ne m'étonne,
Pour revenir plus viste, il eust fallu voler.

DAPHNIS.

Florame cependant qui vient de s'en aller
A la fin malgré moy s'est ennuyé d'attendre.

AMARANTE.

C'est chose toutesfois que je ne puis comprendre.
Des hommes de mérite & d'esprit comme luy
N'ont jamais avec vous aucun sujet d'ennuy,
Vostre ame généreuse a trop de courtoisie.

DAPHNIS.

Et la vostre amoureuse un peu de jalousie.

AMARANTE.

De vray, je goustois mal de faire tant de tours,
Et perdois à regret ma part de ses discours.

DAPHNIS.

Aussi je me trouvois si promptement servie
Que je me doutois bien qu'on me portoit envie.
En un mot, l'aimez-vous ?

AMARANTE.

Je l'aime aucunement ;
Non-pas jusqu'à troubler vostre contentement ;
Mais si son entretien n'a point dequoy vous plaire,
Vous m'obligerez fort de ne m'en plus distraire.

DAPHNIS.

Mais au cas qu'il me plûst ?

I. Partie. P

LA SUIVANTE,

AMARANTE.

     Il faudroit vous céder.
C'est ainsi qu'avec vous je ne puis rien garder,
Au moindre feu pour moy qu'un amant fait paroistre
Par curiosité vous le voulez connoistre,
Et quand il a gousté d'un si doux entretien,
Je puis dire dès lors que je ne tiens plus rien.
C'est ainsi que Théante a négligé ma flame,
Encor tout de nouveau vous m'enlevez Florame :
Si vous continuez à rompre ainsi mes coups,
Je ne sçay tantost plus comment vivre avec vous.

DAPHNIS.

Sans colére, Amarante, il semble à vous entendre
Qu'en mesme lieu que vous je vouluße prétendre ?
Allez, asseurez-vous que mes contentemens
Ne vous desroberont aucun de vos amans,
Et pour vous en donner la preuve plus expresse,
Voilà vostre Théante avec qui je vous laisse.

SCENE VIII.

THEANTE, AMARANTE.

THEANTE.

TU me vois sans Florame, un amoureux ennuy
 Assez adroitement m'a desrobé de luy.
Las de céder ma place à son discours frivole,
Et n'osant toutesfois luy manquer de parole,
Je pratique un quart-d'heure à mes affections.

AMARANTE.

Ma maîtresse lisoit dans tes intentions,
Tu vois à ton abord comme elle a fait retraite,
De peur d'incommoder une amour si parfaite.

THEANTE.

Je ne la sçaurois croire obligeante à ce point.
Ce qui la fait partir ne se dira-t'il point ?

COMEDIE.
AMARANTE.
Veux-tu que je t'en parle avec toute franchise ?
C'est la mauvaise humeur où Florame l'a mise.
THEANTE.
Florame !   ### AMARANTE.
   Ouy, ce causeur vouloit l'entretenir,
Mais il aura perdu le goust d'y revenir :
Elle n'a que fort peu souffert sa compagnie,
Et l'en a chassé presque avec ignominie.
De dépit cependant ses mouvemens aigris
Ne veulent aujourd'huy traiter que de mépris,
Et l'unique raison qui fait qu'elle me quitte,
C'est l'estime où te met près d'elle ton mérite :
Elle ne voudroit pas te voir mal satisfait,
Ny rompre sur le champ le dessein qu'elle a fait.
THEANTE.
J'ay regret que Florame ait receu cette honte,
Mais enfin auprès d'elle il trouve mal son conte ?
AMARANTE.
Aussi c'est un discours ennuyeux que le sien,
Il parle incessamment sans dire jamais rien,
Et n'étoit que pour toy je me fais ces contraintes,
Je l'envoîrois bien-tost porter ailleurs ses feintes.
THEANTE.
Et je m'asseure aussi tellement en ta foy,
Que bien que tout le jour il cajole avec toy,
Mon esprit te conserve une amitié si pure,
Que sans estre jaloux je le vois & l'endure.
AMARANTE.
Comment le serois-tu pour un si triste objet ?
Ses imperfections t'en ostent tout sujet,
C'est à toy d'admirer qu'encor qu'un beau visage
Dedans ses entretiens à toute heure t'engage,
J'ay pour toy tant d'amour & si peu de soupçon,
Que je n'en suis jalouse en aucune façon.
C'est aimer puissamment que d'aimer de la sorte,
Mais mon affection est bien encor plus forte.

P ij

Tu sçais (& je le dis sans te mesestimer)
Que quand nostre Daphnis auroit sçeu te charmer,
Ce qu'elle est plus que toy mettroit hors d'esperance
Les fruits qui seroient dûs à ta perseverance,
Plûst à Dieu que le Ciel te donnast assez d'heur
Pour faire naistre en elle autant que j'ay d'ardeur,
Voyant ainsi la porte à ta fortune ouverte
Je pourrois librement consentir à ma perte.

THEANTE.

Je te souhaite un change autant avantageux.
Plûst à Dieu que le Sort te fust moins outrageux,
Ou que jusqu'à ce point il t'eust favorisée,
Que Florame fust Prince, & qu'il t'eust épousée.
Je prise auprès des tiens si peu mes interests,
Que bien que j'en sentisse au cœur mille regrets,
Et que de déplaisir il m'en coûtast la vie,
Je me la tiendrois lors heureusement ravie.

AMARANTE.

Je ne voudrois point d'heur qui vinst avec ta mort,
Et Damon que voilà n'en seroit pas d'accord.

THEANTE.

Il a mine d'avoir quelque chose à me dire.

AMARANTE.

Ma présence y nuiroit, Adieu, je me retire.

THEANTE.

Arreste, nous pourrons nous voir tout à loisir,
Rien ne le presse.

SCENE IX.

THEANTE, DAMON.

THEANTE.

Amy, que tu m'as fait plaisir !

COMEDIE.

DAMON.
Celle qui te charmoit te devient bien pesante.
THEANTE.
Je l'aime encor pourtant, mais mon ambition
Ne laisse point agir mon inclination,
Ma flame sur mon cœur en vain est la plus forte,
Tous mes desirs ne vont qu'où mon dessein les porte.
Au reste j'ay sondé l'esprit de mon rival.
DAMON.
Et connu ? **THEANTE.**
Qu'il n'est pas pour me faire grand mal,
Amarante m'en vient d'apprendre une Nouvelle
Qui ne me permet plus que j'en sois en cervelle.
Il a veu...
DAMON.
Qui ?
THEAMTE.
Daphnis, & n'en a remporté
Que ce qu'elle devoit à sa témérité.
DAMON.
Comme quoy ?
THEANTE.
Des mépris, des rigueurs sans pareilles.
DAMON.
As-tu beaucoup de foy pour de telles merveilles ?
THEANTE.
Celle dont je les tiens en parle asseurément.
DAMON.
Pour un homme si fin on te dupe aisément,
Amarante elle-mesme en est mal satisfaite.
Et ne t'a rien conté que ce qu'elle souhaite;
Pour seconder Florame en ses intentions
On l'avoit écartée à des commissions.
Je viens de le trouver, tout ravy dans son ame
D'avoir eu les moyens de déclarer sa flame,
Et qui présume tant de ses prospéritez,
Qu'il croit ses vœux receus puisqu'ils sont écoutez ;

P iij

Et certes son espoir n'est pas hors d'apparence,
Après ce bon accueil & cette conférence
Dont Daphnis elle-mesme a fait l'occasion,
J'en crains fort un succès à ta confusion.
Taschons d'y donner ordre, & sans plus de langage
Avise en quoy tu veux employer mon courage.
THEANTE.
Luy disputer un bien où j'ay si peu de part,
Ce seroit m'exposer pour quelqu'autre au hazard.
Le dûel est fascheux, & quoy qu'il en arrive
De sa possession l'un & l'autre il nous prive,
Puisque de deux rivaux l'un mort, l'autre s'enfuit,
Tandis que de sa peine un troisiéme a le fruit.
A croire son courage en amour on s'abuse,
La valeur d'ordinaire y sert moins que la ruse.
DAMON.
Avant que passer outre, un peu d'attention.
THEANTE.
Te viens-tu d'aviser de quelque invention ?
DAMON.
Ouy, ta seule maxime en fonde l'entreprise.
Clarimond voit Daphnis, il l'aime, il la courtise,
Et quoy qu'il n'en reçoive encor que des mépris,
Un moment de bonheur luy peut gagner ce prix.
THEANTE.
Ce rival est bien moins à redouter qu'à plaindre.
DAMON.
Je veux que de sa part tu ne doives rien craindre,
N'est-ce pas le plus seur qu'un dûel hazardeux
Entre Florame & luy les en prive tous deux ?
THEANTE.
Crois-tu qu'avec Florame aisément on l'engage ?
DAMON.
Je l'y resoudray trop avec un peu d'ombrage.
Un amant dédaigné ne voit pas de bon œil
Ceux qui du mesme objet ont un plus doux accueil,

COMEDIE. 343

Des faveurs qu'on leur fait il forme ses offenses,
Et pour peu qu'on le pousse, il court aux violences.
Nous les verrions par là l'un & l'autre écartez
Laisser la place libre à tes félicitez.

THEANTE.
Ouy, mais s'il t'obligeoit d'en porter la parole ?

DAMON.
Tu te mets en l'esprit une crainte frivole,
Mon péril de ces lieux ne te bannira pas,
Et moy pour te servir je courrois au trépas.

THEANTE.
En mesme occasion dispose de ma vie,
Et sois seur que pour toy j'auray la mesme envie.

DAMON.
Allons, ces complimens en retardent l'effet.

THEANTE.
Le Ciel ne vit jamais un amy si parfait.

Fin du second Acte.

ACTE III.

SCENE PREMIERE.
FLORAME, CELIE.

FLORAME.

Nfin quelque froideur qui paroisse en
    Florise,   (remise.
Aux volontez d'un frére elle s'en est
CELIE.
Quoy qu'elle s'en rapporte à vous en-
    tierement,
Vous luy feriez plaisir d'en user autrement.
Les amours d'un vieillard sont d'une foible amorce.
FLORAME.
Que veux-tu ? son esprit se fait un peu de force,
Elle se sacrifie à mes contentemens,
Et pour mes intérests contraint ses sentimens.
Asseure donc Géraste en me donnant sa fille,
Qu'il gagne en un moment toute nostre famille,
Et que tout vieil qu'il est, cette condition
Ne laisse aucun obstacle à son affection.
Mais aussi de Florise il ne doit rien prétendre,
A moins que se résoudre à m'accepter pour gendre.
CELIE.
Plaisez-vous à Daphnis ? c'est là le principal.
FLORAME.
Elle a trop de bonté pour me vouloir du mal :

COMEDIE.

D'ailleurs sa résistance obscurciroit sa gloire,
Je la mériterois si je la pouvois croire.
La voilà qu'un rival m'empesche d'aborder :
Le rang qu'il tient sur moy m'oblige à luy céder,
Et la pitié que j'ay d'un Amant si fidelle
Luy veut donner loisir d'estre dédaigné d'elle.

SCENE II.

CLARIMOND, DAPHNIS.

CLARIMOND.

Ces dédains rigoureux dureront-ils-toûjours ?

DAPHNIS.

Non, ils ne dureront qu'autant que vos amours.

CLARIMOND.

C'est prescrire à mes feux des loix bien inhumaines !

DAPHNIS.

Faites finir vos feux, je finiray leurs peines.

CLARIMOND.

Le moyen de forcer mon inclination ?

DAPHNIS.

Le moyen de souffrir vostre obstination ?

CLARIMOND.

Qui ne s'obstineroit en vous voyant si belle ?

DAPHNIS.

Qui vous pourroit aimer vous voyant si rebelle ?

CLARIMOND.

Est-ce rebellion que d'avoir trop de feu ?

DAPHNIS.

C'est avoir trop d'amour, & m'obéïr trop peu.

CLARIMOND.

La puissance sur moy que je vous ay donnée…

DAPHNIS.

D'aucune exception ne doit estre bornée.

CLARIMOND.
Essayez autrement ce pouvoir souverain.
DAPHNIS.
Cét essay me fait voir que je commande en vain.
CLARIMOND.
C'est un injuste essay qui feroit ma ruïne.
DAPHNIS.
Ce n'est plus obéïr depuis qu'on éxamine.
CLARIMOND.
Mais l'Amour vous défend un tel commandement.
DAPHNIS.
Et moy je me défens un plus doux traitement.
CLARIMOND.
Avec ce beau visage avoir le cœur de roche !
DAPHNIS.
Si le mien s'endurcit, ce n'est qu'à vostre approche.
CLARIMOND.
Que je sçache du moins d'où naissent vos froideurs.
DAPHNIS.
Peut-estre du sujet qui produit vos ardeurs.
CLARIMOND.
Si je brusle, Daphnis, c'est de nous voir ensemble.
DAPHNIS.
Et c'est de nous y voir, Clarimond, que je tremble.
CLARIMOND.
Vostre contentement n'est qu'à me maltraiter.
DAPHNIS.
Comme le vostre n'est qu'à me persécuter.
CLARIMOND.
Quoy ! l'on vous persécute à force de services ?
DAPHNIS.
Non, mais de vostre part ce me sont des supplices.
CLARIMOND.
Helas ! & quand pourra venir ma guérison ?
DAPHNIS.
Lors que le temps chez vous remettra la raison.

COMEDIE.

CLARIMOND.
Ce n'est pas sans raison que mon ame est éprise.
DAPHNIS.
Ce n'est pas sans raison aussi qu'on vous méprise.
CLARIMOND.
Juste Ciel ! & que doy-je espérer desormais.
DAPHNIS.
Que je ne suis pas fille à vous aimer jamais.
CLARIMOND.
C'est donc perdre mon temps que de plus y pretendre ?
DAPHNIS.
Comme je perds le mien icy à vous entendre.
CLARIMOND.
Me quittez-vous si-tost sans me vouloir guérir ?
DAPHNIS.
Clarimond sans Daphnis peut & vivre & mourir.
CLARIMOND.
Je mourray toutesfois si je ne vous posséde.
DAPHNIS.
Tenez-vous donc pour mort, s'il vous faut ce reméde.

SCENE III.
CLARIMOND.

Tout dédaigné je l'aime, & malgré sa rigueur
 Ses charmes plus puissans luy cõservẽt mõ cœur;
Par un contraire effet dont mes maux s'entretiennent
Sa bouche le refuse, & ses yeux le retiennent,
Je ne puis, tant elle a de mépris & d'appas,
Ny le faire accepter, ny ne le donner pas ;
Et comme si l'amour faisoit naistre sa haine,
Ou qu'elle mesurast ses plaisirs à ma peine,
On voit paroistre ensemble, & croistre également,
Ma flame & ses froideurs, sa joye & mon tourment.
Je tasche à m'affranchir de ce malheur extrême,
Et je ne sçaurois plus disposer de moy-mesme,

LA SUIVANTE,

Mon defespoir trop lafche obéït à mon fort,
Et mes reffentimens n'ont qu'un débile effort.
Mais pour foibles qu'il foient, aidons leur impuiffan-
Donnons-leur le fecours d'une éternelle abfence. (ce,
Adieu, crüelle ingrate, Adieu, je fuy ces lieux
Pour defrober mon ame au pouvoir de tes yeux.

SCENE IV.

CLARIMOND, AMARANTE.

AMARANTE.

Monfieur, Monfieur, un mot. L'air de voftre vifa- (ſage
Témoigne un déplaifir caché dans le courage,
Vous quittez ma maîtreffe un peu mal fatisfait.

CLARIMOND.

Ce que voit Amarante en eft le moindre effet.
Je porte, malheureux, après de tels outrages,
Des douleurs fur le font, & dans le cœur des rages.

AMARANTE.

Pour un peu de froideur c'eft trop defefpérer.

CLARIMOND.

Que ne dis-tu plûtoft que c'eft trop endurer ?
Je devrois eftre las d'un fi crüel martyre,
Brifer les fers honteux où me tient fon empire,
Sans irriter mes maux avec un vain regret.

AMARANTE.

Si je vous croyois homme à garder un fecret,
Vous pourriez fur ce point apprendre quelque chofe,
Que je meurs de vous dire, & toutefois je n'ofe.
L'erreur où je vous voy me fait compaffion,
Mais pourriez-vous avoir de la difcretion ?

CLARIMOND.

Prens-en ma foy de gage avec... Laiffe-moy faire.

Il veut tirer un diamant de fon doigt pour le luy
donner, & elle l'en empefche.

COMEDIE. 349
AMARANTE.
Vous voulez justement m'obliger à me taire.
Aux filles de ma sorte il suffit de la foy,
Réservez vos presens pour quelqu'autre que moy.
CLARIMOND
Souffre.... ### AMARANTE.
Gardez-les, dy-je, ou je vous abandonne.
Daphnis a des rigueurs dont l'excès vous étonne,
Mais vous aurez bien plus de quoy vous étonner,
Quand vous sçaurez comment il faut la gouverner.
A force de douceurs vous la rendez crüelle,
Et vos submissions vous perdent auprès d'elle :
Epargnez désormais tous ces pas superflus,
Parlez-en au bon-homme, & ne la voyez plus.
Toutes ses crüautez ne sont qu'en apparence,
Du costé du vieillard tournez vostre espérance ;
Quand il aura pour elle accepté quelque Amant,
Un prompt amour naistra de son commandement.
Elle vous fait tandis cette galanterie
Pour s'acquérir le bruit de fille bien nourrie,
Et gagner d'autant plus de réputation
Qu'on la croira forcer son inclination.
Nommez cette maxime, ou prudence, ou sottise,
C'est la seule raison qui fait qu'on vous méprise.
CLARIMOND.
Hélas ! & le moyen de croire tes discours ?
AMARANTE.
De grace, n'usez point si mal de mon secours,
Croyez les bons avis d'une bouche fidelle,
Et songeant seulement que je viens d'avec elle,
Derechef épargnez tous ces pas superflus,
Parlez-en au bon-homme, & ne la voyez plus.
CLARIMOND.
Tu ne flates mon cœur que d'un espoir frivole.
AMARANTE.
Hazardez seulement deux mots sur ma parole,
Et n'appréhendez point la honte d'un refus.

LA SUIVANTE,
CLARIMOND.
Mais si j'en recevois, je serois bien confus,
Un oncle pourra mieux concerter cette affaire.
AMARANTE.
Ou par vous, ou par luy ménagez bien le pére.

SCENE V.
AMARANTE.

Qu'aisément un esprit qui se laisse flater
S'imagine un bon-heur qu'il pense mériter !
Clarimond est bien vain ensemble & bien crédule,
De se persuader que Daphnis dissimule,
Et que ce grand dédain déguise un grand amour
Que le seul choix d'un pére a droit de mettre au jour.
Il s'en pasme de joye, & dessus ma parole
De tant d'affronts receus son ame se console :
Il les chérit peut-estre & les tient à faveurs,
Tant se trompeur espoir redouble ses ferveurs.
S'il rencontroit le pere, & que mon entreprise....

SCENE VI.
GERASTE, AMARANTE.
GERASTE.
Amarante.
AMARANTE.
Monsieur.
GERASTE.
Vous faites la surprise,
Encor que de si loin vous m'ayez veu venir,
Que Clarimond n'est plus à vous entretenir !
Je donne ainsi la chasse à ceux qui vous en content !

COMÉDIE.
AMARANTE.
A moy ? mes vanitez jusque là ne se montent.
GERASTE.
Il sembloit toutefois parler d'affection.
AMARANTE.
Ouy, mais qu'estimez-vous de son intention ?
GERASTE.
Je croy que ses desseins tendent au mariage.
AMARANTE
Il est vray.
GERASTE.
    Quelque foy qu'il vous donne pour gage,
Il cherche à vous surprendre, & sous ce faux appas
Il cache des projets que vous n'entendez pas.
AMARANTE.
Vostre âge soupçonneux a toûjours des chiméres
Qui le font mal juger des cœurs les plus sincéres.
GERASTE.
Où les conditions n'ont point d'égalité,
L'amour ne se fait guére avec sincérité.
AMARANTE.
Posé que cela soit : Clarimond me caresse ;
Mais si je vous disois que c'est pour ma maîtresse,
Et que le seul besoin qu'il a de mon secours
Sortant d'avec Daphnis l'arreste en mes discours?
GERASTE.
S'il a besoin de toy pour avoir bonne issuë,
C'est signe que sa flame est assez mal receuë.
AMARANTE.
Pas tant qu'elle paroit, & que vous présumez.
D'un mutüel amour leurs cœurs sont enflamez,
Mais Daphnis se contraint de peur de vous déplaire,
Et sa bouche est toûjours à ses desirs contraire,
Horsmis lors qu'avec moy s'ouvrant confidemment
Elle trouve à ses maux quelque soulagement.
Clarimond cependant, pour fondre tant de glaces,
Tasche par tous moyens d'avoir mes bonnes graces,

Et moy, je l'entretiens toûjours d'un peu d'espoir,
GERASTE.
A ce conte Daphnis est fort dans le devoir,
Je n'en puis souhaiter un meilleur témoignage,
Et ce respect m'oblige à l'aimer davantage.
Je luy seray bon pére, & puisque ce party
A sa condition se rencontre assorty,
Bien qu'elle pûst encor un peu plus haut atteindre,
Je la veux enhardir à ne se plus contraindre.
AMARANTE.
Vous n'en pourrez jamais tirer la vérité.
Honteuse de l'aimer sans vostre autorité,
Elle s'en défendra de toute sa puissance.
N'en cherchez point d'aveu que dans l'obéïssance;
Quand vous aurez fait choix de cét heureux amant
Vos ordres produiront un prompt consentement.
Mais on ouvre la porte, helas je suis perduë,
Si j'ay tant de malheur qu'elle m'ait entenduë.

Elle rentre dans le jardin.
GERASTE.
Luy procurant du bien elle croit la fascher,
Et cette vaine peur la fait ainsi cacher.
Que ces jeunes cerveaux ont de traits de folie !
Mais il faut aller voir ce qu'aura fait Célie.
Toutesfois disons-luy quelque mot en passant
Qui la puisse guérir du mal qu'elle ressent.

SCENE VII.
GERASTE, DAPHNIS.
GERASTE.
MA fille, c'est en vain que tu fais la discrette,
J'ay découvert enfin ta passion secrette,
Je ne t'en parle point sur des avis douteux. (teux,
N'en rougy point, Daphnis, ton choix n'est pas hon-

COMEDIE.

Moy-mesme je l'agrée, & veux bien que ton ame
A cét Amant si cher ne cache plus sa flame.
Tu pouvois en effet prétendre un peu plus haut,
Mais on ne peut assez estimer ce qu'il vaut ;
Ses belles qualitez, son crédit, & sa race
Auprès des gens d'honneur sont trop dignes de grace.
Adieu, si tu le vois, tu peux luy témoigner
Que sans beaucoup de peine on me pourra gagner.

SCENE VIII.

DAPHNIS.

D'Aise & d'étonnement je demeure immobile.
D'où luy vient cette humeur de m'estre si facile?
D'où me vient ce bon-heur où je n'osois penser ?
Florame, il m'est permis de te récompenser,
Et sans plus déguiser ce qu'un pere authorise,
Je puis me revancher du don de ta franchise :
Ton merite le rend, malgré ton peu de biens,
Indulgent à mes feux, & favorable aux tiens,
Il trouve en tes vertus des richesses plus belles.
Mais est-il vray, mes sens ? m'étes-vous si fidelles ?
Mon heur me rend confuse, & ma confusion
Me fait tout soupçonner de quelque illusion.
Je ne me trompe point, ton mérite & ta race
Auprès des gens d'honneur sont trop dignes de grace,
Florame, il est tout vray, deslors que je te vis
Un batement de cœur me fit de cét avis,
Et mon pére aujourd'huy souffre que dans son ame
Les mesmes sentimens....

SCENE IX.
FLORAME, DAPHNIS.
DAPHNIS.

Quoy, vous voila, Florame !
Je vous avois prié tantoſt de me quitter.
FLORAME.
Et je vous ay quittée auſſi ſans conteſter.
DAPHNIS.
Mais revenir ſi-toſt c'eſt me faire une offenſe.
FLORAME.
Quand j'aurois ſur ce point receu quelque défenſe,
Si vous ſçaviez quels feux ont preſſé mon retour,
Vous en pardonneriez le crime à mon amour.
DAPHNIS.
Ne vous préparez p   à dire des merveilles,
Pour me perſüader des flames ſans pareilles :
Je croy que vous m'aimez, & c'eſt en croire plus,
Que n'en exprimeroient vos discours ſuperflus.
FLORAME.
Mes feux, qu'ont redoublé ces propos adorables,
A force d'eſtre crûs deviennent incroyables,
Et vous n'en croyez rien qui ne ſoit au deſſous.
Que ne m'eſt-il permis d'en croire autant de vous ?
DAPHNIS.
Voſtre croyance eſt libre.
FLORAME.
Il me la faudroit vraye.
DAPHNIS.
Mon cœur par mes regards vous fait trop voir ſa playe,
Un homme ſi ſçavant au langage des yeux
Ne doit pas demander que je m'explique mieux.

COMEDIE.

Mais puis qu'il vous en faut un aveu de ma bouche,
Allez, asseurez-vous que vostre amour me touche.
  Depuis tantost je parle un peu plus librement,
Ou si vous le voulez, un peu plus hardiment,
Aussi j'ay veu mon pére, & s'il vous faut tout dire,
Avec tous nos desirs sa volonté conspire.

FLORAME.

Surpris, ravy, confus, je n'ay que repartir.
Estre aimé de Daphnis ! un pére y consentir !
Dans mon affection ne trouver plus d'obstacle !
Mon espoir n'eust osé concevoir ce miracle.

DAPHNIS.

Miracles toutesfois qu'Amarante a produits,
De sa jalouse humeur nous tirons ces doux fruits.
Au récit de nos feux, malgré son artifice,
La bonté de mon pére a trompé sa malice,
Du moins je le présume, & ne puis soupçonner
Que mon pére sans elle ait pû rien deviner.

FLORAME.

Les avis d'Amarante en trahissant ma flame
N'ont point gagné Géraste en faveur de Florame,
Les ressorts d'un miracle ont un plus haut moteur,
Et tout autre qu'un Dieu n'en peut estre l'autheur.

DAPHNIS.

C'en est un que l'Amour.   **FLORAME.**
                        Et vous verrez peut-estre
Que son pouvoir divin se fait icy paroistre,
Dont quelques grands effets avant qu'il soit long-temps
Vous rendront étonnée & nos desirs contens.

DAPHNIS.

Florame, après vos feux & l'aveu de mon pére,
L'amour n'a point d'effets capables de me plaire.

FLORAME.

Aimez-en le prémier, & recevez la foy
D'un bien-heureux Amant qu'il met sous vostre loy.

DAPHNIS.

Vous, prisez le dernier qui vous donne la mienne.

FLORAME.

Quoy que doresnavant Amarante survienne,
Je croy que nos discours iront d'un pas égal,
Sans donner sur le rheume, ou gauchir sur le bal?

DAPHNIS.

Si je puis tant soit peu dissimuler ma joye,
Et que dessus mon front son excés ne se voye,
Je me joûray bien d'elle, & des empeschemens
Que son adresse apporte à nos contentemens.

FLORAME.

J'en apprendray de vous l'agréable Nouvelle.
Un ordre nécessaire au logis me rappelle,
Et doit fort avancer le succès de nos vœux.

DAPHNIS.

Nous n'avons plus qu'une ame & qu'un vouloir nous deux!
Bien que vous éloigner ce me soit un martyre,
Puisque vous le voulez, je n'y puis contredire.
Mais quand doy-je espérer de vous revoir icy?

FLORAME.

Dans une heure au plus tard.

DAPHNIS.

    Allez donc, la voicy.

SCENE X.

DAPHNIS, AMARANTE,

DAPHNIS.

Amarante, vrayment vous êtes fort jolie,
Vous n'égayez pas mal vostre mélancolie,
Vostre jaloux chagrin a de beaux agremens,
Et choisit assez bien ses divertissemens.
Vostre esprit pour vous mesme a force complaisance,
De me faire l'objet de vostre médisance;

COMEDIE.

Et pour donner couleur à vos détractions,
Vous lisez fort avant dans mes intentions.
AMARANTE.
Moy ! que de vous j'osasse aucunement médire !
DAPHNIS.
Voyez-vous Amarante, il n'est plus temps de rire,
Vous avez veu mon pére, avec qui vos discours
M'ont fait à vostre gré de frivoles amours.
Quoy ! souffrir un moment l'entretien de Florame,
Vous le nommez bien-tost une secrette flame ?
Cette jalouse humeur dont vous suivez la loy
Vous fait en mes secrets plus sçavante que moy.
Mais passe pour le croire, il falloit que mon pére
De vostre confidence apprist cette chimére ?
AMARANTE.
S'il croit que vous l'aimez, c'est sur quelque soupçon
Où je ne contribuë en aucune façon.
Je sçay trop que le Ciel avec de telles graces
Vous donne trop de cœur pour des flames si basses,
Et quand je vous croirois dans cet indigne choix,
Je sçay ce que je suis, & ce que je vous dois.
DAPHNIS.
Ne tranchez point ainsi de la respectüeuse :
Vostre peine après tout vous est bien fructüeuse,
Vous la devez chérir, & son heureux succès
Qui chez nous à Florame interdit tout accès.
Mon pére le banit, & de l'une, & de l'autre,
Pensant nuire à mon feu vous ruïnez le vostre ;
Je luy viens de parler, mais c'étoit seulement
Pour luy dire l'Arrest de son bannissement.
Vous devez cependant estre fort satisfaite,
Qu'à vostre occasion un pére me maltraite.
Pour fruit de vos labeurs si cela vous suffit,
C'est acquérir ma haine avec peu de profit.
AMARANTE.
Si touchant vos amours on sçait rien de ma bouche,
Que je puisse à vos yeux devenir une souche,
Que le Ciel...

LA SUIVANTE,
DAPHNIS.
Finissez vos imprécations,
J'aime vostre malice & vos délations.
 Ma mignonne, apprenez que vous étes deçeuë :
C'est par vostre rapport que mon ardeur est sçeuë,
Mais mon pére y consent, & vos avis jaloux
N'ont fait que me donner Florame pour époux.

SCENE XI.
AMARANTE.

AY-je bien entendu ? sa belle humeur se jouë,
Et par plaisir soy-mesme elle se desavouë.
Son pére la mal-traite, & consent à ses vœux !
Ay-je nommé Florame en parlant de ses feux ?
Florame, Clarimond ; ces deux noms, ce me semble,
Peut-estre confondus n'ont rien qui se ressemble.
Le moyen que jamais on entendist si mal,
Que l'un de ces amans fust pris pour son rival ?
Je ne sçais où j'en suis, & toutesfois j'espere,
Sous ces obscuritez je soupçonne un mystere,
Et mon esprit confus à force de douter,
Bien qu'il n'ose rien croire, ose encor se flater.

Fin du troisième Acte.

COMEDIE.   359

ACTE IV.

SCENE PREMIERE.
DAPHNIS.

Qu'en l'attente de ce qu'on aime
Une heure est fascheuse à passer !
Qu'elle ennuye une amour extrême
Dont la joye est reduite aux douceurs
                          (d'y penser.
    Le mien qui fuit la défiance
La trouve trop longue à venir,
Et s'accuse d'impatience
Plûtost que mon amant de peu de souvenir.

    Ainsi moy-mesme je m'abuse
De crainte d'un plus grand ennuy,
Et je ne cherche plus de ruse
Qu'à m'oster tout sujet de me plaindre de luy.

    Aussi-bien malgré ma colére
Je bruslerois de m'appaiser,
Et sa peine la plus sevére
Ne seroit, tout au plus, qu'un mot pour l'excuser.

    Je doy rougir de ma foiblesse,
C'est estre trop bonne en effet ;
Daphnis, fais un peu la Maîtresse,
Et souvien-toy du moins....

SCENE II.
GERASTE, CELIE, DAPHNIS.
GERASTE à Célie.

ADieu, cela vaut fait,
Tu l'en peux asseurer.
Célie rentre, & Géraste continuë à parler à Daphnis.
Ma fille, je présume
Quelques feux dans ton cœur que ton Amant allume,
Que tu ne voudrois pas sortir de ton devoir.
DAPHNIS.
C'est ce que le passé vous a pû faire voir.
GERASTE.
Mais si pour en tirer une preuve plus claire,
Je disois qu'il faut prendre un sentiment contraire,
Qu'une autre occasion te donne un autre Amant?
DAPHNIS.
Il seroit un peu tard pour un tel changement.
Sous vostre authorité j'ay dévoilé mon ame,
J'ay découvert mon cœur à l'objet de ma flame,
Et c'est sous vostre aveu qu'il a receu ma foy.
GERASTE.
Ouy, mais je viens de faire un autre choix pour toy.
DAPHNIS.
Ma foy ne permet plus une telle inconstance.
GERASTE
Et moy je ne sçaurois souffrir de résistance,
Si ce gage est donné par mon consentement,
Il faut le retirer par mon commandement.
Vous soûpirez en vain, vos soûpirs & vos larmes
Contre ma volonté sont d'impuissantes armes.
Rentrez, je ne puis voir qu'avec mille douleurs
Vostre rebellion s'exprimer par vos pleurs.
Daphnis rentre, & Géraste continuë.

La pitié me gagnoit, il m'étoit impossible
De voir encor ses pleurs, & n'estre pas sensible,
Mon injuste rigueur ne pouvoit plus tenir,
Et de peur de me rendre il la falloit bannir.
N'importe toutefois, la parole me lie,
Et mon amour ainsi l'a promis à Célie,
Florise ne se peut acquerir qu'à ce prix,
Si Florame....

SCENE III.

GERASTE, AMARANTE.

AMARANTE.

Monsieur, vous vous êtes mépris,
C'est Clarimond qu'elle aime.

GERASTE.

Et ma plus grande peine
N'est que d'en avoir eu la preuve trop certaine.
Dans sa rebellion à mon authorité
L'amour qu'elle a pour luy n'a que trop éclaté :
Si pour ce Cavalier elle avoit moins de flame,
Elle agréroit le choix que je fais de Florame,
Et prenant desormais un mouvement plus sain,
Ne s'obstineroit pas à rompre mon dessein.

AMARANTE.

C'est ce choix inégal qui vous la fait rebelle,
Mais pour tout autre amant n'appréhendez rien
    d'elle.

GERASTE.

Florame a peu de bien, mais pour quelque raison
C'est luy seul dont je fais l'appuy de ma maison,
Examiner mon choix c'est un trait d'imprudence.
Toy qu'à present Daphnis traite de confidence,

Et dont le seul avis gouverne ses secrets,
Je te prie, Amarante, adoucy ses regrets,
Résous-la, si tu peux, à contenter un pére,
Fay qu'elle aime Florame, ou craigne ma colére.
AMARANTE.
Puisque vous le voulez, j'y feray mon pouvoir :
C'est chose toutefois dont j'ay si peu d'espoir,
Que je craindrois plûtost de l'aigrir davantage.
GERASTE.
Il est tant de moyens de fléchir un courage,
Trouve pour la gagner quelque subtil appas,
La récompense aprés ne te manquera pas.

SCENE IV.
AMARANTE.

Accorde qui pourra le pére avec la fille,
L'égarement d'esprit régne sur la famille.
Daphnis aime Florame, & son pére y consent,
D'elle-mesme j'ay sçeu l'aise qu'elle en ressent,
Et si j'en croy ce pére, elle ne porte en l'ame
Que révolte, qu'orgueil, que mépris pour Florame.
Peut-elle s'opposer à ses propres desirs,
Démentir tout son cœur, détruire ses plaisirs ?
S'ils sont sages tous deux, il faut que je sois folle :
Leur méconte pourtant, quel qu'il soit, me console,
Et bien qu'il me réduise au bout de mon Latin,
Un peu plus en repos j'en attendray la fin.

COMEDIE.

SCENE V.
FLORAME, DAMON.
FLORAME.

Sans me voir elle rentre, & quelque bon Génie
Me sauve de ses yeux, & de sa tyrannie ;
Je ne me croyois pas quitte de ses discours,
A moins que sa maîtresse en vinst rompre le cours.
DAMON.
Je voudrois t'avoir veu dedans cette contrainte.
FLORAME.
Peut-estre voudrois-tu qu'elle empeschast ma plainte?
DAMON.
Si Théante sçait tout, sans raison tu t'en plains,
Je t'ay dit ses secrets, comme à luy tes desseins,
Il voit dedans ton cœur, tu lis dans son courage,
Et je vous fais combatre ainsi sans avantage.
FLORAME.
Toutefois au combat tu n'as pû l'engager ?
DAMON.
Sa générosité n'en craint pas le danger,
Mais cela choque un peu sa prudence amoureuse,
Veu que la fuite en est la fin la plus heureuse,
Et qu'il faut que l'un mort, l'autre tire païs.
FLORAME.
Malgré le déplaisir de mes secrets trahis,
Je ne puis, cher amy, qu'avec toy je ne rie
Des subtiles raisons de sa poltronnerie.
Nous faire ce duël sans s'exposer aux coups,
C'est véritablement en sçavoir plus que nous,
Et te mettre en sa place avec assez d'adresse.
DAMON.
Qu'importe à quels périls il gagne une Maîtresse ?

Q ij

LA SUIVANTE,

Que ſes rivaux entr'eux faſſent mille combats,
Que j'en porte parole, ou ne la porte pas,
Tout luy ſemblera bon, pourveu que ſans en eſtre
Il puiſſe de ces lieux les faire diſparoiſtre.

FLORAME.
Mais ton ſervice offert hazardoit bien ta foy,
Et s'il euſt eu du cœur t'engageoit contre moy.

DAMON.
Je ſçavois trop que l'offre en ſeroit rejettée,
Depuis plus de dix ans je connoy ſa portée,
Il ne devient mutin que fort malaiſément,
Et préfere la ruſe à l'éclairciſſement.

FLORAME.
Les maximes qu'il tient pour conſerver ſa vie
T'ont donné des plaiſirs où je te porte envie.

DAMON.
Tu peux incontinent les gouſter ſi tu veux.
Luy qui doute fort peu du ſuccès de ſes vœux,
Et qui croit que déja Clarimond & Florame
Diſputent loin d'icy le ſujet de leur flame,
Seroit-il homme à perdre un temps ſi précieux,
Sans aller chez Daphnis faire le gracieux,
Et ſeul à la faveur de quelque mot pour rire
Prendre l'occaſion de conter ſon martire ?

FLORAME.
Mais s'il nous trouve enſemble, il pourra ſoupçonner
Que nous prenons plaiſir tous deux à le berner.

DAMON.
De peur que nous voyant il conceuſt quelque ombrage,
J'avois mis tout exprès Cléon ſur le paſſage.
Théante approche-t'il ?

CLEON. Il eſt en ce carfour.

DAMON.
Adieu donc, nous pourrons joüer tout à tour.

FLORAME ſeul.
Je m'étonne comment tant de belles parties
En cét illuſtre amant ſont ſi mal aſſorties,

COMEDIE.

Qu'il a si mauvais cœur avec de si bons yeux,
Et fait un si beau choix sans le défendre mieux.
Pour tant d'ambition c'est bien peu de courage.

SCENE VI.
FLORAME, THEANTE.

FLORAME.

Quelle surprise, amy, paroit sur ton visage?

THEANTE.

T'ayant cherché long-temps je demeure confus
De t'avoir rencontré quand je n'y pensois plus.

FLORAME.

Parle plus franchement, fasché de ta promesse
Tu veux & n'oserois reprendre ta Maîtresse,
Ta passion qui souffre une trop dure loy
Pour la gouverner seul te desroboit de moy?

THEANTE.

De peur que ton esprit formast cette croyance
De l'aborder sans toy je faisois conscience.

FLORAME.

C'est ce qui t'obligeoit sans doute à me chercher?
Mais ne te prive plus d'un entretien si cher.
Je te céde Amarante, & te rends ta parole.
J'aime ailleurs, & lassé d'un compliment frivole,
Et de feindre une ardeur qui blesse mes amis,
Ma flame est véritable, & son effet permis,
J'adore une beauté qui peut disposer d'elle.
Et seconder mes feux sans se rendre infidelle.

THEANTE.

Tu veux dire Daphnis?

FLORAME.

      Je ne puis te celer
Qu'elle est l'unique objet pour qui je veux brusler.

THEANTE.
Le bruit vole déja qu'elle est pour toy sans glace,
Et déja d'un cartel Clarimond te menace.
FLORAME.
Qu'il vienne ce rival apprendre à son malheur
Que s'il me passe en biens, il me céde en valeur,
Que sa vaine arrogance en ce duël trompée
Me fasse mériter Daphnis à coups d'épée :
Par là je gagne tout, ma générosité
Suppléra ce qui fait nostre inégalité,
Et son pére amoureux du bruit de ma vaillance
La fera sur ses biens emporter la balance.
THEANTE.
Tu n'en peux espérer un moindre événement.
L'heur suit dans les duëls le plus heureux Amant,
Le glorieux succès d'une action si belle,
Ton sang mis au hazard, ou répandu pour elle,
Ne peut laisser au pére aucun lieu de refus :
Tien ta Maîtresse acquise & ton rival confus,
Et sans t'épouvanter d'une vaine fortune
Qu'il soûtient laschement d'une valeur commune,
Ne fay de son orgueil qu'un sujet de mépris,
Et pense que Daphnis ne s'acquiert qu'à ce prix.
Adieu, puisse le Ciel à ton amour parfaite
Accorder un succès tel que je le souhaite.
FLORAME.
Ce cartel, ce me semble, est trop long à venir,
Mon courage bouillant ne se peut contenir,
Enflé par tes discours il ne sçauroit attendre
Qu'un insolent deffy l'oblige à se défendre.
Va donc, & de ma part appelle Clarimond,
Dy-luy que pour demain il choisisse un second,
Et que nous l'attendrons au Chasteau de Bisseltre.
THEANTE.
J'adore ce grand cœur qu'icy tu fais paroistre,
Et demeure ravy du trop d'affection
Que tu m'as témoigné par cette élection.

COMEDIE. 367

Prens-y garde pourtant, pense à quoy tu t'engages.
Si Clarimond lassé de souffrir tant d'outrages
Eteignant son amour te cédoit ce bonheur,
Quel besoin seroit-il de le piquer d'honneur ?
Peut-estre qu'un faux bruit nous apprend sa menace,
C'est à toy seulement de défendre ta place ;
Ces coups du désespoir des Amans méprisez
N'ont rien d'avantageux pour les favorisez.
Qu'il recoure, s'il veut, à ces fascheux remédes,
Ne luy querelle point un bien que tu possédes :
Ton amour que Daphnis ne sçauroit dédaigner
Court risque d'y tout perdre, & n'y peut rien gagner.
Avise encor un coup, ta valeur inquiéte
En d'extrèmes périls un peu trop tost te jette.

FLORAME.
Quels périls ? l'heur y suit le plus heureux Amant.

THEANTE.
Quelquefois le hazard en dispose autrement.

FLORAME.
Clarimond n'eut jamais qu'une valeur commune.

THEANTE.
La valeur aux duëls fait moins que la fortune.

FLORAME.
C'est par là seulement qu'on mérite Daphnis.

THEANTE.
Mais plûtost de ses yeux par là tu te bannis.

FLORAME.
Cette belle action pourra gagner son pére.

THEANTE.
Je le souhaite ainsi plus que je ne l'espére.

FLORAME.
Acceptant un cartel suis-je plus asseuré ?

THEANTE.
Où l'honneur souffriroit rien n'est considéré.

FLORAME.
Je ne puis résister à des raisons si fortes,
Sur ma bouillante ardeur malgré moy tu l'emportes.

Q iiij

LA SUIVANTE,

J'attendray qu'on m'attaque.
THEANTE.
Adieu donc.
FLORAME.
En ce cas,
Souvien-t'en, cher amy, tu me promets ton bras?
THEANTE.
Dispose de ma vie.
FLORAME seul.
Elle est fort asseurée
Si rien que ce duël n'empesche sa durée.
Il en parle des mieux c'est un jeu qui luy plaist,
Mais il devient fort sage aussi-tost qu'il en est,
Et montre cependant des graces peu vulgaires
A batre ses raisons par des raisons contraires.

SCENE VII.

DAPHNIS, FLORAME.

DAPHNIS.

JE n'osois t'aborder les yeux baignez de pleurs,
Et devant ce rival t'apprendre nos malheurs.
FLORAME.
Vous me jettez, Madame, en d'étranges alarmes!
Dieux! & d'où peut venir ce déluge de larmes?
Le bon-homme est-il mort?
DAPHNIS.
Non, mais il se dédit,
Tout amour désormais pour toy m'est interdit:
Si-bien qu'il me faut estre, ou rebelle, ou parjure,
Forcer les droits d'Amour ou ceux de la Nature,
Mettre un autre en ta place, ou luy desobéïr,
L'irriter, ou moy-mesme avec toy me trahir.
A moins que de changer, sa haine inévitable
Me rend de tous costez ma perte indubitable,

COMEDIE.

Je ne puis conserver mon devoir & ma foy,
Ny sans crime brusler pour d'autres, ny pour toy.
FLORAME.
Le nom de cét Amant dont l'indiscrette envie
A mes ressentimens vient apporter sa vie ?
Le nom de cét Amant qui par sa prompte mort
Doit au lieu du vieillard me reparer ce tort,
Et qui, sur quelque orgueil que son amour se fonde,
N'a que jusqu'à ma veuë à demeurer au Monde ?
DAPHNIS.
Je n'aime pas si mal que de m'en-informer,
Je t'aurois fait trop voir que j'eusse pû l'aimer.
Si j'en sçavois le nom, ta juste défiance
Pourroit à ses defauts imputer ma constance,
A son peu de mérite attacher mon dédain,
Et croire qu'un plus digne auroit receu ma main.
J'atteste icy le bras qui lance le tonnerre,
Que tout ce que le Ciel a fait paroistre en Terre
De mérites, de biens, de grandeurs, & d'appas,
En mesme objet uny ne m'ébranleroit pas.
Florame a droit luy seul de captiver mon ame,
Florame vaut luy seul à ma pudique flame
Tout ce que peut le Monde offrir à mes ardeurs
De mérites, d'appas, de biens, & de grandeurs.
FLORAME.
Qu'avec des mots si doux vous m'étes inhumaine !
Vous me comblez de joye, & redoublez ma peine.
L'effet d'un tel amour hors de vostre pouvoir
Irrite d'autant plus mon sanglant desespoir,
L'excès de vostre ardeur ne sert qu'à mon supplice ;
Devenez-moy cruelle afin que je guérisse.
Guérir ! ah, qu'ay-je dit ? ce mot me fait horreur.
Pardonnez aux transports d'une aveugle fureur,
Aimez toûjours Florame, & quoy qu'il ait pû dire,
Croissez de jour en jour vos feux & son martyre.
Peut-il rendre sa vie à de plus heureux coups,
Ou mourir plus content, que pour vous, & par vous ?

Q v

LA SUIVANTE,

DAPHNIS.

Puisque de nos destins la rigueur trop sévére
Oppose à nos desirs l'authorité d'un pére,
Que veux-tu que je fasse ? en l'état où je suis,
Estre à toy malgré luy, c'est ce que je ne puis;
Mais je puis empescher qu'un autre me posséde,
Et qu'un indigne Amant à Florame succéde.
Le cœur me manque, Adieu, je sens faillir ma voix.
   Florame, souvien-toy de ce que tu me dois,
Si nos feux sont égaux, mon exemple t'ordonne,
Ou d'estre à ta Daphnis, ou de n'estre à personne.

SCENE VIII.

FLORAME.

DEpourveu de conseil comme de sentiment,
L'excès de ma douleur m'oste le jugement.
De tant de biens promis je n'ay plus que sa veuë,
Et mes bras impuissans ne l'ont pas retenuë,
Et mesme je luy laisse abandonner ce lieu,
Sans trouver de parole à luy dire un Adieu !
Ma fureur pour Daphnis a de la complaisance,
Mon desespoir n'osoit agir en sa présence,
De peur que mon tourment aigrist ses déplaisirs,
Une pitié secrette étouffoit mes soûpirs,
Sa douleur par respect faisoit taire la mienne;
Mais ma rage à present n'a rien qui la retienne.
   Sors, infame vieillard, dont le consentement
Nous a vendu si cher le bonheur d'un moment,
Sors, que tu sois puny de cette humeur brutale
Qui rend ta volonté pour nos feux inégale.
A nos chastes amours qui t'a fait consentir,
Barbare ? mais plûtost qui t'en fait repentir ?
Crois-tu qu'aimant Daphnis, le tître de son pére
Debilite ma force, ou rompre ma colére ?

Un nom si glorieux, lasche, ne t'est plus dû,
En luy manquant de foy ton crime l'a perdu,
Plus j'ay d'amour pour elle, & plus pour toy de haine
Enhardit ma vangeance, & redouble ta peine ;
Tu mourras, & je veux pour finir mes ennuis,
Mériter par ta mort celle où tu me réduis.
 Daphnis, à ma fureur ma bouche abandonnée
Parle d'oster la vie à qui te l'a donnée !
Je t'aime, & je t'oblige à m'avoir en horreur,
Et ne connois encor qu'à peine mon erreur !
Si je suis sans respect pour ce que tu respectes,
Que mes affections ne t'en soient pas suspectes ;
De plus reglez transports me feroient trahison,
Si j'avois moins d'amour, j'aurois de la raison,
C'est peu que de la perdre après t'avoir perduë :
Rien ne sert plus de guide à mon ame éperduë,
Je condamne à l'instant ce que j'ay résolu,
Je veux, & ne veux plus si-tost que j'ay voulu,
Je menace Géraste, & pardonne à ton pére ;
Ainsi rien ne me vange, & tout me desespére.

SCENE IX.

FLORAME, CELIE.

FLORAME *en soupirant.*

Celie....

    CELIE.
  Et bien, Célie ? enfin elle a tant fait
Qu'à vos desirs Géraste accorde leur effet.
Quel visage avez-vous ? vostre aise vous transporte.
    FLORAME.
Cesse d'aigrir ma flame en raillant de la sorte,
Organe d'un vieillard, qui croit faire un bon tour
De se joüer de moy par une feinte amour.

LA SUIVANTE,

Si tu te veux du bien fay-luy tenir promesse,
Vous me rendrez tous deux la vie, ou ma Maîtresse;
Et ce jour expiré, je vous feray sentir
Que rien de ma fureur ne vous peut garantir.

CELIE.
Florame.

FLORAME.
Je ne puis parler à des perfides.

CELIE.
Il veut donner l'alarme à mes esprits timides,
Et prend plaisir luy-mesme à se joüer de moy.
Géraste a trop d'amour pour n'avoir point de foy,
Et s'il pouvoit donner trois Daphnis pour Florise,
Il la tiendroit encor heureusement acquise.
D'ailleurs ce grand couroux pourroit-il estre feint ?
Auroit-il pû si-tost falsifier son teint,
Et si bien ajuster ses yeux & son langage
A ce que sa fureur marquoit sur son visage ?
Quelqu'un des deux me joüe, épions tous les deux,
Et nous éclaircissons sur un point si douteux.

Fin du quatrième Acte.

COMEDIE.

ACTE V.

SCENE PREMIERE.
THEANTE, DAMON.

THEANTE.

Croirois-tu qu'un moment m'ait pû changer de sorte
Que je passe à regret par devant cette porte ?

DAMON.

Que ton humeur n'a-t'elle un peu plûtost changé !
Nous aurions veu l'effet où tu m'as engagé.
Tantost quelque Démon ennemy de ta flame
Te faisoit en ces lieux accompagner Florame,
Sans la crainte qu'alors il te prist pour second,
Je l'allois appeller au nom de Clarimond,
Et comme si depuis il étoit invisible,
Sa rencontre pour moy s'est renduë impossible.

THEANTE.

Ne le cherche donc plus : à bien considerer,
Qu'ils se batent, ou non, je n'en puis qu'espérer.
Daphnis, que son adresse a malgré moy séduite,
Ne pourroit l'oublier quand il seroit en fuite,
Leur amour est trop forte, & d'ailleurs son trépas
Le privant d'un tel bien ne me le donne pas.
Inégal en fortune à ce qu'est cette belle,
Et déja par malheur assez mal voulu d'elle,

LA SUIVANTE.

Que pourrois-je après tout prétendre de ses pleurs ?
Et quel espoir pour moy naistroit de ses douleurs ?
Deviendrois-je par là plus riche ou plus aimable ?
Que si de l'obtenir je me trouve incapable,
Mon amitié pour luy qui ne peut expirer
A tout autre qu'à moy me le fait préférer,
Et j'aurois peine à voir un troisième en sa place.

DAMON.

Tu t'avises trop tard, que veux-tu que je fasse ?
J'ay poussé Clarimond à luy faire un appel,
J'ay charge de sa part de luy rendre un cartel,
Le puis-je supprimer ?

THEANTE.

        Non, mais tu pourrois faire...

DAMON.

Quoy ?   THEANTE.

Que Clarimond prist un sentiment contraire.

DAMON.

Le détourner d'un coup où seul je l'ay porté !
Mon courage est mal propre à cette lascheté.

THEANTE.

A de telles raisons je n'ay de repartie,
Sinon que c'est à moy de rompre la partie.
J'en vay semer le bruit.

    DAMON.   Et sur ce bruit tu veux,

THEANTE.

Qu'on leur donne dans peu des Gardes à tous deux,
Et qu'une main puissante arreste leur querelle.
Qu'en dis-tu, cher amy ?

DAMON.

        L'invention est belle,
Et le chemin bien court à les mettre d'accord,
Mais souffre auparavant que j'y fasse un effort.
Peut-estre mon esprit trouvera quelque ruse
Par où, sans en rougir, du cartel je m'excuse.
Ne donnons point sujet de tant parler de nous,
Et sçachons seulement à quoy tu te résous.

COMEDIE.
THEANTE.
A les laisser en paix, & courir l'Italie,
Pour divertir le cours de ma mélancolie,
Et ne voir point Florame emporter à mes yeux
Le prix où prétendoit mon cœur ambitieux.
DAMON.
Amarante à ce conte est hors de ta pensée ?
THEANTE.
Son image du tout n'en est pas effacée.
Mais....
DAMON.
Tu crains que pour elle on te fasse un duël.
THEANTE.
Railler un malheureux c'est estre trop cruël.
Bien que ses yeux encor régnent sur mon courage,
Le bon-heur de Florame à la quitter m'engage.
Le Ciel ne nous fit point, & pareils, & rivaux,
Pour avoir des succés tellement inégaux :
C'est me perdre d'honneur, & par cette poursuite,
D'égal que je luy suis, me ranger à sa suite.
Je donne desormais des régles à mes feux,
De moindres que Daphnis sont incapables d'eux,
Et rien doresnavant n'asservira mon ame,
Qui ne me puisse mettre au dessus de Florame.
Allons, je ne puis voir sans mille déplaisirs
Ce possesseur du bien où tendoient mes desirs.
DAMON.
Arreste, cette fuite est hors de bienséance,
Et je n'ay point d'appel à faire en ta présence.

Théante se retire du Théatre comme par force.

SCENE II.
FLORAME.

Jetteray-je toûjours des menaces en l'air
Sans que je sçache enfin à qui je doy parler ?
Auroit-on jamais crû qu'elle me fust ravie,
Et qu'on me pûst oster Daphnis avant la vie ?
Le possesseur du prix de ma fidélité,
Bien que je sois vivant, demeure en seureté ;
Tout inconnu qu'il m'est, il produit ma misére,
Tout mon rival qu'il est, il rit de ma colére.
Rival ! ah, quel malheur, j'en ay pour me bannir,
Et cesse d'en avoir quand je le veux punir.
 Grands Dieux, qui m'enviez cette juste allégeance,
Qu'un Amant supplanté tire de la vengeance,
Et me cachez le bras dont je reçoy les coups,
Est-ce vostre dessein que je m'en prenne à vous ?
Est-ce vostre dessein d'attirer mes blasphèmes, (mes,
Et qu'ainsi que mes maux mes crimes soient extrê-
Qu'à mille impiétez osant me dispenser
A vostre foudre oisif je donne où se lancer ?
Ah ! souffrez qu'en l'état de mon sort déplorable,
Je demeure innocent encor que misérable ;
Destinez à vos feux d'autres objets que moy,
Vous n'en sçauriez manquer quand on manque de foy,
Employez le tonnerre à punir les parjures,
Et prenez intérest vous mesme à mes injures.
Montrez en me vengeant que vous étes des Dieux,
Ou conduisez mon bras puisque je n'ay point d'yeux,
Et qu'on sçait desrober d'un rival qui me tuë
Le nom à mon oreille, & l'objet à ma veuë.
 Rival, qui que tu sois, dont l'insolent amour
Idolatre un Soleil & n'ose voir le jour,
N'oppose plus ta crainte à l'ardeur qui te presse,
Fay toy, fay toy connoistre allant voir ta Maîtresse.

SCENE III.

FLORAME, AMARANTE.

FLORAME.

Amarante (aussi-bien te faut-il confesser
Que la seule Daphnis avoit sçeu me blesser)
Dy-moy qui me l'enléve, appren-moy quel mystére
Me cache le rival qui posséde son pére,
A quel heureux Amant Géraste a destiné
Ce beau prix que l'Amour m'avoit si bien donné.

AMARANTE.

Ce dûst vous estre assez de m'avoir abusée,
Sans faire encor de moy vos sujets de risée :
Je sçay que le vieillard favorise vos feux,
Et que rien que Daphnis n'est contraire à vos vœux.

FLORAME.

Que me dis-tu ? luy seul, & sa rigueur nouvelle
Empeschant les effets d'une ardeur mutüelle.

AMARANTE.

Pensez-vous me duper avec ce feint couroux ?
Luy-mesme il m'a prié de luy parler pour vous.

FLORAME.

Voy-tu, ne t'en ry plus, ta seule jalousie
A mis à ce vieillard ce change en fantaisie,
Ce n'est pas avec moy que tu te dois joüer,
Et ton crime redouble à le desavoüer :
Mais sçache qu'aujourd'huy, si tu ne fais en sorte
Que mon fidelle amour sur ce rival l'emporte,
J'auray trop de moyens à te faire sentir
Qu'on ne m'offense point sans un prompt repentir.

SCENE IV.
AMARANTE.

Voilà dequoy tomber en un nouveau Dédale.
O Ciel ! qui vit jamais confusion égale !
Si j'écoute Daphnis, j'aprens qu'un feu puissant
La brusle pour Florame, & qu'un pére y consent :
Si j'écoute Géraste, il luy donne Florame,
Et se plaint que Daphnis en rejette la flame :
Et si Florame est crû, ce vieillard aujourd'huy
Dispose de Daphnis pour un autre que luy.
Sous un tel embarras je me trouve accablée,
Eux ou moy nous avons la cervelle troublée ;
Si ce n'est qu'à dessein ils se soient concertez
Pour me faire enrager par ces diversitez.
Mon foible esprit s'y perd, & n'y peut rien comprendre,
Pour en venir à bout il me les faut surprendre,
Et quand ils se verront, écouter leurs discours,
Pour apprendre par là le fond de ces détours.
Voicy mon vieux resveur, fuyons de sa présence,
Qu'il ne m'embrouille encor de quelque confidence :
De crainte que j'en ay d'icy je me bannis,
Tant qu'avec luy je voye, ou Florame, ou Daphnis.

SCENE V.
GERASTE, POLEMON.
POLEMON.

J'Ay grand regret, Monsieur, que la foy qui vous lie
Empesche que chez vous mon neveu ne s'allie,

COMEDIE.

Et que son feu m'employe aux offres qu'il vous fait
Lors qu'il n'est plus en vous d'en accepter l'effet.
GERASTE.
C'est un rare tresor que mon malheur me vole,
Et si l'honneur souffroit un manque de parole,
L'avantageux party que vous me présentez
Me verroit aussi-tost prest à ses volontez.
POLEMON.
Mais si quelque hazard rompoit cette alliance?
GERASTE.
N'ayez lors, je vous prie, aucune défiance,
Je m'en tiendrois heureux, & ma foy vous répond
Que Daphnis sans tarder épouse Clarimond.
POLEMON.
Adieu, faites état de mon humble service.
GERASTE.
Et vous pareillement d'un cœur sans artifice.

SCENE VI.
CELIE, GERASTE.
CELIE.

DE sorte qu'à mes yeux vostre foy luy répond
Que Daphnis sans tarder épouse Clarimond?
GERASTE.
Cette vaine promesse en un cas impossible
Adoucit un refus, & le rend moins sensible,
C'est ainsi qu'on oblige un homme à peu de frais.
CELIE.
Ajouster l'impudence à vos perfides traits!
Il vous faudroit du charme au lieu de cette ruse,
Pour me persuader que qui promet refuse.
GERASTE.
J'ay promis, & tiendrois ce que j'ay protesté,
Si Florame rompoit le concert arrêté.

Pour Daphnis, c'est en vain qu'elle fait la rebelle,
J'en viendray trop à bout.
CELIE.
Impudente nouvelle !
Florame que Daphnis fait maistre de son cœur
De vostre seul caprice accuse la rigueur,
Et je sçay que sans vous leur mutüelle flame
Uniroit deux Amants qui n'ont déja qu'une ame;
Vous m'osez cependant effrontément conter
Que Daphnis sur ce point aime à vous résister !
Vous m'en aviez promis une toute autre issuë,
J'en ay porté parole aprés l'avoir receuë :
Qu'avois-je contre vous, ou fait, ou projetté,
Pour me faire tremper en vostre lascheté ?
Ne pouviez-vous trahir que par mon entremise ?
Avisez, il y va de plus que de Florise,
Ne vous estimez pas quitte pour la quitter,
Ny que de cette sorte on se laisse affronter.
GERASTE.
Me prens-tu donc pour homme à manquer de parole
En faveur d'un caprice où s'obstine une folle ?
Va, fay venir Florame, à ses yeux tu verras
Que pour luy mon pouvoir ne s'épargnera pas,
Que je maltraiteray Daphnis en sa presence
D'avoir pour son amour si peu de complaisance.
Qu'il vienne seulement voir un pére irrité,
Et joindre sa priére à mon authorité,
Et lors, soit que Daphnis y resiste, ou consente,
Croy que ma volonté sera la plus puissante.
CELIE.
Croyez que nous tromper ce n'est pas vostre mieux.
GERASTE.
Me foudroye en ce cas la colére des Cieux.

SCENE III.
GERASTE, DAPHNIS.
GERASTE seul.

Geraste sur le champ il te falloit contraindre
Celle que ta pitié ne pouvoit oüir plaindre,
Tu n'as pû refuser du temps à ses douleurs,
Ton cœur s'attendrissoit de voir couler ses pleurs,
Et pour avoir usé trop peu de ta puissance,
On t'impute à forfait sa desobéïssance.

Daphnis vient.

Un traitement trop doux te fait croire sans foy.
Faudra-t'il que de vous je reçoive la loy,
Et que l'aveuglement d'un amour obstinée
Contre ma volonté régle vostre Hymenée ?
Mon extrême indulgence a donné par malheur
A vos rebellions quelque foible couleur, (plaire
Et pour quelque moment que vos feux m'ont sçeu
Vous pensez avoir droit de braver ma colére :
Mais sçachez qu'il falloit, ingrate, en vos amours
Ou ne m'obéïr point, ou m'obéïr toûjours.

DAPHNIS.

Si dans mes prémiers feux je vous semble obstinée,
C'est l'effet de ma foy sous vostre aveu donnée :
Quoy que mette en avant vostre injuste couroux
Je ne veux opposer à vous-mesme que vous.
Vostre permission doit estre irrévocable,
Devenez seulement à vous-mesme semblable,
Il vous falloit, Monsieur, vous-mesme à mes amours
Ou ne consentir point, ou consentir toûjours.
Je choisiray la mort plûtost que le parjure,
M'y voulant obliger vous vous faites injure ;
Ne veuillez point combatre ainsi hors de saison
Vostre vouloir, ma foy, mes pleurs, & la raison.

LA SUIVANTE,

Que vous a fait Daphnis ? que vous a fait Florame,
Que pour luy vous vouliez que j'éteigne ma flame ?
GERASTE.
Mais que vous a-t'il fait, que pour luy seulement
Vous vous rendiez rebelle à mon commandement ?
Ma foy n'est-elle rien au dessus de la vostre ?
Vous vous donnez à l'un, ma foy vous donne à l'autre,
Qui le doit emporter ou de vous, ou de moy,
Et qui doit de nous deux plûtost manquer de foy ?
Quand vous en manquerez mon vouloir vous excuse.
Mais à trop raisonner moy-mesme je m'abuse,
Il n'est point de raison valable entre nous deux,
Et pour toute raison il suffit que je veux.
DAPHNIS.
Un parjure jamais ne devient légitime,
Une excuse ne peut justifier un crime,
Malgré vos changemens mon esprit résolu
Croit suffire à mes feux que vous ayez voulu.

SCENE VIII.

GERASTE, DAPHNIS, FLORAME, CELIE, AMARANTE.

DAPHNIS.

Voicy ce cher Amant qui me tient engagée,
A qui sous vostre aveu ma foy s'est obligée,
Changez de volonté pour un objet nouveau,
Daphnis épousera Florame, ou le tombeau.
GERASTE.
Que voy-je icy, bons Dieux ?
DAPHNIS.
        Mon amour, ma constance.
GERASTE.
Et surquoy donc fonder ta desobeïssance ?

COMEDIE. 383

Quel envieux Démon, & quel charme assez fort
Failoit entrechoquer deux volontez d'accord ?
C'est luy que tu chéris, & que je te destine,
Et ta rébellion dans un refus s'obstine !

FLORAME.

Appelez-vous refus de me donner sa foy
Quand vostre volonté se declara pour moy ?
Et cette volonté pour un autre tournée,
Vous peut-elle obéir aprés la foy donnée ?

GERASTE.

C'est pour vous que je change, & pour vous seulement
Je veux qu'elle renonce à son prémier Amant :
Lors que je consentis à sa secrette flame
C'étoit pour Clarimond qui possédoit son ame ;
Amarante du moins me l'avoit dit ainsi.

DAPHNIS.

Amarante, approchez que tout soit éclaircy.
Une telle imposture est-elle pardonnable ?

AMARANTE.

Mon amour pour Florame en est le seul coupable,
Mon esprit l'adoroit, & vous étonnez-vous
S'il devient inventif puisqu'il étoit jaloux ?

GERASTE.

Et par là tu voulois....

AMARANTE.

Que vostre ame deceuë
Donnast à Clarimond une si bonne issuë,
Que Florame frustré de l'objet de ses vœux
Fust réduit desormais à seconder mes feux.

FLORAME.

Pardonnez-luy, Monsieur, & vous, daignez, Madame,
Iustifier son feu par vostre propre flame :
Si vous m'aimez encor, vous devez estimer
Qu'on ne peut faire un crime à force de m'aimer.

DAPHNIS.

Si je t'aime, Florame ? ah ! ce doute m'offense,
D'Amarante avec toy je prendray la défense.

GERASTE.
Et moy, dans ce pardon je vous veux prévenir,
Voſtre Hymen auſſi-bien ſçaura trop le punir.
DAPHNIS.
Qu'un nom teu par hazard nous a donné de peine!
CELIE.
Mais que ſçeu maintenant il rend ſa ruſe vaine,
Et donne un prompt ſuccès à vos contentemens!
FLORAME à Géraſte.
Vous de qui je les tiens....
GERASTE   Tréve de complimens,
Ils nous empeſcheroient de parler de Floriſe.
FLORAME.
Il n'en faut point parler, elle vous eſt acquiſe.
GERASTE.
Allons donc la trouver, que cet échange heureux
Comble d'aiſe à ſon tour un vieillard amoureux.
DAPHNIS.
Quoy! je ne ſçavois rien d'une telle partie!
FLORAME.
Je penſe toutefois vous avoir avertie
Qu'un grand effet d'amour avant qu'il fuſt longtemps
Vous rendroit étonnée & nos deſirs contens.
Mais différez, Monſieur, une telle viſite,
Mon feu ne ſouffre point que ſi-toſt je la quitte,
Et d'ailleurs je ſçay trop que la loy du devoir
Veut que je ſois chez nous pour vous y recevoir.
GERASTE à Célie.
Va donc luy témoigner le déſir qui me preſſe.
FLORAME.
Plûtoſt fay-la venir ſaluer ma Maîtreſſe,
Ainſi tout à la fois nous verrons ſatisfaits
Vos feux & mon devoir, ma flame & vos ſouhaits.
GERASTE.
Je dois eſtre honteux d'attendre qu'elle vienne.
CELIE.
Attendez-la, Monſieur, & qu'à cela ne tienne,
Je cours

COMEDIE.

Je cours éxécuter cette commiſſion.
GERASTE.
Le temps en ſera long à mon affection.
FLORAME.
Toûjours l'impatience à l'amour eſt meſlée.
GERASTE.
Allons dans le jardin faire deux tours d'Allée,
Afin que cet ennuy que j'en pourray ſentir
Parmy voſtre entretien trouve à ſe divertir.

SCENE IX.
AMARANTE.

Je le perds donc, l'ingrat, ſans que mon artifice
  Ait tiré de ſes maux aucun ſoulagement ;
Sans que pas un effet ait ſuivy ma malice,
Ou ma confuſion n'égalaſt ſon tourment.
  Pour agréer ailleurs, il taſchoit à me plaire,
Un amour dans la bouche, un autre dans le ſein :
J'ay ſervy de prétexte à ſon feu téméraire,
Et je n'ay pû ſervir d'obstacle à ſon deſſein.
  Daphnis me le ravit, non par ſon beau viſage,
Non par ſon bel eſprit, ou ſes doux entretiens,
Non que ſur moy ſa race ait aucun avantage,
Mais par le ſeul éclat qui ſort d'un peu de biens.
  Filles, que la Nature a ſi bien partagées,
Vous devez préſumer fort peu de vos attraits,
Quelques charmes qu'ils ſoient, vous étes négli-
  gées
A moins que la Fortune en rehauſſe les traits.
Mais encor que Daphnis euſt captivé Florame,
Le moyen qu'inégal il en fuſt poſſeſſeur ?
Deſtins pour rendre aiſé le ſuccés de ſa flame,
Falloit-il qu'un vieux foû fuſt épris de ſa ſœur ?

I. Partie.   R

Pour tromper mon attente, & me faire un supplice,
Deux fois l'ordre commun se renverse en un jour;
Un jeune Amant s'attache aux loix de l'avarice,
Et ce vieillard pour luy suit celles de l'amour.

Un discours amoureux n'est qu'une fausse amorce,
Et Théante & Florame ont feint pour moy des feux,
L'un m'échape de gré, comme l'autre de force,
J'ay quitté l'un pour l'autre, & je les perds tous deux.

Mon cœur n'a point d'espoir dont je ne sois séduite,
Si je prens quelque peine, une autre en a les fruits,
Et dans le triste état où le Ciel m'a réduite
Je ne sens que douleurs, & ne prévoy qu'ennuis.

Vieillard, qui de ta fille achétes une femme
Dont peut-estre aussi-tôt tu seras mécontent,
Puisse le Ciel aux soins qui te vont ronger l'ame
Dénier le repos du tombeau qui t'attend!

Puisse le noir chagrin de ton humeur jalouse
Me contraindre moy-mesme à déplorer ton sort,
Te faire un long trépas, & cette jeune épouse
User toute sa vie à souhaiter ta mort.

Fin du cinquième & dernier Acte.

LA PLACE ROYALLE, COMEDIE.

ACTEURS.

ALIDOR, Amant d'Angélique.
CLEANDRE, Amy d'Alidor.
DORASTE, Amoureux d'Angélique.
LYSIS, Amoureux de Philis.
ANGELIQUE, Maîtresse d'Alidor & de Doraste.
PHYLIS, Sœur de Doraste.
POLYMAS, Domestique d'Alidor.
LYCANTE, Domestique de Doraste.

La Scene est à Paris dans la Place Royalle.

LA PLACE ROYALLE, COMEDIE.

ACTE I.

SCENE PREMIERE.

ANGELIQUE, PHILIS.

ANGELIQUE.

ON frère, je l'avouë, a beaucoup de mérite,
Mais souffre qu'envers luy cét Eloge m'acquitte,
Et ne m'entretien plus des feux qu'il a pour moy.
PHYLIS.
C'est me vouloir prescrire une trop dure loy.
Puis-je sans étouffer la voix de la Nature
Dénier mon secours aux tourmens qu'il endure?
Quoy, tu m'aimes, il meurt, & tu peux le guérir,
Et sans t'importuner je le verrois périr!

R iij

Ne me diras-tu point que j'ay tort de le plaindre ?
ANGELIQUE.
C'est un mal bien leger qu'un feu qu'on peut éteindre.
PHYLIS.
Je sçay qu'il le devroit, mais avec tant d'appas
Le moyen qu'il te voye & ne t'adore pas ?
Ses yeux ne souffrent point que son cœur soit de glace,
On ne pourroit aussi m'y résoudre en sa place,
Et tes regards sur moy plus forts que tes mépris
Te sçauroient conserver ce que tu m'aurois pris.
ANGELIQUE.
S'il veut garder encor cette humeur obstinée,
Je puis bien m'empescher d'en estre importunée.
Feindre un peu de migraine, ou me faire celer,
C'est un moyen bien court de ne luy plus parler:
Mais ce qui m'en déplaist & qui me desespere,
C'est de perdre la sœur pour éviter le frére,
Et me violenter à fuir ton entretien,
Puisque te voir encor c'est m'exposer au sien.
Du moins, s'il faut quitter cette douce pratique,
Ne mets point en oubly l'amitié d'Angelique,
Et croy que ses effets auront leur prémier cours,
Aussi-tost que ton frére aura d'autres amours.
PHYLIS.
Tu vis d'un air étrange & presque insupportable.
ANGELIQUE.
Que toy-mesme pourtant dois trouver équitable ;
Mais la raison sur toy ne sçauroit l'emporter,
Dans l'intérest d'un frére on ne peut l'écouter.
PHYLIS.
Er par quelle raison négliger son martire ?
ANGELIQUE
Vois-tu, j'aime Alidor, & c'est assez te dire ;
Le reste des Mortels pourroit m'offrir des vœux,
Je suis aveugle, sourde, insensible pour eux.
La pitié de leurs maux ne peut toucher mon ame
Que par des sentimens desrobez à ma flame,

On ne doit point avoir des amans par quartier,
Alidor a mon cœur & l'aura tout entier,
En aimer deux c'est estre à tous deux infidelle.
PHYLIS.
Qu'Alidor seul te rende à tout autre crüelle !
C'est avoir pour le reste un cœur trop endurcy.
ANGELIQUE.
Pour aimer comme il faut il faut aimer ainsi.
PHYLIS.
Dans l'obstination où je te voy réduite
J'admire ton amour & ry de ta conduite.
Fasse état qui voudra de ta fidelité,
Je ne me pique point de cette vanité,
Et l'exemple d'autruy m'a trop fait reconnoistre
Qu'au lieu d'un serviteur c'est accepter un maistre.
Quand on n'en souffre qu'un, qu'on ne pense qu'à luy,
Tous autres entretiens nous donnent de l'ennuy,
Il nous faut de tout point vivre à sa fantaisie,
Souffrir de son humeur, craindre sa jalousie,
Et de peur que le temps n'emporte ses ferveurs
Le combler chaque jour de nouvelles faveurs.
Nostre ame, s'il s'éloigne, est chagrine, abatuë,
Sa mort nous desespere, & son change nous tuë,
Et de quelque douceur que nos feux soient suivis,
On dispose de nous sans prendre nostre avis,
C'est rarement qu'un pére à nos gousts s'accommode,
Et lors, juge quels fruits on a de ta méthode.
Pour moy j'aime un chacun, & sans rien négliger
Le prémier qui m'en conte a dequoy m'engager,
Ainsi tout contribuë à ma bonne fortune,
Tout le monde me plaist, & rien ne m'importune.
De mille que je rends l'un de l'autre jaloux ?
Mon cœur n'est à pas un, & se promet à tous :
Ainsi tous à l'envy s'efforcent à me plaire,
Tous vivent d'espérance & briguent leur salaire,
L'éloignement d'aucun ne sçauroit m'affliger,
Mille encore presens m'empeschent d'y songer;

Je n'en crains point la mort, je n'en crains point le
      change,
Un monde m'en confole auſſi-toſt, ou m'en venge
Le moyen que de tant, & de ſi différents,
Quelqu'un n'ait aſſez d'heur pour plaire à mes parēts?
Et ſi quelque inconnu m'obtient d'eux pour Maî-
      treſſe,
Ne croy pas que j'en tombe en profonde triſteſſe,
Il aura quelques traits de tant que je chéris,
Et je puis avec joye accepter tous maris.

ANGÉLIQUE.

Voila fort plaiſamment tailler cette matiére,
Et donner à ta langue une libre carriére.
Ce grand flux de raiſons dont tu viens m'attaquer
Eſt bon à faire rire, & non à pratiquer.
Simple, tu ne ſçais pas ce que c'eſt que tu blâmes,
Et ce qu'a de douceurs l'union de deux ames,
Tu n'éprouvas jamais de quels contentemens
Se nourriſſent les feux des fidelles Amans.
Qui peut en avoir mille en eſt plus eſtimée,
Mais qui les aime tous de pas-un n'eſt aimée,
Elle voit leur amour ſoudain ſe diſſiper :
Qui veut tout retenir laiſſe tout échaper.

PHYLIS.

Défay-toy, défay-toy de tes fauſſes maximes,
Ou ſi ces vieux abus te ſemblent légitimes,
Si le ſeul Alidor te plaiſt deſſous les Cieux,
Conſerve-luy ton cœur, mais partage tes yeux.
De mon frére par là ſoulage un peu les playes,
Accorde un faux remède à des douleurs ſi vrayes,
Feins, déguiſe avec luy, trompe-le par pitié,
Ou du moins par vengeance & par inimitié.

ANGÉLIQUE.

Le beau prix qu'il auroit de m'avoir tant chérie,
Si je ne le payois que d'une tromperie !
Pour ſalaire des maux qu'il endure en m'aimant,
Il aura qu'avec luy je vivray franchement.

PHYLIS.

Franchement, c'est à dire avec mille rudesses,
Le mépriser, le fuir, & par quelques adresses
Qu'il tasche d'adoucir.... Quoy, me quitter ainsi !
Et sans me dire Adieu ! le sujet ?

SCENE II.

DORASTE, PHYLIS.

DORASTE.

Le voicy,
Ma sœur, ne cherche plus une chose trouvée.
Sa fuite n'est l'effet que de mon arrivée,
Ma présence la chasse, & son muët depart
A presque devancé son dédaigneux regard,

PHYLIS.

Iuge par là quels fruits produit mon entremise.
Je m'acquitte des mieux de la charge commise,
Je te fais plus parfait mille fois que tu n'ès,
Ton feu ne peut aller au point où je le mets,
I'invente des raisons à combatre sa haine,
Je blasme, flate, prie, & perds toûjours ma peine,
En grand péril d'y perdre encor son amitié,
Et d'estre en tes malheurs avec toy de moitié.

DORASTE.

Ah ! tu ris de mes maux.

PHYLIS.

Que veux-tu que je fasse ?
Ry des miens, si jamais tu me vois en ta place.
Que serviroient mes pleurs ! veux-tu qu'à tes tourmens
J'ajouste la pitié de mes ressentimens ?
Après mille mépris qu'a receus ta folie,
Tu n'ès que trop chargé de ta melancolie ;

R v

Si j'y joignois la mienne, elle t'accableroit,
Et de mon déplaisir le tien redoubleroit.
Contraindre mon humeur me seroit un supplice,
Qui me rendroit moins propre à te faire service.
Vois-tu, par tous moyens je te veux soulager,
Mais j'ay bien plus d'esprit que de m'en affliger.
Il n'est point de douleur si forte en un courage
Qui ne perde sa force auprès de mon visage,
C'est toujours de tes maux autant de rabatu;
Confesse, ont-ils encor le pouvoir qu'ils ont eu?
Ne sens-tu point déja ton ame un peu plus gaye?

DORASTE.
Tu me forces à rire en dépit que j'en aye,
Je souffre tout de toy, mais à condition
D'employer tous tes soins à mon affection,
Dy-moy par quelle ruse il faut...

PHYLIS.   Rentrons, mon frére,
Un de mes Amans vient qui pourroit nous distraire.

SCENE III.
CLEANDRE.

Que je dois bien faire pitié,
De souffrir les rigueurs d'un sort si tyrannique!
 J'aime Alidor, j'aime Angelique,
 Mais l'amour cede à l'amitié,
Et jamais on n'a veu sous les loix d'une belle
D'amant si malheureux ny d'amy si fidelle.

 Ma bouche ignore mes desirs,
Et de peur de se voir trahy par imprudence
 Mon cœur n'a point de confidence
 Avec mes yeux, ny mes soûpirs.
Tous mes vœux sont müets, & l'ardeur de ma flame
S'enferme toute entiere au dedans de mon ame.

ROYALLE.

Je feins d'aimer en d'autres lieux,
Et pour en quelque sorte alléger mon supplice,
   Je porte du moins mon service
   A celle qu'elle aime le mieux ;
Phylis à qui j'en conte à beau faire la fine,
Son plus charmant appas c'est d'estre sa voisine.

   Esclave d'un œil si puissant,
Jusque-là seulement me laisse aller ma chaisne,
   Trop récompensé dans ma peine
   D'un de ses regards en passant :
Je n'en veux à Phylis que pour voir Angélique,
Et mon feu qui vient d'elle, auprès d'elle s'explique.

   Amy mieux aimé mille fois,
Faut-il pour m'accabler de douleurs infinies
   Que nos volontez soient unies
   Jusqu'à faire le mesme choix ?
Vien quereller mon cœur d'avoir tant de foiblesse,
Que de se laisser prendre au mesme œil qui te blesse.

   Mais plûtost voy te préferer
A celle que le tien préfere à tout le Monde,
   Et ton amitié sans seconde
   N'aura plus dequoy murmurer :
Ainsi je veux punir ma flame déloyale,
Ainsi....

SCENE IV.
ALIDOR, CLEANDRE.
ALIDOR.

TE rencontrer dans la place Royale,
Solitaire, & si près de ta douce prison,
Montre bien que Phylis n'est pas à la maison.

CLEANDRE
Mais voir de ce costé ta démarche avancée
Montre bien qu'Angélique est fort dans ta pensée.
ALIDOR.
Hélas ! c'est mon malheur, son objet trop charmant,
Quoy que je puisse faire, y régne absolument.
CLEANDRE.
De ce pouvoir peut-estre elle use en inhumaine ?
ALIDOR.
Rien moins, & c'est par là que redouble ma peine,
Ce n'est qu'en m'aimant trop qu'elle me fait mourir,
Un moment de froideur, & je pourrois guérir :
Une mauvaise œillade, un peu de jalousie,
Et j'en aurois soudain passé ma fantaisie.
Mais las ! elle est parfaite, & sa perfection
N'approche point encor de son affection.
Point de refus pour moy, point d'heures inégales,
Accablé de faveurs à mon repos fatales,
Si-tost qu'elle voit jour à d'innocens plaisirs,
Je voy qu'elle devine & prévient mes desirs,
Et si j'ay des rivaux, sa dédaigneuse veuë
Les desespére autant, que son ardeur me tuë.
CLEANDRE.
Vit-on jamais Amant de la sorte enflamé,
Qui se tinst malheureux pour estre trop aimé ?
ALIDOR.
Contes-tu mon esprit entre les ordinaires ?
Penses-tu qu'il s'arreste aux sentimens vulgaires?
Les régles que je suis ont un air tout divers.
Je veux la liberté dans le milieu des fers,
Il ne faut point servir d'objet qui nous posséde,
Il ne faut point nourrir d'amour qui ne nous céde;
Je le hay s'il me force, & quand j'aime, je veux
Que de ma volonté dépendent tous mes vœux,
Que mon feu m'obéïsse au lieu de me contraindre,
Que je puisse à mon gré l'enflamer & l'éteindre.

Et toûjours en état de disposer de moy,
Donner quand il me plaift & retirer ma foy.
Pour vivre de la sorte Angélique est trop belle,
Mes pensers ne sçauroient m'entretenir que d'elle,
Je sens de ses regards mes plaisirs se borner,
Mes pas d'autre costé n'oseroient se tourner,
Et de tous mes soucis la liberté bannie
Me soûmet en esclave à trop de tyrannie.
J'ay honte de souffrir les maux dont je me plains,
Et d'éprouver ses yeux plus forts que mes desseins,
Je n'ay que trop languy sous de si rudes gesnes,
A tel prix que ce soit il faut rompre mes chaisnes,
De crainte qu'un Hymen m'en ostant le pouvoir
Fist d'un amour par force un amour par devoir.

CLEANDRE.
Crains-tu de posséder un objet qui te charme ?

ALIDOR.
Ne parle point d'un nœud dont le seul nom m'alarme,
J'idolatre Angélique, elle est belle aujourd'huy,
Mais sa beauté peut-elle autant durer que luy,
Et pour peu qu'elle dure, aucun me peut-il dire
Si je pourray l'aimer jusqu'à ce qu'elle expire ?
Du temps qui change tout les révolutions
Ne changent-elles pas nos résolutions ?
Est-ce une humeur égale & ferme que la nostre ?
N'a-t'on point d'autres gousts en un âge qu'en l'autre ?
Iuge alors le tourment que c'est d'estre attaché,
Et de ne pouvoir rompre un si fascheux marché.
  Cependant Angélique à force de me plaire
Me flate doucement de l'espoir du contraire,
Et si d'autre façon je ne me sçay garder,
Je sens que ses attraits m'en vont persüader.
Mais puisque son amour me donne tant de peine,
Je la veux offenser pour acquérir sa haine,
Et mériter enfin un doux commandement
Qui prononce l'Arrest de mon bannissement.

LA PLACE

Ce reméde est cruël, mais pourtant nécessaire,
Puisqu'elle me plaist trop, il me faut luy déplaire :
Tant que j'auray chez elle encor le moindre accès,
Mes desseins de guérir n'auront point de succés.

CLEANDRE.
Etrange humeur d'Amant !

ALIDOR.
                Etrange, mais utile,
Je me procure un mal pour en éviter mille.

CLEANDRE.
Tu ne prévois donc pas ce qui t'attend de maux,
Quand un rival aura le fruit de tes travaux.
Pour se venger de toy, cette belle offensée
Sous les loix d'un mary sera bien-tost passée,
Et lors, que de soûpirs & de pleurs répandus
Ne te rendront aucun de tant de biens perdus !

ALIDOR.
Dy mieux, que pour rentrer dans mon indifférence
Je perdray mon amour avec mon espérance,
Et qu'y trouvant alors sujet d'aversion,
Ma liberté naistra de ma punition.

CLEANDRE.
Après cette asseurance, amy, je me déclare.
   Amoureux dès long-temps d'une beauté si rare,
Toy seul de la servir me pouvois empescher,
Et je n'aimois Phylis que pour m'en approcher.
Souffre donc maintenant que pour mon allégeance
Je prenne, si je puis, le temps de sa vengeance,
Que des ressentimens qu'elle aura contre toy
Je tire un avantage en luy portant ma foy,
Et que cette colére en son ame conceuë
Puisse de mes desirs faciliter l'issuë.

ALIDOR.
Si ce joug inhumain, ce passage trompeur,
Ce supplice éternel ne te fait point de peur,
A moy ne tiendra pas que la beauté que j'aime
Ne me quitte bien-tost pour un autre moy-mesme.

ROYALLE.

Tu portes en bon lieu tes defirs amoureux,
Mais fonge que l'Hymen fait bien des malheureux.
CLEANDRE.
J'en veux bien faire effay, mais d'ailleurs, quand j'y
    penfe,
Peut-eftre feulement le nom d'époux t'offenfe,
Et tu voulois qu'un autre….
ALIDOR.
                Amy, que me dis-tu?
Connoy mieux Angélique & fa haute vertu,
Et fçache qu'une fille a beau toucher mon ame,
Je ne la connoy plus dès l'heure qu'elle eft femme.
  De mille qu'autrefois tu m'as veu careffer,
En pas une un mary pouvoit-il s'offenfer?
J'évite l'apparence autant comme le crime,
Je fuis un compliment qui femble illégitime,
Et le jeu m'en déplaift, quand on fait à tous coups
Caufer un médifant, & refver un jaloux.
Encor que dans mon feu mon cœur ne s'intéreffe,
Je veux pouvoir prétendre où ma bouche l'adreffe,
Et garder, fi je puis, parmy ces fictions
Un renom auffi pur que mes intentions.
Amy, foupçon à part & fans plus de replique,
Si tu veux en ma place eftre aimé d'Angélique,
Allons tout de ce pas enfemble imaginer
Les moyens de la perdre, & de te la donner,
Et quelle invention fera la plus aifée.
CLEANDRE.
Allons, ce que j'ay dit n'eftoit que par rifée.

Fin du prémier Acte.

ACTE II.

SCENE PREMIERE.
ANGELIQUE, POLYMAS.

ANGELIQUE *tenant une lettre ouverte.*

De cette trahison ton maistre est donc l'autheur ?

POLYMAS.
Assez imprudemmét il m'en fait le porteur,
Comme il se rend par là digne qu'on le prévienne,
Je veux bien en faire une en haine de la sienne,
Et mon devoir mal propre à de si lasches coups
Manque aussi-tost vers luy, que son amour vers vous.

ANGELIQUE.
Contre ce que je voy le mien encor s'obstine.
Qu'Alidor ait écrit cette lettre à Clarine !
Et qu'ainsi d'Angélique il se voulust joüer !

POLYMAS.
Il n'aura pas le front de le desavoüer.
Opposez-luy ces traits, batez-le de ses armes,
Pour s'é pouvoir défendre il luy faudroit des charmes,
Mais sur tout cachez-luy ce que je fais pour vous,
Et ne m'exposez point aux traits de son couroux ;
Que je vous puisse encor trahir son artifice,
Et pour mieux vous servir rester à son service.

ANGELIQUE.
Rien ne m'échapera qui te puisse toucher.
Je sçay ce qu'il faut dire, & ce qu'il faut cacher.

ROYALLE. 401
POLYMAS.
Feignez d'avoir receu ce billet de Clarine,
Et que....
ANGELIQVE.
Ne m'instruy point, & va qu'il ne devine,
POLYMAS.
Mais...
ANGELIQUE.
Ne replique plus, & va-t'en.
POLYMAS.
I'obéïs.
ANGELIQUE *seule.*
Mes feux, il est donc vray que l'on vous a trahis,
Et ceux dont Alidor montroit son ame atteinte
Ne sont plus que fumée, ou n'étoient qu'une feinte !
Que la foy des Amans est un gage pipeur !
Que leurs sermens sont vains & nostre espoir trompeur !
            (bouche,
Qu'on est peu dans leur cœur pour estre dans leur
Et que malaisément on sçait ce qui les touche !
Mais voicy l'infidelle. Ah, qu'il se contraint bien !

SCENE II.
ALIDOR, ANGELIQUE.
ALIDOR.
Puis-je avoir un moment de ton cher entretien,
Mais j'appelle un moment de mesme qu'une année
Passe entre deux Amans pour moins qu'une journée ?
ANGELIQUE.
Avec de tels discours oses-tu m'aborder,
Perfide, & sans rougir peux-tu me regarder ?
As-tu crû que le Ciel consentist à ma perte,
Jusqu'à souffrir encor ta lascheté couverte ?

Appren, perfide, appren que je suis hors d'erreur,
Tes yeux ne me sont plus que des objets d'horreur,
Je ne suis plus charmée, & mon ame plus saine (ne.
N'eut jamais tant d'amour, qu'elle a pour toy de hai-

ALIDOR.

Voilà me recevoir avec des complimens, (mans;
Qui seroient pour tout autre un peu moins que char-
Quel en est le sujet ?

ANGELIQUE.

    Le sujet ! ly, parjure,
Et puis accuse-moy de te faire une injure.

   ALIDOR *lit la lettre entre les*
    mains d'Angélique.

LETTRE SUPPOSE'E D'ALIDOR
à Clarine.

 Clarine, je suis tout à vous,
  Ma liberté vous rend les armes,
 Angélique n'a point de charmes
  Pour me défendre de vos coups :
 Ce n'est qu'une idole mouvante,
Ses yeux sont sans vigueur, sa bouche sans appas,
Alors que je l'aimay je ne la connus pas,
Et de quelques attraits que ce Monde vous vante,
  Vous devez mes affections,
 Autant à ses défauts, qu'à vos perfections.

ANGELIQUE.

Et bien, ta perfidie est-elle en évidence ?

ALIDOR.

Est-ce là tant dequoy ?

ANGELIQUE.

    Tant dequoy ! l'impudence !
Après mille sermens il me manque de foy,
Et me demande encor si c'est-là tant dequoy.

Change, si tu le veux, je n'y perds qu'un volage,
Mais en m'abandonnant laisse en paix mon visage,
Oublie avec ta foy ce que j'ay de defauts,
N'étably point tes feux sur le peu que je vaux,
Fay que sans m'y mesler ton compliment s'expli-
  que,
Et ne le grossy point du mépris d'Angélique.
ALIDOR.
Deux mots de vérité vous mettent bien aux champs.
ANGELIQUE.
Ciel, tu ne punis point des hommes si méchans !
Ce traistre vit encor, il me voit, il respire,
Il m'affronte, il l'avouë, il rit quand je soûpire.
ALIDOR.
Vraiment le Ciel a tort, de ne vous pas donner
Lors que vous tempestez sa foudre à gouverner,
Il devroit avec vous estre d'intelligence.
 Angelique déchire la lettre & en jette les morceaux,
  & Alidor continuë.
Le digne & grand objet d'une haute vengeance !
Vous traitez du papier avec trop de rigueur.
ANGELIQUE.
Que n'en puis-je autant faire à ton perfide cœur.
ALIDOR.
Qui ne vous flate point puissament vous irrite.
Pour dire franchement vostre peu de mérite,
Commet-on des forfaits si grands & si nouveaux,
Qu'on doive tout à l'heure estre mis en morceaux?
Si ce crime autrement ne sçauroit se remettre,
 Il luy présente aux yeux un miroir qu'elle
  porte à sa ceinture.
Cassez, cecy vous dit encor pis que ma lettre.
ANGELIQUE.
S'il me dit mes defauts autant ou plus que toy,
Déloyal, pour le moins il n'en dit rien qu'à moy,
C'est dedans son cristal que je les étudie,
Mais après il s'en taist & moy j'y remédie.

LA PLACE.

Il m'en donne un avis sans me les reprocher,
Et me les découvrant il m'aide à les cacher.

ALIDOR.
Vous étes en colére & vous dites des pointes !
Ne présumiez-vous point que j'irois à mains jointes,
Les yeux enflez de pleurs, & le cœur de soûpirs,
Vous faire offre à genoux de mille repentirs,
Que vous étes à plaindre étant si fort déçeuë !

ANGELIQUE.
Insolent, oste-toy pour jamais de ma veuë.

ALIDOR.
Me défendre vos yeux après mon changement,
Appelez-vous cela du nom de châtiment ?
Ce n'est que me bannir du lieu de mon supplice,
Et ce commandement est si plein de justice,
Que bien que je renonce à vivre sous vos loix,
Je vay vous obéïr pour la derniére fois.

SCENE III.
ANGELIQUE.

COmmandement honteux, où ton obeïssance
N'est qu'un signe trop clair de mon peu de puis-
Où ton bannissement a pour toy des appas, (sance,
Et me devient crüel de ne te l'estre pas.
A quoy se résoudra desormais ma colére,
Si ta punition te tient lieu de salaire ?
Que mon pouvoir me nuit ! & qu'il m'est cher vendu!
Voilà ce que me vaut d'avoir trop attendu.
Je devois prévenir ton outrageux caprice,
Mon bonheur dépendoit de te faire injustice,
Je chasse un fugitif avec trop de raison,
Et luy donne les champs quand il rompt sa prison.
Ah, que n'ay-je eu des bras à suivre mon courage !
Qu'il m'eust bien autrement réparé cét outrage !

Que j'eusse retranché de ses propos railleurs !
Le traistre n'eust jamais porté son cœur ailleurs,
Puisqu'il m'étoit donné, je m'en fusse saisie,
Et sans prendre conseil que de ma jalousie,
Puisqu'un autre portrait en efface le mien,
Cent coups auroient chassé ce voleur de mon bien,
Vains projets, vains discours, vaine & fausse allégeáce,
Et mes bras & son cœur manquent à ma vengeance.
Ciel, qui m'en vois donner de si justes sujets,
Donne-m'en des moyens, donne-m'en des objets,
Où me doy-je adresser ? qui doit porter sa peine ?
Qui doit à son defaut m'éprouver inhumaine ?
De mille desespoirs mon cœur est assailly,
Je suis seule punie, & je n'ay point failly.
Mais j'ose faire au Ciel une injuste querelle,
Je n'ay que trop failly d'aimer un infidelle,
De recevoir un traistre, un ingrat sous ma loy,
Et trouver du mérite en qui manquoit de foy.
Ciel, encor une fois écoute mon envie,
Oste-m'en la mémoire ou le prive de vie,
Fay que de mon esprit je puisse le bannir,
Ou ne l'avoir que mort dedans mon souvenir.
Que je m'anime en vain contre un objet aimable !
Tout criminel qu'il est, il me semble adorable,
Et mes souhaits, qu'étouffe un soudain repentir,
En demandant sa mort, n'y sçauroient consentir.
Restes impertinens d'une flame insensée,
Ennemis de mon heur, sortez de ma pensée,
Ou si vous m'en peignez encor quelques traits,
Laissez-là ses vertus, peignez-moy ses forfaits.

SCENE IV.
ANGELIQUE, PHYLIS.
ANGELIQUE.

Le croirois-tu, Phylis ? Alidor m'abandonne.
PHYLIS.
Pourquoy non ? je n'y voy rien du tout qui m'étonne,
Rien qui ne soit possible, & de plus fort commun.
La constance est un bien qu'on ne voit en pas-un,
Tout change sous les Cieux, mais par tout bon reméde
ANGELIQUE.
Le Ciel n'en a point fait au mal qui me posséde.
PHYLIS.
Choisy de mes Amants, sans t'affliger si fort ;
Et n'appréhende pas de me faire grand tort,
J'en pourrois au besoin fournir toute la Ville,
Qu'il m'en demeureroit encor plus de deux mille.
ANGELIQUE.
Tu me ferois mourir avec de tels propos,
Ah ! laisse-moy plûtost soûpirer en repos,
Ma sœur.
PHYLIS.
Plûst au bon Dieu que tu voulusses l'estre !
ANGELIQUE.
Et quoy, tu ris encor ; c'est bien faire paroistre...
PHYLIS.
Que je ne sçaurois voir d'un visage affligé
Ta cruauté punie, & mon frére vengé.
Après tout je connoy quelle est ta maladie,
Tu vois comme Alidor est plein de perfidie,
Mais je mets dans deux jours ma teste à l'abandon,
Au cas qu'un repentir n'obtienne son pardon.
ANGELIQUE.
Après que cet ingrat me quitte pour Clarine !

PHYLIS.

De le garder long-temps elle n'a pas la mine,
Et j'estime si peu ces nouvelles amours,
Que je te plége encor son retour dans deux jours :
Et lors ne pense pas, quoy que tu te proposes,
Que de tes volontez devant luy tu disposes.
Prépare tes dédains, arme-toy de rigueur,
Une larme, un soûpir te percera le cœur ;
Et je seray ravie alors de voir vos flames
Brusler mieux que devant, & rejoindre vos ames :
Mais j'en crains un succès à ta confusion,
Qui change une fois, change à toute occasion,
Et nous verrons toûjours, si Dieu le laisse vivre,
Un change, un repentir, un pardon s'entresuivre.
Ce dernier est souvent l'amorce d'un forfait,
Et l'on cesse de craindre un couroux sans effet.

ANGELIQUE.

Sa faute a trop d'excès pour estre rémissible,
Ma sœur, je ne suis pas de la sorte insensible,
Et si je présumois que mon trop de bonté
Pûst jamais se résoudre à cette lascheté,
Qu'un si honteux pardon pust suivre cette offense,
J'en préviendrois le coup m'en ostant la puissance.
Adieu, dans la colère où je suis aujourd'huy
J'accepterois plûtost un Barbare que luy.

SCENE V.

PHYLIS, DORASTE.

PHYLIS.

IL faut donc se haster, qu'elle ne refroidisse.
Elle frape du pied à la porte de son logis &
fait sortir son frére.
Frére, quelque inconnu t'a fait un bon office,

LA PLACE.

Il ne tiendra qu'à toy d'estre un second Médor,
On a fait qu'Angélique...

DORASTE.
Et bien ?

PHYLIS.
Hait Alidor.

DORASTE.
Elle hait Alidor ! Angélique !

PHYLIS.
Angélique.

DORASTE.
D'où luy vient cette humeur ? qui les a mis en pique?

PHYLIS.
Si tu prens bien ton temps, il y fait bon pour toy ;
Va ne t'amuse point à sçavoir le pourquoy,
Parle au pére d'abord, tu sçais qu'il te souhaite,
Et s'il ne s'en dédit, tien l'affaire pour faite.

DORASTE.
Bien qu'un si bon avis ne soit à méprifer,
Je crains...

PHYLIS.
Lisis m'aborde, & tu me veux causer ?
Entre chez Angélique & pousse ta fortune.
Quand je vois un Amant un frére m'importune.

SCENE VI.

LYSIS, PHYLIS.

LYSIS.

Comme vous le chassez !

PHYLIS.
Qu'eust-il fait avec nous.
Mon entretien sans luy te semblera plus doux,
Tu pourras t'expliquer avec moins de contrainte,
Me conter de quels feux tu te sens l'ame atteinte,

Et

ROYALLE.

Et ce que tu croiras propre à te soulager.
Regarde maintenant si je sçay t'obliger.
LYSIS.
Cette obligation seroit bien plus extrème
Si vous vouliez traiter tous mes rivaux de mesme,
Et vous feriez bien plus pour mon contentement,
De souffrir avec vous vint fréres qu'un Amant.
PHYLIS.
Nous sommes donc, Lysis, d'une humeur bien côtraire,
J'y souffrirois plûtost cinquante Amans qu'un frére,
Et puis que nos esprits ont si peu de rapport,
Je m'étonne comment nous nous aimons si fort.
LYSIS.
Vous étes ma Maîtresse, & mes flames discrettes
Doivent un tel respect aux loix que vous me faites,
Que pour leur obéïr mes sentimens domptez
N'osent plus se régler que sur vos volontez.
PHYLIS.
J'aime des Serviteurs qui pour une Maîtresse
Souffrent ce qui leur nuit, aiment ce qui les blesse.
Si tu vois quelque jour tes feux récompensez,
Souvien-toy... Qu'est-ce-cy, Cléandre, vous passez ?

Cléandre va pour entrer chez Angélique, &
Phylis l'arreste.

SCENE VII.
CLEANDRE, PHYLIS, LYSIS.
CLEANDRE.
IL me faut bien passer, puis que la place est prise.
PHYLIS.
Venez, cette raison est de mauvaise mise,
D'un million d'Amans je puis flater les vœux,
Et n'aurois pas l'esprit d'en entretenir deux ?

I. Partie. S

Sortez de cette erreur, & souffrant ce partage,
Ne faites pas icy l'entendu davantage.
CLEANDRE.
Le moyen que je fois insensible à ce point ?
PHYLIS.
Quoy ? pour l'entretenir ne vous aimay-je point ?
CLEANDRE.
Encor que vostre ardeur à la mienne réponde,
Ie ne veux plus d'un bien commun à tout le Monde.
PHYLIS.
Si vous nommez ma flame un bien commun à tous,
Ie n'aime pour le moins personne plus que vous,
Cela vous doit suffire.
CLEANDRE.   Ouy bien à des volages
Qui peuvent en un jour adorer cent visages,
Mais ceux dont un objet possède tous les soins,
Se donnant tous entiers, n'en méritent pas moins.
PHYLIS.
De vray, si vous valiez beaucoup plus que les autres,
Ie devrois dédaigner leurs vœux auprès des vostres ;
Mais mille aussi bien faits ne sont pas mieux traitez,
Et ne murmurent point contre mes volontez.
Est-ce à moy, s'il vous plaist, de vivre à vostre mode ?
Vostre amour en ce cas seroit fort incommode,
Loin de la recevoir, vous me feriez la loy :
Qui m'aime de la sorte, il s'aime, & non pas moy.
LYSIS à *Cléandre*.
Persiste en ton humeur, je te prie, & conseille
A tous nos concurrens d'en prendre une pareille,
CLEANDRE.
Tu seras bien-tost seul, s'ils veulent m'imiter.
PHYLIS.
Quoy donc, c'est tout de bon que tu me veux quitter?
Tu ne dis mot, resveur, & pour toute replique
Tu tournes tes regards du costé d'Angélique.
Est-elle donc l'objet de tes legéretez ?
Veux-tu faire d'un coup deux infidélitez,

ROYALLE.

Et que dans mon offense Alidor s'intéresse ?
Cléandre, c'est assez de trahir ta Maîtresse ;
Dans ta nouvelle flame épargne tes amis,
Et ne l'adresse point en lieu qui soit promis.

CLEANDRE.

De la part d'Alidor je vay voir cette belle,
Laisse-m'en avec luy démesler la querelle,
Et ne t'informe point de mes intentions.

PHYLIS.

Puis qu'il me faut résoudre en mes afflictions,
Et que pour te garder j'ay trop peu de merite,
Du moins avant l'Adieu demeurons quitte à quitte,
Que ce que j'ay du tien je te le rende icy,
Tu m'as offert des vœux, que je t'en offre aussi,
Et faisons entre nous toutes choses égales.

LYSIS.

Et moy durant ce temps je garderay les balles !

PHYLIS.

Ie te donne congé d'une heure, si tu veux.

LYSIS.

Ie l'accepte, au hazard de le prendre pour deux.

PHYLIS.

Pour deux, pour quatre, soit, ne crains pas qu'il m'en-(nuye.

SCENE VIII.

CLEANDRE, PHYLIS.

PHILIS arreste Cléandre qui tasche de s'échaper pour entrer chez Angélique.

Mais je ne consens pas cependant qu'on me fuye,
Tu perds temps d'y taſcher, si tu n'as mō congé.
Inhumain, est ce ainsi que je t'ay négligé ?
Quand tu m'offrois des vœux prenois-je ainsi la fuite,
Et rends-tu la pareille à ma juste poursuite ?
Avec tant de douceur tu te vis écouter,
Et tu tournes le dos quand je t'en veux conter.

S ij

CLEANDRE

Va te joüer d'un autre avec tes railleries,
J'ay l'oreille mal faite à ces galanteries :
Ou cesse de m'aimer, ou n'aime plus que moy.

PHYLIS

Je ne t'impose pas une si dure loy,
Avec moy, si tu veux aime toute la Terre,
Sans craindre que jamais je t'en fasse la guerre.
Je reconnois assez mes imperfections,
Et quelque part que j'aye en tes affections,
C'est encor trop pour moy, seulement ne rejette
La parfaite amitié d'une fille imparfaite.

CLEANDRE

Qui te rend obstinée à me persécuter ?

PHYLIS

Qui te rend si crüel que de me rebuter ?

CLEANDRE

Il faut que de tes mains un Adieu me délivre.

PHYLIS

Si tu sçais t'en aller, ie sçauray bien te suivre,
Et quelque occasion qui t'améne en ces lieux,
Tu ne luy diras pas grand secret à mes yeux.
Je suis plus incommode encor qu'il ne te semble,
Parlons plûtost d'accord & composons ensemble.
Hier un peintre excellent m'apporta mon portrait;
Tandis qu'il t'en demeure encore quelque trait,
Qu'encor tu me connois, & que de ta pensée
Mon image n'est pas tout-à-fait effacée,
Ne m'en refuse point ton petit jugement.

CLEANDRE

Je le tiens pour bien fait.   ### PHYLIS

                 Plains-tu tant un moment ?
Et m'attachant à toy si je te desespére,
A ce prix trouves-tu ta liberté trop chére ?

CLEANDRE

Allons, puis qu'autrement je ne te puis quitter,
A tel prix que ce soit, il me faut racheter.

Fin du second Acte.

ACTE III.

SCENE PREMIERE.
PHYLIS, CLEANDRE.

CLEANDRE.

EN ce point il ressemble à ton humeur volage
Qu'il reçoit tout le monde avec mesme visage ;
Mais d'ailleurs ce portrait ne te ressemble pas,
En ce qu'il ne dit mot, & ne suit point mes pas.

PHYLIS.
En quoy que desormais ma présence te nuise,
La civilité veut que je te reconduise.

CLEANDRE.
Mets enfin quelque borne à ta fidelité,
Et suivant nostre accord me laisse en liberté.

SCENE II.
DORASTE, PHILIS, CLEANDRE.

DORASTE sort de chez Angélique.
Tout est gagné, ma sœur, la belle m'est acquise,
Jamais occasion ne se trouva mieux prise,
Je possède Angélique.

LA PLACE

CLEANDRE.
Angélique !
DORASTE.
Ouy, tu peux
Avertir Alidor du succès de mes vœux,
Et qu'au sortir du bal que je donne chez elle
Demain un sacré nœud m'unit à cette belle.
Dy-luy qu'il s'en console. Adieu, je vay pourvoir
A tout ce qu'il me faut préparer pour ce soir.

PHYLIS
Ce soir j'ay bien la mine, en dépit de ta glace,
D'en trouver là cinquante à qui donner ta place.
Va-t'en, si bon te semble, ou demeure en ces lieux;
Ie ne t'arrêtois pas icy pour tes beaux yeux,
Mais jusqu'á maintenant j'ay voulu te distraire,
De peur que ton abord interrompist mon frére.
Quelque fin que tu sois, tien-toy pour affiné.

SCENE III.

CLEANDRE.

Ciel, á tant de malheurs m'aviez-vous destiné ?
Faut-il que d'un dessein si juste que le nostre
La peine soit pour nous, & les fruits pour un autre,
Et que nostre artifice ait si mal succédé
Qu'il me desrobe un bien qu'Alidor m'a cédé ?
Officieux amy d'un amant déplorable,
Que tu m'offres en vain cét objet adorable !
Qu'en vain de m'en saisir ton adresse entreprend !
Ce que tu m'as donné, Doraste le surprend ;
Tandis qu'il me supplante une sœur me cajole,
Elle me tient les mains cependant qu'il me vole,
On me joue, on me brave, on me tuë, on s'en rit,
L'un me vante son heur, l'autre son trait d'esprit,

L'un & l'autre à la fois me perd, me desespére :
Et je puis épargner, ou la sœur, ou le frére,
Estre sans Angélique, & sans ressentiment,
Avec si peu de cœur aimer si puissamment !
Cléandre, est-ce un forfait que l'ardeur qui te presse ?
Craignois-tu d'avoüer une telle Maîtresse ?
Et cachois-tu l'excès de ton affection,
Par honte, par dépit, ou par discretion ?
Pouvois-tu desirer occasion plus belle
Que le nom d'Alidor à venger ta querelle ?
Si pour tes feux cachez tu n'oses t'émouvoir,
Laisse leurs interests, suy ceux de ton devoir.
On supplante Alidor, du moins en apparence,
Et sans ressentiment tu souffres cette offense,
Ton courage est muet & ton bras endormy !
Pour estre Amant discret tu parois lasche amy !
C'est trop abandonner ta renommée au blasme,
Il faut sauver d'un coup ton honneur & ta flame,
Et l'un & l'autre icy marchent d'un pas égal,
Soûtenant un amy tu t'ostes un rival.
Ne différe donc plus ce que l'honneur commande :
Et luy gagne Angélique afin qu'il te la rende,
Il faut....

SCENE IV.

ALIDOR, CLEANDRE.

ALIDOR.

Et bien, Cléandre, ay-je sçeu t'obliger ?

CLEANDRE.

Pour m'avoir obligé que je vay t'affliger !
Doraste a pris le temps des dépits d'Angélique.

ALIDOR.

Après ?

CLEANDRE.
Après cela tu veux que je m'explique?
ALIDOR.
Qu'en a-t'il obtenu?
CLEANDRE
Par delà son espoir.
Il l'épouse demain, luy donne bal ce soir ;
Juge, juge par là si mon mal est extrème.
ALIDOR.
En ès-tu bien certain?
CLEANDRE. J'ay tout sçeu de luy-mesme.
ALIDOR.
Que je serois heureux, si je ne t'aimois point !
Ton malheur auroit mis mon bonheur à ce point,
La prison d'Angélique auroit rompu la mienne :
Quelque empire sur moy que son visage obtienne,
Ma passion fust morte avec sa liberté,
Et trop vain pour souffrir qu'en sa captivité
Les restes d'un rival m'eussent enchaisné l'ame,
Les feux de son Hymen auroient éteint ma flame.
Pour forcer sa colére à de si doux effets
Quels efforts, cher amy, ne me suis-je point faits ?
Malgré tout mon amour prendre un orgueil farouche
L'adorer dans le cœur, & l'outrager de bouche,
J'ay souffert ce supplice, & me suis feint leger,
De honte & de dépit de ne pouvoir changer ?
Et je voy, près du but où je voulois prétendre,
Les fruits de mon travail n'estre pas pour Cléandre !
A ces conditions mon bonheur me déplaist,
Je ne puis estre heureux, si Cléandre ne l'est,
Ce que je t'ay promis ne peut estre à personne,
Il faut que je périsse, ou que je te le donne,
J'auray trop de moyens de te garder ma foy,
Et malgré les Destins Angélique est à toy.
CLEANDRE.
Ne trouble point pour moy le repos de ton ame,
Il t'en coûteroit trop pour avancer ma flame ;

Sans que ton amitié fasse un second effort,
Voicy de qui j'auray ma Maîtresse ou la mort,
Si Doraste a du cœur, il faut qu'il la défende ;
Et que l'épée au poin il la gagne ou la rende.
ALIDOR.
Simple, par le chemin que tu penses tenir,
Tu la luy peux oster, mais non pas l'obtenir.
La suite des duels ne fut jamais plaisante,
C'étoit ces jours passez ce que disoit Théante :
Je veux prendre un moyen, & plus court, & plus seur,
Et sans aucun péril t'en rendre possesseur.
Va-t'en donc, & me laisse auprès de ta Maîtresse
De mon reste d'amour faire joüer l'adresse.
CLEANDRE.
Cher amy....
ALIDOR.
Va-t'en, dy-je, & par tes complimens
Cesse de t'opposer à tes contentemens.
Desormais en ces lieux tu ne fais que me nuire,
CLEANDRE.
Je vay donc te laisser ma fortune à conduire.
Adieu, puissay-je avoir les moyens à mon tour
De faire autant pour toy, que toy pour mon amour.
ALIDOR seul.
Que pour ton amitié je vay souffrir de peine !
Déja presque échapé je rentre dans ma chaîne,
Il faut encore un coup, m'exposant à ses yeux,
Reprendre de l'amour afin d'en donner mieux.
Mais reprendre un amour dont je veux me défaire,
Qu'est-ce qu'à mes desseins un chemin tout côtraire?
Allons-y toutesfois, puisque je l'ay promis,
Et que la peine est douce à qui sert ses amis.

SCENE V.

ANGELIQUE *dans son cabinet*.

Quel malheur par tout m'accompagne !
Qu'un indiscret Hymen me venge à mes dépens!
  Que de pleurs en vain je répans,
Moins pour ce que je perds, que pour ce que je gagne !
L'un m'est plus doux que l'autre, & j'ay moins de tourment
Du crime d'Alidor, que de son châtiment.

  Ce traistre alluma donc ma flame ?
Je puis donc consentir à ces tristes accords !
  Hélas, par quelques vains efforts
Que je me fasse jour jusqu'au fond de mon ame ,
J'y trouve seulement, afin de me punir,
Le dépit du passé, l'horreur de l'avenir.

SCENE VI.

ANGELIQUE, ALIDOR.

ANGELIQUE

Ou viens-tu, déloyal ? avec quelle impudence
Oses-tu redoubler mes maux par ta présence ?
Qui te donne le front de surprendre mes pleurs ?
Cherches-tu de la joye à mesme mes douleurs,
Et peux-tu conserver une ame assez hardie ,
Pour voir ce qu'à mon cœur coûte ta perfidie ?
Après que tu m'as fait un insolent aveu
De n'avoir plus pour moy ny de foy, ny de feu ;

Tu te mets à genoux, & tu veux, misérable,
Que ton feint repentir m'en donne un véritable !
Va, va, n'espére rien de tes submissions,
Porte-les à l'objet de tes affections,
Ne me présente plus les traits qui m'ont deçeuë,
N'attaque point mon cœur en me blessant la veuë,
Penses-tu que je sois, après ton changement,
Ou sans ressouvenir, ou sans ressentiment ?
S'il te souvient encor de ton brutal caprice,
Dy-moy, que viens-tu faire au lieu de ton supplice,
Garde un éxil si cher à tes legéretez,
Je ne veux plus sçavoir de toy mes véritez.

Quoy ? tu ne dis mot ! crois-tu que ton silence
Puisse de tes discours réparer l'insolence ?
Des pleurs effacent-ils un mépris si cuisant,
Et ne t'en dédis-tu, traistre, qu'en te taisant ?
Pour triompher de moy, veux-tu pour toutes armes
Employer des soûpirs & de miiettes larmes ?
Sur nostre amour passé c'est trop te confier,
Du moins dy quelque chose à te justifier,
Demande le pardon que tes regards m'arrachent,
Explique leurs discours, dy-moy ce qu'ils me cachent.
Que mon couroux est foible, & que leurs traits (puissans
Rendent des criminels aisément innocens !
Je n'y puis résister, quelque effort que je fasse,
Et de peur de me rendre, il faut quitter la place.

ALIDOR *la retient comme elle veut s'en aller.*
Quoy ! vostre amour renaist, & vous m'abandonnez !
C'est bien là me punir quand vous me pardonnez.
Ie sçay ce que j'ay fait, & qu'après tant d'audace
Je ne mérite pas de joüir de ma grace:
Mais demeurez du moins, tant que vous ayez sçeu
Que par un feint mépris vostre amour fut deceu,
Que je vous fus fidelle en dépit de ma lettre,
Qu'en vos mains seulement on la devoit remettre,
Que mon dessein n'alloit qu'à voir vos mouvemens,
Et juger de vos feux par vos ressentimens.

S vj

Dites, quand je la vis entre vos mains remife,
Changeay-je de couleur ? eus-je quelque furprife ?
Ma parole plus ferme & mon port affeuré
Ne vous montroient-ils pas un esprit préparé ?
Que Clarine vous die à la prémiére veuë
Si jamais de mon change elle s'eft aperçeuë ;
Ce mauvais compliment flatoit mal fes appas,
Il vous faifoit outrage, & ne l'obligeoit pas,
Et fes termes piquans mal conceus pour luy plaire
Au lieu de fon amour cherchoient voftre colére.
ANGELIQUE.
Ceffe de m'éclaircir fur ce trifte fecret,
En te montrant fidelle il accroift mon regret,
Je perds moins, fi je croy ne perdre qu'un volage,
Et je ne puis fortir d'erreur qu'à mon dommage.
Que me fert de fçavoir que tes vœux font conftans,
Que te fert d'eftre aimé, quand il n'en eft plus temps ?
ALIDOR
Auffi je ne viens pas pour regagner voftre ame,
Préferez-moy Dorafte, & devenez fa femme,
Je vous viens par ma mort en donner le pouvoir.
Moy vivant, voftre foy ne le peut recevoir,
Elle m'eft engagée, & quoy que l'on vous die,
Sans crime elle ne peut durer moins que ma vie ;
Mais voicy qui vous rend l'une & l'autre à la fois.
ANGELIQUE.
Ah ! ce cruel difcours me réduit aux abois,
Ma colére a rendu ma perte inévitable,
Et je détefte en vain ma faute irréparable.
ALIDOR.
Si vous avez du cœur, on la peut réparer.
ANGELIQUE.
On nous doit dès demain pour jamais féparer,
Que puis-je à de tels maux appliquer pour remé-
   de ?
ALIDOR.
Ce qu'ordonne l'amour aux ames qu'il poffede,

Si vous m'aimez encor, vous sçaurez dès ce soir
Rompre les noirs effets d'un juste desespoir.
Quittez avec le bal vos malheurs pour me suivre,
Ou soudain à vos yeux je vay cesser de vivre.
Mettrez-vous en ma mort vostre contentement ?
ANGELIQUE
Non, mais que dira-t'on d'un tel emportement ?
ALIDOR
Est-ce là donc le prix de vous avoir servie ?
Il y va de vostre heur, il y va de ma vie,
Et vous vous arrétez à ce qu'on en dira !
Mais faites desormais tout ce qu'il vous plaira,
Puisque vous consentez plûtost à vos supplices
Qu'à l'unique moyen de payer mes services,
Ma mort va me venger de vostre peu d'amour :
Si vous n'étes à moy je ne veux plus du jour.
ANGELIQUE
Retien ce coup fatal, me voila résoluë,
Vse sur tout mon cœur de puissance absoluë,
Puisqu'il est tout à toy, tu peux tout commander,
Et contre nos malheurs j'ose tout hazarder.
Cét éclat du dehors n'a rien qui m'embarasse :
Mon honneur seulement te demande une grace.
Accorde à ma pudeur que deux mots de ta main
Puissent justifier ma fuite & ton dessein,
Que mes parens surpris trouvent icy ce gage
Qui les rende asseurez d'un heureux mariage,
Et que je sauve ainsi ma réputation
Par la sincérité de ton intention.
Ma faute en sera moindre, & mon trop de constance
Paroistra seulement fuir une violence.
ALIDOR
Enfin par ce dessein vous me ressuscitez,
Agissez pleinement dessus mes volontez :
I'avois pour vostre honneur la mesme inquiétude,
Et ne pourrois d'ailleurs qu'avec ingratitude,

LA PLACE

Voyant ce que pour moy voſtre flâme réſout,
Dénier quelque choſe à qui m'accorde tout.
Donnez-moy, ſur le champ je vous veux ſatisfaire.
ANGELIQUE.
Il vaut mieux que l'effet à tantoſt ſe differe,
Je manque icy de tout, & j'ay le cœur tranſi
De crainte que quelqu'un ne te découvre icy.
Mon deſſein généreux fait naiſtre cette crainte,
Depuis qu'il eſt formé j'en ay ſenty l'atteinte ;
Quitte-moy, je te prie, & coule toy ſans bruit.
ALIDOR.
Puiſque vous le voulez, Adieu juſqu'à minuit.
ANGELIQUE. *Alidor s'en va & Angélique continuë.*

Que promets-tu, pauvre aveuglée ?
A quoy t'engage icy ta folle paſſion ?
 Et de quelle indiſcrétion
Ne s'accompagne point ton ardeur déreglée ?
Tu cours à ta ruïne, & vas tout hazarder
Sur la foy d'un Amant qui n'en ſçauroit garder.

 Je me trompe, il n'eſt point volage,
J'ay veu ſa fermeté, j'en ay crû ſes ſoûpirs,
 Et ſi je flate mes deſirs
Une ſi douce erreur n'eſt qu'à mon avantage :
Me manquaſt-il de foy, je la luy doy garder,
Et pour perdre Doraſte il faut tout hazarder.
ALIDOR *ſortant de la porte d'Angélique & repaſſant ſur le Théatre.*
Cléandre, elle eſt à toy, j'ay fléchy ſon courage.
Que ne peut l'artifice, & le fard du langage ?
Et ſi pour un amy ces effets je produis,
Lors que j'agis pour moy, qu'eſt-ce que je ne puis ?

ROYALLE.

SCENE VII.
PHYLIS.

A Lidor à mes yeux fort de chez Angélique,
Comme s'il y gardoit encor quelque pratique ;
Et mesme à son visage il semble assez content.
Auroit-il regagné cét esprit inconstant ?
O qu'il feroit bon voir que cette humeur volage
Deux fois en moins d'une heure eust changé de courage !
Que mon frere en tiendroit, s'ils s'étoient mis d'accord !
Il faut qu'à le sçavoir je fasse mon effort.
Ce soir je sonderay les secrets de son ame,
Et si son entretien ne me trahit sa flame,
J'auray l'œil de si près dessus ses actions,
Que je m'éclairciray de ses intentions.

SCENE VIII.
PHYLIS, LYSIS.
PHILIS.

Quoy, Lysis ? ta retraite est de peu de durée ?
LYSIS.
L'heure de mon congé n'est qu'à peine expirée.
Mais vous voyant icy sans frére & sans Amant…
PHYLIS.
N'en présume pas mieux pour ton contentement.
LYSIS.
Et d'où vient à Phylis une humeur si nouvelle ?
PHYLIS.
Vois-tu, je ne sçay quoy me brouille la cervelle,

Va, ne me conte rien de ton affection,
Elle en auroit fort peu de satisfaction.

LYSIS.

Cependant sans parler il faut que je soûpire?

PHYLIS.

Reserve pour le bal ce que tu me veux dire.

LYSIS.

Le bal! où le tient-on?

PHYLIS.

Là dedans.

LYSIS.

Il suffit,
De vostre bon avis je feray mon profit.

Fin du troisième Acte.

ACTE IV.

SCENE PREMIERE.
ALIDOR, CLEANDRE,
Troupe d'armez.

ALIDOR.

L'Acte est dans la nuit, & Alidor dit ce premier vers à Cléandre, & l'ayant fait retirer avec sa troupe, il continuë seul.

Atten sans faire bruit que je t'en avertisse.
Enfin la nuit s'avance, & son voile propice
Me va faciliter le succès que j'attens,
Pour rendre heureux Cléandre, & mes desirs contens.
Mon cœur las de porter un joug si tyrannique
Ne sera plus qu'une heure esclave d'Angélique,
Je vay faire un amy possesseur de mon bien :
Aussi dans son bonheur je rencontre le mien,
C'est moins pour l'obliger, que pour me satisfaire,
Moins pour le luy donner, qu'afin de m'en défaire.
Ce trait paroistra lasche & plein de trahison,
Mais cette lascheté m'ouvrira ma prison,
Je veux bien à ce prix avoir l'ame traîtresse,
Et que ma liberté me coûte une Maîtresse.
Que luy fais-je après tout qu'elle n'ait mérité
Pour avoir malgré moy fait ma captivité ?

Qu'on ne m'accuse point d'aucune ingratitude,
Ce n'est que me venger d'un an de servitude,
Que rompre son dessein comme elle a fait le mien,
Qu'user de mon pouvoir comme elle a fait du sien,
Et ne luy pas laisser un si grand avantage,
De suivre son humeur, & forcer mon courage.
Le forcer ! mais helas ! que mon consentement
Par un si doux effort fut surpris aisément !
Quel excès de plaisirs gousta mon imprudence
Avant que refléchir sur cette violence !
Examinant mon feu qu'est-ce que je ne perds !
Et qu'il m'est cher vendu de connoistre mes fers !
Je soupçonne déja mon dessein d'injustice,
Et je doute s'il est, ou raison, ou caprice,
Je crains un pire mal après ma guérison,
Et d'aller au supplice en rompant ma prison.
Alidor, tu consens qu'un autre la posséde !
Tu t'exposes sans crainte à des maux sans reméde !
Ne romps point les effets de son intention,
Et laisse un libre cours à ton affection,
Fay ce beau coup pour toy, suy l'ardeur qui te
    presse.
Mais trahir ton amy ! mais trahir ta Maîtresse !
Je n'en veux obliger pas un à me haïr,
Et ne sçay qui des deux, ou servir, ou trahir.

   Quoy, je balance encor, je m'arreste, je doute !
Mes résolutions, qui vous met en déroute ?
Revenez, mes desseins, & ne permettez pas
Qu'on triomphe de vous avec un peu d'appas.
En vain pour Angélique ils prennent la querelle,
Cléandre, elle est à toy, nous sommes deux contre elle,
Ma liberté conspire avecque tes ardeurs,
Les miennes desormais vont tourner en froideurs,
Et lasse de souffrir un si rude servage,
J'ay l'esprit assez fort pour combattre un visage.
Ce coup n'est qu'un effet de générosité,
Et je ne suis honteux que d'en avoir douté.

ROYALLE. 427

Amour, que ton pouvoir tasche en vain de paroistre;
Fuy, petit insolent, je veux estre le maistre,
Il ne sera pas dit qu'un homme tel que moy
En dépit qu'il en ait obéisse à ta loy?
Je ne me résoudray jamais à l'Hyménée
Que d'une volonté franche & déterminée.
Et celle à qui ses nœuds m'uniront pour jamais
M'en sera redevable, & non à ses attraits,
Et ma flame....

SCENE II.
ALIDOR, CLEANDRE.

CLEANDRE.

Alidor.

ALIDOR.
      Qui m'appelle?

CLEANDRE.
        Cléandre.

ALIDOR.
Tu t'avances trop tost.

CLEANDRE.
     Je me lasse d'attendre.

ALIDOR.
Laisse-moy, cher amy, le soin de t'avertir
En quel temps de ce coin il te faudra sortir.

CLEANDRE.
My-nuit vient de sonner, & par expérience
Tu sçais comme l'amour est plein d'impatience.

ALIDOR.
Va donc tenir tout prest à faire un si beau coup,
Ce que nous attendons ne peut tarder beaucoup,
Je livre entre tes mains cette belle Maîtresse,
Si-tost que j'auray pû luy rendre ta promesse:

Sans lumiére, & d'ailleurs s'affeurant en ma foy,
Rien ne l'empefchera de la croire de moy.
Aprés, achéve feul, je ne puis fans fupplice
Forcer ici mon bras à te faire fervice,
Et mon refte d'amour en cét enlévement
Ne peut contribüer que mon confentement.
CLEANDRE.
Amy, ce m'eft affez.
ALIDOR.
Va donc là bas attendre
Que je te donne avis du temps qu'il faudra prendre,
Cléandre, encor un mot. Pour de pareils exploits
Nous nous reffemblons mal, & de taille, & de voix,
Angélique foudain pourra te reconnoiftre,
Regarde aprés fes cris fi tu ferois le maiftre.
CLEANDRE.
Ma main deffus fa bouche y fçaura trop pourvoir.
ALIDOR.
Amy, féparons-nous, je penfe l'entrevoir.
CLEANDRE.
Adieu, fay promptement.

SCENE III.
ALIDOR, ANGELIQUE.
ALIDOR.
Que la nuit eft obscure !
Alidor n'eft pas loin, j'entens quelque murmure.
ALIDOR.
De peur d'eftre connu, je défens à mes gens
De paroiftre en ces lieux avant qu'il en foit temps.
Tenez.   *Il luy donne la promeffe de Cléandre.*
ANGELIQUE.
Je prens fans lire, & ta foy m'eft fi claire,

ROYALLE.

Que je la prens bien moins pour moy que pour mon
 pére.
Je la porte à ma chambre, épargnons les discours,
Fais avancer tes gens, & dépesche.

ALIDOR.

J'y cours.
Lors que de son honneur je luy rends l'asseurance
C'est quand je trompe mieux sa crédule espérance,
Mais puisqu'au lieu de moy je luy donne un amy,
A tout prendre, ce n'est la tromper qu'à demy.

SCENE IV.

PHYLIS.

Angélique. C'est fait, mon frére en a dans l'aisle;
La voyant échaper je courois après elle,
Mais un maudit galand m'est venu brusquement
Servir à la traverse un mauvais compliment,
Et par ses vains discours m'embarrasser de sorte
Qu'Angélique à son aise a sçeu gagner la porte.
Sa perte est asseurée, & le traistre Alidor
La posséda jadis, & la possede encor.
Mais jusques à ce point seroit-elle imprudente?
Il n'en faut point douter, sa perte est évidente,
Le cœur me le disoit le voyant en sortir,
Et mon frére dès lors se devoit avertir.
Je te trahis, mon frére, & par ma négligence
Etant sans y penser de leur intelligence....

Alidor paroit avec Cléandre accompagné d'une troupe, & aprés luy avoir montré Phylis qu'il croit estre Angélique, il se retire en un coin du Théatre, & Cléandre enléve Phylis, & luy met d'abord la main sur la bouche.

SCENE V.
ALIDOR.

ON l'enléve, & mon cœur surpris d'un vain re-
Fait à ma perfidie un reproche secret :   (gret
Il tient pour Angélique, il la suit, le rebelle,
Parmy mes trahisons il veut estre fidelle,
Je le sens malgré moy de nouveaux feux épris
Refuser de ma main sa franchise à ce prix,
Desavoüer mon crime, & pour mieux s'en dé-
   fendre,
Me demander son bien que je céde à Cléandre.
Hélas ! qui me préscrit cette brutale loy
De payer tant d'amour avec si peu de foy ?
Qu'envers cette beauté ma flame est inhumaine !
Si mon feu la trahit, que luy feroit ma haine ?
Juge, juge, Alidor, en quelle extrémité
La va précipiter ton infidélité,
Ecoute ses soûpirs, considére ses larmes,
Laisse-toy vaincre enfin à de si fortes armes,
Et va voir si Cléandre à qui tu sers d'appuy
Pourra faire pour toy ce que tu fais pour luy.
Mais mon esprit s'égare, & quoy qu'il se figure,
Faut-il que je me rende à des pleurs en peinture,
Et qu'Alidor de nuit plus foible que de jour
Redonne à la pitié ce qu'il oste à l'amour ?
Ainsi donc mes desseins se tournent en fumée !
J'ay d'autres repentirs que de l'avoir aimée !
Suis-je encor Alidor aprés ces sentimens,
Et ne pourray-je enfin régler mes mouvemens ?
 Vaine compassion des douleurs d'Angélique,
Qui pense triompher d'un cœur mélancolique,
Téméraire avorton d'un impuissant remords,
Va, va porter ailleurs tes débiles efforts :

Après de tels appas qui ne m'ont pû séduire,
Qui te fait espérer ce qu'ils n'ont sçeu produire ?
Pour un méchant soûpir que tu m'as desrobé
Ne me présume pas tout-à-fait succombé,
Je sçay trop maintenir ce que je me propose,
Et souverain sur moy, rien que moy n'en dispose.
En vain un peu d'amour me déguise en forfait
Du bien que je me veux le généreux effet,
De nouveau j'y consens, & prest à l'entreprendre.

SCENE VI.

ANGELIQUE, ALIDOR.

ANGELIQUE.

JE demande pardon de t'avoir fait attendre,
D'autant qu'en l'escalier on faisoit quelque bruit,
Et qu'un peu de lumiére en effaçoit la nuit,
Je n'osois avancer de peur d'estre aperçeuë.
Allons, tout est-il prest, personne ne m'a veuë :
De grace dépeschons, c'est trop perdre de temps,
Et les momens icy nous sont trop importans,
Fuyons viste, & craignons les yeux d'un Domesti-
    que.
Quoy, tu ne répons point à la voix d'Angélique ?

ALIDOR.

Angélique ! mes gens vous viennent d'enlever.
Qui vous a fait si-tost de leurs mains vous sauver ?
Quel soudain repentir, quelle crainte de blasme,
Et quelle ruse enfin vous desrobe à ma flame ?
Ne vous suffit-il point de me manquer de foy,
Sans prendre encor plaisir à vous joüer de moy ?

ANGELIQUE.

Que tes gens cette nuit m'ayent veuë ou saisie !
N'ouvre point ton esprit à cette fantaisie.

LA PLACE
ALIDOR.
Autant que l'ont permis les ombres de la nuit,
Ie l'ay veu de mes yeux.
ANGELIQUE.
Tes yeux t'ont donc séduit,
Et quelqu'autre sans doute après moy descenduë
Se trouve entre les mains dont j'étois attenduë.
Mais, ingrat, pour toy seul j'abandonne ces lieux,
Et tu n'accompagnois ma fuite que des yeux !
Pour marque d'un amour que je croyois extrème,
Tu remets ma conduite à d'autres qu'à toy-mesme.
Je suis donc un larcin indigne de tes mains !
ALIDOR.
Quand vous aurez appris le fond de mes desseins,
Vous n'attribûrez plus, voyant mon innocence,
A peu d'affection l'effet de ma prudence.
ANGELIQUE.
Pour oster tout soupçon, & tromper ton rival,
Tu diras qu'il falloit te montrer dans le bal.
Foible ruse !   ALIDOR.
Ajoûtez, & vaine, & sans adresse,
Puisque je ne pouvois démentir ma promesse.
ANGELIQUE.
Quel étoit donc ton but ?
ALIDOR.   D'attendre icy le bruit
Que les prémiers soupçons auront bien-tost produit,
Et d'un autre costé me jettant à la fuite
Divertir de vos pas leur plus chaude poursuite.
ANGELIQUE *en pleurant*.
Mais enfin, Alidor, tes gens se sont mépris ?
ALIDOR.
Dans ce coup de malheur, & confus, & surpris,
Je voy tous mes desseins succéder à ma honte :
Mais il me faut donner quelque ordre à ce méconte,
Permettez....   ANGELIQUE.
Cependant, à qui me laisses-tu ?
Tu frustres donc mes vœux de l'espoir qu'ils ont eu,
Et ton

ROYALLE.

Et ton manque d'amour de mes malheurs complice,
M'abandonnant icy, me livre à mon supplice !
L'Hymen, (ah ce mot seul me réduit aux abois)
D'un Amant odieux me va soûmettre aux loix,
Et tu peux m'exposer à cette tyrannie !
De l'erreur de tes gens je me verray punie !

ALIDOR.

Nous préserve le Ciel d'un pareil desespoir,
Mais vostre éloignement n'est plus en mon pouvoir.
J'en ay manqué le coup, & ce que je regrette,
Mon carrosse est party, mes gens ont fait retraite,
A Paris, & de nuit, une telle beauté
Suivant un homme seul est mal en seureté :
Doraste, ou par malheur quelque rencontre pire
Me pourroit arracher le tresor où j'aspire.
Evitons ces perils en différant d'un jour.

ANGELIQUE.

Tu manques de courage aussi-bien que d'amour,
Et tu me fais trop voir par ta bizarrerie,
Le chimérique effet de ta poltronnerie.
Alidor (quel Amant !) n'ose me posseder.

ALIDOR.

Vn bien si précieux se doit-il hazarder ?
Et ne pouvez-vous point d'une seule journée
Retarder le malheur de ce triste Hyménée ?
Peut-estre le desordre & la confusion
Qui naistront dans le bal de cette occasion
Le remettront pour vous, & l'autre nuit je jure.

ANGELIQUE.

Que tu seras encor ou timide, ou parjure ?
Quand tu m'as résoluë à tes intentions,
Lasche, t'ay-je opposé tant de précautions ?
Tu m'adores, dis-tu ? tu le fais bien paroistre
Rejettant mon bonheur ainsi sur un peut-estre.

ALIDOR.

Quoy qu'ose mon amour appréhender pour vous,
Puisque vous le voulez, fuyons, je m'y résous,

I. Partie. T

Et malgré ces périls... Mais on ouvre la porte,
C'est Doraste qui sort, & nous suit à main forte.
Alidor s'échape & Angélique le veut
suivre, mais Doraste l'arreste.

SCENE VII.

ANGELIQUE, DORASTE,
LYCANTÉ, Troupe d'Amis.

DORASTE.

Quoy, ne m'attendre pas! c'est trop me dédaigner,
Je ne viens qu'à dessein de vous accompagner,
Car vous n'entreprenez si matin ce voyage
Que pour vous préparer à nostre mariage.
Encor que vous partiez beaucoup devant le jour,
Vous ne serez jamais assez tost de retour,
Vous vous éloignez trop, veu que l'heure nous presse.
Infidelle, est-ce-là me tenir ta promesse ?

ANGELIQUE.

Et bien, c'est te trahir, penses-tu que mon feu
D'un généreux dessein te fasse un desaveu ?
Je t'acquis par dépit & perdrois avec joye,
Mon desespoir à tous m'abandonnoit en proye,
Et lors que d'Alidor je me vis outrager,
Je fis armes de tout afin de me venger.
Tu t'offris par hazard, je t'acceptay de rage,
Je te donnay son bien, & non pas mon courage,
Ce change à mon couroux jettoit un faux appas,
Je le nommois sa peine, & c'étoit mon trépas,
Je prenois pour vengeance une telle injustice,
Et dessous ses couleurs j'adorois mon supplice.
Aveugle que j'étois ! mon peu de jugement
Ne se laissoit guider qu'à mon ressentiment :

ROYALLE.

Mais depuis, Alidor m'a fait voir que son ame
En feignant un mépris n'avoit pas moins de flame,
Il a repris mon cœur en me rendant les yeux,
Et soudain mon amour m'a fait haïr ces lieux.

DORASTE.
Tu suivois Alidor!

ANGELIQUE.
Ta funeste arrivée
En arrétant mes pas de ce bien m'a privée,
Mais si.....

DORASTE.
Tu le suivois!

ANGELIQUE.
Ouy, fait tous tes efforts,
Luy seul aura mon cœur, tu n'auras que le corps.

DORASTE.
Impudente, effrontée autant comme traîtresse,
De ce cher Alidor tiens-tu cette promesse?
Est-elle de sa main, parjure? de bon cœur
J'aurois cédé ma place à ce prémier vainqueur.
Mais suivre un inconnu! me quitter pour Cléandre!

ANGELIQUE.
Pour Cléandre!

DORASTE.
J'ay tort, je tasche à te surprendre.
Voy ce qu'en te cherchant m'a donné le hazard,
C'est ce que dans ta chambre a laissé ton départ,
C'est là qu'au lieu de toy j'ay trouvé sur ta table
De ta fidelité la preuve indubitable.
Ly, mais ne rougy point, & me soûtiens encor
Que tu ne fuis ces lieux que pour suivre Alidor.

T ij

BILLET DE CLEANDRE
à Angélique.

Angélique, reçoy ce gage
De la foy que je te promets
Qu'un prompt & sacré mariage
Vnira nos jours desormais :
Quittons ces lieux, chére Maistresse.
Rien ne peut que ta fuite asseurer mon bonheur,
Mais laisse aux tiens cette promesse
Pour seureté de ton honneur,
Afin qu'ils en puissent apprendre
Que tu suis ton mary lors que tu suis Cléandre.
CLEANDRE

ANGELIQUE
Que je suy mon mary lors que je suy Cléandre ?
Alidor est perfide ou Doraste imposteur,
Je voy la trahison & doute de l'Autheur.
Mais pour m'en éclaircir ce billet doit suffire,
Je le pris d'Alidor & le pris sans le lire,
Et puisqu'à m'enlever son bras se refusoit,
Il ne prétendoit rien au larcin qu'il faisoit.
Le traistre ! j'étois donc destinée à Cléandre !
Helas ! mais qu'à propos le Ciel l'a fait méprendre,
Et ne consentant point à ses lasches desseins
Met au lieu d'Angélique une autre entre ses mains !

DORASTE
Que parles-tu d'une autre en ta place ravie ?

ANGELIQUE
J'en ignore le nom, mais elle m'a suivie,
Et ceux qui m'attendoient dans l'ombre de la nuit....

DORASTE
C'en est assez, mes yeux du reste m'ont instruit.
Autre n'est que Phylis entre leurs mains tombée,
Après toy de la Salle elle s'est desrobée.

J'arreste une Maîtresse & je perds une sœur ;
Mais allons promptement après le ravisseur.

SCENE VII.
ANGELIQUE.

DUre condition de mon malheur extrême !
Si j'aime on me trahit, je trahis si l'on m'aime.
Qu'accuseray-je icy d'Alidor ou de moy ?
Nous manquons l'un & l'autre également de foy ;
Si j'ose l'appeller lasche, traistre, parjure,
Ma rougeur aussi-tost prendra part à l'injure,
Et les mesmes couleurs qui peindront ses forfaits
Des miens en mesme temps exprimeront les traits.
Mais quel aveuglement nos deux crimes égale,
Puisque c'est pour luy seul que je suis déloyale ?
L'amour m'a fait trahir, (qui n'en trahiroit pas ?)
Et la trahison seule a pour luy des appas,
Son crime est sans excuse, & le mien pardonnable,
Il est deux fois, (que dis-je !) il est le seul coupable,
Il m'a prescrit la loy, je n'ay fait qu'obéïr,
Il me trahit luy-mesme & me force à trahir.

Déplorable Angélique, en malheurs sans seconde,
Que veux-tu desormais, que peux-tu faire au monde,
Si ton ardeur sincére & ton peu de beauté
N'ont pû te garantir d'une déloyauté ?
Doraste tient ta foy, mais si ta perfidie
A jusque à te quitter son ame refroidie,
Suy, suy doresnavant de plus saines raisons,
Et sans plus t'exposer à tant de trahisons,
Puisque de ton amour on fait si peu de conte,
Va cacher dans un Cloistre, & tes pleurs, & ta honte.

Fin du quatrième Acte.

T iij

ACTE V.

SCENE PREMIERE

CLEANDRE, PHILIS.

CLEANDRE.

Ccordez-moy ma grace avant qu'entrer chez vous.

PHYLIS.

Vous voulez donc enfin d'un bien commun à tous !
Craignez-vous qu'à vos feux ma flame ne réponde ?
Et puis-je vous haïr si j'aime tout le Monde ?

CLEANDRE.

Vostre bel esprit raille, & pour moy seul cruel
Du rang de vos Amans separe un criminel:
Toutefois mon amour n'est pas moins légitime,
Et mon erreur du moins me rend vers vous sans crime.
Soyez, quoy qu'il en soit, d'un naturel plus doux,
L'Amour a pris le soin de me punir pour vous,
Les traits que cette nuit il trempoit de vos larmes
Ont triomphé d'un cœur invincible à vos charmes.

PHYLIS.

Puisque vous ne m'aimez que par punition,
Vous m'obligez fort peu de cette affection.

CLEANDRE.

Aprés vostre beauté sans raison négligée,
Il me punit bien moins qu'il ne vous a vengée.

Avez-vous jamais veu dessein plus renversé ?
Quand j'ay la force en main, je me trouve forcé,
Je croy prendre une fille, & suis pris par une autre,
J'ay tout pouvoir sur vous, & me remets au vostre,
Angélique me perd, quand je croy l'acquérir.
Je gagne un nouveau mal, quand je pense guérir,
Dans un enlévement je hay la violence,
Je suis respectueux après cette insolence,
Je commets un forfait, & n'en sçaurois user,
Je ne suis criminel que pour m'en acculer,
Je m'expose à ma peine, & négligeant ma fuite,
Aux vostres offensez j'épargne la poursuite,
Ce que j'ay pû ravir je viens le demander,
Et pour vous devoir tout je veux tout hazarder.

PHYLIS.

Vous ne me dévrez rien, du moins si j'en suis creuë,
Et si mes propres yeux vous donnent dans la veuë,
Si vostre propre cœur soûpire après ma main,
Vous courez grand hazard de soûpirer en vain.
Toutesfois après tout, mon humeur est si bonne,
Que je ne puis jamais desespérer personne.
Sçachez que mes desirs toûjours indifférens
Iront sans résistance au gré de mes parens,
Leur choix sera le mien, c'est vous parler sans feinte.

CLEANDRE.

Je voy de leur costé mesmes sujets de crainte,
Si vous me refusez, m'écouteront-ils mieux ?

PHYLIS.

Le Monde vous croit riche, & mes parens sont vieux.

CLEANDRE.

Puis-je sur cet espoir....

PHYLIS.

C'est assez vous en dire.

T iiij

SCENE II.

ALIDOR, CLEANDRE, PHYLIS.

ALIDOR.

Cléandre a-il enfin ce que son cœur desire,
Et ses amours changez par un heureux hazard
De celuy de Phylis ont-ils pris quelque part ?

CLEANDRE.

Cette nuit tu l'as veuë en un mépris extrême,
Et maintenant, amy, c'est encor elle-mesme :
Son orgueil se redouble étant en liberté,
Et devient plus hardy d'agir en seureté.
J'espére toutefois, à quelque point qu'il monte,
Qu'à la fin....

PHYLIS.

Cependant que vous luy rendrez conte,
Je vay voir mes parens, que ce coup de malheur
A mon occasion accable de douleur ;
Je n'ay tardé que trop à les tirer de peine.

ALIDOR *retenant Cléandre qui la veut suivre.*

Est-ce donc tout de bon qu'elle t'est inhumaine ?

CLEANDRE.

Il la faut suivre, Adieu, je te puis asseurer
Que je n'ay pas sujet de me desespérer.
Va voir ton Angélique, & la conte pour tienne,
Si tu la vois d'humeur qui ressemble à la sienne.

ALIDOR.

Tu me la rends enfin ?

CLEANDRE.

Doraste tient sa foy,
Tu possédes son cœur, qu'auroit-elle pour moy ?
Quelques charmans appas qui soient sur son visage,
Je n'y sçaurois avoir qu'un fort mauvais partage,

Peut-estre elle croiroit qu'il luy seroit permis
De ne me rien garder ne m'ayant rien promis,
Il vaut mieux que ma flame à son tour te la céde.
Mais derechef, Adieu.

SCENE III.
ALIDOR.

Ainsi tout me succéde,
Ses plus ardens desirs se réglent sur mes vœux,
Il accepte Angélique, & la rend quand je veux,
Quand je tasche à la perdre, il meurt de m'en défaire,
Quand je l'aime, elle cesse aussi-tost de luy plaire,
Mon cœur prest à guérir, le sien se trouve atteint,
Et mon feu rallumé, le sien se trouve éteint,
Il aime quand je quitte, il quitte alors que j'aime,
Et sans estre rivaux nous aimons en lieu mesme.
C'en est fait Angélique, & je ne sçaurois plus
Rendre contre tes yeux des combats superflus,
De ton affection cette preuve derniére
Reprend sur tous mes sens une puissance entiére,
Les ombres de la nuit m'ont redonné le jour.
Que j'eus de perfidie & que je vis d'amour !
Quand je sçeus que Cléandre avoit manqué sa proye,
Que j'en eus de regret, & que j'en ay de joye !
Plus je t'étois ingrat, plus tu me chérissois,
Et ton ardeur croissoit, plus je te trahissois.
Aussi j'en fus honteux, & confus dans mon ame,
La honte & le remords rallumérent ma flame.
Que l'Amour pour nous vaincre a de chemins divers,
Et que malaisément on rompt de si beaux fers !
C'est en vain qu'on résiste aux traits d'un beau visage,
En vain à son pouvoir refusant son courage,
On veut éteindre un feu par ses yeux allumé,
Et ne le point aimer quand on s'en voit aimé :

T v

Sous ce dernier appas l'Amour a trop de force,
Il jette dans nos cœur une trop douce amorce,
Et ce tyran secret de nos affections
Saisit trop puissamment nos inclinations.
Aussi ma liberté n'a plus rien qui me flate,
Le grand soin que j'en eus partoit d'une ame ingrate,
Et mes desseins d'accord avecque mes desirs
A servir Angélique ont mis tous mes plaisirs.
Mais hélas ! ma raison est-elle assez hardie,
Pour croire qu'on me souffre après ma perfidie ?
Quelque secret instinct à mon bonheur fatal
Ne la porte-t'il point à me vouloir du mal ?
Que de mes trahisons elle seroit vengée,
Si comme mon humeur la sienne estoit changée !
Mais qui la changeroit, puis qu'elle ignore encor
Tous les lasches complots du rebelle Alidor ?
Que dy-je malheureux ? ah ! c'est trop me méprendre,
Elle en a trop appris du billet de Cléandre,
Son nom au lieu du mien en ce papier souscrit
Ne luy montre que trop le fond de mon esprit.
Sur ma foy toutefois elle le prit sans lire,
Et si le Ciel vengeur contre moy ne conspire,
Elle s'y fie assez pour n'en avoir rien leu.
Entrons, quoy qu'il en soit, d'un esprit résolu,
Desrobons à ses yeux le témoin de mon crime,
Et si pour l'avoir leu sa colére s'anime,
Et qu'elle veuille user d'une juste rigueur,
Nous sçavons les moyens de regagner son cœur.

SCENE IV.
DORASTE, LYCANTE.
DORASTE.

NE sollicite plus mon ame refroidie,
Je méprise Angélique après sa perfidie,
Mon cœur s'est révolté contre ses lasches traits,
Et qui n'a point de foy n'a point pour moy d'attraits.
Veux-tu qu'on me trahisse & que mon amour dure ?
J'ay souffert sa rigueur, mais je hay son parjure,
Et tiens sa trahison indigne à l'avenir
D'occuper aucun lieu dedans mon souvenir.
Qu'Alidor la possède, il est traistre comme elle,
Jamais pour ce sujet nous n'aurons de querelle,
Pourrois-je avec raison luy vouloir quelque mal
De m'avoir délivré d'un esprit déloyal ?
Ma colére l'épargne, & n'en veut qu'à Cléandre,
Il verra que son pire estoit de se méprendre,
Et si je puis jamais trouver ce ravisseur,
Il me rendra soudain, & la vie, & ma sœur.

LYCANTE.
Faites mieux, puisque à peine elle pourroit prétendre
Une fortune égale à celle de Cléandre,
En faveur de ses biens calmez vostre couroux,
Et de son ravisseur faites-en son époux.
Bien qu'il eust fait dessein sur une autre personne,
Faites-luy retenir ce qu'un hazard luy donne;
Je croy que cét Hymen pour satisfaction
Plaira mieux à Phylis que sa punition.

DORASTE.
Nous consultons en vain, ma poursuite étant vaine.

LYCANTE.
Nous le rencontrerons, n'en soyez point en peine,

Où que soit sa retraite, il n'est pas toûjours nuit;
Et ce qu'un jour nous cache un autre le produit.
Mais Dieux! voilà Philis qu'il a déja renduë.

SCENE V.

DORASTE, PHYLIS, LYCANTE.

DORASTE.

Ma sœur, je te retrouve après t'avoir perduë?
Et de grace, quel lieu me cache le voleur
Qui pour s'estre mépris a causé ton malheur?
Que son trépas....

PHILIS.
  Tout beau, peut-estre ta colére
Au lieu de ton rival en veut à ton beau-frére,
En un mot, tu sçauras qu'en cét enlévement
Mes larmes m'ont acquis Cléandre pour Amant,
Son cœur m'est demeuré pour peine de son crime,
Et veut changer un rapt en amour légitime.
Il fait tous ses efforts pour gagner mes parens,
Et s'il les peut fléchir, quant à moy, je me rens.
Non, à dire le vray, que son objet me tente,
Mais mon pére content je dois estre contente.
Tandis, par la fenestre ayant veû ton retour,
Je t'ay voulu sur l'heure apprendre cét amour,
Pour te tirer de peine & rompre ta colére.

DORASTE.
Crois-tu que cét Hymen puisse me satisfaire?

PHYLIS.
Si tu n'ès ennemy de mes contentemens,
Ne fay point le mauvais si je ne suis mauvaise,
Et ne condamne rien à moins qu'il me déplaise.
En cette occasion, si tu me veux du bien,
C'est à toy de régler ton esprit sur le mien.

ROYALLE.

Je respecte mon pére, & le tiens assez sage
Pour ne résoudre rien à mon desavantage.
Si Cléandre le gagne, & m'en peut obtenir,
Je croy de mon devoir....
LYCANTE.
Je l'aperçoy venir.
Résolvez-vous, Monsieur, à ce qu'elle desire.

SCENE VI.
DORASTE, CLEANDRE, PHYLIS, LYCANTE.

CLEANDRE.

SI vous n'étes d'humeur, Madame, à vous dédire,
Tout me rit desormais, j'ay leur consentement.
Mais excusez, Monsieur, le transport d'un Amant,
Et souffrez qu'un rival confus de son offense
Pour en perdre le nom entre en vostre alliance.
Ne me refusez point un oubly du passé,
Et son ressouvenir à jamais effacé,
Bannissant toute aigreur, recevez un beau-frére
Que vostre sœur accepte après l'aveu d'un pére.
DORASTE.
Quand j'aurois sur ce point des avis différens,
Je ne puis contredire au choix de mes parens ;
Mais outre leur pouvoir, vostre ame généreuse,
Et ce franc procedé qui rend ma sœur heureuse,
Vous acquiérent les biens qu'ils vous ont accordez,
Et me font souhaiter ce que vous demandez.
Vous m'avez obligé de m'oster Angélique,
Rien de ce qui la touche à present ne me pique,
Je n'y prens plus de part après sa trahison,
Je l'aimay par malheur, & la hay par raison.
Mais la voicy qui vient de son Amant suivie.

SCENE VII.

ALIDOR, ANGELIQUE, DORASTE, CLEANDRE, PHYLIS, LYCANTE.

ALIDOR.

Finissez vos mépris, ou m'arrachez la vie.
ANGELIQUE.
Ne m'importune plus infidelle. Ah! ma sœur,
Comme as-tu pû si-tost tromper ton ravisseur?
PHYLIS à *Angélique*.
Il n'en a plus le nom, & son feu légitime
Authorisé des miens en efface le crime;
Le hazard me le donne, & changeant ses desseins
Il m'a mise en son cœur aussi-bien qu'en ses mains;
Son erreur fut soudain de son amour suivie,
Et je ne l'ay ravy qu'après qu'il m'a ravie.
Jusque-là tes beautez ont possédé ses vœux,
Mais l'Amour d'Alidor faisoit taire ses feux,
De peur de l'offenser te cachant son martire
Il me venoit conter ce qu'il ne t'osoit dire;
Mais nous changeons de sort par cét enlévement.
Tu perds un Serviteur & j'y gagne un Amant.
DORASTE à *Phylis*.
Dy-luy qu'elle en perd deux, mais qu'elle s'en conso-
Puisqu'avec Alidor je luy rends sa parole.   (le,
à *Angélique*.
Satisfaites sans crainte à vos intentions,
Je ne mets plus d'obstacle à vos affections.
Si vous faussez déja la parole donnée,
Que ne ferez vous point après nostre Hyménée?
Pour moy mal-aisément on me trompe deux fois,
Vous l'aimez, j'y consens, & luy céde mes droits.

ROYALLE. 447
ALIDOR.
Puisque vous me pouvez accepter sans parjure,
Pouvez-vous consentir que vostre rigueur dure ?
Vos yeux sont-ils changez ? vos feux sont-ils éteints ?
Et quand mon cœur croist, produit-il vos dédains ?
Voulez-vous...
ANGELIQUE.
Déloyal, cesse de me poursuivre,
Si je t'aime jamais, je veux cesser de vivre.
Quel espoir mal conceu te rapproche de moy ?
Aurois-je de l'amour pour qui n'a point de foy ?
DORASTE.
Quoy, le bannissez-vous parce qu'il vous ressemble ?
Cette union d'humeurs vous doit unir ensemble,
Pour ce manque de foy c'est trop le rejetter,
Il ne l'a pratiqué que pour vous imiter.
ANGELIQUE.
Cessez de reprocher à mon ame troublée
La faute où la porta son ardeur aveuglée.
Vous seul avez ma foy, vous seul à l'avenir
Pouvez à vostre gré me la faire tenir :
Si toutefois après ce que j'ay pû commettre
Vous me pouvez haïr jusqu'à me la remettre,
Un Cloistre deformais bornera mes desseins :
C'est là que je prendray des mouvemens plus sains,
C'est là que loin du Monde & de sa vaine pompe,
Je n'auray qui tromper, non-plus que qui me trompe.
ALIDOR.
Mon soucy.
ANGELIQUE.
Tes soucis doivent tourner ailleurs.
PHYLIS à *Angélique.*
De grace pren pour luy des sentimens meilleurs.
DORASTE à *Phylis.*
Nous leur nuisons, ma sœur, hors de nostre présence
Elle se porteroit à plus de complaisance,
L'Amour seul assez fort pour la persüader
Ne veut point d'autre tiers à les r'accommoder.

LA PLACE

CLEANDRE. *à Doraste*

Mon amour ennuyé des yeux de tant de monde
Adore la raison où voſtre avis ſe fonde.
Adieu, belle Angélique, Adieu, c'eſt juſtement
Que voſtre raviſſeur vous céde à voſtre Amant.

DORASTE *à Angélique*

Je vous eus par dépit, luy ſeul il vous mérite,
Ne luy refuſez point ma part que je luy quitte.

PHYLIS.

Si tu t'aimes, ma ſœur, fais-en autant que moy,
Et laiſſe à tes parens à diſpoſer de toy.
Ce ſont des jugemens imparfaits que les noſtres.
Le Cloiſtre a ſes douceurs, mais le Monde en a
   d'autres,
Qui pour avoir un peu moins de ſolidité
N'accommodent que mieux noſtre inſtabilité.
Je croy qu'un bon deſſein dans le Cloiſtre te porte,
Mais un dépit d'amour n'en eſt pas bien la porte.
Et l'on court grand hazard d'un cuiſant repentir
De ſe voir en priſon ſans eſpoir d'en ſortir.

CLEANDRE *à Phylis.*

N'acheverez-vous point?

PHYLIS.

     J'ay fait, & vous vay ſuivre,
Adieu par mon éxemple appren comme il faut vivre,
Et pren pour Alidor un naturel plus doux.

Cléandre, Doraste, Phylis, & Lycante rentrent.

ANGELIQUE.

Rien ne rompra le coup à quoy je me réſous.
Je me veux éxempter de ce honteux commerce
Où la déloyauté ſi pleinement s'éxerce:
Un Cloiſtre eſt deſormais l'objet de mes deſirs,
L'ame ne gouſte point ailleurs de vrais plaiſirs.
Ma foy qu'avoit Doraſte engageoit ma franchiſe,
Et je ne voy plus rien, puis qu'il me l'a remiſe,
Qui me retienne au Monde ou m'arreſte en ce lieu.
Cherche une autre à trahir, & pour jamais, Adieu.

SCENE VIII.
ALIDOR.

Que par cette retraite elle me favorise !
Alors que mes desseins cédent à mes amours,
Et qu'ils ne sçauroient plus défendre ma franchise,
Sa haine & ses refus viennent à leur secours.

J'avois beau la trahir, une secrette amorce
Rallumoit dans mon cœur l'amour par la pitié,
Mes feux en recevoient une nouvelle force,
Et toûjours leur ardeur en croissoit de moitié.

Ce que cherchoit par là mon ame peu rusée,
De contraires moyens me l'ont fait obtenir :
Je suis libre à present qu'elle est desabusée,
Et je ne l'abusois que pour le devenir.

Impuissant ennemy de mon indifférence,
Je brave, vain Amour, ton débile pouvoir,
Ta force ne venoit que de mon espérance,
Et c'est ce qu'aujourd'huy m'oste son desespoir.

Je cesse d'espérer, & commence de vivre,
Je vy doresnavant puisque je vis à moy,
Et quelques doux assauts qu'un autre objet me livre,
C'est de moy seulement que je prendray la loy.

Beautez, ne pensez point à rallumer ma flame,
Vos regards ne sçauroient asservir ma raison,
Et ce sera beaucoup emporté sur mon ame,
S'ils me font curieux d'apprendre vostre nom.

Nous feindrons toutefois pour nous donner carriére,
Et pour mieux déguiser nous en prendrons un peu,
Mais nous sçaurons toûjours rebrousser en arriére,
Et quand il nous plaira nous retirer du jeu.

Cependant Angélique enfermant dans un Cloistre
Ses yeux dont nous craignions la fatale clarté,
Les murs qui garderont ces tyrans de paroistre
Serviront de ramparts à nostre liberté.

450 LA PLACE ROYALLE.

Je suis hors de péril qu'après son mariage
Le bonheur d'un jaloux augmente mon ennuy,
Et ne seray jamais sujet à cette rage
Qui naist de voir son bien entre les mains d'autruy.

Ravy qu'aucun n'en ait ce que j'ay pû prétendre,
Puisqu'elle dit au Monde un éternel Adieu,
Comme je la donnois sans regret à Cléandre,
Je verray sans regret qu'elle se donne à Dieu.

Fin du cinquième & dernier Acte.

MEDEE,
TRAGEDIE.

ACTEURS.

CREON, Roy de Corinthe.
ÆGEE, Roy d'Athénes.
JASON, Mary de Médée.
POLLUX, Argonaute, amy de Jason.
CREUSE, Fille de Créon.
MEDEE, Femme de Jason.
CLEONE, Gouvernante de Créüse.
NERINE, Suivante de Médée.
THEUDAS, Domestique de Créon.
TROUPE des Gardes de Créon.

La Scéne est à Corinthe.

MEDEE,
TRAGEDIE.

ACTE I.

SCENE PREMIERE.
POLLUX, JASON.
POLLUX.

QUE je sens à la fois de surprise, & de joye !
Se peut-il qu'en ces lieux enfin je vous revoye,
Que Pollux dans Corinthe ait rencontré Jason ?

JASON.
Vous n'y pouviez venir en meilleure saison,
Et pour vous rendre encor l'ame plus étonnée,
Préparez-vous à voir mon second Hymenée.

POLLUX.
Quoy ? Médée est donc morte, amy ?

MEDEE,
JASON.
Non, elle vit,
Mais un objet plus beau la chasse de mon lit.
POLLUX.
Dieux! & que fera t'elle?
JASON.
Et que fit Hypsipile,
Que pousser les éclats d'un couroux inutile?
Elle jetta des cris, elle versa des pleurs,
Elle me souhaita mille & mille malheurs,
Dit que j'étois sans foy, sans cœur, sans conscience,
Et lasse de le dire elle prit patience,
Médée en son malheur en pourra faire autant :
Qu'elle soûpire, pleure, & me nomme inconstant,
Ie la quitte à regret, mais je n'ay point d'excuse
Contre un pouvoir plus fort qui me donne à Créüse.
POLLUX.
Créüse est donc l'objet qui vous vient d'enflamer?
Ie l'aurois deviné sans l'entendre nommer.
Iason ne fit jamais de communes Maîtresses,
Il est né seulement pour charmer les Princesses,
Et haïroit l'Amour, s'il avoit sous sa loy
Rangé de moindres cœurs que des filles de Roy.
Hypsipile à Lemnos, sur le Phase Médée,
Et Créüse à Corinthe, autant vaut, possédée,
Font bien voir qu'en tous lieux sans le secours de Mars
Les Sceptres sont acquis à ses moindres regards.
JASON.
Aussi je ne suis pas de ces Amans vulgaires,
J'accommode ma flâme au bien de mes affaires,
Et sous quelque climat que me jette le Sort,
Par maxime d'Estat, je me fais cét effort.
Nous voulant à Lemnos rafraîchir dans la ville,
Qu'eussions nous fait, Pollux, sans l'amour d'Hypsi-
Et depuis, à Colchos que fit vostre Iason, (pile?
Que cajoler Médée & gagner la Toison?
Alors sans mon amour qu'eust fait vostre vaillance?
Eust-elle du Dragon trompé la vigilance?

TRAGEDIE.

Ce peuple que la Terre enfantoit tout armé,
Qui de vous l'euſt défait, ſi Iaſon n'euſt aimé?
Maintenant qu'un éxil m'interdit ma Patrie,
Créüſe eſt le ſujet de mon idolatrie;
Et j'ay trouvé l'adreſſe, en luy faiſant la Cour,
De relever mon ſort ſur les aiſles d'Amour.

POLLUX.

Que parlez-vous d'éxil? la haine de Pélie...

JASON.

Me fait, tout mort qu'il eſt, fuir de ſa Theſſalie.

POLLUX.

Il eſt mort !   ### JASON.

    Ecoutez, & vous ſçaurez comment
Son trépas ſeul m'oblige à cét éloignement.
    Après ſix ans paſſez depuis noſtre voyage
Dans les plus grands plaiſirs qu'on gouſte au mariage,
Mon pére tout caduc émouvant ma pitié,
Je conjuray Médée au nom de l'amitié...

POLLUX.

J'ay ſceu comme ſon Art forçant les Deſtinées
Luy rendit la vigueur de ſes jeunes années;
Ce fut, s'il m'en ſouvient, icy que je l'appris,
D'où ſoudain un voyage en Aſie entrepris
Fait que, nos deux ſejours diviſez par Neptune,
Je n'ay point ſçeu depuis quelle eſt voſtre fortune.
Je n'en fais qu'arriuer.

JASON.

    Apprenez donc de moy
Le ſujet qui m'oblige à luy manquer de foy.
    Malgré l'averſion d'entre nos deux familles
De mon tyran Pélie elle gagne les filles,
Et leur feint de ma part tant d'outrages receus,
Que ces foibles eſprits ſont aiſément déceus.
Elle fait amitié, leur promet des merveilles,
Du pouvoir de ſon Art leur remplit les oreilles,
Et pour mieux leur montrer comme il eſt infiny,
Leur étale ſur tout mon pére rajeuny.

MEDEE,
Pour épreuve, elle égorge un Belier à leurs veuës,
Le plonge en un bain d'eaux & d'herbes inconnuës,
Luy forme un nouveau sang avec cette liqueur,
Et luy rend d'un Agneau la taille & la vigueur.
Les sœurs crient miracle, & chacune ravie
Conçoit pour son vieux pére une pareille envie,
Veut un effet pareil, le demande, & l'obtient ;
Mais chacune a son but. Cependant la nuit vient :
Médée après le coup d'une si belle amorce
Prépare de l'eau pure, & des herbes sans force,
Redouble le sommeil des Gardes, & du Roy,
La suite au seul recit me fait trembler d'effroy.
A force de pitié ces filles inhumaines
De leur pére endormy vont épuiser les veines ;
Leur tendresse crédule à grands coups de couteau
Prodigue ce vieux sang & fait place au nouveau ;
Le coup le plus mortel s'impute à grand service,
On nomme pieté ce cruël sacrifice,
Et l'amour paternel qui fait agir leurs bras
Croiroit commettre un crime à n'en commettre pas.
Médée est éloquente à leur donner courage,
Chacune toutefois tourne ailleurs son visage,
Une secrete horreur condamne leur dessein,
Et refuse leurs yeux à conduire leur main.

POLLUX.
A me representer ce tragique spectacle,
Qui fait un parricide, & promet un miracle,
J'ay de l'horreur moy-mesme, & ne puis concevoir
Qu'un esprit jusque là se laisse decevoir.

JASON.
Ainsi mon pere Æson recouvra sa jeunesse,
Mais oyez le surplus. Ce grand courage cesse,
L'épouvante les prend, Médée en raille, & fuit.
Le jour découvre à tous les crimes de la nuit,
Et pour vous épargner un discours inutile.
Acaste nouveau Roy fait mutiner la ville,
Nomme Jason l'autheur de cette trahison,
Et pour venger son pere assiége ma maison.

Mais

TRAGEDIE.

Mais j'étois déja loin aussi-bien que Médée,
Et ma famille enfin à Corinthe abordée,
Nous saluïons Créon, dont la bénignité
Nous promet contre Acaste un lieu de seureté.
Que vous diray-je plus ? mon bon-heur ordinaire
M'acquiert les volontez de la fille & du pére,
Si bien que de tous deux également chéry,
L'un me veut pour son gendre, & l'autre pour mary,
D'un rival couronné les grandeurs souveraines,
La Majesté d'Ægée, & le Sceptre d'Athénes,
N'ont rien à leur avis de comparable à moy,
Et banny que je suis, je leur suis plus qu'un Roy.
Je voy trop ce bonheur, mais je le dissimule,
Et bien que pour Créuse un pareil feu me brûle,
Du devoir conjugal je combats mon amour.
Et je ne l'entretiens que pour faire ma Cour.
 Acaste cependant menace d'une guerre
Qui doit perdre Créon & dépeupler sa terre ;
Puis changeant tout à coup ses resolutions,
Il propose la paix sous des conditions.
Il demande d'abord, & Jason & Médée,
On luy refuse l'un, & l'autre est accordée ;
Je l'empesche, on debat, & je fais tellement
Qu'enfin il se réduit à son bannissement.
De nouveau je l'empesche, & Créon me refuse,
Et pour m'en consoler il m'offre sa Créuse.
Qu'eussay-je fait, Pollux, en cette extrémité
Qui commettoit ma vie avec ma loyauté ?
Car sans doute à quitter l'utile pour l'honneste,
La paix alloit se faire aux dépens de ma teste,
Le mépris insolent des offres d'un grand Roy
Aux mains d'un ennemy livroit Médée & moy.
Je l'eusse fait pourtant si je n'eusse esté pére,
L'amour de mes enfans m'a fait l'ame legére,
Ma perte estoit la leur, & cét Hymen nouveau
Avec Médée & moy les tire du tombeau,
Eux seuls m'ont fait resoudre, & la paix s'est concluë.

I. Partie.   V

MEDEE,

POLLUX.

Bien que de tous costez l'affaire résoluë
Ne laisse aucune place aux conseils d'un amy,
Je ne puis toutesfois l'approuver qu'à demy.
Sur quoy que vous fondiez un traitement si rude,
C'est montrer pour Médée un peu d'ingratitude,
Ce qu'elle a fait pour vous est mal récompensé :
Il faut craindre aprés tout son courage offensé,
Vous sçavez mieux que moy ce que peuvent ses char-(mes.

JASON.

Ce sont à sa fureur d'épouvantables armes,
Mais son bannissement nous en va garantir.

POLLUX.

Gardez d'avoir sujet de vous en repentir.

JASON.

Quoy qu'il puisse arriver, amy, c'est chose faite.

POLLUX.

La termine le Ciel comme je le souhaite,
Permettez cependant qu'afin de m'acquitter
J'aille trouver le Roy pour l'en féliciter.

JASON.

Je vous y conduirois, mais j'attens ma Princesse,
Qui va sortir du Temple.

POLLUX.

       Adieu, l'amour vous presse,
Et je serois marry qu'un soin officieux
Vous fist perdre pour moy des temps si précieux.

SCENE II.

JASON.

Depuis que mon esprit est capable de flame,
Jamais un trouble égal n'a confondu mon ame,
Mon cœur qui se partage en deux affections
Se laisse déchirer à mille passions.

Je doy tout à Médée, & je ne puis sans honte
Et d'elle & de ma foy tenir si peu de conte :
Je doy tout à Créon, & d'un si puissant Roy
Je fais un ennemy si je garde ma foy :
Je regrette Medée, & j'adore Créüse,
Je voy mon crime en l'une, & l'autre mon excuse,
Et dessus mon regret mes desirs triomphans
Ont encor le secours du soin de mes enfans.
 Mais la Princesse vient, l'éclat d'un tel visage
Du plus constant du Monde attireroit l'hommage,
Et semble reprocher à ma fidélité,
D'avoir osé tenir contre tant de beauté.

SCENE III.

JASON, CREUSE, CLEONE.

JASON.

Que voſtre zéle eſt long, & que d'impatience
Il donne à voſtre Amant qui meurt en voſtre ab-
CREUSE. (sence !
Je n'ay pas fait pourtant au Ciel beaucoup de vœux,
Ayant Jaſon à moy, j'ay tout ce que je veux.
JASON.
Et moy puis-je eſpérer l'effet d'une priére,
Que ma flame tiendroit à faveur singuliére ?
Au nom de noſtre amour, ſauvez deux jeunes fruits,
Que d'un prémier Hymen la couche m'a produits,
Employez-vous pour eux, faites auprès d'un pére
Qu'ils ne ſoient point compris en l'éxil de leur mére.
C'eſt luy ſeul qui bannit ces petits malheureux,
Puisque dans les Traitez il n'eſt point parlé d'eux.
CREUSE.
J'avois déja parlé de leur tendre innocence,
Et vous y ſerviray de toute ma puiſſance,

V ij

Pourveu qu'à voſtre tour vous m'accordiez un point
Que jusque à tantoſt je ne vous diray point.
JASON.
Dites, & quel qu'il ſoit, que ma Reine en diſpoſe
CREUSE.
Si je puis ſur mon pére obtenir quelque choſe,
Vous le ſçaurez aprés, je ne veux rien pour rien.
CLEONE.
Vous pourrez au Palais ſuivre cét entretien,
On ouvre chez Médée, oſtez-vous de ſa veuë,
Vos préſences rendroient ſa douleur plus émeuë,
Et vous ſeriez marris que cét eſprit jaloux
Meſlaſt ſon amertume à des plaiſirs ſi doux.

SCENE IV.
MEDEE.

Souverains protecteurs des loix de l'Hyménée,
Dieux garands de la foy que Jaſon m'a donnée,
Vous qu'il prit à témoins d'une immortelle ardeur,
Quand par un faux ſerment il vainquit ma pudeur,
Voyez de quel mépris vous traite ſon parjure,
Et m'aidez à venger cette commune injure;
S'il me peut aujourd'huy chaſſer impunément
Vous êtes ſans pouvoir, ou ſans reſſentiment.
 Et vous, troupe ſçavante en noires barbaries,
Filles de l'Acheron, Peſtes, Larves, Furies,
Fiéres ſœurs, ſi jamais noſtre commerce étroit
Sur vous & vos ſermens me donna quelque droit,
Sortez de vos cachots avec les meſmes flames,
Et les meſmes tourmens dont vous geſnez les ames :
Laiſſez-les quelque temps repoſer dans leurs fers,
Pour mieux agir pour moy faites trefve aux Enfers,
Apportez-moy du fond des antres de Mégére
La mort de ma rivale, & celle de ſon pére,

TRAGEDIE.

Et si vous ne voulez mal servir mon courroux,
Quelque chose de pis pour mon perfide époux.
Qu'il coure vagabond de Province en Province,
Qu'il fasse laschement la Cour à chaque Prince,
Banny de tous costez, sans bien, & sans appuy,
Accablé de frayeur, de misére, d'ennuy,
Qu'à ses plus grands malheurs aucun ne compatisse,
Qu'il ait regret à moy pour son dernier supplice,
Et que mon souvenir jusques dans le tombeau
Attache à son esprit un éternel bourreau.
Jason me répudie ! & qui l'auroit pû croire ?
S'il a manque d'amour, manque-t'il de mémoire,
Me peut-il bien quitter après tant de bien faits ?
M'ose-t'il bien quitter après tant de forfaits ?
Sçachant ce que je puis, ayant veu ce que j'ose,
Croit-il que m'offenser ce soit si peu de chose ;
Quoy ? mon pére trahy, les Elémens forcez,
D'un frére dans la mer les membres dispersez,
Luy font-ils présumer mon audace épuisée?
Luy font-ils présumer qu'à mon tour méprisée,
Ma rage contre luy n'ait par où s'assouvir,
Et que tout mon pouvoir se borne à le servir ?
Tu t'abuses, Jason, je suis encor moy-mesme,
Tout ce qu'en ta faveur fit mon amour extrème,
Je le feray par haine, & je veux pour le moins,
Qu'un forfait nous sépare ainsi qu'il nous a joints,
Que mon sanglant divorce, en meurtres, en carnage,
S'égale aux prémiers jours de nostre mariage,
Et que nostre union que rompt ton changement
Trouve une fin pareille à son commencement.
Déchirer par morceaux l'enfant aux yeux du pére,
N'est que le moindre effet qui suivra ma colére ;
Des crimes si legers furent mes coups d'essay,
Il faut bien autrement montrer ce que je sçay,
Il faut faire un chef-d'œuvre, & qu'un dernier ou-
    vrage
Surpasse de bien loin ce foible apprentissage.

MEDEE,

Mais pour exécuter tout ce que j'entreprens
Quels Dieux me fourniront des secours assez grands?
Ce n'est plus vous, Enfers, qu'icy je sollicite,
Vos feux sont impuissans pour ce que je médite.
Autheur de ma naissance, aussi-bien que du jour,
Qu'à regret tu dépars à ce fatal séjour,
Soleil, qui vois l'affront qu'on va faire à ta race,
Donne-moy tes chevaux à conduire en ta place,
Accorde cette grace à mon desir bouillant,
Je veux choir sur Corinthe avec ton char bruslant;
Mais ne crains pas de cheute à l'Univers funeste,
Corinthe consumé garantira le reste,
De mon juste couroux les implacables vœux
Dans ses odieux murs arréteront tes feux,
Créon en est le Prince, & prend Jason pour gendre;
C'est assez mériter d'estre réduit en cendre,
D'y voir réduit tout l'Isthme afin de l'en punir,
Et qu'il n'empesche plus les deux Mers de s'unir.

SCENE V.

MEDEE, NERINE.

MEDEE.

ET bien, Nérine, à quand, à quand cét Hyménée?
En ont-ils choisi l'heure ? en sçais-tu la journée?
N'en as-tu rien appris ? n'as-tu point veu Jason?
N'apprehende-t'il rien après sa trahison ?
Croit-il qu'en cét affront je m'amuse à me plaindre?
S'il cesse de m'aimer, qu'il commence à me craindre,
Il verra, le perfide, à quel comble d'horreur
De mes ressentimens peut monter la fureur.

NERINE.

Modérez les bouillons de cette violence,
Et laissez déguiser vos douleurs au silence.

TRAGEDIE.

Quoy, Madame ! est-ce ainsi qu'il faut dissimuler,
Et faut-il perdre ainsi des menaces en l'air ?
Les plus ardents transports d'une haine continuë
Ne sont qu'autant d'éclairs avortez dans la nuë,
Qu'autant d'avis à ceux que vous voulez punir
Pour repousser vos coups, ou pour les prévenir.
Qui peut sans s'émouvoir supporter une offence,
Peut mieux prendre à son point le temps de sa ven-
Et sa feinte douceur sous un appas mortel (geance,
Méne insensiblement sa victime à l'autel.

MEDEE.
Tu veux que je me taise & que je dissimule !
Nérine, porte ailleurs ce conseil ridicule,
L'ame est incapable en des moindres malheurs,
Et n'a point où cacher de pareilles douleurs.
Jason ma fait trahir mon païs & mon pére,
Et me laisse au milieu d'une terre étrangére,
Sans support, sans amis, sans retraite, sans bien,
La fable de son peuple & la haine du mien ;
Nérine, après cela tu veux que je me taise !
Ne doy-je point encor en témoigner de l'aise,
De ce Royal Hymen souhaiter l'heureux jour,
Et forcer tous mes soins à servir son amour ?

NERINE.
Madame, pensez mieux à l'éclat que vous faites,
Quelque juste qu'il soit, regardez où vous étes,
Considérez qu'à peine un esprit plus remis
Vous tient en seureté parmy vos ennemis.

MEDEE.
L'ame doit se roidir plus elle est menacée,
Et contre la Fortune aller teste baissée,
La choquer hardiment, & sans craindre la mort
Se présenter de frond à son plus rude effort.
Cette lasche ennemie a peur des grands courages,
Et sur ceux qu'elle abat redouble ses outrages.

NERINE.
Que sert ce grand courage où l'on est sans pouvoir

V iiij

MEDEE.
Il trouve toûjours lieu de se faire valoir.
NERINE.
Forcez l'aveuglement dont vous étes séduite,
Pour voir en quel état le Sort vous a réduite.
Vostre païs vous hait, vostre époux est sans foy,
Dans un si grand revers, que vous reste-t'il ?
MEDEE. Moy,
Moy, dy-je, & c'est assez.
NERINE.
Quoy ? vous seule, Madame !
MEDEE.
Ouy, tu vois en moy seule, & le fer, & la flame,
Et la Terre, & la Mer, & l'Enfer, & les Cieux,
Et le Sceptre des Rois, & la foudre des Dieux.
NERINE.
L'impétüeuse ardeur d'un courage sensible
A vos ressentimens figure tout possible,
Mais il faut craindre un Roy fort de tant de Sujets.
MEDEE.
Mon pére qui l'étoit rompit-il mes projets ?
NERINE.
Non, mais il fut surpris, & Créon se défie.
Fuyez, qu'à ses soupçons il ne vous sacrifie.
MEDEE.
Las ! je n'ay que trop fuy, cette infidélité
D'un juste châtiment punit ma lascheté.
Si je n'eusse point fuy pour la mort de Pélie,
Si j'eusse tenu bon dedans la Thessalie,
Il n'eust point veu Créüse, & cét objet nouveau
N'eust point de nostre Hymen étouffé le flambeau.
NERINE.
Fuyez encor, de grace.
MEDEE. Ouy, je fuiray, Nérine,
Mais avant de Créon on verra la ruïne.
Je brave la Fortune, & toute sa rigueur
En m'ostant un mary ne m'oste pas le cœur.

TRAGEDIE.

Sois seulement fidelle, & sans te mettre en peine,
Laisse agir pleinement mon sçavoir & ma haine.
NERINE seule.
Madame. Elle me quitte au lieu de m'écouter,
Ces violens transports la vont précipiter,
D'une trop juste ardeur l'inéxorable envie
Luy fait abandonner le soucy de sa vie.
Taschons encor un coup d'en divertir le cours.
Appaiser sa fureur c'est conserver ses jours.

Fin du prémier Acte.

ACTE II.

SCENE PREMIERE.

MEDEE, NERINE.

NERINE.

Ien qu'un péril certain suive vostre entreprise,
Asseurez-vous sur moy, je vous suis toute acquise,
Employez mon service aux flames, au poison,
Je ne refuse rien, mais épargnez Jason,
Vostre aveugle vengeance une fois assouvie,
Le regret de sa mort vous coûteroit la vie,
Et les coups violens d'un rigoureux ennuy.....

MEDEE.

Cesse de m'en parler, & ne crains rien pour luy.
Ma fureur jusque-là n'oseroit me séduire,
Jason m'a trop coûté pour le vouloir détruire,
Mon courroux luy fait grace, & ma prémiére ardeur
Soûtient son intérest au milieu de mon cœur.
Je croy qu'il m'aime encor, & qu'il nourrit en l'ame
Quelques restes secrets d'une si belle flame,
Qu'il ne fait qu'obéïr aux volontez d'un Roy,
Qu'il l'arrache à Medée en dépit de sa foy.
Qu'il vive, & s'il se peut, que l'ingrat me demeure,
Sinon, ce m'est assez que sa Créüse meure,

TRAGEDIE.

Qu'il vive cependant, & joüisse du jour
Que luy conserve encor mon immüable amour.
Créon seul & sa fille ont fait la perfidie,
Eux seuls termineront toute la Tragédie,
La perte achévera cette fatale paix.
NERINE.
Contentez-vous, Madame, il sort de son Palais.

SCENE II.
CREON, MEDEE, NERINE, Soldats.

CREON.

QUoy ! je te vois encor ! avec quelle impudence
Peux-tu sans t'effrayer soûtenir ma présence ?
Ignores-tu l'Arrest de ton bannissement ?
Fais-tu si peu de cas de mon commandement ?
Voyez comme elle s'enfle, & d'orgueil, & d'audace,
Ses yeux ne sont que feu, ses regards que menace.
Gardes, empeschez-la de s'approcher de moy.
Va, purge mes Etats d'un tel monstre que toy,
Délivre mes Sujets, & moy mesme de crainte.
MEDEE.
Dequoy m'accuse-t'on ? quel crime, quelle plainte
Pour mon bannissement vous donne tant d'ardeur ?
CREON.
Ah, l'innocence mesme, & la mesme candeur !
Médée est un miroir de vertu signalée,
Quelle inhumanité de l'avoir éxilée !
Barbare, as-tu si-tost oublié tant d'horreur ?
Repasse tes forfaits, repasse tes erreurs,
Et de tant de païs nomme quelque contrée
Dont tes méchancetez te permettent l'entrée.

V vj

Toute la Thessalie en armes te poursuit,
Ton pére te deteste, & l'Univers te fuit :
Me doy-je en ta faveur charger de tant de haïnes,
Et sur mon peuple & moy faire tomber tes peines ?
Va pratiquer ailleurs tes noires actions,
J'ay racheté la paix à ces conditions.

MEDEE.

Lasche paix, qu'entre vous, sans m'avoir écoutée
Pour m'arracher mon bien, vous avez complotée,
Paix, dont le deshonneur vous demeure éternel.
Quiconque sans l'oüir condamne un criminel,
Son crime eust-il cent fois mérité le supplice,
D'un juste châtiment il fait une injustice.

CREON.

Au regard de Pélie, il fut bien mieux traité,
Avant que l'égorger tu l'avois écouté ?

MEDEE.

Ecouta-t'il Jason quand sa haine couverte
L'envoya sur nos bords se livrer à sa perte ;
Car comment voulez-vous que je nomme un dessein
Au dessus de sa force & du pouvoir humain ?
Apprenez quelle étoit cette illustre conqueste,
Et de combien de morts j'ay garanty sa teste.
Il falloit mettre au joug deux Taureaux furieux,
Des tourbillons de feu s'élancoient de leurs yeux,
Et leur maistre Vulcain poussoit par leur haleine
Un long embrasement dessus toute la Plaine :
Eux domptez, on entroit en de nouveaux hazards,
Il falloit labourer les tristes champs de Mars,
Et des dents d'un Serpent ensemencer leur terre,
Dont la stérilité fertile pour la guerre
Produisoit à l'instant des escadrons armez
Contre la mesme main qui les avoit semez.
Mais quoy qu'eust fait contre eux une valeur parfaite,
La Toison n'étoit pas au bout de leur défaite :
Un Dragon enyvré des plus mortels poisons
Qu'enfantent les péchez de toutes les saisons,

TRAGEDIE.

Vomissant mille traits de sa gorge enflamée,
La gardoit beaucoup mieux que toute cette Armée.
Jamais Etoile, Lune, Aurore, ny Soleil
Ne virent abaisser sa paupière au sommeil.
Je l'ay seule assoupy, seule j'ay par mes charmes
Mis au joug les Taureaux, & défait les Gensdarmes.
Si lors à mon devoir mon desir limité
Eust conservé ma gloire & ma fidélité,
Si j'eusse eu de l'horreur de tant d'énormes fautes,
Que devenoit Jason, & tous vos Argonautes ?
Sans moy ce vaillant Chef que vous m'avez ravy
Fust péry le prémier, & tous l'auroient suivy.
Je ne me repens point d'avoir par mon adresse
Sauvé le sang des Dieux, & la fleur de la Gréce ;
Zéthez, & Calaïs, & Pollux, & Castor,
Et le charmant Orphée, & le sage Nestor,
Tous vos Héros enfin tiennent de moy la vie :
Je vous les verray tous posséder sans envie,
Je vous les ay sauvez, je vous les céde tous ;
Je n'en veux qu'un pour moy, n'en soyez point jaloux,
Pour de si bons effets laissez-moy l'infidelle,
Il est mon crime seul, si je suis criminelle,
Aimer cet inconstant c'est tout ce que j'ay fait :
Si vous me punissez, rendez-moy mon forfait.
Est-ce user comme il faut d'un pouvoir légitime,
Que me faire coupable, & joüir de mon crime ?

CREON.

Va te plaindre à Colchos.

MEDEE.

     Le retour m'y plaira,
Que Jason m'y remette ainsi qu'il m'en tira,
Je suis preste à partir sous la mesme conduite
Qui de ces lieux aimez précipita ma fuite.
O d'un injuste affront les coups les plus crüels !
Vous faites différence entre deux criminels !
Vous voulez qu'on l'honore, & que de deux complices
L'un ait vostre couronne, & l'autre des supplices.

CREON.

Cesse de plus mesler ton intérest au sien,
Ton Jason pris à part est trop homme de bien ;
Le séparant de toy sa défence est facile.
Jamais il n'a trahy son pére, ny sa ville,
Jamais sang innocent n'a fait rougir ses mains,
Jamais il n'a prété son bras à tes desseins,
Son crime, s'il en a, c'est de t'avoir pour femme ;
Laisse-le s'affranchir d'une honteuse flame,
Ren-luy son innocence en t'éloignant de nous,
Porte en d'autres climats ton insolent courroux,
Tes herbes, tes poisons, ton cœur impitoyable,
Et tout ce qui jamais a fait Jason coupable.

MEDEE.

Peignez mes actions plus noires que la nuit,
Je n'en ay que la honte, il en a tout le fruit.
Ce fut en sa faveur que ma sçavante audace
Immola son Tyran par les mains de sa race,
Joignez-y mon païs & mon frére, il suffit
Qu'aucun de tant de maux ne va qu'à son profit.
Mais vous le sçaviez tous quand vous m'avez receuë,
Vostre simplicité n'a point été deceuë ;
En ignoriez-vous un, quand vous m'avez promis
Un rempart asseuré contre mes ennemis ?
Ma main saignante encor du meurtre de Pélie
Soulevoit contre moy toute la Thessalie,
Quand vostre cœur sensible à la compassion
Malgré tous mes forfaits prit ma protection.
Si l'on me peut depuis imputer quelque crime,
C'est trop peu que l'éxil, ma mort est légitime ;
Sinon, à quel propos me traitez-vous ainsi ?
Je suis coupable ailleurs, mais innocente icy.

CREON.

Je ne veux plus icy d'une telle innocence,
Ny souffrir en ma Cour ta fatale présence.
Va...   MEDEE.
        Dieux justes vengeurs !

TRAGEDIE.

CREON.

Va, dy-je, en d'autres lieux
Par tes cris importuns solliciter les Dieux.
Laisse-nous tes enfans, je serois trop sévére,
Si je les punissois des crimes de leur mére,
Et bien que je le pûsse avec juste raison,
Ma fille les demande en faveur de Jason.

MEDEE.

Barbare humanité qui m'arrache à moy-mesme,
Et feint de la douceur pour m'oster ce que j'aime !
Si Jason & Créüse ainsi l'ont ordonné,
Qu'ils me rendent le sang que je leur ay donné.

CREON.

Ne me replique plus, suy la loy qui t'est faite,
Prépare ton départ, & pense à ta retraite.
Pour en déliberer, & choisir le quartier,
De grace ma bonté te donne un jour entier.

MEDEE.

Quelle grace !

CREON.

Soldats, remettez-la chez elle,
Sa contestation deviendroit éternelle.

Medée rentre, & Créon continuë.

Quel indomptable esprit ! quel arrogant maintien
Accompagnoit l'orgueil d'un si long entretien !
A-t'elle rien fléchy de son humeur altiére ?
A-t'elle pû descendre à la moindre priére ?
Et le sacré respect de ma condition
En a-t'il arraché quelque soûmission ?

SCENE III.

CREON, JASON, CREUSE, CLEONE, Soldats.

CREON.

Te voila sans rivale, & mon païs sans guerres,
Ma fille, c'est demain qu'elle sort de nos terres,
Nous n'avons desormais que craindre de sa part ;
Acaste est satisfait d'un si proche départ,
Et si tu peux calmer le courage d'Ægée
Qui voit par nostre choix son ardeur négligée,
Fais état que demain nous asseure à jamais
Et dedans, & dehors, une profonde paix.

CREUSE.

Je ne croy pas, Seigneur, que ce vieux Roy d'Athénes,
Voyant aux mains d'autruy le fruit de tant de peines,
Mesle tant de foiblesse à son ressentiment,
Que son prémier couroux se dissipe aisément.
J'espére toutefois qu'avec un peu d'adresse
Je pourray le résoudre à perdre une Maîtresse,
Dont l'âge un peu sortable & l'inclination
Répondoient assez mal à son affection.

JASON.

Il doit vous témoigner par son obéïssance
Combien sur son esprit vous avez de puissance,
Et s'il s'obstine à suivre un injuste couroux,
Nous sçavons, ma Princesse, en rabatre les coups,
Et nos préparatifs contre la Thessalie
Ont trop dequoy punir sa flame & sa folie.

CREON.

Nous n'en viendrons pas là, regarde seulement
A le payer d'estime & de remercîment.

TRAGEDIE. 473

Je voudrois pour tout autre un peu de raillerie,
Un vieillard amoureux mérite qu'on en rie :
Mais le trosne soûtient la Majesté des Rois
Au dessus du mépris, comme au dessus des loix.
On doit toûjours respect au Sceptre, à la Couronne ;
Remets tout, si tu veux, aux ordres que je donne,
Je sçauray l'appaiser avec facilité,
Si tu ne te défens qu'avec civilité.

SCENE IV.
JASON, CREUSE, CLEONE.
JASON.

Que ne vous doy-je point pour cette préférence
Où mes desirs n'osoient porter mon espérance ?
C'est bien me témoigner un amour infiny
De mépriser un Roy pour un pauvre banny.
A toutes ses grandeurs préférer ma misére !
Tourner en ma faveur les volontez d'un pére !
Garantir mes enfans d'un éxil rigoureux !

CREUSE.

Qu'a pû faire de moindre un courage amoureux ?
La fortune a montré dedans vostre naissance
Un trait de son envie, ou de son impuissance,
Elle devoit un Scéptre au sang dont vous naissez,
Et sans luy vos vertus le méritoient assez.
L'Amour qui n'a pû voir une telle injustice
Supplée à son defaut, ou punit sa malice,
Et vous donne au plus fort de vos adversitez
Le scéptre que j'attens, & que vous méritez.
La gloire m'en demeure, & les races futures
Contant nostre Hyménée entre vos avantures,
Vanteront à jamais mon amour généreux
Qui d'un si grand Héros rompt le sort malheureux.

Après tout, cependant, riez de ma foiblesse,
Preste de posséder le Phénix de la Gréce,
La fleur de nos guerriers, le sang de tant de Dieux
La robe de Médée a donné dans mes yeux ;
Mon caprice à son lustre attachant mon envie
Sans elle trouve à dire au bonheur de ma vie,
C'est ce qu'ont prétendu mes desseins relevez
Pour le prix des enfans que je vous ay sauvez.
JASON.
Que ce prix est leger pour un si bon office !
Il y faut toutefois employer l'artifice,
Ma jalouse en fureur n'est pas femme à souffrir
Que ma main l'en dépouille afin de vous l'offrir;
Des tresors dont son pére épuise la Scythie
C'est tout ce qu'elle a pris, quand elle en est sortie.
CREUSE.
Qu'elle a fait un beau choix ! jamais éclat pareil
Ne sema dans la nuit les clartez du Soleil.
Les perles avec l'or confusément meslées,
Mille pierres de prix sur ses bords étalées,
D'un mélange divin éblouïssent les yeux ;
Jamais rien d'approchant ne se fit en ces lieux.
Pour moy, tout aussi-tost que je l'en vis parée,
Je ne fis plus d'état de la Toison dorée,
Et dûssiez-vous vous-mesme en'estre un peu jaloux,
J'en eus presques envie aussi-tost que de vous.
Pour appaiser Médée & réparer sa perte,
L'Epargne de mon pére entiérement ouverte
Luy met à l'abandon tous les tresors du Roy,
Pourveu que cette Robe & Jason soient à moy.
JASON.
N'en doutez point, ma Reine, elle vous est acquise,
Je vay chercher Nérine, & par son entremise
Obtenir de Médée avec dextérité
Ce que refuseroit son courage irrité.
Pour elle vous sçavez que j'en fuy les approches,
J'aurois peine à souffrir l'orgüeil de ses reproches,

TRAGEDIE. 475

Et je me connoy mal, ou dans nostre entretien
Son couroux s'allumant allumeroit le mien.
Je n'ay point un esprit complaisant à sa rage
Jusques à supporter sans replique un outrage,
Et ce seroient pour moy d'éternels déplaisirs
De reculer par là l'effet de vos desirs.
  Mais sans plus de discours, d'une maison voisine
Je vay prendre le temps que sortira Nérine ;
Souffrez, pour avancer vostre contentement,
Que malgré mon amour je vous quitte un moment.
CLEONE.
Madame, j'aperçoy venir le Roy d'Athénes.
CREUSE.
Allez donc, vostre veuë augmentera ses peines.
CLEONE.
Souvenez-vous de l'air dont il le faut traiter.
CREUSE.
Ma bouche accortement sçaura s'en acquiter.

SCENE V.
ÆGEE, CREUSE, CLEONE.
ÆGEE.

Sur un bruit qui m'étonne & que je ne puis croire,
Madame, mon amour jaloux de vostre gloire
Vient sçavoir s'il est vray que vous soyez d'accord
Par un honteux Hymen de l'Arrest de ma mort.
Vostre peuple en frémit, vostre Cour en murmure,
Et tout Corinthe enfin s'impute à grande injure,
Qu'un fugitif, un traistre, un meurtrier de Rois
Luy donne à l'avenir des Princes & des loix.
Il ne peut endurer que l'horreur de la Gréce
Pour prix de ses forfaits épouse sa Princesse,
Et qu'il faille ajuster à vos titres d'honneur,
Femme d'un assassin & d'un empoisonneur.

CREUSE.

Laissez agir, grand Roy, la raison sur vostre ame,
Et ne le chargez point des crimes de sa femme.
J'épouse un malheureux, & mon pére y consent,
Mais Prince, mais vaillant, & sur tout innocent.
Non-pas que je ne faille en cette préférence;
De vostre rang au sien je sçay la différence:
Mais si vous connoissez l'amour & ses ardeurs,
Jamais pour son objet il ne prend les grandeurs;
Avoüez que son feu n'en veut qu'à la personne,
Et qu'en moy vous n'aimiez rien moins que ma couro[nne]
    Souvent je ne sçay quoy qu'on ne peut exprimer
Nous surprend, nous emporte, & nous force d'aimer,
Et souvent sans raison les objets de nos flames
Frapent nos yeux ensemble & saisissent nos ames.
Ainsi nous avons veu le souverain des Dieux
Au mépris de Junon aimer en ces bas lieux,
Vénus quitter son Mars & négliger sa prise,
Tantost pour Adonis, & tantost pour Anchise,
Et c'est peut-estre encore avec moins de raison
Que, bien que vous m'aimiez, je me donne à Jason.
D'abord dans mon esprit vous eustes ce partage,
Je vous estimay plus, & l'aimay davantage.

ÆGEE.

Gardez ces complimens pour de moins enflamez,
Et ne m'estimez point qu'autant que vous m'aimez.
Que me sert cet aveu d'une erreur volontaire?
Si vous croyez faillir, qui vous force à le faire?
N'accusez point l'amour ny son aveuglement,
Quand on connoit sa faute on manque doublement.

CREUSE.

Puis donc que vous trouvez la mienne inexcusable,
Je ne veux plus, Seigneur, me confesser coupable.
    L'amour de mon païs & le bien de l'Etat
Me défendoient l'Hymen d'un si grand Potentat.
Il m'eust fallu soudain vous suivre en vos Provinces,
Et priver mes Sujets de l'aspect de leurs Princes;

TRAGEDIE.

Vostre Sceptre pour moy n'est qu'un pompeux éxil
Que me sert son éclat, & que me donne-t'il?
M'éleve t'il d'un rang plus haut que Souveraine,
Et sans le posseder ne me voy-je pas Reine?
Graces aux Immortels, dans ma condition
J'ay dequoy m'assouvir de cette ambition,
Je ne veux point chãger mon Sceptre cõtre un autre,
Je perdrois ma Couronne en acceptant la vostre,
Corinthe est bon Sujet, mais il veut voir son Roy,
Et d'un Prince éloigné rejetteroit la loy.
Joignez à ces raisons qu'un pére un peu sur l'âge,
Dont ma seule présence adoucit le veufvage,
Ne sçauroit se résoudre à séparer de luy
De ses debiles ans l'espérance & l'appuy,
Et vous reconnoistrez que je ne vous préfére
Que le bien de l'Etat, mon païs, & mon pére.
 Voilà ce qui m'oblige au choix d'un autre époux:
Mais comme ses raisons font peu d'effet sur vous,
Afin de redonner le repos à vostre ame,
Souffrez que je vous quitte.
ÆGEE seul.
  Allez, allez, Madame,
Etaler vos appas & vanter vos mépris
A l'infame sorcier qui charme vos esprits.
De cette indignité faites un mauvais conte,
Riez de mon ardeur, riez de vostre honte,
Favorisez celuy de tous vos Courtisans
Qui raillera le mieux le déclin de mes ans.
Vous joüirez fort peu d'une telle insolence;
Mon amour outragé court à la violence,
Mes vaisseaux à la rade assez proches du Port
N'ont que trop de soldats à faire un coup d'effort.
La jeunesse me manque, & non pas le courage:
Les Rois ne perdent point les forces avec l'âge,
Et l'on verra peut-estre avant ce jour finy
Ma passion vengée & vostre orgueil puny.
  Fin du second Acte.

ACTE III.

SCENE PREMIERE.
NERINE.

Alheureux instrument du malheur qui nous presse,
Que j'ay pitié de toy, déplorable Princesse !
Avant que le Soleil ait fait encor un tour,
Ta perte inévitable achéve tout amour.
Ton destin te trahit, & ta beauté fatale
Sous l'appas d'un Hymen t'expose à ta rivale,
Ton Sceptre est impuissant à vaincre son effort,
Et le jour de sa fuite est celuy de ta mort.
Sa vengeance à la main elle n'a qu'à résoudre,
Un mot du haut des Cieux fait descendre le foudre,
Les Mers pour noyer tout n'attendent que sa loy,
La Terre offre à s'ouvrir sous le Palais du Roy,
L'Air tient les Vents tous prests à suivre sa colére,
Tant la Nature esclave a peur de luy déplaire,
Et si ce n'est assez de tous les Elemens,
Les Enfers vont sortir à ses commandemens.
  Moy, bien que mon devoir m'attache à son service,
Je luy préte à regret un silence complice,
D'un loüable desir mon cœur sollicité
Luy feroit avec joye une infidélité :
Mais loin de s'arréter, sa rage découverte
A celle de Créüse ajousteroit ma perte,

Œ mon funeste avis ne serviroit de rien
Qu'à confondre mon sang dans les bouillons du sien.
D'un mouvement contraire à celuy de mon ame
La crainte de la mort m'oste celle du blâme,
Et ma timidité s'efforce d'avancer
Ce que hors du péril je voudrois traverser.

SCENE II.
JASON, NERINE.
JASON.

Nerine, & bien, que dit, que fait nostre exilée?
Dans ton cher entretien s'est-elle consolée ?
Veut-elle bien céder à la nécessité ?

NERINE.
Je trouve en son chagrin moins d'animosité.
De moment en moment son ame plus humaine
Abaisse sa colére, & rabat de sa haine,
Déja son déplaisir ne nous veut plus de mal.

JASON.
Fay-luy prendre pour tous un sentiment égal.
Toy qui de mon amour connoissois la tendresse,
Tu peux connoistre aussi quelle douleur me presse ;
Je me sens déchirer le cœur à son départ,
Créüse en ses malheurs prend mesme quelque part,
Ses pleurs en ont coulé, Créon mesme soûpire,
Luy préfére à regret le bien de son Empire :
Et si dans son Adieu son cœur moins irrité
En vouloir meriter la libéralité,
Si jusque-là Médée apaisoit ses menaces,
Qu'elle eust soin de partir avec ses bonnes graces ;
Je sçay (comme il est bon) que ses tresors ouverts
Luy seroient sans réserve entiérement offerts,
Et malgré les malheurs où le Sort l'a réduite,
Soulageroient sa peine, & soûtiendroient sa fuite.

NERINE.

Puis qu'il faut se résoudre à ce bannissement,
Il faut en adoucir le mécontentement,
Cet offre y peut servir, & par elle j'espére
Avec un peu d'adresse appaiser sa colére.
Mais d'ailleurs toutefois n'attendez rien de moy,
S'il faut prendre congé de Créüse & du Roy :
L'objet de vostre amour & de sa jalousie
De toutes ses fureurs l'auroit trop ressaisie.

JASON.

Pour montrer sans les voir son courage appaisé,
Je te diray, Nérine, un moyen fort aisé,
Et de si longue main je connoy ta prudence,
Que je t'en fais sans peine entiére confidence.
Créon bannit Médée, & ses ordres précis
Dans son bannissement enveloppoient ses fils ;
La pitié de Créüse a tant fait vers son pére,
Qu'ils n'auront point de part au malheur de leur mé- (re
Elle luy doit par eux quelque remercîment ;
Qu'un présent de sa part suive leur compliment :
Sa robe dont l'éclat sied mal à sa fortune,
Et n'est à son éxil qu'une charge importune,
Luy gagneroit le cœur d'un Prince liberal,
Et de tous ses tresors l'abandon général.
D'une vaine parure inutile à sa peine
Elle peut acquérir dequoy faire la Reine :
Créüse, ou je me trompe, en a quelque desir,
Et je ne pense pas qu'elle pust mieux choisir.
Mais la voicy qui sort, souffre que je l'évite.
Ma rencontre la trouble, & mon aspect l'irrite.

SCENE

SCENE III.

MEDEE, JASON, NERINE.
MEDEE.

NE fuyez pas, Jason, de ces funestes lieux,
C'est à moy d'en partir, recevez mes Adieux.
Accoûtumée à fuir, l'éxil m'est peu de chose,
Sa rigueur n'a pour moy de nouveau que sa cause,
C'est pour vous que j'ay fuy, c'est vous qui me chassez.
  Où me renvoyez-vous, si vous me bannissez ?
Iray-je sur le Phase, où j'ay trahy mon pére,
Appaiser de mon sang les Manes de mon frére ?
Iray-je en Thessalie, où le meurtre d'un Roy
Pour victime aujourd'huy ne demande que moy ?
Il n'est point de climat, dont mon amour fatale
N'ait acquis à mon nom la haine générale,
Et ce qu'ont fait pour vous mon sçavoir & ma main
M'a fait un ennemy de tout le genre humain.
Ressouvien-t'en, ingrat, remets-toy dans la Plaine
Que ces Taureaux affreux brusloient de leur haleine,
Revoy ce champ guerrier dont les sacrez sillons
Elevoient contre toy de soudains bataillons,
Ce Dragon qui jamais n'eut les paupiéres closes ;
Et lors préfére-moy Créuse, si tu l'oses.
Qu'ay-je épargné depuis qui fust en mon pouvoir ?
Ay-je auprés de l'amour écouté mon devoir ?
Pour jetter un obstacle à l'ardente poursuite
Dont mon pére en fureur touchoit déja ta fuite,
Semay-je avec regret mon frére par morceaux ?
A ce funeste objet épandu sur les eaux,
Mon pére trop sensible aux droits de la Nature
Quitta tous autres soins que de sa sépulture,
Et par ce nouveau crime émouvant sa pitié
J'arrétay les effets de son inimitié.

I. Partie.   X

Prodigue de mon sang, honte de ma famille,
Aussi crüelle sœur que déloyale fille :
Ces titres glorieux plaisoient à mes amours,
Je les pris sans horreur pour conserver tes jours.
Alors certes, alors mon mérite étoit rare,
Tu n'étois point honteux d'une femme Barbare :
Quand à ton pére usé je rendis la vigueur,
J'avois encor tes vœux, j'étois encor ton cœur,
Mais cette affection mourant avec Pélie
Dans le mesme tombeau se vit ensévelie ;
L'ingratitude en l'ame & l'impudence au front,
Une Scythe en ton lit te fut lors un affront ;
Et moy que tes desirs avoient tant souhaitée,
Le Dragon assoupy, la Toison emportée,
Ton tyran massacré, ton pére rajeuny,
Je devins un objet digne d'estre banny.
Tes desseins achevez j'ay mérité ta haine,
Il t'a fallu sortir d'une honteuse chaisne,
Et prendre une moitié qui n'a rien plus que moy
Que le bandeau Royal que j'ay quitté pour toy.

JASON.

Ah ! que n'as-tu des yeux à lire dans mon ame,
Et voir les purs motifs de ma nouvelle flame ?
Les tendres sentimens d'un amour paternel
Pour sauver mes enfans me rendent criminel,
Si l'on peut nommer crime un malheureux divorce
Où le soin que j'ay d'eux me réduit & me force.
Toy-mesme, furieuse, ay-je peu fait pour toy,
D'arracher ton trépas aux vengeances d'un Roy ?
Sans moy ton insolence alloit estre punie,
A ma seule prière on ne t'a que bannie :
C'est rendre la pareille à tes grands coups d'effort,
Tu m'as sauvé la vie, & j'empesche ta mort.

MEDEE.

On ne m'a que bannie ! ô bonté souveraine !
C'est donc une faveur & non pas une peine !

TRAGEDIE,

Je reçois une grace au lieu d'un châtiment !
Et mon éxil encor doit un remercîment !
   Ainsi l'avare soif du brigand assouvie,
Il s'impute à pitié de nous laisser la vie,
Quand il n'égorge point il croit nous pardonner,
Et ce qu'il n'oste pas il pense le donner.

JASON.

Tes discours dont Créon de plus en plus s'offense,
Le forceroient enfin à quelque violence,
Eloigne-toy d'icy tandis qu'il t'est permis,
Les Rois ne sont jamais de foibles ennemis.

MEDEE.

A travers tes conseils je vois assez ta ruse,
Ce n'est là m'en donner qu'en faveur de Créüse,
Ton amour déguisé d'un soin officieux
D'un objet importun veut délivrer ses yeux.

JASON.

N'appelle point amour un change inévitable,
Où Créüse fait moins que le Sort qui m'accable.

MEDEE.

Peux-tu bien sans rougir desavoüer tes feux ?

JASON.

Et bien, soit, ses attraits captivent tous mes vœux,
Toy, qu'un amour furtif souilla de tant de crimes,
M'oses-tu reprocher des ardeurs légitimes ?

MEDEE.

Ouy, je te les reproche, & de plus....

JASON.

                    Quels forfaits ?

MEDEE.

La trahison, le meurtre, & tous ceux que j'ay faits.

JASON.

Il manque encor ce point à mon sort déplorable
Que de tes crüautez on me fasse coupable.

MEDEE.

Tu présumes en vain de t'en mettre à couvert,
Celuy-là fait le crime à qui le crime sert.

X ij

Que chacun indigné contre ceux de ta femme
La traite en ses discours de méchante & d'infame ;
Toy seul, dont ses forfaits ont fait tout le bonheur,
Tien-la pour innocente, & défen son honneur.

JASON
J'ay honte de ma vie, & je hay son usage,
Depuis que je la dois aux effets de ta rage.

MEDEE
La honte généreuse, & la haute vertu !
Puisque tu la hais tant pourquoy la gardes-tu ?

JASON
Au bien de nos enfans, dont l'âge foible & tendre
Contre tant de malheurs ne sçauroient se défendre.
Deviens en leur faveur d'un naturel plus doux.

MEDEE
Mon ame à leur sujet redouble son couroux.
Faut-il ce deshonneur pour comble à mes miséres,
Qu'à mes enfans Créüse enfin donne des fréres ?
Tu vas mesler, impie, & mettre en rang pareil
Des neveux de Sysiphe avec ceux du Soleil !

JASON
Leur grandeur soûtiendra la fortune des autres,
Créüse & ses enfans conserveront les nostres.

MEDEE
Je l'empescheray bien, ce mélange odieux,
Qui deshonnore ensemble, & ma race, & les Dieux.

JASON
Lassez de tant de maux cédons à la Fortune.

MEDEE
Ce corps n'enferme pas une ame si commune,
Je n'ay jamais souffert qu'elle me fist la loy,
Et toûjours ma fortune a dépendu de moy.

JASON
La peur que j'ay d'un scéptre....

MEDEE
Ah cœur remply de feinte!
Tu manques tes desirs d'un faux titre de crainte,

TRAGEDIE.

Un scéptre est l'objet seul qui fait ton nouveau choix.

JASON.

Veux-tu que je m'expose aux haines de deux Rois,
Et que mon imprudence attire sur nos testes
D'un & d'autre costé de nouvelles tempestes ?

MEDEE.

Fuy-les : fuy-les tous deux, suy Médée à ton tour,
Et garde au moins ta foy, si tu n'as plus d'amour.

JASON.

Il est aisé de fuir, mais il n'est pas facile
Contre deux Rois aigris de trouver un azile.
Qui leur résistera s'ils viennent à s'unir ?

MEDEE.

Qui me résistera si je te veux punir,
Déloyal ? auprès d'eux crains-tu si peu Médée !
Que toute leur puissance en armes débordée
Dispute contre moy ton cœur qu'ils m'ont surpris,
Et ne sois du combat que le juge & le prix :
Joins-leur, si tu le veux, mon pére & la Scythie ;
En moy seule ils n'auront que trop forte Partie.
Bornes-tu mon pouvoir à celuy des Humains ?
Contr'eux, quand il me plaist, j'arme leurs propres mains,
Tu le sçais, tu l'as veu, quand ce fils de la Terre
Par leurs corps mutüels terminérent leur guerre.
  Misérable ! je puis adoucir des Taureaux,
La flame m'obéït, & je commande aux eaux,
L'Enfer tremble & les Cieux, si-tost que je les nomme,
Et je ne puis toucher les volontez d'un homme.
Je t'aime encor Jason, malgré ta lascheté,
Je ne m'offense plus de ta legéreté,
Je sens à tes regards décroistre ma colére,
De moment en moment ma fureur se modére,
Et je cours sans regret à mon bannissement
Puisque j'en voy sortir ton établissement.
Je n'ay plus qu'une grace à demander en suite.
Souffre que mes enfans accompagnent ma fuite,

X iij

Que je t'admire encor en chacun de leurs traits,
Que je t'aime & te baise en ces petits portraits,
Et que leur cher objet entretenant ma flame
Te présente à mes yeux aussi-bien qu'à mon ame.

JASON.

Ah ! repren ta colére, elle a moins de rigueur.
M'enlever mes enfans c'est m'arracher le cœur,
Et Juppiter tout prest à m'écraser du foudre
Mon trépas à la main, ne pourroit m'y résoudre.
C'est pour eux que je change, & la Parque sans eux
Seule de nostre Hymen pourroit rompre les nœuds,

MEDEE.

Cet amour paternel qui te fournit d'excuses
Me fait souffrir aussi que tu me les refuses,
Je ne t'en presse plus, & preste à me bannir
Je ne veux plus de toy qu'un leger souvenir.

JASON.

Ton amour vertüeux fait ma plus grande gloire,
Ce seroit me trahir qu'en perdre la mémoire,
Et le mien envers toy qui demeure éternel,
T'en laisse en cét Adieu le serment solemnel.
Puissent briser mon chef les traits les plus sévéres
Que lancent des grands Dieux les plus aspres coléres,
Qu'ils s'unissent ensemble afin de me punir,
Si je ne perds la vie avant ton souvenir.

SCENE IV.

MEDEE, NERINE.

MEDEE.

J'Y donneray bon ordre, il est en ta puissance
D'oublier mon amour, mais non pas ma vengeance:
Je la sçauray graver en tes esprits glacez
Par des coups trop profonds pour en estre effacez.

TRAGEDIE. 487

Il aime ses enfans, ce courage infléxible,
Son foible est découvert par eux il est sensible,
Par eux mon bras armé d'une juste rigueur
Va trouver des chemins à luy percer le cœur.
NERINE.
Madame, épargnez-les, épargnez vos entrailles,
N'avancez point par là vos propres funérailles,
Contre un sang innocent pourquoy vous irriter,
Si Créüse en vos laqs se vient précipiter ?
Elle-mesme s'y jette, & Jason vous la livre.
MEDEE.
Tu flates mes desirs.
NERINE.
Que je cesse de vivre
Si ce que je vous dy n'est pure verité.
MEDEE.
Ah ! ne me tien donc plus l'ame en perpléxité.
NERINE.
Madame, il faut garder que quelqu'un ne nous voye,
Et du Palais du Roy découvre nostre joye.
Un dessein éventé succéde rarement.
MEDEE.
Rentrons donc, & mettons nos secrets seurement.

Fin du troisième Acte.

X iiij

ACTE IV.

SCENE PREMIERE.

MEDEE, NERINE.

MEDEE *seule dans sa grotte Magique.*

'Est trop peu de Jason que ton œil me desrobe,
C'est trop peu de mon lit, tu veux encor ma robe,
Rivale insatiable, & c'est encor trop peu
Si la force à la main tu l'as sans mon aveu;
Il faut que par moy-mesme elle te soit offerte,
Que perdant mes enfans j'achete encor leur perte;
Il en faut un hommage à tes divins attraits,
Et des remercîmens au vol que tu me fais.
Tu l'auras, mon refus seroit un nouveau crime,
Mais je t'en veux parer pour estre ma victime,
Et sous un faux semblant de liberalité
Saouler, & ma vengeance, & ton avidité.
  Le charme est achevé, tu peux entrer, Nérine.

Nérine sort, & Médée continuë.

Mes maux dans ces poisons trouvent leur médecine.
Voy combien de Serpens à mon commandement
D'Afrique jusqu'icy n'ont tardé qu'un moment,
Et contraints d'obéïr à mes clameurs funestes,
Ont sur ce don fatal vomy toutes leurs pestes.
L'amour à tous mes sens ne fut jamais si doux,
Que ce triste appareil à mon esprit jaloux.

TRAGEDIE.

Ces herbes ne sont pas d'une vertu commune,
Moy-mesme en les cueillant je fis paslir la Lune,
Quand les cheveux flottans, le bras & le pied nu,
J'en dépouillay jadis un climat inconnu.
Voy mille autre venins ; cette liqueur épaisse
Mesle du sang de l'Hydre avec celuy de Nesse,
Python eut cette langue, & ce plumage noir
Est celuy qu'une Harpye en fuyant laissa choir.
Par ce tison Althée assouvit sa colére,
Trop pitoyable sœur, & trop crüelle mére.
Ce feu tomba du Ciel avecque Phaéton,
Cét autre vient des flots du pierreux Phlégéton,
Et celuy-cy jadis remplit en nos contrées
Des Taureaux de Vulcain les gorges ensoufrées.
Enfin tu ne vois là, poudres, racines, eaux,
Dont le pouvoir mortel n'ouvrist mille tombeaux,
Ce présent décéptif a beu toute leur force,
Et bien mieux que mon bras vengera mon divorce,
Mes tyrans par leur perte apprendront que jamais.
Mais d'où vient ce grand bruit que j'entens au Palais ?

NERINE.

Du bonheur de Jason, & du malheur d'Ægée,
Madame, peu s'en faut qu'il ne vous ait vengée.
 Ce généreux vieillard ne pouvant supporter
Qu'on luy vole à ses yeux ce qu'il croit mériter.
Et que sur sa couronne & sa persévérance
L'éxil de vostre époux ait eu la préférence,
A tasché par la force à repousser l'affront
Que ce nouvel Hymen luy porte sur le front.
Comme cette beauté pour luy toute de glace
Sur les bords de la mer contemploit la bonace,
Il la voit mal suivie & prend un si beau temps
A rendre ses desirs & les vostres contens.
De ses meilleurs soldats une troupe choisie
Enferme la Princesse & sert sa jalousie ;
L'effroy qui la surprend la jette en pasmoison,
Et tout ce qu'elle peut c'est de nommer Jason.

X v

MEDEE,

Ses Gardes à l'abord font quelque résistance,
Et le Peuple leur prête une foible assistance ;
Mais l'obstacle leger de ces débiles cœurs
Laissoit honteusement Créüse à leurs vainqueurs,
Déja presque en leur bord elle étoit enlevée....

MEDEE.
Je devine la fin, mon traistre l'a sauvée.

NERINE
Ouy, Madame, & de plus Ægée est prisonnier,
Vostre époux à son myrthe ajouste ce laurier,
Mais apprenez comment.

MEDEE.
N'en dy pas davantage,
Je ne veux point sçavoir ce qu'a fait son courage,
Il suffit que son bras a travaillé pour nous,
Et rend une victime à mon juste couroux.
Nérine, mes douleurs auroient peu d'allégeance
Si cét enlévement l'ostoit à ma vengeance.
Pour quitter son païs en est-on malheureux ?
Ce n'est pas son éxil, c'est sa mort que je veux,
Elle auroit trop d'honneur de n'avoir que ma peine,
Et de verser des pleurs pour estre deux fois Reine.
Tant d'invisibles feux enfermez dans ce don,
Que d'un tître plus vray j'appelle ma rançon,
Produiront des effets bien plus doux à ma haine.

NERINE.
Par là vous vous vengez & sa perte est certaine,
Mais contre la fureur de son pére irrité
Où pensez-vous trouver un lieu de seureté ?

MEDEE
Si la prison d'Ægée a suivy sa défaite,
Tu peux voir qu'en l'ouvrant je m'ouvre une retraite,
Et que ses fers brisez malgré leurs attentats
A ma protection engagent ses Etats.
Dépesche seulement, & cours vers ma rivale
Luy porter de ma part cette robe fatale.
Méne-luy mes enfans, & fay-les, si tu peux,
Présenter par leur pére à l'objet de ses vœux.

TRAGEDIE.
NERINE.
Mais, Madame, porter cette robe empestée
Que de tant de poisons vous avez infectée,
C'est pour vostre Nérine un trop funeste employ,
Avant que sur Créüse ils agiroient sur moy.
MEDEE.
Ne crains pas leur vertu, mon charme la modére,
Et luy deffend d'agir que sur elle & son pére.
Pour un si grand effet prens un cœur plus hardy,
Et sans me répliquer fay ce que je te dy.

SCENE II.
CREON, POLLUX, Soldats.
CREON.

Nous devons bien chérir cette valeur parfaite
Qui de nos ravisseurs nous donne la défaite.
Invincible Héros, c'est à vostre secours
Que je doy desormais le bon-heur de mes jours.
C'est vous seul aujourd'huy dont la main vengeresse
Rend à Créon sa fille, à Jason sa Maîtresse,
Met Ægée en prison, & son orgueil à bas,
Et fait mordre la Terre à ses meilleurs soldats.
POLLUX.
Grand Roy, l'heureux succès de cette délivrance
Vous est beaucoup mieux dû qu'à mon peu de vaillance;
C'est vous seul & Jason dont les bras indomptez
Portoient avec effroy la mort de tous costez,
Pareils à deux Lyons, dont l'ardente furie
Dépeuple en un moment toute une bergerie.
L'exemple glorieux de vos faits plus qu'humains
Echauffoit mon courage & conduisoit mes mains:
J'ay suivy, mais de loin, des actions si belles
Qui laissoient à mon bras tant d'illustres modelles,

Pourroit-on reculer en combattant soûs vous,
Et n'avoir point de cœur à seconder vos coups ?

CREON.

Voſtre valeur qui ſouffre en cette repartie
Oſte toute croyance à voſtre modeſtie.
Mais puiſque le refus d'un honneur merité
N'eſt pas un petit trait de generoſité,
Je vous laiſſe en jouïr. Autheur de la victoire,
Ainſi qu'il vous plaira departez-en la gloire,
Comme elle eſt voſtre bien, vous pouvez la donner.
Que prudemment les Dieux ſçavent tout ordonner !
Voyez, brave guerrier, comme voſtre arrivée
Au jour de nos malheurs ſe trouve reſervée,
Et qu'au point que le Sort oſoit nous menacer,
Ils nous ont envoyé dequoy le terraſſer.
   Digne ſang de leur Roy, Demy-dieu magnanime,
Dont la vertu ne peut recevoir trop d'eſtime,
Qu'ayons-nous plus à craindre, & quel deſtin jaloux
Tant que nous vous aurons, s'oſera prendre à nous ?

POLLUX.

Apprehendez pourtant, grand Prince.

CREON.
                                   Et quoy ?

POLLUX.
                                   Medée,
Qui par vous de ſon lit ſe voit depoſſedée.
Je crains qu'il ne vous ſoit malaiſé d'empeſcher
Qu'un gendre valeureux ne vous coûte bien cher.
Aprés l'aſſaſſinat d'un Monarque & d'un frere,
Peut-il eſtre de ſang qu'elle épargne ou revere ?
Accoûtumée au meurtre & ſçavante en poiſon,
Voyez ce qu'elle a fait pour acquerir Jaſon,
Et ne preſumez pas, quoy que Jaſon vous die,
Que pour le conſerver elle ſoit moins hardie.

CREON.

C'eſt dequoy mon eſprit n'eſt plus inquieté,
Par ſon banniſſement j'ay fait ma ſeureté,

TRAGEDIE.

Elle n'a que fureur & que vengeance en l'ame,
Mais en si peu de temps que peut faire une femme ?
Je n'ay prescrit qu'un jour de terme à son départ.

POLLUX.

C'est peu pour une femme, & beaucoup pour son Art,
Sur le pouvoir humain ne réglez pas les charmes.

CREON.

Quelques puissans qu'ils soient, je n'en ay point d'a-
   larmes,
Et quand bien ce delay devroit tout hazarder,
Ma parole est donnée, & je la veux garder.

SCENE III.

CREON, POLLUX, CLEONE.

CREON.

Que font nos deux Amans, Cléone ?

CLEONE.

              La Princesse,
Seigneur, près de Jason reprend son allegresse ;
Et ce qui sert beaucoup à son contentement,
C'est de voir que Medée est sans ressentiment.

CREON.

Et quel Dieu si propice a calmé son courage ?

CLEONE.

Jason & ses enfans qu'elle vous laisse en gage.
La grace que pour eux Madame obtient de vous
A calmé les transports de son esprit jaloux.
Le plus riche présent qui fust en sa puissance
A ces remercîmens joint sa reconnoissance.
Sa robe sans pareille, & sur qui nous voyons
Du Soleil son ayeul briller mille rayons,
Que la Princesse mesme avoit tant souhaitée,
Par ces petits Héros luy vient d'estre apportée,

MEDEE,
Et fait voir clairement les merveilleux effets
Qu'en un cœur irrité produisent les bien-faits.
CREON.
Et bien, qu'en dites-vous ? qu'avons-nous plus à craindre?
POLLUX.
Si vous ne craignez rien, que je vous trouve à plaindre?
CREON.
Un si rare présent montre un esprit remis,
POLLUX.
J'eus toûjours pour suspects les dons des ennemis,
Ils font assez souvent ce que n'ont pû leurs armes :
Je connoy de Médée, & l'esprit, & les charmes,
Et veux bien m'exposer aux plus cruels trépas,
Si ce rare présent n'est un mortel appas.
CREON,
Ses enfans si chéris qui nous servent d'ostages
Nous peuvent-ils laisser quelque sorte d'ombrages?
POLLUX.
Peut-estre que contre eux s'étend sa trahison,
Qu'elle ne les prend plus que pour ceux de Jason,
Et qu'elle s'imagine, en haine de leur pére
Que n'étant plus sa femme, elle n'est plus leur mére.
Renvoyez-luy, Seigneur, ce don pernicieux,
Et ne vous chargez point d'un poison précieux.
CLEONE.
Madame cependant en est toute ravie,
Et de s'en voir parée elle brusle d'envie.
POLLUX.
Où le péril égale & passe le plaisir,
Il faut se faire force, & vaincre son desir,
Jason dans son amour a trop de complaisance
De souffrir qu'un tel don s'accepte en sa présence.
CREON.
Sans rien mettre au hazard ; je sçauray dextrement
Accorder vos soupçons & son contentement.
Nous verrons dès ce soir sur une criminelle
Si ce présent nous cache une embusche mortelle.

TRAGEDIE.

Nise pour ses forfaits destinée à mourir
Ne peut par cette épreuve injustement périr ;
Heureuse, si sa mort nous rendoit ce service,
De nous en découvrir le funeste artifice.
Allons-y de ce pas, & ne consumons plus
De temps, ny de discours en debats superflus.

SCENE IV.
ÆGEE en prison.

Demeure affreuse des coupables,
 Lieux maudits, funeste séjour,
 Dont jamais avant mon amour
 Les Scéptres n'ont été capables,
Redoublez puissamment vostre mortel effroy,
Et joignez à mes maux une si vive atteinte,
Que mon ame chassée ou s'enfuyant de crainte
Desrobe à mes vainqueurs le supplice d'un Roy.

 Le triste bonheur où j'aspire !
 Je ne veux que haster ma mort,
 Et n'accuse mon mauvais sort
 Que de souffrir que je respire.
Puisqu'il me faut mourir, que je meure à mon choix,
Le coup m'en sera doux s'il est sans infamie ;
Prendre l'ordre à mourir d'une main ennemie,
C'est mourir pour un Roy beaucoup plus d'une fois.

 Malheureux Prince, on te méprise
 Quand tu t'arrestes à servir,
 Si tu t'efforces de ravir,
 Ta prison suit ton entreprise.
Ton amour qu'on dédaigne & ton vain attentat
D'un éternel affront vont souiller ta mémoire ;
L'un t'a déja coûté ton repos & ta gloire,
L'autre va te coûter ta vie & ton État.

MEDEE,
Déstin, qui punis mon audace,
Tu n'as que de justes rigueurs,
Et s'il est d'assez tendres cœurs
Pour compatir à ma disgrace,
Mon feu de leur tendresse étouffe la moitié,
Puisqu'à bien comparer mes fers avec ma flame,
Un vieillard amoureux mérite plus de blâme,
Qu'un Monarque en prison n'est digne de pitié.

Cruel autheur de ma misére,
Peste des cœurs, tyran des Rois,
Dont les impérieuses loix
N'épargnent pas mesme ta mére,
Amour contre Jason tourne ton trait fatal,
Au pouvoir de tes dards je remets ma vengeance,
Atterre son orgueil, & montre ta puissance
A perdre également l'un & l'autre rival.

Qu'une implacable jalousie
Suive son nuptial flambeau,
Que sans cesse un objet nouveau
S'empare de sa fantaisie,
Que Corinthe à sa veuë accepte un autre Roy,
Qu'il puisse voir sa race à ses yeux égorgée,
Et pour dernier malheur, qu'il ait le sort d'Ægée,
Et devienne à mon âge amoureux comme moy.

SCENE V.

ÆGEE, MEDEE.

ÆGEE.

MAïs d'où vient ce bruit sourd? quelle pasle lumiére
Dissipe ces horreurs, & frape ma paupiére?
Mortel, qui que tu sois, détourne icy tes pas,
Et de grace m'appren l'Arrest de mon trépas,

TRAGEDIE.

L'heure, le lieu, le genre, & si ton cœur sensible
A la compassion peut se rendre accessible,
Donne-moy les moyens d'un généreux effort,
Qui des mains des bourreaux affranchisse ma mort.

MEDEE.

Je viens l'en affranchir. Ne craignez plus, grand Prince,
Ne pensez qu'à revoir vostre chére Province.

Elle donne un coup de baguette sur la porte de la prison qui s'ouvre aussi tost, & en ayant tiré Aegée elle en donne encor un sur ses fers qui tombent.

Ny grilles, ny verroux ne tiennent contre moy.
Cessez, indignes fers, de captiver un Roy,
Et-ce à vous à presser les bras d'un tel Monarque?
Et vous, reconnoissez Médée à cette marque,
Et fuyez un tyran, dont le forcénement
Joindroit vostre supplice à mon bannissement,
Avec la liberté reprenez le courage.

ÆGEE.

Je les reprens tous deux pour vous en faire hommage,
Princesse, de qui l'Art propice aux malheureux
Oppose un tel miracle à mon sort rigoureux.
Disposez de ma vie, & du Sceptre d'Athénes,
Je dois & l'une & l'autre à qui brise mes chaisnes:
Si vostre heureux secours me tire de danger,
Je ne veux en sortir qu'afin de vous venger,
Et si je puis jamais avec vostre assistance
Arriver jusqu'aux lieux de mon obéissance,
Vous me verrez suivy de mille bataillons
Sur ces murs renversez planter mes pavillons,
Punir leur traistre Roy de vous avoir bannie,
Dedans le sang des siens noyer sa tyrannie,
Et remettre en vos mains, & Créüse & Jason,
Pour venger vostre exil plûtost que ma prison.

MEDEE.

Je veux vengeance, & plus haute, & plus prompte,
Ne l'entreprenez pas, vostre offre me fait honte;

Emprunter le secours d'aucun pouvoir humain
D'un reproche éternel diffameroit ma main.
En est-il après tout aucun qui ne me céde ?
Qui force la Nature a-t'il besoin qu'on l'aide ?
Laissez-moy le soucy de venger mes ennuis,
Et par ce que j'ay fait jugez ce que je puis.
L'ordre en est tout donné, n'en soyez point en peine,
C'est demain que mon art fait triompher ma haine,
Demain je suis Médée, & je tire raison
De mon bannissement & de vostre prison.

ÆGEE.

Quoy, Madame, faut-il que mon peu de puissance
Empesche les devoirs de ma reconnoissance ?
Mon Scéptre ne peut-il estre employé pour vous,
Et vous seray-je ingrat autant que vostre époux ?

MEDEE.

Si je vous ay servy, tout ce que j'en souhaite,
C'est de trouver chez vous une seure retraite,
Où de mes ennemis menaces, ny présens,
Ne puissent plus troubler le repos des mes ans.
Non-pas que je les craigne, eux & toute la Terre
A leur confusion me livreroient la guerre ?
Mais je hay ce desordre, & n'aime pas à voir
Qu'il me faille pour vivre user de mon sçavoir.

ÆGEE.

L'honneur de recevoir une si grande hostesse
De mes malheurs passez efface la tristesse.
Disposez d'un païs qui vivra sous vos loix,
Si vous l'aimez assez pour luy donner des Rois,
Si mes ans ne vous font mépriser ma personne,
Vous y partagerez mon lit & ma Couronne :
Sinon, sur mes Sujets faites état d'avoir
Ainsi que sur moy-mesme un absolu pouvoir.
Allons, Madame, allons, & par vostre conduite
Faites la seureté que demande ma fuite.

MEDEE.

Ma vengeance n'auroit qu'un succés imparfait
Je ne me venge pas, si je n'en voy l'effet,

TRAGEDIE. 499

Je dois à mon couroux l'heur d'un si doux spectacle.
Allez, Prince, & sans moy ne craignez point d'obsta-
   cle,
Je vous suivray demain par un chemin nouveau.
Pour vostre seureté conservez cet anneau,
Sa secrette vertu qui vous fait invisible
Rendra vostre départ de tous costez paisible.
   Icy, pour empescher l'alarme que le bruit
De vostre délivrance auroit bien-tost produit,
Un fantosme pareil, & de taille, & de face
Tandis que vous fuïrez, remplira vostre place.
Partez sans plus tarder, Prince chéry des Dieux,
Et quittez pour jamais ces détestables lieux.

ÆGEE.

J'obéïs sans replique, & je parts sans remise.
Puisse d'un prompt succès vostre grande entreprise
Combler nos ennemis d'un mortel desespoir,
Et me donner bien-tost le bien de vous revoir.

Fin du quatrième Acte.

ACTE V.

SCENE PREMIERE.

MEDEE, THEUDAS.

THEUDAS.

AH, déplorable Prince! ah, fortune cruel(le!
Que je porte à Jasõ une triste Nouvelle!
MEDEE *luy donnant un coup de baguette qui le fait demeurer immobile.*
Arreste, miserable, & m'appren quel effet
A produit chez le Roy le présent que j'ay fait.

THEUDAS.

Dieux! je suis dans les fers d'une invisible chaisne!

MEDEE.

Dépesche, ou ces longueurs attireront ma haine.

THEUDAS.

Apprenez donc l'effet le plus prodigieux
Que jamais la vengeance ait offert à nos yeux.
Vostre robe a fait peur, & sur Nise éprouvée
En dépit des soupçons sans péril s'est trouvée,
Et cette épreuve a sçeu si bien les asseurer,
Qu'incontinent Créuse a voulu s'en parer.
Mais cette infortunée à peine l'a vétuë,
Qu'elle sent aussi-tost une ardeur qui la tuë,
Un feu subtil s'allume, & ses brandons épars
Sur vostre don fatal courent de toutes parts.

TRAGEDIE.

Et Cléone & le Roy s'y jette pour l'éteindre,
Mais (ô nouveau sujet de pleurer & de plaindre!)
Ce feu saisit le Roy, ce Prince en un moment
Se trouve envelopé du mesme embrasement.

MEDEE.

Courage, enfin il faut que l'un & l'autre meure.

THEUDAS.

La flame disparoit, mais l'ardeur leur demeure,
Et leurs habits charmez, malgré nos vains efforts,
Sont des brasiers secrets attachez à leurs corps.
Qui veut les dépouiller luy-mesme les déchire,
Et ce nouveau secours est un nouveau martyre.

MEDEE.

Que dit mon déloyal? que fait-il là dedans?

THEUDAS.

Jason, sans rien sçavoir de tous ces accidens,
S'acquitte des devoirs d'une amitié civile,
A conduire Pollux hors des murs de la ville,
Qui va se rendre en haste aux nopces de sa sœur,
Dont bien-tost Menelas doit estre possesseur,
Et j'allois luy porter ce funeste message.

MEDEE *luy donne un autre coup de baguette.*

Va, tu peux maintenant achever ton voyage.

SCENE II.

MEDEE.

Est-ce assez, ma vengeance, est-ce assez de deux morts?
Consulte avec loisir tes plus ardens transports.
Des bras de mon perfide arracher une femme
Est-ce pour assouvir les fureurs de mon ame?
Que n'a-t'elle déja des enfans de Jason
Sur qui plus pleinement venger sa trahison?

MEDEE.

Suppléons-y des miens, immolons avec joye
Ceux qu'à me dire Adieu Créüse me renvoye,
Nature, je le puis sans violer ta loy,
Ils viennent de sa part, & ne sont plus à moy.
Mais ils sont innocens : aussi l'étoit mon frére,
Ils sont trop criminels d'avoir Jason pour pére,
Il faut que leur trépas redouble son tourment,
Il faut qu'il souffre en pére, aussi-bien qu'en Amant.
Mais quoy ! j'ay beau contre eux animer mon audace,
La pitié la combat & se met en sa place,
Puis cédant tout à coup la place à ma fureur,
J'adore les projets qui me faisoient horreur :
De l'amour aussi-tost je passe à la colére,
Des sentimens de femme aux tendresses de mére.
   Cessez doresnavant, pensers irrésolus,
D'épargner des enfans que je ne verray plus.
Chers fruits de mon amour, si je vous ay fait naistre,
Ce n'est pas seulement pour caresser un traistre,
Il me prive de vous, & je l'en va priver.
Mais ma pitié renaist, & revient me braver,
Je n'éxécute rien, & mon ame éperduë
Entre deux passions demeure suspenduë.
N'en déliberons plus, mon bras en résoudra,
Je vous perds, mes enfans, mais Jason vous perdra,
Il ne vous verra plus. Créon sort tout en rage,
Allons à son trépas joindre ce triste ouvrage.

SCENE III.

CREON, Domestiques.

CREON.

Loin de me soulager vous croissez mes tourmens,
Le poison à mon corps unit mes vétemens,
Et ma peau qu'avec eux vostre secours m'arrache
Pour suivre vostre main de mes os se détache.

TRAGEDIE.

Voyez comme mon sang en coule à gros ruisseaux,
Ne me déchirez plus, officieux bourreaux,
Vostre pitié pour moy s'est assez hazardée,
Fuyez, ou ma fureur vous prendra pour Médée ;
C'est avancer ma mort que de me secourir,
Je ne veux que moy-mesme à m'aider à mourir.
Quoy, vous continüez, canailles infidelles !
Plus je vous le défens, plus vous m'étes rebelles !
Traistres, vous sentirez encor ce que je puis,
Je seray vostre Roy tout mourant que je suis ;
Si mes commandemens ont trop peu d'efficace,
Ma rage pour le moins me fera faire place,
Il faut ainsi payer vostre cruel secours.

Il se défait d'eux & les chasse à coups d'épée.

SCENE IV.
CREON, CREUSE, CLEONE.
CREUSE.

OU fuyez-vous de moy, cher autheur de mes jours !
Fuyez vous l'innocente & malheureuse source
D'où prennent tant de maux leur effroyable course ?
Ce feu qui me consume, & dehors, & dedans,
Vous venge-t'il trop peu de mes vœux imprudens ?
Je ne puis excuser mon indiscrete envie
Qui donne le trépas à qui je doy la vie,
Mais soyez satisfait des rigueurs de mon sort,
Et cessez d'ajouster vostre haine à ma mort.
L'ardeur qui me devore & que j'ay méritée,
Surpasse en cruauté l'Aigle de Prométhée,
Et je croy qu'Ixion au choix des châtimens
Préféreroit sa roüe à mes embrasemens.

CREON.
Si ton jeune desir eut beaucoup d'imprudence,
Ma fille, j'y devrois opposer ma défence,

Je n'impute qu'à moy l'excès de mes malheurs,
Et j'ay part en ta faute ainsi qu'en tes douleurs.
Si j'ay quelque regret, ce n'est pas à ma vie
Que le déclin des ans m'auroit bien-tost ravie,
La jeunesse des tiens si beaux, si florissans. (sans.
Me porte au fond du cœur des coups bien plus pres-
    Ma fille, c'est donc là ce Royal Hyménée.
Dont nous pensions toucher la pompeuse journée !
La Parque impitoyable en éteint le flambeau,
Et pour lit nuptial il te faut un tombeau !
Ah rage, desespoir, Destins, feux, poisons, charmes,
Tournez tous contre moy vos plus cruelles armes ;
S'il faut vous assouvir par la mort de deux Rois
Faites en ma faveur que je meure deux fois,
Pourveu que mes deux morts emportent cette grace
De laisser ma Couronne à mon unique race,
Et cet espoir si doux qui m'a toûjours flaté
De revivre à jamais en sa postérité.

CREUSE.

Cléone, soûtenez, je chancelle, je tombe,
Mon reste de vigueur sous mes douleurs succombe ;
Je sens que je n'ay plus à souffrir qu'un moment.
Ne me refusez pas ce triste allégement,
Seigneur, & si pour moy quelque amour vous de-
    meure,
Entre vos bras mourans permettez que je meure.
Mes pleurs arrouseront vos mortels déplaisirs,
Je mesleray leurs eaux à vos bruslans soûpirs.
    Ah, je brusle, je meurs, je ne suis plus que flame,
De grace hastez-vous de recevoir mon ame.
Quoy, vous vous éloignez !

CREON.
    Ouy, je ne verray pas
Comme un lasche témoin ton indigne trépas,
Il faut, ma fille, il faut que ma main me délivre
De l'infame regret de t'avoir pû survivre.
Invisible ennemy, sors avecque mon sang.
    il se tuë d'un poignard.

CREUSE.

TRAGEDIE.

CREUSE.
Courez à luy, Cléone, il se perce le flanc.
CREON.
Retourne, c'en est fait. Ma fille, Adieu, j'expire,
Et ce dernier soûpir met fin à mon martyre,
Je laisse à ton Jason le soin de nous venger.
CREUSE
Vain & triste confort, soulagement leger.
Mon pére....
CLEONE.
Il ne vit plus, sa grande ame est partie.
CREUSE.
Donnez donc à la mienne une mesme sortie,
Apportez-moy ce fer qui de ses maux vainqueur
Est déja si sçavant à traverser le cœur.
Ah ! je sens fers, & feux, & poison tout ensemble,
Ce que souffroit mon pére à mes peines s'assemble.
Hélas, que de douceurs auroit un prompt trépas !
Dépeschez-vous, Cléone, aidez mon foible bras.
CLEONE.
Ne desespérez point, les Dieux plus pitoyables
A nos justes clameurs se rendront éxorables,
Et vous conserveront en dépit du poison,
Et pour Reine à Corinthe, & pour femme à Jason.
Il arrive, & surpris il change de visage,
Je lis dans sa paseur une secrette rage,
Et son étonnement va passer en fureur.

I. Partie.

SCENE V.
JASON, CREUSE, CLEONE, THEUDAS.

JASON.

Que voy-je icy, grands Dieux ! quel spectacle d'horreur !
Où que puissent mes yeux porter ma veuë errante,
Je vois, ou Créon mort, ou Créüse mourante.
Ne t'en va pas, belle ame, attens encor un peu,
Et le sang de Médée éteindra tout ce feu,
Pren le triste plaisir de voir punir son crime,
De te voir immoler cette infame victime,
Et que ce scorpion sur la playe écrasé
Fournisse le reméde au mal qu'il a causé.

CREUSE.

Il n'en faut point chercher au poison qui me tuë,
Laisse-moy le bon-heur d'expirer à ta veuë,
Souffre que j'en joüisse en ce dernier moment ;
Mon trépas fera place à ton ressentiment,
Le mien céde à l'ardeur dont je suis possedée,
J'aime mieux voir Jason que la mort de Médée.
Approche, cher Amant, & retien ces transports,
Mais garde de toucher ce misérable corps :
Ce brasier que le charme, ou répand, ou modére,
A négligé Cléone, & dévoré mon pére,
Au gré de ma rivale il est contagieux,
Jason, ce m'est assez de mourir à tes yeux,
Empesche les plaisirs qu'elle attend de ta peine,
N'attire point ces feux esclaves de sa haine.
    Ah, quel aspre tourment ! quels douloureux abois !
Et que je sens de morts sans mourir une fois !

IASON.

Quoy ! vous m'estimez donc si lasche que de vivre,
Et de si beaux chemins sont ouverts pour vous uivre ?
Ma Reine, si l'Hymen n'a pû joindre nos corps,
Nous joindrons nos esprits, nous joindrons nos deux morts,
Et l'on verra Charon passer chez Radamante
Dans une mesme barque, & l'Amant, & l'Amante.
Hélas ! vous recevez par ce présent charmé
Le déplorable prix de m'avoir trop aimé ;
Et puisque cette robe a causé vostre perte,
Je dois estre puny de vous l'avoir offerte.
Quoy ! ce poison m'épargne, & ces feux impuissans
Refusent de finir les douleurs que je sens ?
Il faut donc que je vive, & vous m'étes ravie !
Justes Dieux, quel forfait me condamne à la vie ?
Est-il quelque tourment plus grand pour mon amour,
Que de la voir mourir & de souffrir le jour ?
Non non, si par ces feux mon attente est trompée,
J'ay dequoy m'affranchir au bout de mon épée,
Et l'exemple du Roy de sa main transpercé,
Qui nage dans les flots du sang qu'il a versé,
Instruit suffisamment un généreux courage
Des moyens de braver le Destin qui l'outrage.

CREUSE.

Si Créüse eut jamais sur toy quelque pouvoir,
Ne t'abandonne point aux coups du desespoir.
Vy pour sauver ton nom de cette ignominie,
Que Créüse soit morte & Médée impunie :
Vy pour garder le mien en ton cœur affligé,
Et du moins ne meurs point que tu ne sois vengé.
Adieu, donne la main, que malgré ta jalouse
J'emporte chez Pluton le nom de ton épouse.
Ah douleurs ! c'en est fait, je meurs à cette fois,
Et perds en ce moment la vie avec la voix,
Si tu m'aimes....

JASON.

Ce mot luy coupe la parole,
Et je ne suivray pas son ame qui s'envole !
Mon esprit retenu par ses commandemens
Réserve encor ma vie à de pires tourmens !
Pardonne, chére épouse, à mon obéïssance,
Mon déplaisir mortel défére à ta puissance,
Et de mes jours maudits tout prest de triompher
De peur de te déplaire, il n'ose m'étouffer. (*cière*

Ne perdons point de temps, courons chez la sor-
Délivrer par sa mort mon ame prisonniére.
Vous autres cependant enlevez ces deux corps,
Contre tous ses Démons mes bras sont assez forts,
Et la part que vostre aide auroit en ma vengeance
Ne m'en permettroit pas une entiére allégeance.
Préparez seulement des gesnes, des bourreaux,
Devenez inventifs en supplices nouveaux,
Qui la fassent mourir tant de fois sur leur tombe,
Que son coupable sang leur vaille une Hecatombe :
Et si cette victime en mourant mille fois
N'appaise point encor les Manes de deux Rois,
Je seray la seconde, & mon esprit fidelle
Ira gesner là bas son ame criminelle,
Ira faire assembler pour sa punition
Les peines de Titye à celles d'Ixion.

Cléone & le reste emportent le corps de Créon
& de Créuse, & Iason continuë seul.

Mais leur puis-je imputer ma mort en sacrifice ?
Elle m'est un plaisir & non-pas un supplice,
Mourir c'est seulement auprès d'eux me ranger,
C'est rejoindre Créüse, & non-pas la venger,
Instrumens des fureurs d'une mére insensée,
Indignes rejettons de mon amour passée,
Quel malheureux destin vous avoit réservez
A porter le trépas à qui vous a sauvez ?
C'est vous, petits ingrats, que malgré la Nature
Il me faut immoler dessus leur sépulture ;

Que la sorcière en vous commence de souffrir,
Que son prémier tourment soit de vous voir mourir.
Toutefois qu'ont-ils fait qu'obéïr à leur mére ?

SCENE VI.
MEDEE, JASON.

MEDEE *en haut sur un balcon.*

Lasche, ton desespoir encor en délibére ?
Léve les yeux, perfide, & reconnoy ce bras
Qui t'a déja vengé de ces petits ingrats,
Ce poignard que tu vois vient de chasser leurs ames,
Et noyer dans leur sang les restes de nos flames.
Heureux pére & mary ; ma fuite & leur tombeau
Laissent la place vuide à ton Hymen nouveau.
Réjoüy-t'en, Jason, va posséder Créüse,
Tu n'auras plus icy personne qui t'accuse,
Ces gages de nos feux ne feront plus pour moy
De reproches secrets à ton manque de foy.

JASON.
Horreur de la Nature, éxécrable Tygresse.

MEDEE
Va, bien-heureux Amant, cajoller ta Maîtresse,
A cet objet si cher tu dois tous tes discours,
Parler encor à moy c'est trahir tes amours.
Va luy, va luy conter tes rares avantures,
Et contre mes effets ne combats point d'injures.

JASON.
Quoy ? tu m'oses braver, & ta brutalité
Pense encor échaper à mon bras irrité ?
Tu redoubles ta peine avec cette insolence.

MEDEE.
Et que peut contre moy ta débile vaillance ?

Mon Art faisoit ta force, & tes effets guerriers
Tiennent de mon secours ce qu'ils ont de lauriers.
JASON.
Ah, c'est trop en souffrir, il faut qu'un prompt supplice
De tant de crüautez à la fin te punisse.
Sus, sus, brisons la porte, enfonçons la maison,
Que des bourreaux soudain m'en fassent la raison,
Ta teste répondra de tant de barbaries.
MEDEE *en l'air dans un Char tiré par deux Dragons.*
Que sert de t'emporter à ces vaines furies ?
Epargne ; cher époux, des efforts que tu perds,
Voy les chemins de l'Air qui me sont tous ouverts,
C'est par là que je fuis, & que je t'abandonne
Pour courir à l'éxil que ton change m'ordonne.
Suy-moy, Jason, & trouve en ces lieux desolez
Des postillons pareils à mes Dragons aislez.
Enfin je n'ay pas mal employé la journée
Que la bonté du Roy de grace m'a donnée,
Mes desirs sont contens. Mon pére & mon païs,
Je ne me repens plus de vous avoir trahis,
Avec cette douceur j'en accepte le blâme.
Adieu, parjure, apprens à connoistre ta femme,
Souvien-toy de sa fuite, & songe une autre fois
Lequel est plus à craindre, ou d'elle, ou de deux Rois.

SCENE VII.
JASON.

O Dieux ! ce char volant disparu dans la nuë
La desrobe à sa peine, aussi-bien qu'à ma veuë,
Et son impunité triomphe arrogamment
Des projets avortez de mon ressentiment.

TRAGEDIE. 511

Créüse, enfans, Médée, Amour, haine, vengeance,
Où doy-je desormais chercher quelque allégeance,
Où suivre l'inhumaine, & dessous quels climats
Porter les châtimens de tant d'assassinats ?
Va, furie éxecrable, en quelque coin de terre
Que t'emporte ton char, j'y porteray la guerre,
J'apprendray ton séjour de tes sanglans effets,
Et te suivray par tout au bruit de tes forfaits.
Mais que me servira cette vaine poursuite,
Si l'Air est un chemin toûjours libre à ta fuite.
Si toûjours tes Dragons sont prests à t'enlever,
Si toûjours tes forfaits ont dequoy me braver ?
Malheureux, ne perds point contre une telle audace
De ta juste fureur l'impuissante menace,
Ne cours point à ta honte, & fuy l'occasion
D'accroistre sa victime & ta confusion.
Miserable, perfide, ainsi donc ta foiblesse
Epargne la sorciére, & trahit ta Princesse !
Est-ce là le pouvoir qu'ont sur toy ses desirs,
Et ton obéïssance à ses derniers soûpirs ?
Venge-toy, pauvre Amant, Créüse le commande,
Ne luy refuse point un sang qu'elle demande.
Ecoute les accens de sa mourante voix,
Et vole sans rien craindre à ce que tu luy dois.
A qui sçait bien aimer il n'est rien d'impossible,
Eusses-tu pour retraite un roc inaccessible,
Tygresse, tu mourras, & malgré ton sçavoir
Mon amour te verra soûmise à son pouvoir,
Mes yeux se repaistront des horreurs de ta peine,
Ainsi le veut Créüse, ainsi le veut ma haine.
Mais quoy ! je vous écoute, impuissantes chaleurs !
Allez, n'ajoûtez plus de comble à mes malheurs,
Entreprendre une mort que le Ciel s'est gardée,
C'est préparer encor un triomphe à Médée.
Tourne avec plus d'effet sur toy-mesme ton bras,
Et puny-toy, Jason, de ne la punir pas.

Y iiij

Vains transports, où sans fruit mon desespoir s'amuse,
Cessez de m'empescher de réjoindre Créüse.
Ma Reine, ta belle ame en partant de ces lieux
M'a laissé la vengeance, & je la laisse aux Dieux.
Eux seuls dont le pouvoir égale la justice
Peuvent de la sorciére achever le supplice,
Trouve-le bon, chére Ombre, & pardonne à mes feux
Si je vay te revoir plûtost que tu ne veux.
Il se tuë.

Fin du cinquième & dernier Acte.

L'ILLUSION,
COMEDIE.

ACTEURS.

ALCANDRE, Magicien.
PRIDAMANT, Pére de Clindor.
DORANTE, Amy de Pridamant.
MATAMORE, Capitan Gascon, amoureux d'Isabelle.
CLINDOR, Suivant du Capitan, & amant d'Isabelle.
ADRASTE, Gentilhomme amoureux d'Isabelle.
GERONTE, Pére d'Isabelle.
ISABELLE, Fille de Géronte.
LYSE, Servante d'Isabelle.
GEOLIER de Bordeaux.
PAGE du Capitan.
CLINDOR, representant THEAGENE, Seigneur Anglois.
ISABELLE, representant HYPPOLITE, femme de Théagéne.
LYSE, representant CLARINE, Suivante d'Hyppolite.
ERASTE, Escuyer de Florilame.
TROUPE de Domestiques d'Adraste.
TROUPE de Domestiques de Florilame.

La Scéne est en Touraine, en une campagne proche de la grotte du Magicien.

L'ILLUSION, COMEDIE.

ACTE I.

SCENE PREMIERE.

PRIDAMANT, DORANTE.

DORANTE.

CE Mage qui d'un mot renverse la Nature
N'a choisy pour Palais que cette grotte obscure.
La nuit qu'il entretient sur cét affreux séjour,
N'ouvrant son voile épais qu'aux rayons d'un faux jour,
De leur éclat douteux n'admet en ces lieux sombres
Que ce qu'en peut souffrir le commerce des Ombres.
N'avancez pas, son Art au pied de ce rocher
A mis dequoy punir qui s'en ose approcher,
Et cette large bouche est un mur invisible,
Où l'Air en sa faveur devient inaccessible,
Et luy fait un rempart, dont les funestes bords
Sur un peu de poussiére étalent mille morts.

Jaloux de son repos plus que de sa défense,
Il perd qui l'importune ainsi que qui l'offence ;
Malgré l'empressement d'un curieux desir,
Il faut pour luy parler attendre son loisir,
Chaque jour il se montre, & nous touchons à l'heure
Où pour se divertir il sort de sa demeure.

PRIDAMANT.

J'en attens peu de chose, & brusle de le voir,
J'ay de l'impatience & je manque d'espoir.
Ce fils, ce cher objet de mes inquiétudes,
Qu'ont éloigné de moy des traitemens trop rudes,
Et que depuis dix ans je cherche en tant de lieux,
A caché pour jamais sa présence à mes yeux.

Sous ombre qu'il prenoit un peu trop de licence,
Contre ses libertez je roidis ma puissance,
Je croyois le dompter à force de punir,
Et ma sévérité ne fit que le bannir.
Mon ame vit l'erreur dont elle étoit séduite,
Je l'outrageois présent, & je pleuray sa fuite,
Et l'amour paternel me fit bien-tost sentir
D'une injuste rigueur un juste repentir,
Il l'a fallu chercher, j'ay veu dans mon voyage
Le Pô, le Rhin, la Meuse, & la Seine & le Tage,
Toûjours le mesme soin travaille mes esprits,
Et ces longues erreurs ne m'en ont rien appris.
Enfin au desespoir de perdre tant de peine,
Et n'attendant plus rien de la prudence humaine,
Pour trouver quelque borne à tant de maux soufferts,
J'ay déja sur ce point consulté les Enfers,
J'ay veu les plus fameux en la haute science
Dont vous dites qu'Alcandre a tant d'expérience,
On m'en faisoit l'état que vous faites de luy,
Et pas-un d'eux n'a pû soulager mon ennuy.
L'Enfer devient müet quand il me faut répondre,
Ou ne me répond rien qu'afin de me confondre.

DORANTE.

Ne traitez pas Alcandre en homme du commun,
Ce qu'il sçait en son Art n'est connu de pas-un.

COMEDIE. 517

Je ne vous diray point qu'il commande au tonnerre,
Qu'il fait enfler les Mers, qu'il fait trembler la Ter-
Que de l'Air qu'il mutine en mille tourbillons (re;
Contre ses ennemis il fait des bataillons,
Que de ses mots sçavans les forces inconnuës
Transportent les rochers, font descendre les nuës,
Et briller dans la nuit l'éclat de deux Soleils;
Vous n'avez pas besoin de miracles pareils.
Il suffira pour vous qu'il lit dans les pensées,
Qu'il connoit l'avenir & les choses passées :
Rien n'est secret pour luy dans tout cét Univers,
Et pour luy nos Destins sont des livres ouverts.
Moy-mesme ainsi que vous je ne pouvois le croire,
Mais si-tost qu'il me vit il me dit mon histoire,
Et je fus étonné d'entendre le discours
De traits les plus cachez de toutes mes amours.

PRIDAMANT.
Vous m'en dites beaucoup.

DORANTE.
     J'en ay veu davantage.

PRIDAMANT.
Vous essayez en vain de me donner courage,
Mes soins & mes travaux verront sans aucun fruit
Clorre mes tristes jours d'une éternelle nuit.

DORANTE.
Depuis que j'ay quitté le séjour de Bretagne
Pour venir faire icy le Noble de campagne,
Et que deux ans d'amour par une heureuse fin
M'ont acquis Sylvérie & ce Chasteau voisin,
De pas un que je sçache, il n'a deçeu l'attente.
Quiconque le consulte en sort l'ame contente,
Croyez-moy, son secours n'est pas à négliger :
D'ailleurs il est ravy quand il peut m'obliger,
Et j'ose me vanter qu'un peu de mes priéres
Vous obtiendra de luy des faveurs singuliéres.

PRIDAMANT.
Le Sort m'est trop cruël pour devenir si doux.

DORANTE.

Espérez mieux, il sort, & s'avance vers nous.
Regardez-le marcher. Ce visage si grave
Dont le rare sçavoir tient la Nature esclave,
N'a sauvé toutefois des ravages du temps
Qu'un peu d'os & de nerfs qu'ont décharné cent ans.
Son corps malgré son âge a les forces robustes,
Le mouvement facile, & les démarches justes,
Des ressorts inconnus agitent le vieillard,
Et font de tous ses pas des miracles de l'Art.

SCENE II.

ALCANDRE, PRIDAMANT, DORANTE.

DORANTE.

GRand Démon du sçavoir, de qui les doctes veilles
Produisent chaque jour de nouvelles merveilles,
A qui rien n'est secret dans nos intentions,
Et qui voit sans nous voir toutes nos actions ;
Si de ton Art divin le pouvoir admirable
Jamais en ma faveur se rendit secourable,
De ce pére affligé soulage les douleurs :
Une vieille amitié prend part en ses malheurs,
Rennes, ainsi qu'à moy, luy donna la naissance,
Et presque entre ses bras j'ay passé mon enfance :
Là son fils pareil d'âge & de condition
S'unissant avec moy d'étroite affection.

ALCANDRE.

Dorante, c'est assez, je sçay ce qui l'améne,
Ce fils est aujourd'huy le sujet de sa peine.
Vieillard, n'est-il pas vray que son éloignement
Par un juste remords te gesne incessamment

COMEDIE.

Qu'une obstination à te montrer sévére
L'a banny de ta veuë, & cause ta misére ?
Qu'en vain au repentir de ta sévérité
Tu cherches en tous lieux ce fils si maltraité ?

PRIDAMANT.

Oracle de nos jours qui connois toutes choses,
En vain de ma douleur je cacherois les causes,
Tu sçais trop quelle fut mon injuste rigueur,
Et vois trop clairement les secrets de mon cœur.
Il est vray, j'ay failly, mais pour mes injustices
Tant de travaux en vain sont d'assez grands supplices,
Donne enfin quelque borne à mes regrets cuisans,
Ren-moy l'unique appuy de mes debiles ans ;
Je le tiendray rendu si j'en ay des Nouvelles ;
L'amour pour le trouver me fournira des aisles,
Où fait-il sa retraite ? en quels lieux doy-je aller ?
Fust-il au bout du Monde, on m'y verra voler.

ALCANDRE.

Commencez d'espérer, vous sçaurez par mes charmes
Ce que le Ciel vengeur refusoit à vos larmes,
Vous reverrez ce fils plein de vie & d'honneur,
De son bannissement il tire son bonheur.
C'est peu de vous le dire en faveur de Dorante
Je vous veux faire voir sa fortune éclatante.
Les Novices de l'Art avec tous leurs encens,
Et leurs mots inconnus qu'ils feignent tous-puissans,
Leurs herbes, leurs parfums, & leurs cérémonies,
Apportent au métier des longueurs infinies,
Qui ne sont, après tout, qu'un mystére pipeur
Pour se faire valoir, & pour vous faire peur.
Ma baguette à la main j'en feray davantage,

Il donne un coup de baguette, & on tire un rideau derriére lequel sont en parade les plus beaux habits des Comédiens.

Jugez de vostre fils par un tel équipage.
Et bien ? celuy d'un Prince a-t'il plus de splendeur ?
Et pouvez-vous encor douter de sa grandeur ?

PRIDAMANT.
D'un amour paternel vous flatez les tendreſſes,
Mon fils n'eſt point de rang à porter ces richeſſes,
Et ſa condition ne ſçauroit conſentir
Que d'une telle pompe il s'oſe revétir.
ALCANDRE.
Sous un meilleur deſtin ſa fortune rangée,
Et ſa condition avec le temps changée,
Perſonne maintenant n'a dequoy murmurer
Qu'en public de la ſorte il aime à ſe parer.
PRIDAMANT.
A cét eſpoir ſi doux j'abandonne mon ame.
Mais parmy ces habits je voy ceux d'une femme,
Seroit-il marié ?
ALCANDRE.
     Je vay de ſes amours
Et de tous ſes hazards vous faire le diſcours.
 Toutefois ſi voſtre ame étoit aſſez hardie,
Sous une illuſion vous pourriez voir ſa vie,
Et tous ces accidens devant vous exprimez
Par des ſpectres pareils à des corps animez;
Il ne leur manquera ny geſte, ny parole.
PRIDAMANT.
Ne me ſoupçonnez point d'une crainte frivole,
Le portrait de celuy que je cherche en tous lieux
Pourroit-il par ſa veuë épouvanter mes yeux ?
ALCANDRE.
Mon Cavalier, de grace, il faut faire retraite,
Et ſouffrir qu'entre nous l'hiſtoire en ſoit ſecrette.
PRIDAMANT.
Pour un ſi bon amy je n'ay point de ſecrets.
DORANTE.
Il nous faut ſans replique accepter ſes Arreſts,
Je vous attens chez moy.
ALCANDRE.
     Ce ſoir, ſi bon luy ſemble,
Il vous apprendra tout quand vous ſerez enſemble.

SCENE III.
ALCANDRE, PRIDAMANT.
ALCANDRE.

VOstre fils tout d'un coup ne fut pas grand Seigneur,
Toutes ses actions ne vous font pas honneur,
Et je serois marry d'exposer sa misére
En spectacle à des yeux autres que ceux d'un pére.
 Il vous prit quelque argent, mais ce petit butin
A peine luy dura du soir jusqu'au matin,
Et pour gagner Paris, il vendit par la plaine
Des brévets à chasser la fiévre & la migraine,
Dit la bonne avanture, & s'y rendit ainsi.
Là, comme on vit d'esprit, il en vécut aussi.
Dedans saint Innocent il se fit Secrétaire,
Après montant d'état il fut Clerc d'un Notaire :
Ennuyé de la plume il la quitta soudain,
Et fit danser un Singe au faux-bourg saint Germain :
Il se mit sur la rime, & l'essay de sa veine
Enrichit les chanteurs de la Samaritaine :
Son stile prit après de plus beaux ornemens,
Il se hazarda mesme à faire des Romans,
Des chansons pour Gautier, des pointes pour Guillaume ;
Depuis il trafiqua de chapelets de baume,
Vendit du Mithridate en maistre Opérateur,
Revint dans le Palais & fut Solliciteur :
Enfin jamais Buscon, Lazarille de Tormes,
Sayavédre & Gusman ne prirent tant de formes.
C'étoit là pour Dorante un honneste entretien !
PRIDAMANT.
Que je vous suis tenu de ce qu'il n'en sçait rien !

L'ILLUSION,
ALCANDRE.
Sans vous faire rien voir, je vous en fais un conte
Dont le peu de longueur épargne voſtre honte.

Las de tant de métiers ſans honneur & ſans fruit,
Quelque meilleur destin à Bordeaux l'a conduit,
Et là, comme il penſoit au choix d'un exercice,
Un brave du païs l'a pris a ſon ſervice.
Ce guerrier amoureux en a fait ſon Agent,
Cette commiſſion l'a remeublé d'argent,
Il ſçait avec adreſſe en portant les paroles
De la vaillante dupe attraper les pistoles,
Meſme de ſon Agent il s'eſt fait ſon rival,
Et la beauté qu'il ſert ne luy veut point de mal.
Lors que de ſes amours vous aurez veu l'hiſtoire,
Je vous le veux montrer plein d'éclat & de gloire,
Et la meſme action qu'il pratique aujourd'huy.

PRIDAMANT.
Que déja cét espoir ſoulage mon ennuy !

ALCANDRE.
Il a caché ſon nom en battant la campagne,
Et s'eſt fait de Clindor le ſieur de la Montagne,
C'eſt ainſi que tantoſt vous l'entendrez nommer :
Voyez tout ſans rien dire, & ſans vous alarmer.

Je tarde un peu beaucoup pour voſtre impatience,
N'en concevez pourtant aucune défiance ;
C'eſt qu'un charme ordinaire a trop peu de pouvoir
Sur les ſpectres parlans qu'il faut vous faire voir.
Entrons dedans ma grotte, afin que j'y prépare
Quelques charmes nouveaux pour un effet ſi rare.

Fin du prémier Acte.

COMEDIE.

ACTE II.

SCENE PREMIERE.

ALCANDRE, PRIDAMANT.
ALCANDRE.

Uoy qu'il s'offre à nos yeux n'en ayez
point d'effroy,
De ma grotte sur tout ne sortez qu'a-
près moy,
Sinon, vous êtes mort. Voyez déja
paroistre
Sous deux fantômes vains vostre fils & son maistre.
PRIDAMANT.
O Dieux ! je sens mon ame après luy s'envoler.
ALCANDRE.
Faites-luy du silence, & l'écoutez parler.

SCENE II.

MATAMORE, CLINDOR.
CLINDOR.

Quoy, Monsieur, vous resvez ! & cette ame hau-
taine,
Après tant de beaux faits semble estre encor en peine !
N'êtes-vous point lassé d'abattre des guerriers ?
Et vous faut-il encor quelques nouveaux lauriers ?

MATAMORE.
Il est vray que je resve, & ne sçaurois résoudre
Lequel je doy des deux le prémier mettre en poudre,
Du grand Sophy de Perse, ou bien du grand Mogor.

CLINDOR.
Et de grace, Monsieur, laissez-les vivre encor.
Qu'ajousteroit leur perte à vostre Renommée ?
D'ailleurs quand auriez-vous rassemblé vostre Ar-
MATAMORE. (mée?
Mon Armée ! ah poltron ! ah traistre ! pour leur mort
Tu crois donc que ce bras ne soit pas assez fort ?
Le seul bruit de mon nom renverse les murailles,
Défait les escadrons, & gagne les batailles ;
Mon courage invaincu contre les Empereurs
N'arme que la moitié de ses moindres fureurs ;
D'un seul commandement que je fais aux trois Par-
  ques
Je dépeuple l'Etat des plus heureux Monarques ;
Le foudre est mon canon, les Destins mes soldats,
Je couche d'un revers mille ennemis à bas,
D'un soufle je réduis leurs projets en fumée,
Et tu m'oses parler cependant d'une Armée !
Tu n'auras plus l'honneur de voir un second Mars,
Je vay t'assassiner d'un seul de mes regards,
Veillaque. Toutefois, je songe à ma Maîtresse,
Ce penser m'adoucit. Va, ma colére cesse,
Et ce petit Archer qui dompte tous les Dieux
Vient de chasser la Mort qui logeoit dans mes yeux.
Regarde, j'ay quitté cette effroyable mine,
Qui massacre, détruit, brise, brusle, extermine,
Et pensant au bel œil qui tient ma liberté,
Je ne suis plus qu'amour, que grace, que beauté.

CLINDOR.
O Dieux ! en un moment que tout vous est possible !
Je vous vois aussi beau que vous étiez terrible,
Et ne croy point d'objet si ferme en sa rigueur,
Qu'il puisse constamment vous refuser son cœur.

COMEDIE

MATAMORE.
Je te le dis encor, ne sois plus en alarme,
Quand je veux j'épouvâte, & quâd je veux je charme,
Et selon qu'il me plaist, je remplis tour à tour
Les hommes de terreur, & les femmes d'amour.
 Du temps que ma beauté m'étoit inséparable,
Leurs persécutions me rendoient misérable,
Je ne pouvois sortir sans les faire pasmer,
Mille mouroient par jour à force de m'aimer,
J'avois des rendez-vous de toutes les Princesses,
Les Reines à l'envy mandioient mes caresses,
Celle d'Ethïopie & celle du Japon
Dans leurs soûpirs d'amour ne mesloient que mon
 nom,
De passion pour moy deux Sultanes troublérent,
Deux autres pour me voir du Serrail s'échapérent,
J'en fus mal quelque temps avec le grand Seigneur.

CLINDOR.
Son mécontentement n'alloit qu'à vostre honneur.

MATAMORE.
Ces pratiques nuisoient à mes desseins de guerre,
Et pouvoient m'empescher de conquérir la Terre.
D'ailleurs j'en devins las, & pour les arréter,
J'envoyay le Destin dire à son Jupiter,
Qu'il trouvast un moyen qui fist cesser les flames
Et l'importunité dont m'accabloient les Dames,
Qu'autrement, ma colére iroit dedans les Cieux
Le degrader soudain de l'Empire des Dieux,
Et donneroit à Mars à gouverner sa foudre :
La frayeur qu'il en eut le fit bien-tost résoudre,
Ce que je demandois fut prest en un moment,
Et depuis, je suis beau quand je veux seulement.

CLINDOR.
Que j'aurois sans cela de poulets à vous rendre !

MATAMORE.
De quelle que ce soit garde-toy bien d'en prendre,
Sinon de.... Tu m'entens, que dit-elle de moy ?

CLINDOR.
Que vous êtes des cœurs & le charme & l'effroy,
Et que si quelque effet peut suivre vos promesses,
Son sort est plus heureux que celuy des Déesses.
MATAMORE.
Ecoute, en ce temps-là dont tantost je parlois,
Les Déesses aussi se rangeoient sous mes loix,
Et je te veux conter une étrange avanture,
Qui jetta du desordre en toute la Nature,
Mais desordre aussi grand qu'on en voye arriver.
Le Soleil fut un jour sans se pouvoir lever,
Et ce visible Dieu que tant de monde adore,
Pour marcher devant luy ne trouvoit point d'Aurore.
On la cherchoit par tout, au lit du vieux Thiton,
Dans les bois de Céphale, au Palais de Memnon,
Et faute de trouver cette belle fourriére,
Le jour jusqu'à midy se passa sans lumiére.
CLINDOR.
Où pouvoit estre alors la Reine des clartez ?
MATAMORE.
Au milieu de ma chambre à m'offrir ses beautez.
Elle y perdit son temps, elle y perdit ses larmes,
Mon cœur fut insensible à ses plus puissans charmes,
Et tout ce qu'elle obtint pour son frivole amour
Fut un ordre précis d'aller rendre le jour.
CLINDOR.
Cét étrange accident me revient en mémoire,
J'étois lors en Méxique, où j'en appris l'histoire,
Et j'entendis conter que la Perse en couroux
De l'affront de son Dieu murmuroit contre vous.
MATAMORE.
J'en ouïs quelque chose, & je l'eusse punie,
Mais j'étois engagé dans la Transsilvanie,
Où ses Ambassadeurs qui vindrent l'excuser
A force de présens me sçeurent appaiser.
CLINDOR.
Que la clémence est belle en un si grand courage!

COMEDIE.
MATAMORE.

Contemple, mon amy, contemple ce visage :
Tu vois un abregé de toutes les vertus.
D'un monde d'ennemis sous mes pieds abatus,
Dont la race est périe, & la terre deserte,
Pas-un qu'à son orgueil n'a jamais deu sa perte :
Tous ceux qui font hommage à mes perfections
Conservent leurs Etats par leurs submissions.
 En Europe où les Rois sont d'une humeur civile,
Je ne leur raze point de chasteau, ny de ville,
Je les souffre regner : mais chez les Africains,
Par tout où j'ay trouvé des Rois un peu trop vains,
J'ay détruit leurs païs pour punir leurs Monarques ;
Et leurs vastes Deserts en sont de bonnes marques,
Ces grands sables qu'à peine on passe sans horreur
Sont d'assez beaux effets de ma juste fureur.

CLINDOR.
Revenons à l'amour, voicy vostre Maîtresse.

MATAMORE.
Ce diable de rival l'accompagne sans cesse.

CLINDOR.
Où vous retirez-vous ?

MATAMORE.
Ce fat n'est pas vaillant,
Mais il a quelque humeur qui le rend insolent.
Peut-estre qu'orgueilleux d'estre avec cette belle
Il seroit assez vain pour me faire querelle.

CLINDOR.
Ce seroit bien courir luy-mesme à son malheur.

MATAMORE.
Lors que j'ay ma beauté je n'ay point de valeur.

CLINDOR.
Cessez d'estre charmant, & faites-vous terrible.

MATAMORE.
Mais tu n'en prévois pas l'accident infaillible.
Je ne sçaurois me faire effroyable à demy,
Je tûrois ma Maîtresse avec mon ennemy.
Attendons en ce coin l'heure qui les sépare.

L'ILLUSION,
CLINDOR.
Comme voſtre valeur voſtre prudence eſt rare.

SCENE III.
ADRASTE, ISABELLE.
ADRASTE.

Helas ! s'il eſt ainſi, quel malheur eſt le mien !
Je ſoûpire, j'endure, & je n'avance rien,
Et malgré les transports de mon amour extrême,
Vous ne voulez pas croire encor que je vous aime.

ISABELLE.

Je ne ſçay pas, Monſieur, dequoy vous me blaſmez,
Je me connois aimable, & croy que vous m'aimez,
Dans vos ſoûpirs ardens j'en voy trop d'apparence,
Et quand bien de leur part j'aurois moins d'aſſeurance,
Pour peu qu'un honneſte homme ait vers vous de crédit,
Je luy fais la faveur de croire ce qu'il dit.
Rendez-moy la pareille, & puiſqu'à voſtre flame
Je ne déguiſe rien de ce que j'ay dans l'ame,
Faites-moy la faveur de croire ſur ce point
Que bien que vous m'aimiez, je ne vous aime point.

ADRASTE.

Crüelle, eſt-ce-là donc ce que vos injuſtices
Ont reſervé de prix à de ſi longs ſervices ?
Et mon fidelle amour eſt-il ſi criminel,
Qu'il doive eſtre puny d'un mépris éternel ?

ISABELLE.

Nous donnons bien ſouvẽt de divers noms aux choſes,
Des épines pour moy vous les nommez des roſes,
Ce que vous appellez ſervice, affection,
Je l'appelle ſupplice, & perſécution.
Chacun dans ſa croyance également s'obſtine,
Vous penſez m'obliger d'un feu qui m'aſſaſſine,
Et ce que vous jugez digne du plus haut prix
Ne mérite à mon gré que haine & que mépris.

ADRASTE

COMEDIE.

ADRASTE.
N'avoir que du mépris pour des flames si saintes,
Dont j'ay receu du Ciel les premiéres atteintes !
Ouy, le Ciel au moment qu'il me fit respirer
Ne me donna de cœur que pour vous adorer,
Mon ame vint au jour pleine de vostre idée,
Avant que de vous voir vous l'avez possedée,
Et quand je me rendis à des regards si doux,
Je ne vous donnay rien qui ne fust tout à vous.
Rien que l'ordre du Ciel n'eust déja fait tout vostre.

ISABELLE.
Le Ciel m'eust fait plaisir d'en enrichir une autre.
Il vous fit pour m'aimer, & moy pour vous haïr,
Gardons-nous bien tous deux de luy desobeïr.
Vous avez après tout bonne part à sa haine,
Ou d'un crime secret il vous livre à la peine,
Car je ne pense pas qu'il soit tourment égal
Au supplice d'aimer qui vous traite si mal.

ADRASTE.
La grandeur de mes maux vous étant si connuë,
Me refuserez-vous la pitié qui m'est deuë ?

ISABELLE.
Certes j'en ay beaucoup, & vous plains d'autant plus,
Que je voy ces tourmens tout-à-fait superflus,
Et n'avoir pour tout fruit d'une longue souffrance,
Que l'incommode honneur d'une triste constance.

ADRASTE.
Un pére l'authorise, & mon feu maltraité
Enfin aura recours à son authorité.

ISABELLE.
Ce n'est pas le moyen de trouver vostre conte,
Et d'un si beau dessein vous n'aurez que la honte.

ADRASTE.
J'espére voir pourtant avant la fin du jour
Ce que peut son vouloir au defaut de l'amour.

ISABELLE.
Et moy j'espére voir avant que le jour passe
Un Amant accablé de nouvelle disgrace.

I. Partie.   Z

L'ILLUSION,
ADRASTE.
Et quoy ! cette rigueur ne cessera jamais ?
ISABELLE.
Allez trouver mon pére & me laissez en paix.
ADRASTE.
Vostre ame au repentir de sa froideur passée
Ne la veut point quitter sans estre un peu forcée,
J'y vay tout de ce pas, mais avec des sermens
Que c'est pour obeïr à vos commandemens.
ISABELLE.
Allez continüer une vaine poursuite.

SCENE IV.
MATAMORE, ISABELLE, CLINDOR.

MATAMORE.
ET bien ? dès qu'il m'a veu, comme a-t'il pris la fuite ?
M'a-t'il bien sçeu quitter la place au mesme instant ?
ISABELLE.
Ce n'est pas honte a luy les Rois en font autant ;
Du moins si ce grand bruit qui court de vos merveilles
N'a trompé mon esprit en frappant mes oreilles.
MATAMORE.
Vous le pouvez bien croire, & pour le témoigner,
Choisissez en quels lieux il vous plaist de régner,
Ce bras tout aussi-tost vous conqueste un Empire,
J'en jure par luy-mesme, & cela, c'est tout dire.
ISABELLE.
Ne prodiguez pas tant ce bras toûjours vainqueur,
Je ne veux point régner que dessus vostre cœur ;
Toute l'ambition que me donne ma flame
C'est d'avoir pour Sujets les desirs de vostre ame.

COMEDIE.
MATAMORE.
Il vous sont tous acquis, & pour vous faire voir
Que nous avons sur eux un absolu pouvoir,
Je n'écouteray plus cette humeur de conqueste,
Et laissant tous les Rois leurs couronnes en teste,
J'en prendray seulement deux ou trois pour valets,
Qui viendront à genoux vous rendre mes poulets.
ISABELLE.
L'éclat de tels Suivans attireroit l'Envie
Sur le rare bonheur où je coule ma vie ;
Le commerce discret de nos affections
N'a besoin que de luy pour ces commissions.
MATAMORE.
Vous avez, Dieu me sauve, un esprit à ma mode,
Vous trouvez comme moy la grandeur incommode,
Les Sceptres les plus beaux n'ont rien pour moy d'exquis,
Je les rens aussi-tost que je les ay conquis,
Et me suis veu charmer quantité de Princesses, (ses.
Sans que jamais mon cœur les voulust pour Maîtres-
ISABELLE.
Certes en ce point seul je manque un peu de foy.
Que vous ayez quitté des Princesses pour moy !
Que vous leur refusiez un cœur dont je dispose !
MATAMORE.
Je croy que la Montagne en sçaura quelque chose.
Vien ça. Lors qu'en la Chine, en ce fameux tournoy,
Je donnay dans la veuë aux deux filles du Roy,
Que te dit-on en Cour de cette jalousie
Dont pour moy toutes deux eurent l'ame saisie ?
CLINDOR.
Par vos mépris enfin l'un & l'autre mourut,
J'étois lors en Egypte, où le bruit en courut,
Et ce fut en ce temps que la peur de vos armes
Fit nager le grand Caire en un fleuve de larmes.
Vous veniez d'assommer dix Géans en un jour,
Vous aviez desolé les païs d'alentour,

L'ILLUSION,

Razé quinze chasteaux, applany deux montagnes,
Fait passer par le feu villes, bourgs, & campagnes,
Et défait vers Damas cent mille combatans.

MATAMORE.
Que tu remarques bien, & les lieux, & les temps!
Je l'avois oublié.

ISABELLE.
Des faits si pleins de gloire
Vous peuvent-ils ainsi sortir de la memoire?

MATAMORE.
Trop pleine de lauriers remporté sur les Rois,
Je ne la charge point de ces menus exploits.

SCENE V.
MATAMORE, ISABELLE, CLINDOR, PAGE.

PAGE.
Monsieur.

MATAMORE.
Que veux-tu, Page?

PAGE.
Un Courier vous demande

MATAMORE.
D'où vient-il?

PAGE.
De la part de la Reine d'Islande.

MATAMORE.
Ciel, qui sçais comme quoy j'en suis persécuté,
Un peu plus de repos avec moins de beauté,
Fay qu'un si long mépris enfin la desabuse.

CLINDOR.
Voyez ce que pour vous ce grand guerrier refuse.

ISABELLE.
Je n'en puis plus douter.

COMEDIE.

CLINDOR.

Il vous le disoit bien.

MATAMORE.

Elle m'a beau prier, non, je n'en feray rien,
Et quoy qu'un fol espoir ose encore luy promettre,
Je luy vais envoyer sa mort dans une lettre.
Trouvez-le bon, ma Reine, & souffrez cependant
Une heure d'entretien de ce cher confident,
Qui comme de ma vie il sçait toute l'histoire,
Vous fera voir sur qui vous avez la victoire.

ISABELLE.

Tardez encore moins, & par ce prompt retour
Je jugeray quelle est envers moy vostre amour.

SCENE VI.

CLINDOR, ISABELLE.

CLINDOR.

Jugez plûtost par là l'humeur du personnage.
Ce Page n'est chez luy que pour ce badinage,
Et venir d'heure en heure avertir sa Grandeur.
D'un Courier, d'un Agent, ou d'un Ambassadeur.

ISABELLE.

Ce message me plaist bien plus qu'il ne luy semble,
Il me défait d'un fou pour nous laisser ensemble.

CLINDOR.

Ce discours favorable enhardira mes feux
A bien user du temps si propice à mes vœux.

ISABELLE.

Que m'allez-vous conter ?

CLINDOR.

Que j'adore Isabelle,
Que je n'ay plus de cœur, ny d'ame, que pour elle,
Que ma vie...

ISABELLE.

Epargnez ces propos superflus,
Je les sçay, je les croy, que voulez-vous de plus ?
Je néglige à vos yeux l'offre d'un diadème,
Je dédaigne un rival, en un mot, je vous aime.
C'est aux commencemens des foibles passions
A s'amuser encor aux protestations,
Il suffit de nous voir au point où sont les nostres,
Un coup d'œil vaut pour vous tous les discours des
        CLINDOR.   (autres,
Dieux ! qui l'eust jamais creu, que mon sort rigou-
   reux
Se rendist si facile à mon cœur amoureux !
Banny de mon païs par la rigueur d'un pére,
Sans support, sans amis, accablé de misére,
Et réduit à flater le caprice arrogant
Et les vaines humeurs d'un maistre extravagant ;
Ce pitoyable état de ma triste fortune
N'a rien qui vous déplaise, ou qui vous importune,
Et d'un rival puissant les biens & la grandeur
Obtiennent moins sur vous que ma sincére ardeur.

ISABELLE.

C'est comme il faut choisir, un amour véritable
S'attache seulement à ce qu'il voit aimable.
Qui regarde les biens, ou la condition,
N'a qu'un amour avare, ou plein d'ambition,
Et souille laschement par ce meslange infame
Les plus nobles desirs qu'enfante une belle ame.
Je sçay bien que mon pére a d'autres sentimens,
Et mettra de l'obstacle à nos contentemens,
Mais l'amour sur mon cœur a pris trop de puissance
Pour écouter encor les loix de la naissance ;
Mon pére peut beaucoup ; mais bien moins que ma
   foy,
Il a choisy pour luy, je veux choisir pour moy.

CLINDOR.

Confus de voir donner à mon peu de mérite...

COMEDIE.
ISABELLE.
Voicy mon importun, souffrez que je l'évite.

SCENE VII.
ADRASTE, CLINDOR.
ADRASTE.
Que vous êtes heureux, & quel malheur me suit !
Ma Maîtresse vous souffre, & l'ingrate me fuit ;
Quelque goust qu'elle prenne en vostre compagnie,
Si-tost que j'ay paru mon abord l'a bannie.
CLINDOR.
Sans avoir veu vos pas s'adresser en ce lieu,
Lasse de mes discours elle m'a dit Adieu.
ADRASTE.
Lasse de vos discours ! vostre humeur est trop bonne,
Et vostre esprit trop beau pour ennuyer personne.
Mais que luy contiez-vous qui pûst l'importuner ?
CLINDOR.
Des choses qu'aisément vous pouvez deviner,
Les amours de mon maistre, ou plûtost ses sottises,
Ses conquestes en l'air, ses hautes entreprises.
ADRASTE.
Voulez-vous m'obliger ? vostre maistre ny vous
N'étes pas gens tous deux à me rendre jaloux,
Mais si vous ne pouvez arrêter ses saillies,
Divertissez ailleurs le cours de ses folies.
CLINDOR.
Que craignez-vous de luy, dont tous les complimens
Ne parlent que de morts & de saccagemens,
Qu'il bat, terrasse, brise, étrangle, brusle, assomme ?
ADRASTE.
Pour estre son valet je vous trouve honneste homme ;
Vous n'étes point de taille à servir sans dessein
Un fanfaron plus fou que son discours n'est vain.

L'ILLUSION,

Quoy qu'il en soit, depuis que je vous voy chez elle,
Toûjours de plus en plus je l'éprouve crüelle.
Ou vous servez quelqu'autre, ou vostre qualité
Laisse dans vos projets trop de témérité,
Je vous tiens fort suspect de quelque haute adresse :
Que vostre maistre enfin fasse une autre Maîtresse,
Ou s'il ne peut quitter un entretien si doux,
Qu'il se serve du moins d'un autre que de vous.
Ce n'est pas qu'après tout les volontez d'un pére,
Qui sçait ce que je suis, ne terminent l'affaire,
Mais purgez-moy l'esprit de ce petit soucy,
Et si vous vous aimez, bannissez-vous d'icy,
Car si je vous voy plus regarder cette porte,
Je sçay comme traiter les gens de vostre sorte.

CLINDOR.

Me prenez-vous pour homme à nuire à vostre feu ?

ADRASTE.

Sans replique, de grace, ou nous verrons beau jeu.
Allez, c'est assez dit.

CLINDOR.

        Pour un leger ombrage
C'est trop indignement traiter un bon courage.
Si le Ciel en naissant ne m'a fait grand Seigneur,
Il m'a fait le cœur ferme, & sensible à l'honneur,
Et je pourrois bien rendre un jour ce qu'on me préte.

ADRASTE,

Quoy ! vous me menacez !

CLINDOR.

        Non, non, je fais retraite,
D'un si cruel affront vous aurez peu de fruit,
Mais ce n'est pas icy qu'il faut faire du bruit.

SCENE VIII.
ADRASTE, LYSE.

ADRASTE.

CE belistre insolent me fait encor bravade.

LYSE.

A ce conte, Monsieur, vostre esprit est malade ?

ADRASTE.

Malade ! mon esprit !

LYSE.

Ouy, puisqu'il est jaloux
Du malheureux Agent de ce Prince des foux.

ADRASTE.

Je sçay ce que je suis & ce qu'est Isabelle,
Et crains peu qu'un valet me supplante auprès d'elle ;
Je ne puis toutefois souffrir sans quelque ennuy
Le plaisir qu'elle prend à causer avec luy.

LYSE.

C'est dénier ensemble & confesser la debte.

ADRASTE.

Nomme, si tu le veux, ma boutade indiscrette,
Et trouve mes soupçons bien ou mal à propos,
Je l'ay chassé d'icy pour me mettre en repos.
En effet, qu'en est-il ?

LYSE.

Si j'ose vous le dire,
Ce n'est plus que pour luy qu'Isabelle soûpire.

ADRASTE.

Lyse, que me dis-tu ?

LYSE.

Qu'il possède son cœur,
Que jamais feux naissant n'eurent tant de vigueur,
Qu'ils meurent l'un pour l'autre & n'ont qu'une pen-
                                                    (sée.
ADRASTE.

Trop ingrate beauté, déloyale, insensée.

Z v

Tu m'oses donc ainsi préférer un maraut ?
LYSE
Ce rival orgueilleux le porte bien plus haut,
Et je vous en veux faire entiére confidence.
Il se dit Gentilhomme, & riche.
ADRASTE.
Ah! l'impudence!
LYSE.
D'un pére rigoureux fuyant l'authorité
Il a couru long-temps d'un & d'autre costé,
Enfin manque d'argent peut-estre ou par caprice
De nostre Fiérabras il s'est mis au service,
Et sous ombre d'agir pour ses folles amours
Il a sçeu pratiquer de si rusez détours,
Et charmer tellement cette pauvre abusée,
Que vous en avez veu vostre ardeur méprisée.
Mais parlez à son pere, & bien-tost son pouvoir
Remettra son esprit aux termes du devoir.
ADRASTE.
Je viens tout maintenant d'en tirer asseurance
De recevoir les fruits de ma persévérance,
Et devant qu'il soit peu nous en verrons l'effet.
Mais écoute, il me faut obliger tout à fait.
LYSE.
Où je vous puis servir j'ose tout entreprendre!
ADRASTE.
Peux-tu dans leurs amours me les faire surprendre?
LYSE.
Il n'est rien plus aisé, peut-estre dès ce soir.
ADRASTE.
Adieu donc, souvien-toy de me les faire voir.
Cependant pren cecy seulement par avance.
LYSE.
Que le galand alors soit froté d'importance.
ADRASTE.
Croy-moy, qu'il se verra pour te mieux contenter
Chargé d'autant de bois qu'il en pourra porter.

COMEDIE.

SCENE IX.
LYSE.

L'Arrogant croit déja tenir ville gaignée,
Mais il sera puny de m'avoir dédaignée.
Parce qu'il est aimable il fait le petit Dieu,
Et ne veut s'adresser qu'aux filles de bon lieu,
Je ne mérite pas l'honneur de ses caresses :
Vraiment c'est pour son nez, il luy faut des maîtresses,
Je ne suis que servante, & qu'est-il que valet ?
Si son visage est beau, le mien n'est pas trop laid.
Il se dit riche & noble, & cela me fait rire,
Si loin de son païs qui n'en peut autant dire ?
Qu'il le soit, nous verrons ce soir si je le tiens
Dancer sous le cotret sa noblesse & ses biens.

SCENE X.
ALCANDRE, PRIDAMANT.

ALCANDRE.

Le cœur vous bat un peu.

PRIDAMANT.

    Je crains cette menace.

ALCANDRE.

Lyse aime trop Clindor pour causer sa disgrace.

PRIDAMANT.

Elle en est méprisée, & cherche à se venger.

ALCANDRE.

Ne craignez point, l'amour le fera bien changer.

Fin du second Acte.

ACTE III.

SCENE PREMIERE.
GERONTE, ISABELLE.
GERONTE.

Appaisez vos soûpirs & tarissez vos larmes,
Contre ma volonté ce sont de foibles armes,
Mon cœur, quoy que sensible à toutes vos douleurs,
Ecoute la raison, & néglige vos pleurs.
Je sçay ce qu'il vous faut beaucoup mieux que vous mesme,
Vous dédaignez Adraste à cause que je l'aime;
Et parce qu'il me plaist d'en faire vostre époux,
Vostre orgueil n'y voit rien qui soit digne de vous.
Quoy, manque-t'il de bien, de cœur, ou de noblesse?
En est-ce le visage, ou l'esprit qui vous blesse?
Il vous fait trop d'honneur.

ISABELLE.
                    Je sçay qu'il est parfait,
Et que je répons mal à l'honneur qu'il me fait :
Mais si vostre bonté me permet en ma cause
Pour me justifier de dire quelque chose,
Par un secret instinct que je ne puis nommer,
J'en fais beaucoup d'état & ne le puis aimer.
Souvent je ne sçay quoy que le Ciel nous inspire
Soûleve tout le cœur contre ce qu'on desire,

COMEDIE.

Et ne nous laisse pas en état d'obéïr,
Quand on choisit pour nous ce qu'il nous fait haïr.
Il attache icy bas avec des sympathies
Les ames que son ordre a là-haut assorties,
On n'en sçauroit unir sans ses avis secrets,
Et cette chaisne manque, où manquent ses decrets.
Aller contre les loix de cette Providence,
C'est le prendre à Partie, & blasmer sa prudence,
L'attaquer en rebelle, & s'exposer aux coups
Des plus aspres malheurs qui suivent son couroux.

GERONTE.

Insolente, est-ce ainsi que l'on se justifie ?
Quel maistre vous appren cette Philosophie !
Vous en sçavez beaucoup, mais tout vostre sçavoir
Ne m'empeschera pas d'user de mon pouvoir.
Si le Ciel pour mon choix vous donne tant de haine,
Vous a-t'il mise en feu pour ce grand Capitaine ?
Ce guerrier valeureux vous tient-il dans ses fers,
Et vous a-t'il domptée avec tout l'Univers ?
Ce fanfaron doit-il relever ma famille ?

ISABELLE.

Et de grace, Monsieur, traitez mieux vostre fille.

GERONTE.

Quel sujet donc vous porte à me desobéir ?

ISABELLE.

Mon heur & mon repos que je ne puis trahir.
Ce que vous appelez un heureux Hyménée
N'est pour moy qu'un Enfer si j'y suis condamnée.

GERONTE.

Ah, qu'il en est encor de mieux faites que vous,
Qui se voudroient bien voir dans un Enfer si doux !
Après tout, je le veux, cédez à ma puissance.

ISABELLE.

Faites un autre essay de mon obéïssance.

GERONTE.

Ne me repliquez plus, quand j'ay dit, *je le veux*,
Rentrez, c'est desormais trop contesté nous deux.

SCENE II.

GERONTE.

Qu'à present la jeuneſſe a d'étranges manies,
Les regles du devoir luy ſont des tyrannies,
Et les droits les plus ſaints deviennent impuiſſans
Contre cette fierté qui l'attache à ſon ſens.
Telle eſt l'humeur du ſéxe, il aime à contredire,
Rejette obſtinément le joug de noſtre empire,
Ne ſuit que ſon caprice en ſes affections,
Et n'eſt jamais d'accord de nos élections.
N'eſpére pas pourtant, aveugle & ſans cervelle,
Que ma prudence céde à ton eſprit rebelle.
Mais ce fou viendra-t'il toûjours m'embarraſſer ?
Par force ou par adreſſe il me le faut chaſſer.

SCENE III.

GERONTE, MATAMORE, CLINDOR.

MATAMORE à *Clindor*.

Ne doit-on pas avoir pitié de ma fortune ?
Le grand Viſir encor de nouveau m'importune,
Le Tartare d'ailleurs m'appelle à ſon ſecours,
Narſingue & Calicut m'en preſſent tous les jours ;
Si je ne les refuſe, il me faut mettre en quatre.

CLINDOR.

Pour moy, je ſuis d'avis que vous les laiſſiez battre,
Vous employriez trop mal vos invincibles coups,
Si pour en ſervir un vous faiſiez trois jaloux.

COMEDIE.
MATAMORE.
Tu dis bien, c'est assez de telles courtoisies,
Je ne veux qu'en Amour donner des jalousies.
　Ah, Monsieur, excusez si faute de vous voir,
Bien que si près de vous, je manquois au devoir.
Mais quelle émotion paroit sur ce visage ?
Où sont vos ennemis que j'en fasse carnage ?
GERONTE.
Monsieur, graces aux Dieux, je n'ay point d'ennemis.
MATAMORE.
Mais graces à ce bras qui vous les a soûmis.
GERONTE.
C'est une grace encor que j'avois ignorée.
MATAMORE
Depuis que ma faveur pour vous s'est declarée,
Ils sont tous morts de peur, ou n'ont osé bransler.
GERONTE.
C'est ailleurs maintenant qu'il vous faut signaler,
Il fait beau voir ce bras plus craint que le tonnerre
Demeurer si paisible en un temps plein de guerre,
Et c'est pour acquérir un nom bien relevé,
D'estre dans une ville à battre le pavé !
Chacun croit vostre gloire à faux tître usurpée,
Et vous ne passez plus que pour traisneur d'épée.
MATAMORE.
Ah ventre ! il est tout vray que vous avez raison,
Mais le moyen d'aller si je suis en prison ?
Isabelle m'arreste, & ses yeux pleins de charmes
Ont captivé mon cœur, & suspendu mes armes.
GERONTE.
Si rien que son sujet ne vous tient arrêté,
Faites vostre équipage en toute liberté,
Elle n'est pas pour vous, n'en soyez point en peine.
MATAMORE.
Ventre ! que dites-vous ? je la veux faire Reine.
GERONTE.
Je ne suis pas d'humeur à rire tant de fois,
Du crotesque recit de vos rares exploits,

La sottise ne plaist qu'alorsqu'elle est nouvelle ;
En un mot, faites Reine une autre qu'Isabelle:
Si pour l'entretenir vous venez plus icy...
MATAMORE.
Il a perdu le sens de me parler ainsi.
Pauvre homme, sçais-tu bien que mon nom effroyable
Met le grand Turc en fuite, & fait trembler le Diable,
Que pour t'anéantir je ne veux qu'un moment ?
GERONTE.
J'ay chez moy des valets à mon commandement,
Qui n'ayant pas l'esprit de faire des bravades
Répondroient de la main à vos Rodomontades.
MATAMORE à *Clindor*.
Dy-luy ce que j'ay fait en mille & mille lieux.
GERONTE.
Adieu, modérez-vous, il vous en prendra mieux ;
Bien que je ne sois pas de ceux qui vous haïssent,
J'ay le sang un peu chaud, & mes gens m'obéïssent.

SCENE IV.
MATAMORE, CLINDOR.
MATAMORE.
Respect de ma Maîtresse, incommode vertu,
Tyran de ma vaillance, à quoy me réduis-tu ?
Que n'ay-je eu cent rivaux en la place d'un pére,
Sur qui sans t'offenser laisser choir ma colère ?
Ah, visible Démon, vieux spectre décharné,
Vray support de Satan, médaille de damné,
Tu m'oses-donc bannir, & mesme avec menaces,
Moy de qui tous les Rois briguent les bonnes graces ?
CLINDOR.
Tandis qu'il est dehors, allez dès aujourd'huy
Causer de vos amours, & vous moquer de luy.

COMEDIE.
MATAMORE.
Cadediou, ses valets feroient quelque insolence.
CLINDOR.
Ce fer a trop dequoy dompter leur violence.
MATAMORE.
Ouy, mais les feux qu'il jette en sortant de prison
Auroient en un moment embrasé la maison,
Devoré tout à l'heure ardoises, & goutiéres,
Faistes, lates, chévrons, montans, courbes, filiéres,
Entretoises, sommiers, colomnes, soliveaux,
Parnes, soles, appuis, jambages, traveteaux,
Portes, grilles, verroux, serrures, tuilles, pierre,
Plomb, fer, plastre, ciment, peinture, marbre, verre,
Caves, puys, cours, perrons, salles, chambres, greniers,
Offices, cabinets, terrasses, escaliers,
Juge un peu quel desordre aux yeux de ma char-
    meuse.
Ces feux étouferoient son ardeur amoureuse :
Va luy parler pour moy, toy qui n'ès pas vaillant,
Tu puniras à moins un valet insolent.
CLINDOR.
C'est m'exposer...
MATAMORE.
       Adieu, je vois ouvrir la porte,
Et crains que sans respect cette canaille sorte.

SCENE V.
CLINDOR, LYSE.
CLINDOR seul.
LE souverain poltron, à qui pour faire peur
Il ne faut qu'une fueille, une ombre, une vapeur,
Un vieillard le maltraite, il fuit pour une fille,
Et tremble à tous momens de crainte qu'on l'étrille.

Lyſe, que ton abord doit eſtre dangereux,
Il donne l'épouvante à ce cœur généreux,
Cét unique vaillant la fleur des Capitaines,
Qui dompte autant de Rois qu'il captive de Reines.

LYSE.
Mon viſage eſt ainſi malheureux en attraits,
D'autres charment de loin, le mien fait peur de prés.

CLINDOR.
S'il fait peur à des fous, il charme les plus ſages,
Il n'eſt pas quantité de ſemblables viſages.
Si l'on bruſle pour toy, ce n'eſt pas ſans ſujet,
Je ne connus jamais un ſi gentil objet,   (leuſe,
L'eſprit beau, prompt, accort, l'humeur un peu rail-
L'enbonpoint raviſſant, la taille avantageuſe,
Les yeux doux, le teint vif, & les traits délicats,
Qui ſeroit le brutal qui ne t'aimeroit pas ?

LYSE.
De grace, & depuis quand me trouvez-vous ſi belle?
Voyez bien, je ſuis Lyſe, & non-pas Iſabelle.

CLINDOR.
Vous partagez vous deux mes inclinations,
J'adore ſa fortune & tes perfections.

LYSE.
Vous en embraſſez trop, c'eſt aſſez pour vous d'une,
Et mes perfections cédent à ſa fortune.

CLINDOR.
Quelque effort que je face à luy donner ma foy,
Penſes-tu qu'en effet je l'aime plus que toy ?
L'Amour & l'Hyménée ont diverſe methode,
L'un court au plus aimable, & l'autre au plus com-
    mode :
Je ſuis dans la miſére, & tu n'as point de bien,
Un rien s'ajuſte mal avec un autre rien,
Et malgré les douceurs que l'Amour déploye ;
Deux malheurs enſemble ont toûjours courte joye.
Ainſi j'aſpire ailleurs pour vaincre mon malheur,
Mais je ne puis te voir ſans un peu de douleur,

COMEDIE

Sans qu'un soûpir échape à ce cœur qui murmure,
De ce qu'à mes desirs ma raison fait d'injure.
A tes moindres coups d'œil je me laisse charmer.
Ah, que je t'aimerois, s'il ne falloit qu'aimer,
Et que tu me plairois, s'il ne faloit que plaire !

LYSE

Que vous auriez d'esprit, si vous sçaviez vous taire,
Ou remettre du moins en quelque autre saison
A montrer tant d'amour avec tant de raison !
Le grand tresor pour moy qu'un amoureux si sage,
Qui par compassion n'ose me rendre hommage,
Et porte ses desirs à des partis meilleurs,
De peur de m'acclaber sous nos communs malheurs !
Je n'oubliray jamais de si rares merites.
Allez continüer cependant vos visites.

CLINDOR

Que j'aurois avec toy l'esprit bien plus content !

LYSE

Ma maîtresse là-haut est seule, & vous attend.

CLINDOR

Tu me chasses ainsi !

LYSE

    Non, mais je vous envoye
Aux lieux où vous aurez une plus longue joye.

CLINDOR

Que mesmes tes dédains me semblent gracieux !

LYSE

Ah, que vous prodiguez un temps si précieux ?
Allez.

CLINDOR

    Souvien-toy donc que si j'en aime un autre....

LYSE

C'est de peur d'ajouster ma misére à la vostre,
Je vous l'ay déja dit, je ne l'oubliray pas.

CLINDOR

Adieu, ta raillerie a pour moy tant d'appas,
Que mon cœur à tes yeux de plus en plus s'engage,
Et je t'aimerois trop à tarder davantage.

SCENE VI.
LYSE.

L'Ingrat, il trouve enfin mon visage charmant,
Et pour se divertir il contrefait l'amant !
Qui néglige mes feux m'aime par raillerie,
Me prend pour le joüet de sa galanterie,
Et par un libre aveu de me voler sa foy,
Me jure qu'il m'adore, & ne veut point de moy.
Aime en tous lieux, perfide, & partage ton ame,
Choisy qui tu voudras pour Maîtresse ou pour femme,
Donne à tes interests à ménager tes vœux,
Mais ne croy plus tromper aucune de nous deux.
Isabelle vaut mieux qu'un amour Politique,
Et je vaux mieux qu'un cœur où cét amour s'aplique.
J'ay raillé comme toy, mais c'étoit seulement
Pour ne t'avertir pas de mon ressentiment.
Qu'eust produit son éclat que la défiance ?
Qui cache sa colére asseure sa vengeance,
Et ma feinte douceur prépare beaucoup mieux
Ce piége où tu vas choir, & bien-tost, à mes yeux
  Toutefois qu'as-tu fait qui te rende coupable ?
Pour chercher sa fortune est-on si punissable ?
Tu m'aimes, mais le bien te fait estre inconstant :
Au siécle où nous vivons qui n'en feroit autant ?
Oublions des mépris où par force il s'excite,
Et laissons-le joüir du bonheur qu'il mérite,
S'il m'aime, il se punit en m'osant dédaigner,
Et si je l'aime encor, je le dois épargner.
Dieux, à quoy me réduit ma folle inquiétude,
De vouloir faire grace à tant d'ingratitude !
Digne soif de vengeance, à quoy m'exposéz-vous,
De laisser affoiblir un si juste couroux ?

COMEDIE.

Il m'aime, & de mes yeux je m'en voy méprisée !
Je l'aime, & ne luy sers que d'objet de risée !
Silence, amour, silence, il est temps de punir,
J'en ay donné ma foy, laisse-moy la tenir,
Puisque ton faux espoir ne fait qu'aigrir ma peine,
Fay céder tes douceurs à celles de la haine,
Il est temps qu'en mon cœur elle régne à son tour,
Et l'amour outragé ne doit plus estre amour.

SCENE VII.

MATAMORE.

Les voila, sauvons nous. Non, je ne voy personne,
Avançons hardiment. Tout le corps me frissonne,
Je les entens, fuyons. Le vent faisoit ce bruit.
Marchons sous la faveur des ombres de la nuit.
Vieux resveur, malgré toy j'attens icy ma Reine.
Ces diables de valets me mettent bien en peine,
De deux mille ans & plus je ne tremblay si fort.
C'est trop me hazarder, s'ils sortent, je suis mort,
Car j'aime mieux mourir que leur donner bataille,
Et profaner mon bras contre cette canaille.
Que le courage expose à d'étranges dangers !
Toutefois en tout cas je suis des plus legers,
S'il ne faut que courir leur attente est dupée,
J'ay le pié pour le moins aussi bon que l'épée.
Tout de bon je les voy, c'est fait, il faut mourir,
J'ay le corps si glacé que je ne puis courir.
Destin, qu'à ma valeur tu te montres contraire !
C'est ma Reine elle-mesme avec mon Secrétaire,
Tout mon corps se déglace, écoutons leurs discours,
Et voyons son adresse à traiter mes amours.

SCENE VIII.

CLINDOR, ISABELLE, MATAMORE.

ISABELLE. *Matamore écoute caché.*

Tout se prépare mal du costé de mon pére,
Je ne le vy jamais d'une humeur si sévére,
Il ne souffrira plus vostre maistre ny vous :
Vostre rival d'ailleurs est devenu jaloux.
C'est par cette raison que je vous fais descendre,
Dedans mon cabinet ils pourroient nous surprendre,
Icy nous parlerons en plus de seureté,
Vous pourrez vous couler d'un & d'autre costé,
Et si quelqu'un survient, ma retraite est ouverte.

CLINDOR.

C'est trop prendre de soin pour empescher ma perte.

ISABELLE.

Je n'en puis prendre trop pour asseurer un bien
Sans qui tous autres biens à mes yeux ne sont rien,
Un bien qui vaut pour moy la Terre toute entiére,
Et pour qui seul enfin j'aime à voir la lumiére.
Un rival par mon pére attaque en vain ma foy,
Vostre amour seul a droit de triompher de moy :
Des discours de tous deux je suis persécutée,
Mais pour vous je me plais à me voir mal-traitée,
Et des plus grands malheurs je bénirois les coups,
Si ma fidelité les enduroit pour vous.

CLINDOR.

Vous me rendez confus, & mon ame ravie
Ne vous peut en revanche offrir rien que ma vie ;
Mon sang est le seul bien qui me reste en ces lieux,
Trop heureux de le perdre en servant vos beaux
  yeux.

COMEDIE.

Mais si mon Astre un jour changeant son influence
Me donne un accés libre aux lieux de ma naissance,
Vous verrez que ce choix n'est pas fort inégal,
Et que tout balancé je vaux bien mon rival.
Mais avec ces douceurs permettez-moy de craindre
Qu'un pére & ce rival ne veuillent vous contraindre.

ISABELLE.

N'en ayez point d'alarme, & croyez qu'en ce cas
L'un aura moins d'effet que l'autre n'a d'appas.
Je ne vous diray point où je suis résoluë,
Il suffit que sur moy je me rens absoluë.
Ainsi tous les projets sont des projets en l'air,
Ainsi...

MATAMORE.

Je n'en puis plus, il est temps de parler.

ISABELLE.

Dieux ! on nous écoutoit.

CLINDOR.

C'est nostre Capitaine,
Je vay bien l'appaiser, n'en soyez pas en peine.

SCENE IX.

MATAMORE, CLINDOR.

MATAMORE.

Ah, traistre.

CLINDOR.

Parlez bas, ces valets...

MATAMORE.

Et bien, quoy ?

CLINDOR.

Ils fondront tout à l'heure & sur vous & sur moy.

MATAMORE *le tire à un coin du Théatre.*

Vien ça, tu sçais ton crime, & qu'à l'objet que j'aime
Loin de parler pour moy, tu parlois pour toy-mesme.

CLINDOR.
Ouy, pour me rēdre heureux j'ay fait quelques efforts.
MATAMORE.
Je te donne le choix de trois ou quatre morts.
Je vay d'un coup de poin te briser comme verre,
Ou t'enfoncer tout vif au centre de la Terre,
Ou te fendre en dix parts d'un seul coup de revers,
Ou te jetter si haut au dessus des éclairs,
Que tu sois devoré des feux élémentaires.
Choisy donc promptement, & pense à tes affaires.
CLINDOR.
Vous-mesme choisissez.
MATAMORE.
Quel choix proposes-tu ?
CLINDOR.
De fuir en diligence ou d'estre bien batu.
MATAMORE.
Me menacer encor ! ah ventre, quelle audace,
Au lieu d'estre à genoux & d'implorer ma grace !
Il a donné le mot, ces valets vont sortir.
Je m'en vay commander aux Mers de t'engloutir.
CLINDOR.
Sans vous chercher si loin un si grand cimetiére,
Je vous vay de ce pas jetter dans la riviére.
MATAMORE.
Ils sont d'intelligence. Ah, teste.
CLINDOR.
Point de bruit,
J'ay déja massacré dix hommes cette nuit,
Et si vous me faschez vous en croistrez le nombre,
MATAMORE
Cadediou, ce coquin a marché dans mon ombre,
Il s'est fait tout vaillant d'avoir suivy mes pas :
S'il avoit du respect j'en voudrois faire cas.
Ecoute, je suis bon, & ce seroit dommage
De priver l'Univers d'un homme de courage.
Demande-moy pardon, & cesse par tes feux
De profaner l'objet digne seul de mes vœux ;

Tu

COMEDIE.

Tu connois ma valeur, éprouve ma clémence.
CLINDOR.
Plûtost, si vostre amour a tant de véhémence,
Faisons deux coups d'épée au nom de sa beauté.
MATAMORE.
Parbieu, tu me ravis de générosité.
Va, pour la conquérir n'use plus d'artifices,
Je te la veux donner pour prix de tes services,
Plains-toy doresnavant d'avoir un maistre ingrat.
CLINDOR.
A ce rare présent d'aise le cœur me bat.
  Protecteur des grands Rois, guerrier trop magnanime,
Puisse tout l'Univers bruire de vostre estime.

SCENE X.
ISABELLE, MATAMORE, CLINDOR.
ISABELLE.
JE rends graces au Ciel de ce qu'il a permis
  Qu'à la fin sans combat je vous voy bons amis.
MATAMORE.
Ne pensez plus, ma Reine, à l'honneur que ma flame
Vous devoit faire un jour de vous prendre pour femme,
Pour quelque occasion j'ay changé de dessein ;
Mais je vous veux donner un homme de ma main.
Faites-en de l'état, il est vaillant luy-mesme,
Il commandoit sous moy.
ISABELLE.
        Pour vous plaire, je l'aime.
CLINDOR.
Mais il faut du silence à nostre affection.

I. Partie.

L'ILLUSION,

MATAMORE.

Je vous promets silence & ma protection,
Avoüez-vous de moy par tous les coins du Monde,
Je suis craint à l'égal sur la Terre & sur l'Onde.
Allez, vivez contens sous une mesme loy.

ISABELLE.

Pour vous mieux obéïr je luy donne ma foy.

CLINDOR.

Commandez que sa foy de quelque effet suivie...

SCENE XI.

GERONTE, ADRASTE, MATAMORE, CLINDOR, ISABELLE, LYSE, Troupe de Domestiques.

ADRASTE.

Cet insolent discours te coûtera la vie,
Suborneur.

MATAMORE.

Ils ont pris mon courage en defaut.
Cette porte est ouverte, allons gagner le haut.
Il entre chez Isabelle après qu'elle & Lyse y sont entrées.

CLINDOR.

Traistre, qui te fais fort d'une troupe brigande,
Je te choisiray bien au milieu de la bande.

GERONTE.

Dieux! Adraste est blessé, courez au médecin,
Vous autres cependant arrêtez l'assassin.

CLINDOR.

Ah, Ciel! je céde au nombre. Adieu, cher Isabelle,
Je tombe au précipice où mon destin m'appelle.

COMEDIE.
GERONTE.
C'en est fait, emportez ce corps à la maison,
Et vous, conduisez tost ce traistre à la prison.

SCENE XII.
ALCANDRE, PRIDAMANT.
PRIDAMANT.

Helas ! mon fils est mort.
ALCANDRE.
Que vous avez d'alarmes !
PRIDAMANT.
Ne luy refusez point le secours de vos charmes.
ALCANDRE.
Un peu de patience, & sans un tel secours,
Vous le verrez bien-tost heureux en ses amours.

Fin du troisième Acte.

ACTE IV.

SCENE PREMIERE.
ISABELLE.

Nfin le terme approche, un jugement inique
Doit abuſer demain d'un pouvoir tyrannique,
A ſon propre aſſaſſin immoler mon Amant,
Et faire une vengeance au lieu d'un châtiment.
Par un decret injuſte autant comme ſévére,
Demain doit triompher la haine de mon pére,
La faveur du païs, la qualité du mort,
Le malheur d'Iſabelle, & la rigueur du Sort ;
Hélas! que d'ennemis, & de quelle puiſſance,
Contre le foible appuy que donne l'innocence,
Contre un pauvre inconnu, de qui tout le forfait
Eſt de m'avoir aimée, & d'eſtre trop parfait :
Ouy, Clindor, tes vertus & ton feu légitime
T'ayant acquis mon cœur ont fait auſſi ton crime;
Mais en vain après toy l'on me laiſſe le jour,
Je veux perdre la vie en perdant mon amour,
Prononçant ton Arreſt c'eſt de moy qu'on diſpoſe;
Je veux ſuivre ta mort, puiſque j'en ſuis la cauſe,
Et le meſme moment verra par deux trépas
Nos eſprits amoureux ſe rejoindre là-bas.
Ainſi, pére inhumain, ta cruauté deçeuë
De nos ſaintes ardeurs verra l'heureuſe iſſuë;

COMEDIE. 557

Et si ma perte alors fait naistre tes douleurs,
Auprès de mon Amant je riray de tes pleurs,
Ce qu'un remors cuisant te coûtera de larmes,
D'un si doux entretien augmentera les charmes ;
Ou s'il n'a pas assez de quoy te tourmenter,
Mon Ombre chaque jour viendra t'épouvanter,
S'attacher à tes pas dans l'horreur des ténébres,
Présenter à tes yeux mille images funébres,
Jetter dans ton esprit un éternel effroy,
Te reprocher ma mort, t'appeler après moy,
Accabler de malheurs ta languissante vie,
Et te réduire au point de me porter envie.
Enfin...

SCENE II.
ISABELLE, LYSE.
LYSE.

Quoy, chacun dort, & vous étes icy !
Je vous jure, Monsieur en est en grand soucy.
ISABELLE.
Quand on n'a plus d'espoir, Lyse, on n'a plus de crain-
Je trouve des douceurs à faire icy ma plainte, (te,
Icy je vis Clindor pour la derniére fois,
Ce lieu me redit mieux les accens de sa voix,
Et remet plus avant en mon ame éperduë
L'aimable souvenir d'une si chere veuë.
LYSE.
Que vous prenez de peine à grossir vos ennuis !
ISABELLE.
Que veux-tu que je fassa en l'état où je suis ?
LYSE.
De deux Amants parfaits dont vous étiez servie,
L'un doit mourir demain, l'autre est déja sans vie ;

A a iij

Sans perdre plus de temps à soûpirer pour eux,
Il en faut trouver un qui les vaille tous deux.
ISABELLE.
De quel front oses-tu me tenir ces paroles ?
LYSE.
Quel fruit espérez-vous de vos douleurs frivoles ?
Pensez-vous pour pleurer & ternir vos appas
Rappeler vostre Amant des portes du trépas ?
Songez plûtoft à faire une illustre conqueste,
Je sçay pour vos liens une ame toute preste,
Un homme incomparable.
ISABELLE.
    Oste-toy de mes yeux.
LYSE.
Le meilleur jugement ne choisiroit pas mieux.
ISABELLE.
Pour croistre mes douleurs faut-il que je te voye ?
LYSE.
Et faut-il qu'à vos yeux je déguise ma joye ?
ISABELLE.
D'où te vient cette joye ainsi hors de saison ?
LYSE.
Quand je vous l'auray dit, jugez si j'ay raison.
ISABELLE.
Ah, ne me conte rien.
LYSE.
    Mais l'affaire vous touche.
ISABELLE.
Parle-moy de Clindor, ou n'ouvre point la bouche.
LYSE.
Ma belle humeur qui rit au milieu des malheurs
Fait plus en un moment qu'un siécle de vos pleurs ;
Elle a sauvé Clindor.
ISABELLE.
   Sauvé Clindor !
LYSE.   Luy-mesme.
Jugez après cela comme quoy je vous aime.

COMEDIE.
ISABELLE.
Et de grace, où faut-il que je l'aille trouver?
LYSE,
Je n'ay que commencé, c'est à vous d'achever.
ISABELLE.
Ah, Lyse!
LYSE
Tout de bon, seriez-vous pour le suivre
ISABELLE.
Si je suivrois celuy sans qui je ne puis vivre?
Lyse, si ton esprit ne le tire des fers,
Je l'accompagneray jusques dans les Enfers,
Va, ne demande plus si je suivrois sa fuite.
LYSE.
Puisqu'à ce beau dessein l'amour vous a réduite,
Ecoutez où j'en suis, & secondez mes coups,
Si vostre Amant n'échape, il ne tiendra qu'à vous.
La prison est tout proche...
ISABELLE.
Et bien?
LYSE.
Ce voisinage
Au frére du Concierge a fait voir mon visage,
Et comme c'est tout un que me voir & m'aimer,
Le pauvre malheureux s'en est laissé charmer.
ISABELLE.
Je n'en avois rien sçeu!
LYSE.
J'en avois tant de honte,
Que je mourrois de peur qu'on en fist le conte:
Mais depuis quatre jours vostre Amant arrêté
A fait que l'allant voir je l'ay mieux écouté.
Des yeux & du discours flatant son espérance,
D'un mutuël amour j'ay formé l'apparence.
Quand on aime une fois & qu'on se croit aimé,
On fait tout pour l'objet dont on est enflamé.
Par là j'ay sur son ame asseuré mon empire,
Et l'ay mis en état de ne m'oser dédire.

Aa iiij

Quand il n'a plus douté de mon affection,
J'ay fondé mes refus sur sa condition ;
Et luy pour m'obliger juroit de s'y déplaire,
Mais que malaisément il s'en pouvoit défaire,
Que les clefs des prisons qu'il gardoit aujourd'huy
Etoient le plus grand bien de son frére & de luy.
Moy, de dire soudain que sa bonne fortune
Ne luy pouvoit offrir d'heure plus opportune ;
Que pour se faire riche & pour me posséder
Il n'avoit seulement qu'à s'en accommoder ?
Qu'il tenoit dans le fers un Seigneur de Bretagne,
Déguisé sous le nom du Sieur de la Montagne ;
Qu'il falloit le sauver & le suivre chez luy,
Qu'il nous feroit du bien & seroit nostre appuy.
Il demeure étonné, je le presse, il s'excuse,
Il me parle d'amour, & moy je le refuse,
Je le quitte en colére, il me suit tout confus.
Me fait nouvelle excuse, & moy nouveau refus.

ISABELLE.

Mais enfin ?

LYSE.

J'y retourne, & le trouve fort triste ;
Je le juge ébranlé, je l'attaque, il résiste.
Ce matin, *en un mot le péril est pressant,*
Ay-je dit, *tu peux tout, & ton frére est absent.*
Mais il faut de l'argent pour un si long voyage,
M'a-t'il dit, *il en faut pour faire l'équipage,*
Ce Cavalier en manque.

ISABELLE.

Ah, Lyse, tu devois
Luy faire offre aussi-tost de tout ce que j'avois,
Perles, bagues, habits.

LYSE.

J'ay bien fait davantage,
J'ay dit qu'à vos beautez ce captif rend hommage,
Que vous l'aimez de mesme, & fuirez avec nous.
Ce mot me l'a rendu si traitable & si doux,
Que j'ay bien reconnu qu'un peu de jalousie
Touchant vostre Clindor brouilloit sa fantaisie ;

COMEDIE.

Et que tous ces détours provenoient seulement
D'une vaine frayeur qu'il ne fust mon Amant.
Il est party soudain après vostre amour sçeuë,
A trouvé tout aisé, m'en a promis l'issuë,
Et vous mande pour moy qu'environ à my-nuit
Vous soyez toute preste à déloger sans bruit.

ISABELLE
Que tu me rends heureuse !

LYSE
Ajoustez-y, degrace,
Qu'accepter un mary pour qui je suis de glace,
C'est me sacrifier à vos contentemens.

ISABELLE
Aussi...

LYSE
Je ne veux point de vos remercimens,
Allez ployer bagage, & pour grossir la somme,
Joignez à vos bijoux les écus du bon homme.
Je vous vends ses tresors, mais à fort bon marché,
J'ay desrobé ses clefs depuis qu'il est couché,
Je vous les livre.

ISABELLE
Allons-y travailler ensemble.

LYSE
Passez-vous de mon aide.

ISABELLE
Et quoy ! le cœur te tremble ?

LYSE
Non, mais c'est un secret tout propre à l'éveiller,
Nous ne nous garderions jamais de babiller.

ISABELLE
Folle, tu ris toûjours.

LYSE
De peur d'une surprise
Je dois attendre icy le Chef de l'entreprise,
S'il tardoit à la ruë il seroit reconnu,
Nous vous irons trouver dès qu'il sera venu,
C'est là sans raillerie.

Aa v

L'ILLUSION,
ISABELLE.
Adieu donc, je te laisse,
Et consens que tu sois aujourd'huy la maîtresse.
LYSE.
C'est du moins.
ISABELLE.
Fay bon guet.
LYSE.
Vous, faites bon butin.

SCENE III.

LYSE.

Ainsi, Clindor, je fais moy seule ton destin,
Des fers où je t'ay mis c'est moy qui te delivre,
Et te puis à mon choix faire mourir ou vivre.
On me vengeoit de toy par delà mes desirs,
Je n'avois de dessein que contre tes plaisirs;
Ton sort trop rigoureux m'a fait changer d'envie,
Je te veux asseurer tes plaisirs & ta vie,
Et mon amour éteint te voyant en danger,
Renaist pour m'avertir que c'est trop me venger.
J'espere aussi, Clindor, que pour reconnoissance
De ton ingrat amour étouffant la licence...

SCENE IV.

MATAMORE, ISABELLE, LYSE.

ISABELLE.

Quoy ! chez nous, & de nuit !

MATAMORE.

L'autre jour...

ISABELLE.

Qu'est-cecy,
L'autre jour ? est-il temps que je vous trouve icy ?

LYSE.

C'est ce grand Capitaine. Où s'est-il laissé prendre ?

ISABELLE.

En montant l'escalier je l'en ay veu descendre.

MATAMORE.

L'autre jour au defaut de mon affection,
J'asseuray vos appas de ma protection.

ISABELLE.

Après ?

MATAMORE,

On vint icy faire une brouillerie,
Vous rentrastes voyant cette forfanterie,
Et pour vous proteger je vous suivy soudain.

ISABELLE.

Vostre valeur prit lors un genereux dessein.
Depuis ?

MATAMORE.

Pour conserver une Dame si belle,
Au plus haut du logis j'ay fait la sentinelle.

ISABELLE.

Sans sortir ?

MATAMORE.

Sans sortir.

Aa vj

L'ILLUSION,
LYSE.
C'est à dire en deux mots
Que la peur l'enfermoit dans la chambre aux fagots.
MATAMORE.
La peur ?
LYSE.
Ouy, vous tremblez, la vostre est sans égale.
MATAMORE.
Parce qu'elle a bon pas j'en fais mon Bucephale,
Lors que je la domptay je luy fis cette loy,
Et depuis, quand je marche, elle tremble sous moy.
LYSE.
Vostre caprice est rare à choisir des montures.
MATAMORE.
C'est pour aller plus viste aux grandes avantures.
ISABELLE.
Vous en exploitez bien ; mais changeons de discours.
Vous avez demeuré là dedans quatre jours ?
MATAMORE.
Quatre jours.
ISABELLE.
Et vécu ?
MATAMORE.
De Nectar, d'Ambrosie.
LYSE.
Je croy que cette viande aisément rassasie ?
MATAMORE.
Aucunement.
ISABELLE.
Enfin, vous étiez descendu...
MATAMORE.
Pour faire qu'un Amant en vos bras fust rendu,
Pour rompre sa prison, en fracasser les portes,
Et briser en morceaux ses chaisnes les plus fortes.
LYSE.
Avoüez franchement que pressé de la faim
Vous veniez bien plûtost faire la guerre au pain.

COMEDIE.
MATAMORE.
L'un & l'autre parbieu. Cette Ambrosie est fade,
J'en eus au bout d'un jour l'estomach tout malade,
C'est un mets délicat, & de peu de soûtien,
A moins que d'estre un Dieu l'on n'en vivroit pas bié,
Il cause mille maux, & dès l'heure qu'il entre,
Il allonge les dents, & rétressit le ventre.
LYSE.
Enfin c'est un ragoust qui ne vous plaisoit pas ?
MATAMORE
Quitte pour chaque nuit faire deux tours en bas,
Et là m'accommodant des reliefs de cuisine,
Mesler la viande humaine avecque la divine.
ISABELLE.
Vous aviez après tout dessein de nous voler.
MATAMORE.
Vous-mesmes après tout m'osez-vous quereller ?
Si je laisse une fois échaper ma colére...
ISABELLE.
Lyse, fay-moy sortir les valets de mon pére.
MATAMORE.
Un sot les attendroit.

SCENE V.
ISABELLE, LYSE.
LYSE.
Vous ne le tenez pas.
ISABELLE.
Il nous avoit bien dit que la peur a bon pas.
LYSE.
Vous n'avez cependant rien fait, ou peu de chose ?
ISABELLE.
Rien du tout, que veux-tu ? sa rencontre en est cause.

L'ILLUSION,
LYSE
Mais vous n'aviez alors qu'à le laisser aller.
ISABELLE.
Mais il m'a reconnuë & m'est venu parler.
Moy, qui seule & de nuit craignois son insolence,
Et beaucoup plus encor de troubler le silence,
J'ay crû, pour m'en défaire & m'oster de soucy,
Que le meilleur étoit de l'amener icy.
Voy quand j'ay ton secours que je me tiens vaillante,
Puisque j'ose affronter cette humeur violente.
LYSE.
J'en ay ry comme vous, mais non sans murmurer,
C'est bien du temps perdu.
ISABELLE.
     Je vay le réparer.
LYSE.
Voicy le conducteur de nostre intelligence,
Sçachez auparavant toute sa diligence.

SCENE VI.
ISABELLE, LYSE, LE GEOLIER.
ISABELLE.
ET bien, mon grand amy, braverons-nous le Sort,
Et viens-tu m'apporter, ou la vie, ou la mort?
Ce n'est plus qu'en toy seul que mon espoir se fonde.
LE GEOLIER.
Bannissez vos frayeurs, tout va le mieux du Monde,
Il ne faut que partir, j'ay des chevaux tous prests,
Et vous pourrez bien-tost vous moquer des Arrests.
ISABELLE.
Je te doy regarder comme un Dieu tutélaire,
Et ne sçay point pour toy d'assez digne salaire.
LE GEOLIER.
Voicy le prix unique où tout mon cœur prétend.

COMEDIE.
ISABELLE.
Lyfe, il faut te réfoudre à le rendre content.
LYSE.
Ouy, mais tout fon appreft nous eft fort inutile,
Comment ouvrirons-nous les portes de la ville ?
LE GEOLIER.
On nous tient des chevaux en main feure aux faux-
    bourgs,
Et je fçay un vieux mur qui tombe tous les jours,
Nous pourrons aifément fortir par fes ruïnes.
ISABELLE.
Ah ! que je me trouvois fur d'étranges épines !
LE GEOLIER.
Mais il faut fe hafter.
ISABELLE.
           Nous partirons foudain,
Viens nous aider là haut à faire noftre main.

SCENE VII.
CLINDOR *en prifon.*

Aimables fouvenirs de mes chéres délices, (ces,
Qu'on va bien-toft changer en d'infames fuppli-
Que malgré les horreurs de ce mortel effroy
Vos charmans entretiens ont de douceurs pour moy !
Ne m'abandonnez point, foyez-moy plus fidelles
Que les rigueurs du Sort ne fe montrent crüelles ;
Et lors que du trépas les plus noires couleurs
Viendront à mon esprit figurer mes malheurs,
Figurez auffi-toft à mon ame interdite
Combien je fus heureux pardelà mon mérite.
Lors que je me plaindray de leur févérité,
Redites-moy l'excès de ma témérité ;
Que d'un fi haut deffein ma fortune incapable
Rendoit ma flame injuste, & mon espoir coupable,

Que je fus criminel quand je devins Amant,
Et que ma mort en est le juste châtiment.
   Quel bonheur m'accompagne à la fin de ma vie !
Isabelle, je meurs pour vous avoir servie,
Et de quelque tranchant que je souffre les coups,
Je meurs trop glorieux, puisque je meurs pour vous.
Hélas ! que je me flate, & que j'ay d'artifice
A me dissimuler la honte d'un supplice !
En est-il de plus grand, que de quitter ces yeux
Dont le fatal amour me rend si glorieux ?
L'Ombre d'un meurtrier creuse icy ma ruïne,
Il succomba vivant, & mort il m'assassine,
Son nom fait contre moy ce que n'a pû son bras,
Mille assassins nouveaux naissent de son trépas,
Et je voy de son sang fecond en perfidies
S'élever contre moy des ames plus hardies,
De qui les passions s'arment d'autorité
Font un meurtre public avec impunité,
Demain de mon courage on doit faire un grand crime,
Donner au déloyal ma teste pour victime,
Et tous pour le païs prenant tant d'intérest,
Qu'il ne m'est pas permis de douter de l'Arrest.
Ainsi de tous costez ma perte étoit certaine,
J'ay repoussé la mort, je la reçoy pour peine,
D'un péril évité je tombe en un nouveau,
Et des mains d'un rival en celles d'un bourreau.
Je frémis à penser à ma triste avanture,
Dans le sein du repos je suis à la torture,
Au milieu de la nuit & du temps du sommeil
Je voy de mon trépas le honteux appareil,
J'en ay devant les yeux les funestes ministres,
On me lit du Sénat les mandemens sinistres,
Je sors les fers aux pieds, j'entens déja le bruit
De l'amas insolent d'un peuple qui me suit,
Je voy le lieu fatal où ma mort se prépare ;
Là mon esprit se trouble & ma raison s'égare,

COMEDIE.

Je ne découvre rien qui m'ose secourir,
Et la peur de la mort me fait déja mourir.
Isabelle, toy seule en réveillant ma flame
Dissipes ces terreurs & rasseures mon ame,
Et si-tost que je pense à tes divins attraits,
Je vois évanoüir ces infames portraits.
Quelques rudes assauts que le malheur me livre,
Garde mon souvenir, & je croiray revivre.
Mais d'où vient que de nuit on ouvre ma prison ?
Amy, que viens-tu faire icy hors de saison ?

SCENE VII.

CLINDOR. LE GEOLIER.

LE GEOLIER *cependant qu'Isabelle & Lyse paroissent à quartier.*

Les Juges assemblez pour punir vostre audace
Meus de compassion enfin vous ont fait grace.

CLINDOR.

M'ont fait grace, bons Dieux !

LE GEOLIER.

Ouy, vous mourrez de nuit.

CLINDOR.

De leur compassion, est-ce là tout le fruit ?

LE GEOLIER.

Que de cette faveur vous tenez peu de conte !
D'un supplice public c'est vous sauver la honte.

CLINDOR.

Quels encens puis-je offrir aux maistres de mon sort,
Dont l'Arrest me fait grace, & m'envoye à la mort ?

LE GEOLIER.

Il la faut recevoir avec meilleur visage.

CLINDOR.

Fay ton office, amy, sans causer davantage.

L'ILLUSION,

LE GEOLIER.
Une troupe d'Archers là dehors vous attend,
Peut-estre en les voyant serez-vous plus content.

SCENE IX.

CLINDOR, ISABELLE, LYSE, LE GEOLIER.

ISABELLE *dit ces mots à Lyse, cependant que le Géolier ouvre la prison à Clindor.*

Lyse, nous l'allons voir.

LYSE.
      Que vous êtes ravie !

ISABELLE.
Ne le serois-je point de recevoir la vie ?
Son destin & le mien prennent un mesme cours,
Et je mourois du coup qui trancheroit ses jours.

LE GEOLIER.
Monsieur, connoissez-vous beaucoup d'Archers semblables?

CLINDOR.
Ah, Madame, est-ce vous ? surprises adorables,
Trompeur trop obligeant ! tu disois bien vraiment
Que je mourrois de nuit, mais de contentement.

ISABELLE.
Clindor !

LE GEOLIER.
   Ne perdons point le temps à ces caresses,
Nous aurons tout loisir de flater nos Maîtresses.

CLINDOR.
Quoy, Lyse est donc la sienne !

ISABELLE.
      Ecoutez le discours
De vostre liberté qu'ont produit leurs amours.

COMEDIE.
LE GEOLIER.
En lieu de seureté le babil est de mise,
Mais icy ne songeons qu'à nous oster de prise.
ISABELLE.
Sauvons-nous, mais avant promettez-nous tous deux
Jusqu'au jour d'un Hymen de modérer vos feux ;
Autrement, nous rentrons.
CLINDOR.
                Que cela ne vous tienne,
Je vous donne ma foy.
LE GEOLIER.
                Lyse, reçoy la mienne.
ISABELLE.
Sur un gage si beau j'ose tout hazarder.
LE GEOLIER.
Nous nous amusons trop, il est temps d'évader.

SCENE X.

ALCANDRE, PRIDAMANT.

ALCANDRE.
NE craignez plus pour eux ny périls, ny disgraces
Beaucoup les poursuivront, mais sans trouver
  leurs traces.
PRIDAMANT.
A la fin je respire.
ALCANDRE.
                Après un tel bonheur.
Deux ans les ont montez en haut degré d'honneur,
Je ne vous diray point le cours de leurs voyages,
S'ils ont trouvé le calme, ou vaincu les orages,
Ny par quel Art non-plus ils se sont élevez ;
Il suffit d'avoir veu comme ils se sont sauvez ;

Et que sans vous en faire une histoire importune,
Je vous les vay montrer en leur haute fortune.
  Mais puis qu'il faut passer à des effets plus beaux,
Rentrons pour évoquer des Fantosmes nouveaux:
Ceux que vous avez veus representer de suite
N'étant pas destinez aux hautes fonctions,
N'ont point assez d'éclat pour leurs conditions.

Fin du quatrième Acte.

COMEDIE. 573

ACTE V.

SCENE PREMIERE.
ALCANDRE, PRIDAMANT.

PRIDAMANT.

U'Isabelle est changée, & qu'elle est
éclatante !
ADRASTE.
Lyse marche après elle, & luy sert de
Suivante.
Mais derechef sur tout n'ayez aucun effroy,
Et de ce lieu fatal ne sortez qu'après moy,
Je vous le dis encor, il y va de la vie.
PRIDAMANT.
Cette condition m'en oste assez l'envie.

SCENE II.

ISABELLE *representant Hyppolite*,
LYSE *representant Clarine*.

LYSE.

Ce divertissement n'aura-t'il point de fin ?
Et voulez-vous passer la nuit dans ce jardin ?

ISABELLE.

Je ne puis plus cacher le sujet qui m'améne,
C'est grossir mes douleurs que de taire ma peine.
Le Prince Florilame...

LYSE.

Et bien ? il est absent.

ISABELLE.

C'est la source des maux que mon ame en ressent.
Nous sommes ses voisins, & l'amour qu'il nous porte
Dedans son grand jardin nous permet cette porte :
La Princesse Rosine & mon perfide époux
Durant qu'il est absent en font leur rendez-vous.
Je l'attens au passage, & luy feray connoistre
Que je ne suis pas femme à rien souffrir d'un traistre.

LYSE.

Madame, croyez-moy, loin de le quereller,
Vous ferez beaucoup mieux de tout dissimuler.
Il nous vient peu de fruit de telles jalousies,
Un homme en court plûtost après ses fantaisies,
Il est toûjours le maistre, & tout nostre discours
Par un contraire effet l'obstine en ses amours.

ISABELLE.

Je dissimuleray son adultére flame !
Une autre aura son cœur, & moy le nom de femme !
Sans crime d'un Hymen peut-il rompre la loy ?
Et ne rougit-il point d'avoir si peu de foy ?

COMEDIE.

LYSE.

Cela fut bon jadis, mais au temps où nous sommes,
Ny l'Hymen ny la foy n'obligent plus les hommes.
Leur gloire a son brillant & ses régles à part,
Où la nostre se perd la leur est sans hazard,
Elle croist aux dépens de nos lasches foiblesses,
L'honneur d'un galant hôme est d'avoir des Maîtres-(ses.

ISABELLE.

Oste-moy cét honneur & cette vanité
De se mettre en crédit par l'infidélité.
Si pour haïr le change & vivre sans amie
Un homme tel que luy tombe dans l'infamie,
Je le tiens glorieux d'estre infame à ce prix,
S'il en est méprisé, j'estime ce mépris.
Le blasme qu'on reçoit d'aimer trop une femme
Aux maris vertüeux est un illustre blasme.

LYSE.

Madame, il vient d'entrer, la porte a fait du bruit.

ISABELLE.

Retirons-nous qu'il passe.

LYSE.

Il vous voit & vous suit.

SCENE III.

CLINDOR, *representant Théagéne*,
ISABELLE *representant Hyppolite*,
LYSE *representant Clarine*.

CLINDOR.

Vous fuyez, ma Princesse, & cherchez des remises,
Sont-ce-là les douceurs que vous m'aviez promises ?
Est-ce ainsi que l'amour ménage un entretien ?
Ne fuyez plus, Madame, & n'appréhendez rien ;

L'ILLUSION,

Florilame est absent, ma jalousie endormie.
ISABELLE.
En êtes-vous bien seur?
CLINDOR.
Ah, Fortune ennemie!
ISABELLE.
Je veille, déloyal, ne croy plus m'aveugler.
Au milieu de la nuit je ne voy que trop clair
Je voy tous mes soupçons passer en certitudes,
Et ne puis plus douter de tes ingratitudes,
Toy mesme par ta bouche as trahy ton secret.
O l'esprit avisé pour un amant discret,
Et que c'est en amour une haute prudence,
D'en faire avec sa femme entiére confidence!
Où sont tant de sermens de n'aimer rien que moy?
Qu'as-tu fait de ton cœur? qu'as-tu fait de ta foy?
Lors que je la receus, ingrat, qu'il te souvienne
De combien différoient ta fortune & la mienne.
De combien de rivaux je dédaignay les vœux,
Ce qu'un simple soldat pouvoit estre auprès d'eux,
Quelle tendre amitié je recevois d'un pére;
Je le quittay pourtant pour suivre ta misére,
Et je tendis les bras à mon enlévement,
Pour soustraire ma main à son commandement.
En quelle extrémité depuis ne m'ont réduite
Les hazards dont le Sort a traversé ta fuite,
Et que n'ay-je souffert avant que le bon-heur
Elevast ta bassesse à ce haut rang d'honneur;
Si pour te voir heureux ta foy s'est relaschée,
Remets-moy dans le sein dont tu m'as arrachée;
L'amour que j'ay pour toy m'a fait tout hazarder,
Non-pas pour des grandeurs, mais pour te posséder.
CLINDOR.
Ne me reproche plus ta fuite ny ta flame,
Que ne fait point l'Amour quand il posséde une ame?
Son pouvoir à ma veuë attachoit tes plaisirs,
Et tu me suivois moins que tes propres desirs.

J'étois

COMEDIE.

J'étois lors peu de chose, ouy, mais qu'il te souvienne
Que ta fuite égala ta fortune à la mienne,
Et que pour t'enlever c'étoit un foible appas
Que l'éclat de tes biens qui ne te suivoient pas.
Je n'eus de mon costé que l'épée en partage,
Et ta flame du tien fut mon seul avantage :
Celle-là m'a fait grand en ces bords étrangers,
L'autre exposa ma teste à cent & cent dangers.
 Regrette maintenant ton pére & ses richesses,
Fasche-toy de marcher à costé des Princesses,
Retourne en ton païs chercher avec tes biens
L'honneur d'un rang pareil à celuy que tu tiens.
De quel manque aprés tout as-tu lieu de te plaindre ?
En quelle occasion m'as-tu veu te contraindre ?
As-tu receu de moy ny froideurs ny mépris ?
Les femmes, à vray dire, ont d'étranges esprits;
Qu'un mary les adore, & qu'un amour extrême
A leur bizarre humeur le soûmettre luy-mesme,
Qu'il les comble d'honneurs & de bons traitemens,
Qu'il ne refuse rien à leurs contentemens ;
S'il fait la moindre bréche à la foy conjugale,
Il n'est point à leur gré de crime qui l'égale,
C'est vol, c'est perfidie, assassinat, poison,
C'est massacrer son pére, & brusler sa maison,
Et jadis des Titans l'effroyable supplice
Tomba sur Encelade avec moins de justice.

ISABELLE.

Je te l'ay déja dit, que toute ta grandeur
Ne fut jamais l'objet de ma sincére ardeur,
Je ne suivois que toy quand je quittay mon pére :
Mais puisque ces grandeurs t'ont fait l'ame legére,
Laisse mon intérest, songe à qui tu les dois.
 Florilame luy seul t'a mis où tu le vois,
A peine il te connut qu'il te tira de peine,
De soldat vagabond il te fit Capitaine,

I. Partie.   B b

Et le rare bonheur qui suivit cet employ
Joignit à ses faveurs les faveurs de son Roy.
Quelle forte amitié n'a-t'il point fait paroistre
A cultiver depuis ce qu'il avoit fait naistre ?
Par ses soins redoublez n'ès-tu pas aujourd'huy
Un peu moindre de rang, mais plus puissant que luy ?
Il eust gagné par là l'esprit le plus farouche ;
Et pour remerciment tu veux souiller sa couche !
Dans ta brutalité trouve quelques raisons,
Et contre ses faveurs défens tes trahisons.
Il t'a comblé de biens, tu luy voles son ame !
Il t'a fait grand Seigneur, & tu le rens infame !
Ingrat, c'est donc ainsi que tu rens les bien-faits ?
Et ta reconnoissance a produit ces effets ?

CLINDOR.

Mon ame (car encor ce beau nom te demeure,
Et te demeurera jusqu'à tant que je meure)
Crois-tu qu'aucun respect ou crainte du trépas
Puisse obtenir sur moy ce que tu n'obtiens pas ?
Dy que je suis ingrat, appelle-moy parjure,
Mais à nos feux sacrez ne fay plus tant d'injure,
Ils conservent encor leur première vigueur,
Et si le fol amour qui m'a surpris le cœur
Avoit pû s'étouffer au point de sa naissance,
Celuy que je te porte eust eu cette puissance.
Mais en vain mon devoir tasche à luy résister,
Toy-mesme as éprouvé qu'on ne le peut dompter.
Ce Dieu qui te força d'abandonner ton pére,
Ton païs, & tes biens pour suivre ma misére,
Ce Dieu mesme aujourd'huy force tous mes desirs
A te faire un larcin de deux ou trois soûpirs.
A mon égarement souffre cette échapée,
Sans craindre que ta place en demeure usurpée.
L'Amour dont la vertu n'est point le fondement
Se détruit de soy-mesme & passe en un moment ;

COMEDIE. 579

Mais celuy qui nous joint est un amour solide,
Où l'honneur a son lustre, où la vertu préside,
Sa durée a toûjours quelques nouveaux appas,
Et ses fermes liens durent jusqu'au trépas.
Mon ame, derechef pardonne à la surprise
Que ce Tyran des cœurs a fait à ma franchise,
Souffre une folle ardeur qui ne vivra qu'un jour,
Et qui n'affoiblit point le conjugal amour.

ISABELLE.

Hélas ! que j'aide bien à m'abuser moy-mesme !
Je voy qu'on me trahit, & veux croire qu'on m'aime,
Je me laisse charmer à ce discours flateur,
Et j'excuse un forfait dont j'adore l'autheur.
   Pardonne, cher époux, au peu de retenuë
Où d'un prémier transport la chaleur est venuë :
C'est en ces accidens manquer d'affection,
Que de les voir sans trouble & sans émotion.
Puisque mon teint se fane & ma beauté se passe,
Il est bien juste aussi que ton amour se lasse,
Et mesme je croiray que ce feu passager
En l'amour conjugal ne pourra rien changer.
Songe un peu toutefois à qui ce feu s'adresse,
En quel péril te jette une telle Maîtresse.
   Dissimule, déguise, & sois Amant discret,
Les Grands en leur amour n'ont jamais de secret.
Ce grand train qu'à leurs pas leur grandeur propre
   attache
N'est qu'un grand corps tout d'yeux à qui rien ne se
   cache,
Et dont il n'est pas-un qui ne fist son effort
A se mettre en faveur par un mauvais rapport.
Tost ou tard Florilame apprendra tes pratiques,
Ou de sa défiance, ou de ses Domestiques,
Et lors (à ce penser je frissonne d'horreur)
A quelle extrémité n'ira point sa fureur ?
Puisqu'à ces passe-temps ton humeur te convie,
Cours après tes plaisirs, mais asseure ta vie,

Bb ij

Sans aucun sentiment je te verray changer,
Lors que tu changeras sans te mettre en danger.
CLINDOR.
Encor une fois donc tu veux que je te die
Qu'auprès de mon amour je méprise ma vie ?
Mon ame est trop atteinte, & mon cœur trop blessé
Pour craindre les périls dont je suis menacé,
Ma passion m'aveugle, & pour cette conqueste
Croit hazarder trop peu de hazarder ma teste.
C'est un feu que le temps pourra seul modérer,
C'est un torrent qui passe & ne sçauroit durer.
ISABELLE.
Et bien, cours au trépas, puisqu'il a tant de charmes,
Et néglige ta vie aussi-bien que mes larmes.
Penses-tu que ce Prince après un tel forfait
Par ta punition se tienne satisfait ?
Qui sera mon appuy lors que ta mort infame
A sa juste vengeance exposera ta femme,
Et que sur la moitié d'un perfide étranger
Une seconde fois il croira se venger ?
Non, je n'attendray pas que ta perte certaine
Puisse attirer sur moy les restes de ta peine,
Et que de mon honneur gardé si chérement
Il fasse un sacrifice à son ressentiment.
Je préviendray la honte où ton malheur me livre,
Et sçauray bien mourir si tu ne veux pas vivre.
Ce corps dont mon amour t'a fait le possesseur
Ne craindra plus bien-tost l'effort d'un ravisseur:
J'ay vécu pour t'aimer, mais non pour l'infamie
De servir au mary de ton illustre Amie.
Adieu je vay du moins en mourant avant toy
Diminüer ton crime, & dégager ta foy.
CLINDOR.
Ne meurs pas, chére épouse, & dans un second change
Voy l'effet merveilleux où ta vertu me range.
  M'aimer malgré mon crime, & vouloir par ta mort
Eviter le hazard de quelque indigne effort !

COMEDIE.

Je ne sçay qui je dois admirer davantage,
Ou de ce grand amour, ou de ce grand courage.
Tous les deux m'ont vaincu, je reviens sous tes loix,
Et ma brutale ardeur va rendre les abois :
C'en est fait, elle expire, & mon ame plus saine
Vient de rompre les nœuds de sa honteuse chaisne,
Mon cœur quand il fut pris s'étoit mal défendu,
Perds-en le souvenir.
ISABELLE.
Je l'ay déja perdu.
CLINDOR.
Que les plus beaux objets qui soient dessus la Terre
Conspirent desormais à me faire la guerre ;
Ce cœur inexpugnable aux assauts de leurs yeux
N'aura plus que les tiens pour maistres & pour Dieux.
LYSE.
Madame quelqu'un vient.

SCENE IV.

CLINDOR, *representant Théagéne,*
ISABELLE, *representant Hyppolite,*
LYSE *representant Clarine,* ERASTE,
Troupe de Domestiques
de Florilame.

ERASTE *poignardant Clindor.*

Reçoy, traistre, avec joye
Les faveurs que par nous ta Maistresse t'envoye.
PRIDAMANT *à Alcandre.*
On l'assassine, ô Dieux, daignez le secourir.
ERASTE.
Puissent les suborneurs ainsi toûjours perir.

ISABELLE.
Qu'avez-vous fait, bourreaux?
ERASTE.
Un juste & grand éxemple,
Qu'il faut qu'avec effroy tout l'avenir contemple,
Pour apprendre aux ingrats aux dépens de son sang
A n'attaquer jamais l'honneur d'un si haut rang.
Nostre main a vengé le Prince Florilame,
La Princesse outragée, & vous mesme, Madame,
Immolant à tous trois un déloyal époux
Qui ne méritoit pas la gloire d'estre à vous.
D'un si lasche attentat souffrez le prompt supplice,
Et ne vous plaignez point quand on vous rend justice.
Adieu.
ISABELLE.
Vous ne l'avez massacré qu'à demy,
Il vit encor en moy, saoulez son ennemy,
Achevez assassins de m'arracher la vie.
Cher époux en mes bras on te l'a donc ravie,
Et de mon cœur jaloux les secrets mouvemens
N'ont pû rompre ce coup par leurs pressentimens!
O clarté trop fidelle, hélas, & trop tardive,
Qui ne fais voir le mal qu'au moment qu'il arrive!
Falloit-il... Mais j'étouffe, & dans un tel malheur
Mes forces & ma voix cédent à ma douleur,
Son vif excés me tuë ensemble & me console,
Et puisqu'il nous rejoint...
LYSE.
Elle perd la parole.
Madame. Elle se meurt, épargnons les discours,
Et courons au logis appeler du secours.

Icy on rabaisse une toile qui couvre le jardin, & les corps de Clindor & d'Isabelle, & le Magicien & le pére sortent de la grotte.

COMEDIE.

SCENE V.

ALCANDRE, PRIDAMANT.

ALCANDRE.

Ainsi de nostre espoir la Fortune se jouë,
Tout s'éleve ou s'abaisse au branfle de sa rouë,
Et son ordre inégal qui régit l'Univers,
Au milieu du bonheur a ses plus grands revers.

PRIDAMANT.

Cette réfléxion mal propre pour un pére
Consoleroit peut-estre une douleur legére :
Mais aprés avoir veu mon fils assassiné,
Mes plaisirs foudroyez, mon espoir rüiné,
J'aurois d'un si grand coup l'ame bien peu blessée
Si de pareils discours m'entroient dans la pensée.
Hélas ! dans sa misére il ne pouvoit périr,
Et son bonheur fatal luy seul l'a fait mourir.
N'attendez pas de moy des plaintes davantage,
La douleur qui se plaint cherche qu'on la soulage,
La mienne court aprés son déplorable sort,
Adieu, je vay mourir puisque mon fils est mort.

ALCANDRE.

D'un juste desespoir l'effort est légitime,
Et de le détourner je croirois faire un crime,
Ouy, suivez ce cher fils sans attendre à demain :
Mais épargnez du moins ce coup à vostre main,
Laissez faire aux douleurs qui rongent vos entrailles,
Et pour les redoubler, voyez ses funérailles.

Icy on releve la toile, & tous les Comediens paroissent avec leur Portier qui content de l'argent sur une table, & en prennent chacun leur part.

PRIDAMANT.

Que voy-je ? chez les morts conte-t'on de l'argent ?

ALCANDRE.
Voyez si pas-un d'eux s'y montre négligent.
PRIDAMANT.
Je voy Clindor, ah Dieux, quelle étrange surprise !
Je voy ses assassins, je voy sa femme & Lyse !
Quel charme en un moment étouffe leurs discords,
Pour assembler ainsi les vivans & les morts ?
ALCANDRE.
Ainsi tous les Acteurs d'une troupe Comique,
Leur Poëme récité, partagent leur pratique,
L'un tuë, & l'autre meurt, l'autre vous fait pitié,
Mais la Scène préside à leur inimitié,
Leurs Vers font leurs combats, leur mort suit leurs paroles,
Et sans prendre intérest en pas-un de leurs rôles,
Le traistre & le trahy, le mort & le vivant,
Se trouvent à la fin amis comme devant.

Vostre fils & son train ont bien sçeu par leur fuite
D'un père & d'un Prevost éviter la poursuite,
Mais tombant dans les mains de la nécessité,
Ils ont pris le Théatre en cette extrémité.
PRIDAMANT.
Mon fils Comédien !
ALCANDRE.
D'un Art si difficile
Tous les quatre au besoin ont fait un doux azile,
Et depuis sa prison, ce que vous avez veu,
Son adultére amour, son trépas imprêveu,
N'est que la triste fin d'une Piece Tragique
Qu'il expose aujourd'huy sur la Scéne publique,
Par où ses compagnons en ce noble métier
Ravissent à Paris un peuple tout entier.
Le gain leur en demeure, & ce grand équipage
Dont je vous ay fait voir le superbe étalage,
Est bien à vostre fils, mais non pour s'en parer
Qu'alors que sur la Scéne il se fait admirer.
PRIDAMANT.
J'ay pris sa mort pour vraye, & ce n'étoit que feinte,
Mais je trouve par tout mesmes sujets de plainte.

COMEDIE.

Est-ce là cette gloire, & ce haut rang d'honneur
Où le devoit monter l'excès de son bonheur ?

ALCANDRE.

Cessez de vous en plaindre. A present le Théatre
Est en un point si haut que chacun l'idolatre,
Et ce que vostre temps voyoit avec mépris,
Est aujourd'huy l'amour de tous les bons esprits,
L'entretien de Paris, le souhait des Provinces,
Le divertissement le plus doux de nos Princes,
Les délices du Peuple & le plaisir des Grands ;
Il tient le premier rang parmy leurs passe-temps,
Et ceux dont nous voyons la sagesse profonde
Par ses illustres soins conserver tout le Monde,
Trouvent dans les douceurs d'un spectacle si beau
Dequoy se délasser d'un si pesant fardeau.
Mesme nostre grand Roy, ce foudre de la guerre,
Dont le nom se fait craindre aux deux bouts de la
   Terre,
Le front ceint de lauriers, daigne bien quelquefois
Préter l'œil & l'oreille au Théatre François.
C'est là que le Parnasse étale ses merveilles,
Les plus rares Esprits luy consacrent leurs veilles,
Et tous ceux qu'Apollon voit d'un meilleur regard
De leur doctes travaux luy donnent quelque part.
   D'ailleurs, si par les biens on prise les personnes,
Le Théatre est un fief dont les rentes sont bonnes,
Et vostre fils rencontre en un métier si doux
Plus d'accommodement qu'il n'eust trouvé chez vous.
Défaites-vous enfin de cette erreur commune,
Et ne vous plaignez plus de sa bonne fortune.

PRIDAMANT.

Je n'ose plus m'en plaindre, & voy trop de combien
Le métier qu'il a pris est meilleur que le mien.
Il est vray que d'abord mon ame s'est émeuë,
J'ay creu la Comédie au point où je l'ay veuë,
J'en ignorois l'éclat, l'utilité, l'appas,
Et la blasmois ainsi ne la connoissant pas.

Mais depuis vos discours, mon cœur plein d'allégresse
A banny cette erreur avecque sa tristesse.
Clindor a trop bien fait.

ALCANDRE.

N'en croyez que vos yeux.

PRIDAMANT.

Demain pour ce sujet j'abandonne ces lieux,
Je vole vers Paris, cependant, grand Alcandre,
Quelles graces icy ne vous doy-je point rendre ?

ALCANDRE.

Servir les gens d'honneur est mon plus grand desir,
J'ay pris ma récompense en vous faisant plaisir.
Adieu, je suis content puisque je vous voy l'estre.

PRIDAMANT.

Un si rare bien-fait ne se peut reconnoistre,
Mais, grand Mage, du moins croyez qu'à l'avenir
Mon ame en gardera l'éternel souvenir.

FIN

Extrait du Privilege du Roy.

PAR grace & Privilege du Roy, donné à S. Germain en Laye, le 17. jour d'Avril, l'an de grace 1679. Signé, Par le Roy en son Conseil, D'ALENCE'. Il est permis à GUILLAUME DE LUYNE, Libraire Juré de nostre bonne ville de Paris, d'imprimer *les Oeuvres de Theatre des Sieurs Corneille freres*, pendant le temps de dix années entieres & accomplies : Et défenses sont faites à qui que ce soit de les imprimer sans le consentement dudit de Luyne, à peine de trois mille livres d'amande, de tous dépens, dommages, & interests, comme il est plus amplement porté par lesdites Lettres.

Registré sur le Livre de la Communauté, le 28. Avril 1679. Signé, COUTEROT *Syndic*.

Achevé d'imprimer pour la premiere fois, le 26. Février 1682.

Et ledit de Luyne a fait part du Privilege cy dessus à Estienne Loyson, & Pierre Trabouillet, suivant l'accord fait entre eux.

www.ingramcontent.com/pod-product-compliance
Lightning Source LLC
Chambersburg PA
CBHW050057230426
43664CB00010B/1354